Alain Marion
Ludivine Chalençon
François Lantin

ANALYSE FINANCIÈRE

Concepts et méthode

7e ÉDITION

DUNOD

Éditorial : Marie-Cécile de Vienne et Garance Moëllo
Fabricant : Anissa Marzouk
Mise en page : Belle Page
Conception couverture : Elizabeth Riba

11 rue Paul Bert, 92240 Malakoff
www.dunod.com
ISBN 978-2-10-087016-5

Alain Marion :
En souvenir de mon frère
Du plus loin de l'oubli, Patrick Modiano.

À la mémoire de Sébastien Deyzieu.

À la mémoire et en hommage à mes parents.

Ludivine Chalençon :
À mon mari, mes enfants et mes parents.

François Lantin :
À Mélanie, Clément et Nathan,
À ma famille et mes proches.

TABLE DES MATIÈRES

AVANT-PROPOS

Empruntant une méthodologie rigoureuse, cet ouvrage, décomposé en neuf chapitres, présente toutes les étapes de l'analyse financière. Les chapitres 1 et 2 ont pour objet d'aider le lecteur dans l'identification de l'information nécessaire à l'analyse financière. Ils fournissent un guide de recherche et de lecture de l'information comptable en présentant une lecture financière du bilan et du compte de résultat.

Les chapitres 3 et 4 permettent d'avancer dans l'évaluation du niveau de performance économique de l'entreprise. Une attention particulière est portée à la présentation de la marge brute, indicateur généralement négligé, et aux mécanismes qui régissent l'évolution des coûts.

Les chapitres 5 et 6 traitent de l'analyse des risques que doit maîtriser l'entreprise. Le chapitre 5, consacré à l'analyse de la structure financière, permet d'apprécier la maîtrise de l'équilibre financier par l'entreprise. Une démarche complète d'analyse est suggérée, prenant en compte des critères empiriques et les normes en usage dans le monde bancaire. Le chapitre 6 introduit une nouvelle dimension, la durabilité, qui exprime les risques encourus par une entreprise dans les domaines environnementaux, sociaux et de gouvernance. Cette dimension ESG a désormais sa place dans l'analyse financière en raison de l'éclairage apporté sur l'exposition d'une entreprise aux risques matériels liés à un secteur d'activité et sur la gestion de ces risques.

Les chapitres 7 et 8 traitent de l'analyse du potentiel de développement d'une entreprise. Le chapitre 7 présente les deux grandes catégories de tableaux de flux et leur apport pour l'analyse financière. Le chapitre 8 développe l'éclairage qu'apporte la rentabilité financière pour la compréhension et la mesure de la capacité financière d'une entreprise à se développer.

Le dernier chapitre suggère un plan type d'analyse financière en mettant l'accent sur l'intérêt d'une analyse centrée sur l'évaluation de la cohérence entre les décisions stratégiques et les caractéristiques économiques et financières de l'entreprise.

L'ouvrage utilise un cas fil conducteur, le cas EcoPlast, qui permet une application immédiate des concepts, outils et méthodes présentés dans chaque chapitre. Le cas

EcoPlast illustre la situation d'une PME dont la croissance est portée par son effort d'innovation. Trois cas pratiques complètent la mise en œuvre de la démarche développée dans le cas EcoPlast. Le cas Thermoform permet de mettre en application les retraitements de la liasse fiscale et la construction du bilan fonctionnel et du compte de résultat économique. Le cas Ekinox montre les difficultés rencontrées dans l'analyse de la performance lorsque l'entreprise évolue dans un contexte de volatilité des prix. Enfin, le cas Biscuits des gones permet de mettre en application une démarche d'analyse de la productivité.

La nouvelle édition de l'ouvrage intègre les évolutions suivantes :

- l'introduction d'un nouveau chapitre consacré à la maîtrise du risque ESG qui est à l'origine de nouvelles obligations pour les entreprises en matière de production d'informations ;
- la prise en compte du nouveau règlement de l'ANC du 4 novembre 2022 relatif à la modernisation des états financiers qui nécessite une adaptation des retraitements préconisés pour le calcul des indicateurs ;
- un nouveau développement sur le cadre d'analyse de la structure financière intégrant l'évolution de l'analyse du risque crédit en vigueur dans les banques ;
- l'introduction d'un cas fil conducteur qui permet d'illustrer la mise en œuvre de la démarche d'analyse présentée dans l'ouvrage ;
- une actualisation des données permettant au lecteur d'avoir des repères pour le positionnement des indicateurs de performance et de structure financière ;
- l'introduction de QCM à la fin de chaque chapitre permettant au lecteur de s'assurer de la bonne compréhension des notions présentées.

INTRODUCTION

1 • DÉFINITION DE L'ANALYSE FINANCIÈRE

L'analyse financière recouvre les savoir-faire déployés pour exploiter l'information comptable. On peut définir l'analyse financière comme une méthode de compréhension de l'entreprise à travers ses états comptables, méthode qui a pour objet de porter un jugement global et argumenté sur son niveau de performance et sur sa situation financière (actuelle et future).

De cette définition, retenons l'objectif de globalité qui est assigné à l'analyse financière et qui doit donc conduire à apprécier l'entreprise dans ses nombreuses dimensions à partir de quelques points clés.

Cela signifie que l'analyse financière :

- s'intéresse à une variété de domaines et ne saurait être réduite à la seule analyse des données comptables ;
- repose sur l'utilisation d'un ensemble d'informations économiques et financières. Elle doit nécessairement être enrichie et complétée par l'ajout d'informations, notamment de nature économique qui apportent l'éclairage indispensable sur le secteur et (ou) les segments de marché sur lesquels est présente l'entreprise. Ainsi, si l'analyse financière peut légitimement revendiquer une filiation avec la comptabilité et la finance, elle doit aussi reconnaître l'influence forte imprimée par d'autres disciplines, au premier rang desquelles figure l'analyse sectorielle stratégique.

2 • SOURCES DE L'ANALYSE FINANCIÈRE

Les comptes annuels, qui constituent la matière première de l'analyse financière, comprennent le bilan, le compte de résultat et une annexe.

Toute société par actions ou à responsabilité limitée est tenue de déposer ses comptes en double exemplaire au greffe du tribunal de commerce dans le mois qui suit l'approbation des comptes. Les entreprises ont la possibilité de remplacer certains documents comptables par les imprimés de la liasse fiscale. Les micro-entreprises peuvent demander que leurs comptes ne soient pas rendus publics. Il s'agit des entreprises ne dépassant pas deux des trois seuils suivants : total de bilan inférieur à 350 K€, chiffre d'affaires inférieur à 700 K€ ou effectifs inférieurs à dix personnes. L'option de confidentialité est limitée au compte de résultat pour les petites entreprises qui ne dépassent pas deux des trois seuils suivants : 6 M€ de total de bilan, 12 M€ de chiffre d'affaires et 50 salariés.

Le Président du tribunal de commerce peut délivrer une injonction aux dirigeants de société qui n'ont pas déposé leurs comptes. Ils doivent alors le faire dans un délai d'un mois sous peine d'astreinte. Des sanctions pénales sont prévues en cas d'inexécution de la formalité de dépôt. Cependant un tiers, par exemple un fournisseur ou un concurrent, peut obtenir le dépôt forcé des comptes annuels d'une société négligente. Il suffit qu'il mette en demeure cette dernière de régulariser sa situation sous un délai d'un mois et à défaut qu'il demande au tribunal de commerce de désigner un mandataire chargé d'accomplir cette formalité.

La liasse fiscale comprend trois parties :

1. des tableaux comptables composés de huit imprimés :
- tableau 1 : bilan actif, n° 2050,
- tableau 2 : bilan passif, n° 2051,
- tableau 3 : compte de résultat de l'exercice, n° 2052,
- tableau 4 : compte de résultat de l'exercice, n° 2053,
- tableau 5 : immobilisations, n° 2054,
- tableau 6 : amortissements, n° 2055,
- tableau 7 : provisions inscrites au bilan, n° 2056,
- tableau 8 : état des échéances des créances et des dettes à la clôture des exercices, n° 2057 ;

2. des informations détaillées rédigées sur papier libre. Elles portent sur :
- les filiales et les participations,
- les dérogations aux prescriptions comptables,
- les modifications affectant les méthodes d'évaluation et la présentation des comptes annuels,
- les produits à recevoir et charges à payer,
- les comptes de régularisation ;

3. des tableaux fiscaux dont le tableau 11 : affectation du résultat et renseignements divers, n° 2058.

Pour l'analyse financière, le tableau 11 « Renseignements divers » est particulièrement important. Il présente notamment le montant des dividendes, de la sous-traitance, du personnel intérimaire, des engagements de crédit-bail, des effets escomptés et non échus...

Concernant le contenu de l'annexe, le plan comptable général (PCG) énumère une série d'informations minimales, parmi lesquelles :

- des compléments d'information relatifs au bilan et au compte de résultat. Ex. : crédit-bail, précisions sur certains comptes (frais d'établissement, frais de recherche et développement), ventilation du chiffre d'affaires, etc. ;
- d'autres éléments d'information. Ex. : tableau des filiales et participations, effectif moyen et ventilation par catégorie.

Enfin, les entreprises ont l'obligation de faire vérifier et certifier leurs comptes par un commissaire aux comptes (CAC), également appelé désormais auditeur légal. Pour les sociétés, la nomination d'un CAC est obligatoire dès lors que deux des trois critères suivants sont dépassés quel que soit leur statut juridique : chiffre d'affaires supérieur à 10 M€, total de bilan supérieur à 5 M€ ou effectif supérieur à 50 salariés. Après la loi Pacte, les seuils ont de nouveau augmenté depuis le 1er janvier 2024.

La nature des documents comptables utilisés est conditionnée par la position de l'analyste. Ainsi, lors d'une demande de crédits auprès d'une banque ou d'un établissement financier, les documents utilisés par l'analyste proviennent directement de l'entreprise qui le sollicite. À l'inverse, quand la direction financière analyse, à la demande de la direction générale, les bilans de concurrents, c'est l'information financière publique qui est utilisée, en l'occurrence les bilans déposés auprès du greffe du tribunal de commerce.

L'information comptable est la matière première de base de l'analyste financier. L'analyste financier doit savoir où trouver dans la masse des documents comptables l'information nécessaire à son travail.

3 • FINALITÉ DE L'ANALYSE FINANCIÈRE

L'analyse financière doit permettre de porter un jugement argumenté sur la performance et la situation financière. Pour ce faire, elle s'appuie sur un examen approfondi des « fondamentaux » de l'entreprise : évolution de l'activité et des métiers, marges dégagées, risques associés, structure financière, moyens mis en œuvre (outil de production, stocks...), capitaux mobilisés...

En prolongement de la définition précédemment donnée de l'analyse financière, nous adoptons une démarche qui s'appuie sur un questionnement. Dans cette perspective, l'analyse financière doit fournir des éléments de réponse à cinq questions fondamentales en ayant présent à l'esprit que les réponses doivent être adaptées aux attentes des nombreux utilisateurs (prêteurs à long terme, banquiers à court terme, investisseurs en fonds propres, dirigeants, représentants du personnel, fournisseurs, concurrents...).

• Quelle est l'aptitude de l'entreprise à créer de la valeur ?

En étudiant la façon dont se forme le résultat à partir de la cascade des marges, l'analyse des résultats doit permettre d'évaluer l'aptitude de l'entreprise à créer de la richesse et donc de la valeur. Cette aptitude repose sur la maîtrise d'un avantage concurrentiel que les techniques et méthodes d'analyse financière n'appréhendent pas directement. Sur ce point, l'analyse financière joue plutôt un rôle de révélateur et de détection. Si l'analyse des chiffres permet de saisir les effets de la mise en valeur des compétences techniques, commerciales et organisationnelles que possède l'entreprise, elle n'est pas susceptible d'éclairer sur les processus qui y conduisent. Or, les leviers de performance se trouvent souvent à ce niveau.

• Quel est le poids des investissements à entreprendre ?

Pour apprécier la situation de l'entreprise, l'analyste financier doit porter son attention sur les flux d'investissement que nécessitent la constitution et l'entretien de l'avantage concurrentiel.

Sur le plan financier, la notion d'avantage concurrentiel a une traduction effective que l'on exprime souvent à l'aide de la notion de ticket d'entrée (ou barrière à l'entrée) qui traduit l'importance des capitaux qu'il faut engager pour être présent et compétitif sur le secteur. Bien évidemment, ces capitaux ne doivent pas être réduits au seul montant des investissements physiques, il faut y inclure les besoins induits par le cycle d'exploitation et les investissements immatériels. L'ensemble des capitaux investis dans l'exploitation correspond à l'actif économique, agrégat qui regroupe l'actif immobilisé et le besoin en fonds de roulement. Concrètement, le ticket d'entrée se mesure à l'aide du coefficient de capital qui est le rapport des capitaux investis au chiffre d'affaires ou à la valeur ajoutée.

Tableau 0.1 – Illustration des différences sectorielles de niveau des capitaux investis : l'exemple d'un fabricant de ciment et d'une entreprise de grande distribution (en % du chiffre d'affaires) en 2023

	Holcim	Carrefour
Immobilisations	97 %	26 %
+ Besoins en fonds de roulement	15 %	– 2 %
= Actif économique	112 %	24 %
Investissement annuel	12 %	2 %
Résultat (EBE)	26 %	5 %

• Comment le financement est-il assuré ?

Qui dit investissement, dit financement. Cette troisième question conduit à s'interroger sur la cohérence et la pertinence des ressources financières obtenues. La cohérence s'intéressera plus particulièrement à la relation entre les moyens et les objectifs, alors que la pertinence doit permettre d'évaluer la qualité du lien établi dans l'entreprise entre ses objectifs et ses contraintes. Parmi les questions liées au financement, prenons par exemple celle de la cohérence entre une stratégie de forte croissance (objectif) et des prévisions de besoins d'investissement limités (moyens). Une autre interrogation est celle de la pertinence entre cette stratégie et les exigences des banques (contraintes) en raison d'une saturation de la capacité d'endettement par suite d'une insuffisance des capitaux propres.

• Quelle est la rentabilité dégagée ?

Ces notions de cohérence et pertinence qui peuvent paraître abstraites, trouvent une traduction dans la notion de rentabilité qui exprime l'aptitude de l'entreprise à rémunérer les capitaux mis à sa disposition (actionnaires et prêteurs), rémunérations dégagées par les capitaux investis dans l'exploitation (immobilisations et besoin en fonds de roulement). Nous aurons l'occasion de voir que la rentabilité constitue une norme qui conditionne le profil d'évolution de l'entreprise et dont il est difficile de s'abstraire.

• Quel risque génère l'entreprise ?

Last, but not least, le risque fait partie intégrante du questionnement de l'analyste financier. Ne serait-ce que par le lien profond qui unit cette notion à la rentabilité. Ne dit-on pas que toute décision financière ne serait, en dernier ressort, qu'un arbitrage entre le risque et la rentabilité ?

Les sources du risque sont internes et externes. Les risques externes (volatilité du chiffre d'affaires, sensibilité des coûts) présentent un caractère aléatoire en raison de la nature des variables à l'origine des perturbations (comportement de la concurrence, évolution technologique, fluctuation des prix et des volumes…). Les risques internes expriment en partie les choix de l'entreprise en matière de structure des coûts (répartition coûts fixes/coûts variables, poids de l'endettement…). Au demeurant, les caractéristiques du secteur peuvent contribuer à réduire la marge de manœuvre de l'entreprise en imposant un niveau de fixité des charges de structure incompressible (barrières à l'entrée).

En analyse financière, la notion de risque présente de multiples facettes : à un instant donné le risque n'aura pas la même signification, et ne sera donc pas perçu de la même façon, selon que l'on est actionnaire ou prêteur. Cette variété des conceptions explique l'utilisation d'indicateurs différents quand l'analyste financier se préoccupe d'appréhender le risque d'une entreprise. D'ailleurs, le périmètre traditionnel des zones de risque est en cours d'élargissement sous la pression des contraintes environnementales et des responsabilités que l'entreprise assume en la matière. Aux dimensions économiques (volatilité du chiffre d'affaires, sensibilité des coûts, intensité de la concurrence) et financières (poids de l'endettement, insuffisance des ressources stables) du risque, il convient désormais d'adjoindre l'exposition de l'entreprise aux risques matériels liés à un secteur d'activité et l'analyse de la gestion de ces risques par l'entreprise. C'est cette nouvelle dimension que traduit la notion de durabilité de la performance et du développement, caractéristiques dont l'évaluation nécessite la production d'informations encadrées par de nouvelles normes et engendre la mise au point de méthodes d'analyse adaptées.

4 • DÉMARCHE D'ANALYSE FINANCIÈRE

L'analyse financière doit permettre d'appréhender la logique économique globale de l'entreprise dont on trouve d'abord une première traduction dans l'aptitude de l'entreprise à créer de la valeur, tant pour ses clients que pour ses actionnaires. Elle se traduit également dans la nécessité dans laquelle l'entreprise se trouve d'engager un processus d'investissement et de financement dont le bon fonctionnement, dans le temps, ne peut être garanti que dans la mesure où les capitaux investis dégagent une rentabilité suffisante. Pour toutes ces raisons, la référence des résultats de la concurrence est souvent indispensable. Cette dimension concurrentielle nous paraît devoir impérativement être introduite pour donner une perspective stratégique à l'analyse financière.

On distingue deux approches complémentaires de l'analyse financière :

- la première permet d'apprécier l'évolution de la performance économique de l'entreprise et de sa structure financière. Cet éclairage repose sur l'analyse des écarts constatés au cours d'une période (en général trois ans) au sein d'un groupe d'indicateurs financiers de l'entreprise ;
- la seconde approche complète l'analyse précédente, en resituant la performance de l'entreprise dans une perspective concurrentielle. Cette approche contribue à l'évaluation de la compétitivité de l'entreprise. À ce stade, l'analyse financière doit permettre d'apprécier la capacité d'une entreprise à rivaliser avec ses concurrents. Cette problématique renvoie naturellement à l'appréciation de la maîtrise comparée des coûts par les compétiteurs en présence, et à l'évaluation de leur capacité à assurer le financement de leur développement. Autant de dimensions nécessitant une comparaison systématique entre entreprises concurrentes.

Nous indiquions précédemment que l'analyse financière doit permettre d'appréhender la logique économique globale de l'entreprise. Cette finalité n'est pas neutre sur le plan méthodologique. Elle implique que l'analyste financier sache prendre de la hauteur en se gardant de toute approche parcellaire de l'entreprise. Il est donc nécessaire que tous les indicateurs et (ou) les caractéristiques de l'entreprise soient regardés ensemble afin de saisir les antagonismes et complémentarités nécessaires à la compréhension de l'entreprise. C'est pourquoi l'introduction de la stratégie dans le schéma explicatif s'impose. C'est sa prise en compte qui permet de donner du relief à l'information utilisée et de dégager une perspective globale. Ainsi une dégradation du résultat n'aura pas la même signification si elle accompagne une stratégie de conquête de part de marché ou si elle reflète un comportement défensif de frein au développement d'un produit de substitution. Ce travail de recherche de corrélations, de mise en évidence des interdépendances permet de redonner forme à la réalité préalablement décomposée lors de la phase analytique.

Ne pas oublier un point essentiel de l'analyse financière, à savoir que cette dernière est fondamentalement dépendante d'un ensemble de facteurs recouvrant notamment les conditions d'accès à l'information, ainsi que les finalités de l'analyse. La problématique du banquier ne rejoint qu'en partie les interrogations que peut avoir un fournisseur ou celle qu'exprimera un concurrent de l'entreprise en recherche de points de comparaison.

5 • LIMITES DE L'ANALYSE FINANCIÈRE

Il ne faut cependant pas attendre de l'analyse financière ce qu'elle ne saurait apporter. Même enrichies d'informations économiques, la structuration et l'interprétation de l'information comptable peuvent s'avérer incapables d'apporter les réponses aux questions posées par l'analyste. Cet objectif de connaissance approfondie de l'entreprise, c'est la finalité dévolue au diagnostic d'entreprise qu'on peut définir comme une méthode de connaissance des caractéristiques essentielles de structure et de fonctionnement de l'entreprise et d'identification de ses mécanismes de création de valeur. Le diagnostic recouvre un domaine d'étude sensiblement plus large que l'analyse financière. Lui seul permet de connaître les causes réelles et premières des phénomènes qui caractérisent une entreprise. Lui seul est en mesure de révéler la pathologie de l'entreprise mais aussi, et surtout, d'exprimer son métabolisme et son potentiel. Cela, parce que le diagnostic d'entreprise permet d'accéder aux leviers fondamentaux de la performance, à savoir les compétences de l'entreprise et leurs conditions de mise en œuvre dans le cadre des structures qui configurent l'organisation.

6 • L'INTELLIGENCE ARTIFICIELLE (IA) ET L'ANALYSE FINANCIÈRE

En conclusion, soulignons le fait que l'analyse financière s'avère un art difficile, sollicitant tout autant l'esprit de finesse (capacité d'écoute et d'apprentissage des réalités) que l'esprit de géométrie.

L'analyse financière passe par une étape préalable de production de l'information. Cette étape nécessite que les postes des bilans et des comptes de résultat fassent l'objet de regroupements, de reclassements et de réintégrations. Ainsi fait, le travail d'interprétation et d'analyse peut alors commencer sachant, qu'au préalable, l'analyste aura élaboré des grilles et des tableaux et procédé au calcul des ratios.

L'analyse financière ne saurait se réduire aux seules compétences intellectuelles propres au maniement des chiffres. Elle requiert aussi une aptitude dans l'interprétation des données numériques. Un bon analyste financier sait faire parler les chiffres. Son travail ne consiste pas seulement à reclasser les comptes et à traiter l'information. Au demeurant, l'interprétation des données n'est pas toujours évidente et ne résulte pas uniquement des méthodes utilisées. L'analyste doit expliquer et ne pas se contenter de décrire. Ce travail d'explication implique de savoir faire émerger les points essentiels tout en se gardant de gommer les nuances souvent expressives d'une réalité multiforme. C'est à ce niveau que s'opère la fracture entre les analystes car la qualité de l'esprit qui permet de trier avec discernement dans l'ensemble des informations n'est certainement pas la plus répandue.

Les méthodes d'analyse ne se substitueront jamais au jugement humain et l'intelligence artificielle (IA) offerte à ce jour au grand public n'est pas encore en mesure de le remplacer. La version gratuite du robot conversationnel d'OpenAI ChatGPT répond en 2024 en ces mots : « *Je suis désolé, mais je ne peux pas fournir d'analyses financières en temps réel ni accéder à des informations spécifiques après ma dernière mise à jour en janvier 2022. N'oubliez pas que toute analyse financière devrait être effectuée par des professionnels qualifiés, et il est recommandé de consulter des experts en finance et des conseillers financiers pour des évaluations précises* ». Pour autant, l'IA est déjà une réalité pour les analystes financiers professionnels et nous ne pouvons résister à l'idée de vous transcrire à nouveau cette réponse de ChatGPT : « *Il est important de noter que l'IA ne remplace pas complètement le rôle des analystes financiers, mais elle complémente leurs compétences en fournissant des outils puissants pour traiter des données complexes et prendre des décisions éclairées. Les analystes financiers continuent d'apporter leur expertise humaine pour interpréter les résultats, comprendre le contexte et prendre des décisions stratégiques* ». Ainsi, parmi les aides déjà offertes par l'IA, nous pouvons citer les outils permettant :

- de collecter et d'analyser de grandes masses de données de toutes natures (financières, économiques, sociales) sur les entreprises, le marché, les investisseurs ;
- de traiter des données textuelles (études, documents financiers…) ;
- de générer des rapports pour se concentrer sur l'analyse.

CAS FIL CONDUCTEUR ECOPLAST : une entreprise face aux défis des enjeux environnementaux

L'entreprise EcoPlast est le cas qui sert de fil conducteur à cet ouvrage. À la fin de chaque chapitre, le lecteur pourra mettre en pratique les compétences acquises à ce cas réel. Il intègre des problématiques environnementales dans un contexte inflationniste. L'énoncé du cas EcoPlast se trouve dans la partie 3 et les corrections en fin de chaque chapitre.

EcoPlast est spécialisée dans la fabrication de bouchons en plastique. L'entreprise est dotée d'une culture industrielle forte et a su jusqu'à présent s'adapter aux diverses mutations industrielles. Elle est fortement préoccupée par les dimensions écologiques et humaines.

Le lecteur a à sa disposition les informations suivantes qui ont été communiquées par la dirigeante :

- une présentation générale de l'entreprise comprenant notamment des informations ESG et des données prévisionnelles ;
- des informations sur le secteur ;
- la liasse fiscale.

Le cas est structuré autour de huit points.

1. Construction du bilan fonctionnel [Chapitre 1].
2. Construction du tableau des soldes intermédiaires de gestion (SIG) et du compte de résultat économique [Chapitre 2].
3. Analyse de l'activité de l'entreprise [Chapitre 3].
4. Analyse de la profitabilité de l'entreprise [Chapitre 4].
5. Analyse de la structure financière de l'entreprise [Chapitre 5].
6. Construction et analyse de la matrice de matérialité puis mise en lien des projets d'EcoPlast avec les enjeux de priorité de rang 1 et 2 [Chapitre 6].
7. Construction et analyse du plan de financement [Chapitre 7].
8. Analyse de la rentabilité financière de l'entreprise [Chapitre 8].

PARTIE 1

LECTURE FINANCIÈRE ET CONSTRUCTION DES ÉTATS DE SYNTHÈSE

1 • LECTURE FINANCIÈRE DU BILAN

OBJECTIF

L'objectif du chapitre est de présenter les reclassements et retraitements pratiqués sur les données de l'actif et du passif du bilan de la liasse fiscale afin que l'analyste financier dispose d'un bilan fonctionnel qui apporte une information financière cohérente pour l'analyse de la structure financière.

SOMMAIRE

Le premier travail à mener par l'analyste financier des comptes individuels français est de procéder à des retraitements nécessaires pour établir l'actif (biens possédés), puis le passif (contrepartie de l'actif regroupant leur financement : apports des actionnaires et dettes) du bilan fonctionnel à partir de la liasse fiscale. Il est en effet indispensable de disposer d'une approche économique des comptes financiers, et non uniquement patrimoniale, pour appréhender les grands cycles d'une entreprise. Seul le bilan fonctionnel permet ainsi des regroupements autorisant l'analyse des décisions prises par les dirigeants en matière d'investissement, de financement à plus d'un an et d'exploitation. C'est la conséquence de l'ensemble de ces décisions qui orientera la trésorerie à la hausse ou à la baisse au cours de l'exercice.

À partir de ce bilan fonctionnel, l'analyste pourra calculer et procéder à une étude de la variation sur trois exercices des trois indicateurs clés des quatre grands cycles : le fonds de roulement (FR) qui traduit la pertinence des choix en matière de financement et d'investissement à plus d'un an, le besoin en fonds de roulement (BFR) qui dévoile le niveau de gestion des stocks et des créances et dettes d'exploitation à moins d'un an, et enfin la trésorerie nette égale à la différence entre ces deux premiers indicateurs.

SECTION 1 ACTIF DU BILAN FONCTIONNEL

1 • ENJEUX DE LA CONSTRUCTION DU BILAN FONCTIONNEL

Pour l'analyse du bilan, il est nécessaire de disposer du montant des capitaux investis (l'actif économique) et des ressources financières qui en sont les contreparties. Pour cela, il convient de procéder à un certain nombre de regroupements des composantes du bilan.

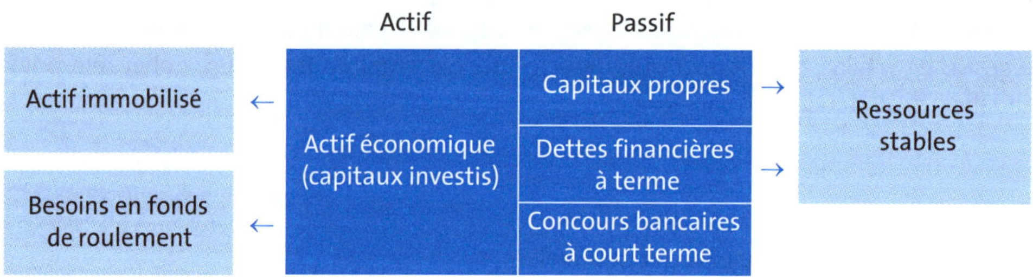

Figure 1.1 – Décomposition du bilan

Par les divers reclassements et retraitements du bilan (actif/passif) auxquels il procède, l'analyste financier cherche à obtenir une représentation des caractéristiques économiques et financières de l'exploitation. Il y arrive notamment en procédant à l'établissement d'un bilan fonctionnel qui s'avère un outil de représentation fidèle des grands cycles financiers attachés à l'activité de l'entreprise.

Tableau 1.1 – Représentation cyclique et fonctionnelle du bilan (passage du bilan comptable aux indicateurs d'équilibre financiers fonctionnels)

Actif		Passif		Cycles		Indicateurs
Actif immobilisé (emplois stables)	Immobilisations incorporelles Immobilisations corporelles Immobilisations financières	Ressources stables	Capitaux propres Dette financière à terme	Cycle d'accumulation : – cycle d'investissement – cycle de financement stable	→	Fonds de roulement ou FR (= RS – AI)
Emplois d'exploitation	Stocks Clients Autres	Ressources d'exploitation	Fournisseurs Dettes fiscales /sociales Autres	Cycle d'exploitation	→	Besoin en fonds de roulement ou BFR (= EE – RE)
Liquidités	Valeurs mobilières de placement Disponibilités	Concours bancaires à court terme	Concours bancaires courants Effets escomptés	Cycle de trésorerie	→	Trésorerie (= Trésorerie actif – Trésorerie passif)

Le tableau 1.1 montre comment s'opère le passage du bilan comptable aux indicateurs d'équilibre financier propres à l'analyse financière fonctionnelle. En outre, les reclassements et retraitements débouchent sur une mesure du capital investi (l'actif économique) dont l'analyse, à l'aide de la mesure de la rentabilité, permet d'apprécier l'efficience de son utilisation. Les grands regroupements effectués en distinguant l'actif immobilisé et les ressources stables, les emplois et les ressources d'exploitation, les éléments de trésorerie à l'actif et au passif du bilan, expriment chacun un des grands cycles financiers (cycle d'accumulation, cycle d'exploitation, cycle de trésorerie) synthétisés par un indicateur (fonds de roulement ou FR, besoins en fonds de roulement ou BFR et trésorerie).

Les regroupements s'opèrent en fonction de la nature de l'emploi (actif) ou de la ressource (passif). En effet, le « haut de bilan » réunit les éléments qui ont pour origine des décisions stratégiques ayant un impact structurant au niveau des immobilisations et des ressources financières à long terme. Pour sa part, le « bas de bilan » regroupe des composants cycliques ayant, notamment, pour origine les décalages de paiement sur opérations de gestion.

Quatre grands cycles caractérisent l'activité d'une entreprise :

1. le cycle d'investissement (ou de désinvestissement) qui regroupe les opérations d'acquisition (ou de cession) d'actifs permettant à l'entreprise de se doter d'un outil de production ;

2. le cycle de financement stable qui recouvre les opérations permettant de réunir les ressources financières nécessaires au financement des besoins de l'entreprise au-delà d'un an. La réunion du cycle de financement et du cycle d'investissement constitue le cycle d'accumulation du capital ;
3. le cycle d'exploitation qui regroupe l'ensemble des opérations directement liées aux activités cycliques de production et d'échanges commerciaux ;
4. le cycle de trésorerie qui est le produit de l'ajustement opéré entre le cycle d'accumulation et le cycle d'exploitation.

Le bilan fonctionnel a pour objet de faire apparaître les quatre cycles précédents. Il nécessite de procéder à des regroupements de postes comptables selon une logique de rattachement des composantes de l'actif et du passif par référence à leur destination et origine fonctionnelles. Ainsi, l'actif immobilisé, les capitaux propres et la dette à terme seront rattachés au cycle d'accumulation. De même, les stocks, les créances clients et les dettes fournisseurs le seront au cycle d'exploitation évalué à l'aide de la notion de BFR.

À partir des informations de la liasse fiscale, nous allons procéder à une revue des rubriques qui doivent être prises en compte pour l'élaboration du bilan fonctionnel.

2 • ACTIF IMMOBILISÉ/ EMPLOIS STABLES

L'actif immobilisé du bilan, également appelé emplois stables dans le bilan fonctionnel, est décomposé en trois parties : les immobilisations incorporelles, les immobilisations corporelles et les immobilisations financières. L'actif immobilisé réunit en effet l'ensemble des éléments destinés à servir durablement l'activité de l'entreprise (au-delà des 12 mois suivant la clôture comptable) en n'étant pas consommés au premier usage.

L'activation d'une dépense entraîne la mise en place d'un tableau d'amortissement dont la durée est égale à celle de l'utilisation prévue par l'entreprise. En cas de changement de cette durée (prolongation de l'utilisation par exemple), l'entreprise doit en principe recalculer les nouveaux amortissements, mais sans effet rétroactif sur les dotations déjà enregistrées. En pratique, les entreprises françaises n'ajustent cependant qu'exceptionnellement leur plan d'amortissement pour tenir compte de la nouvelle durée, par simplification et par soucis de bénéficier plus rapidement des économies d'impôts liées à ces charges. La seule exception à ce principe d'activation concerne les biens (petit matériel par exemple) dont la valeur unitaire est inférieure à 500 € HT car ils peuvent faire l'objet d'une comptabilisation en charge par simplification.

Pour cadrer avec la réalité économique de l'entreprise, nous préconisons, pour la construction du bilan fonctionnel, d'utiliser directement les valeurs nettes comptables

(VNC) inscrites dans la 3e colonne chiffrée de l'actif de la liasse fiscale (et non les valeurs brutes présentées dans la 1re colonne). La VNC tient compte en effet des phénomènes d'usure et d'obsolescence qui amoindrissent régulièrement la valeur économique des immobilisations mises en œuvre. De même, elle traduit la prudence et la nécessité qui ont conduit à constater une dépréciation sur certaines composantes de l'actif circulant (stocks, créances).

Dans le prolongement, nous contestons la pratique qui conduit à rattacher aux capitaux propres les amortissements. Cette façon de faire a des effets pernicieux pour l'analyse. Notre expérience d'enseignant nous a appris que l'assimilation est alors faite entre amortissements et capitaux propres dans un premier temps, et amortissements et bénéfices dans un deuxième temps. De plus, ce reclassement, en gonflant artificiellement les capitaux propres de l'entreprise, fausse les bases de calcul des indicateurs utilisés pour l'appréciation de la structure financière.

• Immobilisations incorporelles

Selon le PCG, une immobilisation corporelle est un actif non monétaire sans substance physique. Elle est identifiable si elle est séparable de l'entreprise (susceptible d'être vendue, louée ou échangée séparément) ou si elle résulte d'un droit légal ou contractuel.

Tableau 1.2 – Immobilisations incorporelles dans la liasse fiscale

		Brut N		Amortissement & provisions	Net N	Net N – 1
Capital souscrit non appelé (I)	AA					
Immobilisations incorporelles						
Frais d'établissement	AB		AC			
Frais de développement	CX		CQ			
Concessions, brevets et droits similaires	AF		AG			
Fonds commercial	AH		AI			
Autres immobilisations incorporelles	AJ		AK			
Avances et acomptes sur immobilisations incorporelles	AL		AM			

Tableau 1.3 – Retraitements des immobilisations incorporelles dans le bilan fonctionnel

	N
+ Immobilisations incorporelles nettes (de AB à AL tableau 1)	
+ Frais émission emprunts à étaler (CW tableau 1)	
+ Primes de remboursement obligations (CM tableau 1)	
= Immobilisations incorporelles	

Attention, à partir du tableau 2.3 et pour la suite de l'ouvrage, les repères fiscaux mentionnés de la liasse fiscale correspondent à ceux de la première colonne chiffrée (valeurs brutes), mais il conviendra de bien prendre en compte les valeurs nettes de la troisième colonne pour lesquelles aucun repère fiscal n'existe. La troisième colonne chiffrée prend en compte les éventuels amortissements et dépréciations (appelées provisions) constatés sur les éléments d'actifs en deuxième colonne de la liasse fiscale.

Frais d'établissement (AB tableau 1 liasse fiscale)

Les frais d'établissement sont des dépenses engagées lors de la création de l'entreprise ou liées à son développement (augmentation de capital). L'administration fiscale autorise leur comptabilisation en immobilisation plutôt qu'en charge mais, du point de vue de l'analyse financière, il s'agit d'actifs dits « fictifs » car sans réelle valeur patrimoniale.

Frais de développement (AD tableau 1 liasse fiscale)

Dans l'activité dite R&D (recherche et développement) d'une entreprise, il faut distinguer :

- les frais de recherche fondamentale et appliquée réalisés en amont des projets. Ils correspondent à des activités visant à obtenir de nouvelles connaissances, à la recherche d'applications, de matériaux, de produits, de procédés ou de services nouveaux ou améliorés. Ils sont obligatoirement comptabilisés en charges et n'apparaissent donc pas dans le bilan ;
- les dépenses de développement correspondent aux frais engagés par l'entreprise pour son propre compte. Il s'agit de la phase de conception, production et tests de la solution retenue en phase de recherche. Cela consiste en des projets de recherche individualisés, présentant, de plus, de réelles chances de réussite commerciale ou une utilité interne pour pouvoir faire l'objet d'un enregistrement à l'actif.

Seuls les frais de développement peuvent donc, selon le choix de l'entreprise, être comptabilisés à l'actif du bilan. Dans ce cas, ils font l'objet d'amortissements sur une durée maximale de cinq ans.

Dans de nombreux secteurs d'activité, l'intensité de ces dépenses est le facteur explicatif déterminant de la compétitivité. Ainsi, les dépenses de R&D pèsent un poids déterminant, par exemple, dans les industries pharmaceutique ou automobile. C'est pourquoi il convient d'être prudent dans l'analyse de l'évolution de ces dépenses.

Dans la réalité, les frais de développement sont rarement comptabilisés en immobilisations, les entreprises françaises préférant les comptabiliser dans les charges d'exploitation. En termes de communication financière, il n'est en effet pas possible pour un concurrent de reconstituer le montant réel des dépenses de développement si elles sont ainsi comptabilisées. Cependant, lorsque les résultats se dégradent, les entreprises peuvent être tentées de les immobiliser. L'étalement des charges d'exploitation qui en résulte se répercute alors sur le résultat d'exploitation artificiellement amélioré par ce choix comptable.

Concessions, brevets et droits similaires (AF tableau 1 liasse fiscale)

Marques

La comptabilisation des marques dans la rubrique « Concession, brevets et droits similaires » n'est pas une pratique répandue dans les entreprises françaises. Pourtant, la marque constitue dans certains secteurs économiques (automobile, luxe, etc.) l'actif essentiel qui détermine la compétitivité de l'entreprise en contribuant à promouvoir la différenciation des produits.

En l'état actuel, les marques créées en interne ne peuvent jamais être comptabilisées en raison notamment des problèmes liés à leur valorisation. La comptabilisation des marques acquises uniquement se constate donc surtout dans les comptes consolidés. En effet, les opérations de rachat d'entreprises révèlent souvent un décalage significatif entre la valeur de marché des capitaux propres et leur valeur comptable. L'origine de ce décalage se trouve notamment dans la valeur de la marque qui traduit la notoriété et la qualité de l'image acquises par les produits auprès des consommateurs finals et/ou des clients intermédiaires. Sauf exception, les amortissements des marques ne sont pas des charges fiscalement déductibles. La durée d'amortissement est variable et laissée à l'initiative de l'entreprise.

Logiciels

Les logiciels sont comptabilisés qu'ils soient acquis sur le marché ou conçus par l'entreprise. Ils doivent être immobilisés dès lors qu'ils sont censés servir l'entreprise sur plusieurs années. Au regard de l'évolution rapide des techniques, les logiciels font l'objet d'amortissements sur de courtes périodes. La durée n'excède pas trois ans, mais peut être limitée à un an dans certains cas. En pratique, le nouveau modèle économique des éditeurs de logiciels qui imposent des abonnements annuels, constatés en charges au compte de résultat uniquement, a fait disparaître des bilans la grande majorité des logiciels auparavant immobilisés.

Fonds commercial (AH tableau 1 liasse fiscale)

L'acquisition des éléments incorporels du fonds de commerce, y compris l'enseigne, le nom commercial et le droit au bail, est inscrite dans ce compte. Il s'agit d'actifs incorporels qui doivent concourir au maintien ou au développement du potentiel d'activité de l'entreprise.

L'amortissement du fonds commercial est en principe interdit car il est considéré comme ayant une durée d'utilisation indéfinie. Dans ce cas, seule une dépréciation pourrait être constatée en cas de baisse de valeur. En France, une exception concerne les petites entreprises (CA < 12 millions €, total du bilan < 6 millions € et effectifs < 50 salariés) qui peuvent pratiquer un amortissement non déductible sur une durée maximale de dix ans. La loi de finance 2022 a rendu cet amortissement fiscalement déductible pour les fonds acquis entre le 1er janvier 2022 et le 31 décembre 2025 afin d'encourager la reprise économique post-covid.

Autres immobilisations incorporelles (AJ tableau 1 liasse fiscale)

Les autres immobilisations incorporelles peuvent répondre à des particularités sectorielles des entreprises dont la nature des dépenses ne correspondrait pas à celles précédemment définies.

Avances et acomptes sur immobilisations incorporelles (AL tableau 1 liasse fiscale)

Il s'agit des montants déjà versés par l'entreprise en vue de l'acquisition d'immobilisations incorporelles à venir. Nous réintégrons au total des immobilisations incorporelles deux autres postes classés en compte de régularisation par l'administration fiscale à la fin du bilan actif. Il s'agit à nouveau d'actifs fictifs dont la logique de comptabilisation à l'actif s'apparente à celle des frais d'établissement.

Frais d'émission d'emprunts à étaler (CW tableau 1 liasse fiscale)

Les frais d'émission sont principalement des commissions versées aux banques et des droits. Ils peuvent être soit comptabilisés en charges bancaires de l'exercice, soit constatés à l'actif du bilan dans un compte spécifique et étalés sur la durée de l'emprunt. Ce choix ne se justifie en pratique que pour un objectif fiscal d'étalement ou non de l'économie d'IS et/ou de lissage des résultats.

Primes de remboursement des obligations (CM tableau 1 liasse fiscale)

Ces primes traduisent le surcoût induit par l'émission d'un emprunt obligataire afin de le rendre attractif auprès des investisseurs. Il fera l'objet d'un amortissement sur la durée de l'emprunt. La « prime de remboursement » au sens du PCG correspond en fait à la somme de la prime d'émission si le prix d'émission est inférieur à la valeur nominale de l'obligation émise et de la prime de remboursement lorsque le prix de remboursement est supérieur à la valeur nominale.

Si les spécialistes praticiens s'accordent sur la très grande importance des éléments incorporels dans la valeur réelle d'une entreprise, il n'en demeure pas moins qu'ils sont très insuffisamment pris en compte dans les bilans. Dans la majorité des cas, ils sont sous-évalués ou n'apparaissent pas au bilan pour des problématiques de valorisation, certes difficile, de ces éléments incorporels. La valeur patrimoniale d'une entreprise est donc le plus souvent assez éloignée de sa valeur « réelle ». En cas de besoin, les entreprises doivent faire appel à des experts en évaluation en mesure d'établir une approximation fiable. Elle est basée, le plus souvent, sur leur pratique à travers des corrections de valeurs comptables, des actualisations des flux de trésorerie prévisionnels (méthode dite du *Discounted Cash Flows* ou DCF) ou de multiples d'indicateurs financiers.

• Immobilisations corporelles

Les immobilisations corporelles regroupent les investissements réalisés pour constituer et développer l'outil de production. Ils concernent principalement les ensembles immobiliers, les installations techniques, les matériels industriels, les matériels de transports, de bureau et informatique.

Tableau 1.4 – Retraitements des immobilisations corporelles dans la liasse fiscale

Immobilisations corporelles						
Terrains	AN		AO			
Constructions	AP		AQ			
Installations techniques, matériel et outillage industriels	AR		AS			
Autres immobilisations corporelles	AT		AU			
Immobilisations en cours	AV		AW			
Avances et acomptes	AX		AY			

Tableau 1.5 – Immobilisations corporelles dans le bilan fonctionnel

+ Immobilisations corporelles nettes (de AN à AX tableau 1)	
= Total actifs corporels acquis	
+ Valeur d'origine moins total amortissements si tableau de c.bail	
ou + 90 % engagement c.bail mobilier (YQ tableau 11)	
ou + 80 % engagement c.bail immobilier (YR tableau 11)	
= Total actifs corporels loués en crédit-bail	
= Immobilisations corporelles	

Actifs corporels acquis (AN à AX tableau 1 liasse fiscale)

Lorsqu'elles sont acquises directement par l'entreprise, les immobilisations corporelles sont enregistrées au coût historique. Il est égal au prix d'achat hors escompte et augmenté des droits de douane et taxes non récupérables, ainsi que des dépenses engagées pour assurer sa mise en marche.

Le principe de prudence en comptabilité française pose d'importants problèmes de lecture de la valorisation comptable des ensembles immobiliers. En effet, la réévaluation étant libre, elle n'est jamais comptabilisée en pratique pour des motifs principalement fiscaux afin d'éviter l'imposition des plus-values. Ainsi, aucune réévaluation n'est effectuée depuis l'entrée du bien en comptabilité, ce qui empêche toute comparaison entre les entreprises sans avoir recours à une expertise immobilière qui permettrait de corriger ces valeurs.

Les actifs corporels sont amortis sur la durée d'utilisation prévue par l'entreprise à l'exception des terrains qui ne sont jamais amortissables. Pour les constructions, les entreprises doivent en principe réaliser des amortissements par composants (par exemple 40 à 80 ans pour la structure du bâtiment et 5 ans pour les agencements intérieurs).

Actifs corporels loués en crédit-bail (YQ et YR tableau 11 liasse fiscale)

Le processus d'accumulation du capital productif apparaît dans les rubriques « Installations techniques, matériel et outillage ». Cependant, la seule lecture de cette rubrique n'est plus pertinente dès lors que l'entreprise recourt au crédit-bail.

D'un point de vue économique, louer un bien en crédit-bail (location de moyenne à longue durée avec une option d'achat au terme du contrat) doit être assimilé à une solution de financement équivalente à celle d'une acquisition en propre avec un emprunt bancaire en passant par un intermédiaire (le crédit-bailleur en l'occurrence).

La valeur nette des biens loués doit être réintégrée avec celle des biens directement acquis par l'entreprise. En contrepartie, les emprunts de crédit-bail seront ajourés pour un montant identique au passif du bilan. Pour déterminer cette valeur nette, deux situations se présentent :

- l'analyste a accès au contrat de location et reconstitue la valeur nette à partir de la valeur d'origine des immobilisations et les montants des amortissements qui auraient été constatés en cas d'achat (voir le tableau du cas Thermoform pour un modèle de tableau de crédit-bail) ;
- l'analyste n'a pas accès au contrat de location et réalise dans ce cas une estimation de la valeur nette sur la base de 90 % des engagements de crédit-bail mobilier (YQ tableau 11 liasse fiscale) et de 80 % des engagements de crédit-bail immobilier (YR tableau 11 liasse fiscale).

• Immobilisations financières

Les immobilisations financières sont des actifs non courants qui traduisent principalement le niveau d'investissements financiers (prises de participation au capital de sociétés...) à moyen et long terme réalisé par l'entreprise.

Tableau 1.6 – Immobilisations financières dans la liasse fiscale

Immobilisations financières						
Participations (selon la méthode de mise en équivalence)	CS		CT			
Autres participations	CU		CV			
Créances rattachées à des participations	BB		BC			
Autres titres immobilisés	BD		BE			
Prêts	BF		BG			
Autres immobilisations financières	BH		BI			

Tableau 1.7 – Retraitements des immobilisations financières dans le bilan fonctionnel

+ Immobilisations financières nettes (de CS à BH tab. 1)	
– Immobilisations financières < 1 an (CP tableau 1)	
= Total immobilisations financières > 1 an	
+ Créances > 1 an (CR tableau 1)	
– Dépréciations sur créances > 1 an (voir tableaux 7 et 8)	
= Total créances > 1 an	
= Immobilisations financières	

Immobilisations financières > 1 an (CS à BH tableau 1 liasse fiscale)

Parmi les immobilisations financières, certains postes doivent faire l'objet d'une attention particulière :

- les participations (CU tableau 1 liasse fiscale) qui correspondent aux prises de participations effectuées par l'entreprise, qui représentent plus de 10 % du capital social et ont été acquises pour être conservées au moins une année ;
- les créances rattachées à des participations (BB tableau 1 liasse fiscale) qui regroupent les prêts accordés aux filiales ;
- les titres immobilisés (BD tableau 1 liasse fiscale) sont constatés dans cette catégorie en raison d'une prise de participation au capital inférieure à 10 %, mais avec toujours une intention de conservation au-delà d'un an ;
- les prêts (BF tableau 1 liasse fiscale) correspondent à des sommes d'argent laissées par l'entreprise à disposition de partenaires économiques de l'entreprise (autre filiale d'un groupe, sous-traitant...) dans l'attente d'un remboursement et pouvant être rémunérés sous forme d'intérêts reçus. Ils ne doivent pas être confondus avec les « emprunts » enregistrés dans les dettes financières au passif du bilan.

Rappelons que les titres de participations et les créances rattachées font l'objet de dépréciations si les filiales concernées sont en difficulté. Par ailleurs, les plus-values latentes ne sont pas prises en compte en comptabilité dans la valeur des titres en respect du principe de prudence.

Immobilisations financières < 1 an (CP tableau 1 liasse fiscale)

La comptabilité ne corrige pas les immobilisations financières qui font l'objet d'un remboursement dans les douze mois suivant la clôture de l'exercice. Cela peut être le cas par exemple d'un prêt initial de cinq ans définitivement remboursé l'année suivant la clôture. Dans ce cas, son montant net doit être enlevé du total des immobilisations financières et rattaché à la trésorerie active en bas du bilan fonctionnel pour tenir compte de cette échéance à court terme du remboursement.

Créances supérieures > 1 an (CP tableau 1 liasse fiscale)

Afin qu'il ne reste que des emplois stables (> 1 an) en haut de l'actif du bilan fonctionnel, il convient également de prendre en compte les créances nettes supérieures à un an initialement classées en actif circulant. Une telle durée, bien supérieure à celle définie par la loi LME (de 30 jours à 45 jours fin de mois en cas d'accord), peut s'expliquer notamment par de très importants retards de paiement pouvant interroger sur la capacité du client à payer tout ou partie de ses engagements. Pour s'en assurer, il convient de comparer la somme inscrite sur le repère CP du tableau 1 liasse fiscale (repère CP) avec la ligne « clients douteux ou litigieux » (repère VA) sur la troisième colonne (à plus d'un an) du tableau 1.8. Dans ce cas, il faut alors retrancher au montant brut (repère CP tableau 1 liasse fiscale) le montant de la dépréciation de fin d'exercice du compte client douteux (repère 6W tableau 7 liasse fiscale) pour obtenir le montant de la créance nette > 1 an à ajouter aux immobilisations financières. Si le montant supérieur à un an n'apparaît pas en clients douteux, mais est lié à des conditions particulières (exportation, chantiers de longue durée), alors il ne faudra pas prendre en compte les dépréciations sur les créances clients et réintégrer seulement le montant brut.

Tableau 1.8 – Échéances des créances dans la liasse fiscale

Cadre A	ÉTAT DES CRÉANCES	Montant brut	À 1 an au plus	À plus d'un an
De l'actif immobilisé				
Créances rattachées à des participations		UL	UM	UN
Prêts (1) (2)		UP	UR	US
Autres immobilisations financières		UT	UV	UW
De l'actif circulant				
Clients douteux ou litigieux		VA		
Autres créances clients		UX		
Créances représentatives de titres prêtés		UU		
Personnel et comptes rattachés		UY		
Sécurité sociale et autres organismes sociaux		UZ		
État et	Impôts sur les bénéfices	VM		
autres	Taxe sur la valeur ajoutée	VB		
collectivités	Autres impôts et taxes	VN		
publiques	Divers	VP		
Groupes et associés (2)		VC		
Débiteurs divers		VR		
Charges constatées d'avance		VS		
	TOTAUX	VT	VU	VV
(1) Montant des prêts accordés en cours d'exercice		VD		
(1) Remboursements obtenus en cours d'exercice		VE		
(2) Prêts et avances aux associés (pers. physiques)		VF		

Pour conclure cette revue de l'actif immobilisé, il est nécessaire de préciser que l'outil économique ne ressort pas toujours de la lecture des valeurs comptabilisées. L'actif technologique, fruit du processus d'accumulation des dépenses de recherche, est rarement immobilisé ; il en va de même des marques qui font rarement l'objet d'une inscription au bilan.

3 • ACTIF CIRCULANT/ EMPLOIS D'EXPLOITATION

L'actif circulant regroupe les valeurs qui, en raison de leur destination (stocks) ou de leur nature (créances sur les clients), n'ont pas vocation à être maintenues durablement dans l'actif de l'entreprise.

• Stocks

Selon le PCG, les stocks sont des actifs détenus pour être vendus dans le cours normal d'activité, ou en cours de production pour une telle vente, ou destiné à être consommé dans le processus de production ou de prestation de services, sous forme de matières premières ou de fournitures.

Tableau 1.9 – Stocks dans la liasse fiscale

Stocks						
Matières premières, approvisionnements	BL		BM			
En cours de production de biens	BN		BO			
En cours de production de services	BP		BQ			
Produits intermédiaires et finis	BR		BS			
Marchandises	BT		BU			
Avances et acomptes versés sur commandes	BV		BW			

Tableau 1.10 – Retraitements des stocks dans le bilan fonctionnel

Stocks matières premières (BL tableau 1)	
+ Stocks en cours de production de biens (BN tableau 1)	
+ Stocks en cours de production de services (BP tableau 1)	
+ Stocks produits intermédiaires et finis (BR tableau 1)	
= Total Stocks produits finis, semis-finis et en-cours	
+ Stocks marchandises (BT tableau 1)	
= Stocks	

Les principes d'évaluation sont différents selon le type de stocks :

- les matières premières et les marchandises (achetées et revendues en l'état), sont évaluées sur la base d'un coût d'acquisition, soit le prix d'achat augmenté des frais du service achat ;
- les en-cours et les produits finis sont valorisés sur la base d'un coût de production (coût des matières utilisées augmenté de charges directes de production et d'une quote-part de charges indirectes pouvant être rattachées à la fabrication d'un bien) ;
- les frais financiers et les frais dits d'administration générale sont, en principe, exclus de la valorisation des stocks.

Le calcul du coût de production doit être établi en fonction du niveau d'activité effectif de l'entreprise. En effet, si l'imputation de la totalité des frais fixes de production au coût de transformation se conçoit lorsque l'entreprise connaît un niveau d'activité « normal », ce principe ne saurait se défendre en présence d'une sous-activité manifeste. Imputer dans la valeur des stocks des coûts de sous activité conduit à reporter des pertes sur les exercices ultérieurs. En cas de sous-activité, les charges fixes retenues pour l'évaluation des stocks doivent être imputées en fonction du rapport niveau réel d'activité/niveau normal.

Rappelons qu'en France, deux méthodes de valorisation sont admises : le coût moyen unitaire pondéré (CUMP) et la méthode dite « premier entré, premier sorti » (PEPS) également appelée « *first in, first out* » (FIFO). Dans ce dernier cas, les sorties de stocks sont valorisées sur la base des coûts les plus anciens. En période d'inflation, ces derniers sont plus faibles que dans la méthode du « dernier entré, premier sorti » (DEPS ou LIFO) utilisée aux États-Unis, ce qui permet de dégager un résultat plus élevé.

Ce qui vient d'être dit, s'agissant des conséquences de l'inflation telle que nous l'avons connu en 2021 et 2022, est vrai, en sens inverse, de la déflation. Les mouvements d'évolution des prix ont donc des répercussions significatives sur la formation des résultats, qu'il convient de prendre en compte lors de l'analyse des comptes.

• Créances clients

Les créances clients et assimilés, qui traduisent les sommes dues à l'entreprise TTC (donc incluant la TVA), voient leurs échéances détaillées dans le cadre A du tableau 1.8 de la liasse fiscale.

Tableau 1.11 – Créances dans la liasse fiscale

Créances							
Clients et comptes rattachés (3)	BX		BY				
Autres créances (3)	BZ		CA				
Capital souscrit et appelé, non versé	CB		CC				

Tableau 1.12 – Retraitements des créances clients dans le bilan fonctionnel

+ Créances clients nettes (BX tableau 1)	
– Créances clients nettes > 1 an	
= Total créances clients < 1 an	
+ Avances et acomptes (BV tableau 1)	
+ Effets escomptés non échus (YS tableau 11)	
+ Écart de conversion – Actif (CN tableau 1)	
= Créances clients	

Créances clients < 1 an (BX tableau 1 liasse fiscale)

Les créances clients inférieures à un an sont calculées par différence entre les créances clients totales (BX tableau 1 liasse fiscale) et celles supérieures à un an retraitées au niveau des immobilisations financières du bilan fonctionnel. Elles peuvent être dues par des clients français (issues du CA France) ou étrangers (issues du CA export).

Avances et acomptes (BV tableau 1 liasse fiscale)

L'avance est une somme versée avant que la vente d'un bien ou que la prestation de service soit réalisée. Elle sera perdue en cas d'annulation de la commande par l'acheteur. L'acompte est un premier versement sur l'achat d'une marchandise ou d'une prestation de service, librement fixé par le vendeur et qui engage les deux parties. Dans les deux cas, ils doivent être rattachés aux créances car, si le vendeur ne fournit pas le bien ou la prestation, alors l'entreprise bénéficiera d'une créance sur ce fournisseur.

Effets escomptés et non échus (YS tableau 11 liasse fiscale)

Les « effets portés à l'escompte et non échus » ne figurent pas dans les créances clients de la liasse fiscale. En effet, si l'entreprise a des besoins de trésorerie à court terme et souhaite éviter le découvert bancaire, elle peut demander une avance, avant l'échéance prévue, à sa banque au moyen d'un effet de commerce (lettre de change ou billet à ordre) en contrepartie du paiement de frais et d'intérêts.

Le client de l'entreprise réglera directement sa créance à la banque, mais comptablement, la remise à l'escompte fait disparaître ce montant des créances, alors que leur remboursement n'est pas garanti (en cas de non-paiement du client, la banque exigera le remboursement de l'avance au vendeur) et qu'elles génèrent des frais pour l'entreprise. Le montant des effets escomptés doit donc être ajouté au montant des créances clients et, en contrepartie, ajouté aux concours bancaires à court terme pour déterminer le montant des utilisations de crédit à la date d'arrêté du bilan. Le retraitement est identique s'agissant des cessions de créances professionnelles dites « Dailly ». Dans ce mode de financement, l'entreprise donne à une banque des créances commerciales en contrepartie d'un concours bancaire à court terme. La cession peut prendre la forme soit d'une cession-escompte (ou cession-vente) dans laquelle le crédit consenti n'est pas distinct de la cession, soit d'une cession à titre de garantie dans laquelle le transfert de créance garantit le crédit bancaire dont le montant est normalement inférieur à celui des créances cédées.

Dans la première forme (cession-escompte), les créances cédées restent comptabilisées dans le compte clients. Dans la technique de cession de créances à titre de garantie, les créances cédées sont comptabilisées dans le poste « autres créances », la partie des créances constitutive de la retenue de garantie alimentant un compte banque spécifique figurant en « disponibilités ». Quant au crédit accordé, il est comptabilisé dans le poste « concours bancaires courants ». Le retraitement est le suivant : le compte clients est augmenté du montant des créances cédées figurant en « autres créances » (cessions à titre de garantie). La technique de la cession-escompte ne nécessite aucun retraitement du compte clients.

Un retraitement similaire devrait être effectué pour les créances cédées à une société d'affacturage (ou factor) qui sont des filiales de banques ou des sociétés spécialisées (fintech). Malheureusement, cette information n'est pas disponible dans la liasse fiscale. Pourtant, cette pratique s'est largement développée ces dernières années (10 % des factures au niveau mondial) car elle permet à l'entreprise d'externaliser totalement la gestion des créances acceptées par le factor malgré son coût. L'une des principales différences avec l'escompte et la cession de Dailly est en effet la garantie de paiement apportée par le factor.

Écarts de conversion actif (CN tableau 1 liasse fiscale)

Les écarts de conversion actif (ECA) enregistrent la perte potentielle de valeur à la clôture de l'exercice de créances et/ou de dettes libellées en monnaie étrangère à la suite de l'évolution défavorable du cours de change. Son rattachement aux créances ou aux dettes est difficile à la lecture de la seule liasse fiscale puisque l'analyste peut seulement vérifier si des exportations ont eu lieu (et non des importations). Si un montant figure sur le repère FK du tableau 3 de la liasse fiscale représentant le chiffre d'affaires export, alors l'ECA doit être rattaché aux créances clients, sinon il doit être retranché aux dettes fournisseurs car il concerne alors des importations.

• Autres créances d'exploitation

Les autres créances concernent les partenaires économiques de l'entreprise autres que ses clients : l'administration fiscale, les salariés, les organismes sociaux, les fournisseurs, les associés...

Tableau 1.13 – Retraitements des autres créances dans le bilan fonctionnel

+ Autres créances (BZ tableau 1)	
– Autres créances nettes > 1 an	
= Total autres créances < 1 an	
+ Charges constatées d'avance (CH tableau 1)	
= Autres créances d'exploitation	
= TOTAL EMPLOIS D'EXPLOITATION	

Autres créances (BZ tableau 1 liasse fiscale)

Elles correspondent pour l'essentiel aux créances de l'entreprise sur l'État : acompte sur l'impôt sur les bénéfices, TVA déductible en instance de récupération, report en arrière des déficits fiscaux, crédits d'impôts recherche (CIR)... Lorsque des créances sur les clients sont données en garantie dans les financements par cession de créances « Dailly », leurs montants figurent dans les « Autres créances ». Il en va de même des avances en compte-courant entre entreprises d'un même groupe enregistrées dans la rubrique « Groupes et associés ». D'un point de vue financier, ces avances doivent être rattachées à la trésorerie actif.

Charges constatées d'avance (CH tableau 1 liasse fiscale)

Les charges constatées d'avance (CCA) sont des charges (achat de biens ou services) enregistrées cette année, mais dont tout ou partie de la fourniture ou la prestation interviendra sur une ou plusieurs années suivant la clôture comptable. Au niveau de l'analyse financière, les CCA correspondent à des créances à valoir sur le prochain exercice qu'il convient de rattacher aux emplois d'exploitation pour l'établissement du bilan fonctionnel. Il s'agit par exemple des abonnements à l'électricité, à des magazines, des cotisations d'assurances, des loyers…

4 • TRÉSORERIE ACTIF

La trésorerie à l'actif du bilan correspond aux excédents dont elle dispose sur des comptes bancaires ou assimilés. Elle ne correspond pas à la trésorerie nette qui se calculera ensuite par différence avec la trésorerie au passif (découverts bancaires…) du bilan.

Tableau 1.14 – Comptes de trésorerie dans la liasse fiscale

Divers						
Valeurs mobilières de placement (dont actions propres :)	CD		CE			
Disponibilités	CF		CG			

Tableau 1.15 – Retraitements de la trésorerie dans le bilan fonctionnel

+ Disponibilités et VMP (CF et CD tableau 1)	
+ Immobilisations financières < 1 an (CP tableau 1)	
+ Capital appelé, non versé (CB tableau 1)	
= **TOTAL TRÉSORERIE ACTIF**	

Le montant total de la trésorerie à l'actif du bilan fonctionnel est constitué des postes suivants.

• Valeurs mobilières de placement (CD tableau 1 liasse fiscale)

Les valeurs mobilières de placement (VMP) sont des titres financiers détenus par les entreprises avec un objectif de conservation à court terme et sans intention de prendre part à la gestion. Ils sont considérés comme un équivalent de trésorerie car l'entreprise va récupérer prochainement les fonds issus de leur vente.

• Disponibilités (CF tableau 1 liasse fiscale)

Les disponibilités correspondent aux sommes dont disposent les entreprises sur leurs comptes bancaires et dans leur caisse. Attention, les découverts bancaires ne viennent pas en déduction des disponibilités, mais ils apparaissent au passif du bilan.

• Immobilisations financières < 1 an (CP tableau 1 liasse fiscale)

Les immobilisations financières, dont les prêts qui seront remboursés dans les douze mois qui suivent la clôture, ont été enlevées du total des immobilisations financières pour être ajoutées aux équivalents de trésorerie.

• Capital souscrit et appelé, non versé (CB tableau 1 liasse fiscale)

Lors de la création d'une entreprise ou d'une augmentation de capital ultérieure, celle-ci peut appeler une partie seulement des fonds. Dans un délai maximum de cinq ans, les appels de fonds ultérieurs doivent avoir lieu. Le capital appelé non versé correspond aux sommes que les actionnaires vont prochainement payer en vertu d'une libération partielle du capital. L'entreprise va donc en bénéficier à très court terme (dans les deux mois suivant l'appel réalisé avant la clôture) au niveau de sa trésorerie, ce qui justifie ce rattachement.

Une fois tous les retraitements à l'actif du bilan effectués, les résultats sont reportés dans le modèle de bilan fonctionnel présenté dans le tableau 1.16 ci-dessous.

Tableau 1.16 – Actif du bilan fonctionnel

Actif	N	N – 1	N – 2
Immobilisations incorporelles			
Actifs corporels acquis			
Actifs corporels loués en crédit-bail			
Immobilisations corporelles			
Immobilisations financières			
EMPLOIS STABLES			
Stocks matières premières			
Stocks produits finis, semis-finis et en-cours			
Stocks marchandises			
Total stocks			
Créances clients			
Autres créances d'exploitation			
EMPLOIS D'EXPLOITATION			
Disponibilités			
Valeurs mobilières de placement (VMP)			
Autres équivalents de trésorerie			
TRÉSORERIE ACTIF			
TOTAL ACTIF			

SECTION 2 PASSIF DU BILAN FONCTIONNEL

1 • CAPITAUX PROPRES

Les capitaux propres regroupent les capitaux apportés par les actionnaires (capital social) et les bénéfices non distribués (laissés en réserves ou en report à nouveau) auxquels s'ajoutent les provisions réglementées et les subventions d'investissement.

Tableau 1.17 – Capitaux propres dans la liasse fiscale

	Exercice N	
Capital social ou individuel (dont versé : …)	DA	
Primes d'émission, de fusion, d'apport…	DB	
Écarts de réévaluation (dont écart d'équivalence EK : …)	DC	
Réserve légale	DD	
Réserves statutaires ou contractuelles	DE	
Réserves réglementées	DF	
Autres réserves	DG	
Report à nouveau	DH	
RÉSULTAT DE l'EXERCICE (Bénéfice ou perte)	DI	
Subventions d'investissement	DJ	
Provisions réglementées	DK	
TOTAL (I)	DL	

Tableau 1.18 – Retraitements des capitaux propres dans le bilan fonctionnel

+ Capital social (DA tableau 2)	
+ Primes d'émission, de fusion, d'apport (DB tableau 2)	
– Capital souscrit non appelé (AA tableau 1)	
= Capital social et primes liées aux opérations de capital	
+ Réserves (de DD à DG tableau 2)	
+ Écarts de réévaluation (DC tableau 2)	
= Réserves et écarts de réévaluation	
+ Report à nouveau (DH tableau 2)	
+ Résultat (DI tableau 2)	
+ Provisions réglementées (DK tableau 2)	
+ Subvention investissement (DJ tableau 2)	
= CAPITAUX PROPRES (A)	

• Capital social et primes liées aux opérations de capital

Lors d'une augmentation de capital, les apports des associés ne se limitent pas au versement de la valeur nominale des actions souscrites, mais à l'ensemble du prix d'émission, c'est-à-dire en intégrant les primes.

Capital social (DA tableau 2 liasse fiscale)

Le capital social correspond au nombre d'actions multiplié par leur valeur nominale fixée dans les statuts. Un montant minimum est exigé à la création en fonction de la forme juridique de la société, puis le capital social varie en fonction des augmentations de capital (en cas de projet de croissance et d'investissement à financer) ou des éventuelles réductions de capital. Ces dernières peuvent être réalisées dans le cadre d'une opération de restructuration imposée à la suite de déficits importants accumulés entraînant un niveau de capitaux propres inférieur à la moitié du capital social. Cette réduction a pour objectif d'être suivie d'une augmentation de capital dans le cadre d'une opération appelée « coup d'accordéon ».

Prime d'émission, de fusion, d'apport (DB tableau 2 liasse fiscale)

La prime d'émission est égale à la différence entre le prix d'émission et la valeur nominale d'une nouvelle action émise. Elle n'est en effet pas versée par les associés lors de la création de l'entreprise, mais uniquement lors d'augmentations ultérieures de capital. Elle permet de faire payer au nouveau souscripteur un prix correspondant à la valeur réelle de l'action qui a, en principe, augmenté depuis la création du fait de son développement. Plus rare, la prime de fusion concerne le rachat d'une société cible et la prime d'apport est constatée en cas d'apports en nature (brevet, fonds commercial, matériels...).

Capital souscrit non appelé (AA tableau 1 liasse fiscale)

Le capital social doit être diminué du montant du capital souscrit non appelé. La somme qui figure dans cette rubrique constitue en effet une créance de l'entreprise sur ses actionnaires et correspond au capital souscrit, mais non encore libéré.

• Réserves et écarts de réévaluation

Les réserves correspondent à la part des bénéfices non distribués aux actionnaires. Il n'en demeure pas moins que l'entreprise devra leur rembourser à la fin de sa vie car il s'agit de sommes leur appartenant, mais qu'ils laissent à disposition de l'entreprise pour assurer son autofinancement.

Réserves (DD à DG tableau 2 liasse fiscale)

L'analyste doit d'abord vérifier si la réserve légale (DD tableau 2 liasse fiscale), prévue pour prévenir les difficultés sur la base de prélèvements obligatoires de 5 % du bénéfice distribuable annuel, est égale à 10 % du capital social (DA tableau 2 liasse fiscale). Si ce n'est pas le cas, alors il doit formuler les hypothèses : l'entreprise est-elle récente, peu rentable depuis sa création ou vient-elle de procéder à une augmentation de capital ?

Outre les réserves statutaires (DE tableau 2 liasse fiscale) dont les conditions sont définies dans les statuts par les associés, ce sont surtout les réserves libres dites « autres réserves » (DG tableau 2 liasse fiscale) dans la liasse fiscale qui constituent l'essentiel du total des réserves des entreprises. Les dirigeants ont la libre utilisation de ces réserves pour faire face à des difficultés conjoncturelles ou autofinancer des projets de croissance interne ou externe.

Écarts de réévaluation (DC tableau 2 liasse fiscale)

En France, la dernière réévaluation légale imposée aux entreprises date de 1976. En parallèle, les entreprises peuvent, si elles le souhaitent, opérer une réévaluation dite « libre » de l'ensemble de leurs immobilisations corporelles et financières (contrairement aux immobilisations incorporelles, aux stocks et aux VMP). Dans la pratique et malgré les incitations de la loi de finance de 2021, ces réévaluations ne sont pas constatées sauf pour les actionnaires désirant revendre prochainement leurs entreprises. En effet, la contrepartie de l'augmentation des actifs inscrite en écart de réévaluation fait l'objet d'une imposition au taux normal.

• Autres éléments des capitaux propres

Report à nouveau (DH tableau 2 liasse fiscale)

Il convient de distinguer dans l'analyse :

- les reports à nouveau (RàN) créditeurs ayant un signe « + » qui traduisent la partie non distribuée sous forme de dividendes d'un bénéfice que les associés n'ont pas souhaité inscrire immédiatement en réserves. L'objectif peut être de les distribuer ultérieurement ou de compenser des pertes. Il sera également possible de les affecter aux réserves ultérieurement ;
- les RàN débiteurs repérables à leur signe « – » ou indiqué entre « (..) » dans la liasse fiscale apparaissent en cas de déficits non affectés à des réserves. L'entreprise espère pouvoir en effet les compenser par des bénéfices futurs.

Résultat (DI tableau 2 liasse fiscale)

Le résultat net comptable qui apparaît au bilan correspond au bénéfice inscrit dans le compte de résultat (HN tableau 4 liasse fiscale). Attention, le bilan de la liasse fiscale est toujours présenté avant répartition des bénéfices, donc l'entreprise ne conservera dans ses capitaux propres que la partie non distribuée sous forme de dividendes.

Provisions réglementées (DK tableau 2 liasse fiscale)

Les provisions réglementées ont une justification uniquement fiscale car elles permettent un décalage du paiement de l'impôt dans le temps (à ne pas confondre avec un crédit d'impôt). L'objectif est de faire bénéficier aux entreprises d'un décalage de trésorerie utile pour :

- atténuer les difficultés liées à l'inflation : c'est le cas des provisions pour hausses de prix qui peuvent être comptabilisées si la hausse excède 10 %, ce qui a été le cas depuis 2021 pour certaines matières premières et produits ;
- encourager l'investissement : c'est le cas des provisions pour investissement et des amortissements dérogatoires. Ils permettent de sur-amortir, les premières années suivant l'achat, certains investissements neufs dont la durée d'utilisation prévue est au moins égale à trois ans (matériels, bâtiments industriels...).

Attention les dotations aux provisions ou amortissements dérogatoires devront être reprises dans les futurs exercices dans les conditions définies par l'État. Dans une perspective d'analyse financière, ne doit donc être retenus que les montants des provisions nets d'impôts.

La décision de doter des provisions réglementées si les conditions sont remplies a de fortes incidences sur la structure des comptes de résultat et la présentation des bilans. En effet, les capitaux propres se trouvent renforcés du supplément d'amortissement constaté par rapport à un mode d'amortissement linéaire, mais en contrepartie, le résultat net est diminué d'autant.

Subvention d'investissement (DJ tableau 2 liasse fiscale)

Les subventions d'investissement sont constatées en comptabilité française dans les capitaux propres. Leur montant au passif du bilan est celui restant à reprendre au résultat car leur réintégration au résultat imposable est étalée sur la durée d'amortissement du bien subventionné.

Du point de vue de l'analyste financier, ce choix est contestable car il dénature les capitaux propres correspondant en principe aux sommes à rembourser aux associés.

Ainsi, en comptabilité internationale applicable aux groupes, ils sont constatés en produits constatés d'avance ou directement en moins du coût d'acquisition des immobilisations subventionnées.

2 • QUASI CAPITAUX PROPRES

Les quasi capitaux propres ont cette particularité d'être des postes regroupant des caractéristiques à la fois des capitaux propres et des dettes financières. Dans l'attente d'un rattachement définitif, ils sont classés dans cette catégorie hybride.

Tableau 1.19 – Autres fonds propres dans la liasse fiscale

Produits des émissions de titres participatifs	DM	
Avances conditionnées	DN	
TOTAL (II)	DO	

Tableau 1.20 – Retraitements des autres fonds propres dans le bilan fonctionnel

+ Comptes courants associés (VI tableau 8)	
+ Obligations convertibles (DS tableau 2) + Avances conditionnées (DN tableau 2) + Emprunts participatifs (DM + EI tableau 2)	
= Autres quasi capitaux propres	
= QUASI CAPITAUX PROPRES (B)	

• Comptes courants des associés (VI tableau 8 liasse fiscale)

Les comptes courants d'associés sont surtout présents dans les PME dans lesquelles ils peuvent d'ailleurs représenter une part significative des ressources stables de l'entreprise. Les informations les concernant figurent dans le repère VI du tableau 8 de la liasse fiscale et la part seule des comptes courants des associés personnes physiques est précisée dans le repère VL du même tableau.

Leur retraitement dans les « quasi-capitaux propres » n'est pas automatique. En effet, s'il ne s'agit que de remboursements de frais des associés ou s'ils diminuent, il convient de les maintenir en dettes financières diverses. En revanche, si les montants des comptes courants sont stables ou en augmentation et qu'ils constituent une réelle source de financement pour les entreprises, alors ils méritent d'être rattachés aux quasi-capitaux propres.

• **Autres quasi capitaux propres**

Obligations convertibles (DS tableau 2 liasse fiscale)

Les obligations convertibles en actions (OCA) sont des titres de créances qui peuvent être remboursés, au choix de l'investisseur, soit au prix de remboursement en numéraire, soit sous forme d'actions. Elles ne doivent être assimilées aux capitaux propres que si leur probabilité de conversion est élevée, c'est-à-dire quand la valeur des actions obtenues devient supérieure au prix de remboursement fixé dans le contrat d'émission.

Avances conditionnées (DN tableau 2 liasse fiscale)

Les avances conditionnées correspondent notamment aux avances accordées par BPI France (Banque publique d'investissement), organisme financier qui distribue des aides substantielles aux entrepreneurs français (67 milliards € au total en 2022). Parmi les moyens en soutien d'actions prioritaires (innovation, durabilité...), il existe des avances qui sont remboursables en cas de succès et répondent alors aux logiques de remboursement des dettes. Elles ne devraient donc faire l'objet d'un classement en capitaux propres que si la probabilité d'échec est, ou devient, importante.

Emprunts participatifs (DM + EI tableau 2 liasse fiscale)

Les emprunts participatifs concernent potentiellement toutes les entreprises sauf celles exerçant une activité civile et libérale en particulier. Juridiquement, les emprunts participatifs sont assimilés à des capitaux propres au regard de leur caractère de créance de dernier rang. Ils s'en distinguent cependant, car ils génèrent des charges d'intérêt et des charges de remboursement.

Ils peuvent être financés par l'État ou des établissements de crédit, mais leur utilisation est plutôt rare même si entre 2008 et 2011, OSEO (depuis remplacé par BPI France) en avait proposé dans le cadre d'un plan de relance pour l'économie et qu'ils ont été relancés en 2021 avec le label Relance pour financer des PME et ETI.

3 • DETTES FINANCIÈRES À MOYEN ET LONG TERME

Les dettes financières stables des TPE et PME sont certes très largement souscrites auprès des banques, mais les solutions de locations qui se développent pour financer des investissements constituent également un élément clé à prendre en compte dans le bilan fonctionnel.

Tableau 1.21 – Dettes financières dans la liasse fiscale

Emprunts obligataires convertibles	DS	
Autres emprunts obligataires	DT	
Emprunts et dettes auprès des établissements de crédit (5)	DU	
Emprunts et dettes financières divers (dont emprunts participatifs EI : ...)	DV	

Tableau 1.22 – Retraitements des dettes financières dans le bilan fonctionnel

+ Emprunts ets crédit (DU tableau 2) – Concours bancaires courants et SC banque (EH tableau 2)	
= Emprunts bancaires	
+ Emprunts obligataires (DT tableau 2)	
+ Valeur d'origine moins total amortissements tableau de c.bail ou + 90 % engagement c.bail mobilier (YQ tableau 11) ou + 80 % engagement c.bail immobilier (YR tableau 11)	
= Emprunts crédit-bail	
+ Dettes financières diverses (DV tableau 2) – Comptes courants associés (VI tableau 8)	
= Dettes financières diverses	
= DETTES FINANCIÈRES À MOYEN ET LONG TERME (C)	

• Emprunts bancaires

La rubrique « Emprunts et dettes auprès des établissements de crédit » réunit l'ensemble des concours financiers apportés par les banques restant à rembourser, à l'exception des actifs financés en crédit-bail et des effets escomptés.

Le montant des découverts bancaires et des emprunts à moins d'un an, indiqué dans le renvoi n° 5 de bas de bilan (repère EH tableau 2 liasse fiscale), doit être soustrait pour être replacé dans la trésorerie négative. L'objectif est de maintenir dans cette catégorie du bilan fonctionnel uniquement le montant des emprunts supérieurs à un an.

• Emprunts obligataires

Lorsque l'entreprise a des besoins de financement trop importants que ses banques seules ne peuvent pas couvrir, elle peut proposer des titres de créances obligataires à l'ensemble des investisseurs présents sur les marchés financiers. Ce mode de financement est très utilisé par les groupes pour financer leur croissance avec une maturité moyenne de cinq ans et un remboursement *in fine* compte tenu de la baisse continuelle des taux d'intérêt jusqu'en 2022. Les agences de notation financière (Standard & Poor's, Moody's et Fitch) jouent un rôle clé dans le taux d'intérêt proposé par l'entreprise émettrice en précisant le niveau de risque de non-remboursement en temps et en heure par une note composée de lettres dont la plus élevée est « AAA ».

• Emprunts crédit-bail

La valeur des emprunts de crédit-bail à réintégrer dans les dettes financières est égale à la valeur nette des biens loués estimée lors des retraitements des immobilisations corporelles à l'actif du bilan fonctionnel. D'un point de vue économique, l'analyste considère en effet que l'entreprise a obtenu un financement intermédiaire par le crédit-bailleur qui doit apparaître dans les dettes financières comme si elle l'avait acquis directement par un emprunt bancaire.

• Dettes financières diverses

Les dettes financières diverses (DV tableau 2 liasse fiscale) incluent principalement les comptes courants d'associés (VI tableau 8 liasse fiscale) qui doivent être soustraits de leur total s'ils ont été rattachés précédemment aux quasi-capitaux propres.

• Dettes financières à moyen et long terme

L'analyse de la structure du bilan nécessite de décomposer la rubrique globale de dettes en distinguant la dette financière des dettes d'exploitation. Dans un premier temps, il convient de calculer le montant de la dette financière totale sans distinction de durée. Il est égal à la somme des quatre rubriques (« Emprunts obligataires convertibles » (DS) + « Autres emprunts obligataires » (DT) + « Emprunts et dettes auprès des établissements de crédit » (DU) + « Emprunts et dettes financières divers » (DV)) du tableau 2 de la liasse fiscale. Il est nécessaire d'y adjoindre les en-cours en capital des actifs financés en crédit-bail et les effets escomptés et non échus.

Dans un deuxième temps, la dette financière doit être reclassée en fonction de son échéance à l'origine (moins d'un an ou plus d'un an). Par ailleurs, certaines composantes de la dette financière (les comptes courants d'associés, les prêts participatifs, les obligations convertibles) peuvent être assimilées aux capitaux propres sous certaines conditions en les regroupant dans une rubrique « quasi capitaux propres ». Les informations nécessaires à ces reclassements figurent dans le cadre B du tableau 8 de la liasse fiscale intitulé état des dettes (voir tableau 1.23) et en renvoi, en bas du passif du bilan (concours bancaires courants et emprunts participatifs).

Tableau 1.23 – État des échéances des dettes

Cadre B	ÉTAT DES DETTES	Montant brut	À 1 an au plus	À plus d'1 an	À plus de 5 ans
Emprunts obligataires convertibles		7Y			
Autres emprunts obligataires		7Z			
Emprunts, dettes auprès	à 2 ans maximum à l'origine	VG			
des Ets de crédit (1)	à plus de 2 ans à l'origine	VH			
Emprunt et dettes financières divers (1) (2)		8A			
Fournisseurs et comptes rattachés		8B			
Personnel et comptes rattachés		8C			
Sécurité sociale et autres organismes sociaux		8D			
État et	Impôts sur les bénéfices	8E			
autres	Taxe sur la valeur ajoutée	VW			
collectivités	Obligations cautionnées	VX			
publiques	Autres impôts et taxes	VQ			
Dettes sur immobilisations et comptes rattachés		8J			
Groupes et associés (2)		VI			
Autres dettes		8k			
Dettes représentatives de titres empruntés		SZ			
Produits constatés d'avance		8L			
	TOTAUX	VY	VZ		
(1) Emprunts souscrits en cours d'exercice		VJ			
(1) Emprunts remboursés en cours d'exercice		VK			
(2) Empts et dettes auprès associés pers. physiques		VL			

4 • DETTES D'EXPLOITATION

Une fois les dettes financières retraitées, les dettes d'exploitation doivent être réintégrées à leur tour au passif du bilan fonctionnel dans les ressources d'exploitation à court terme. Elles correspondent aux sommes dues par l'entreprise à ses différentes parties prenantes : fournisseurs, État, organismes sociaux, salariés, associés (dividendes à payer)…

Tableau 1.24 – Dettes d'exploitation dans la liasse fiscale

Avances et acomptes reçus sur commandes en cours	DW	
Dettes fournisseurs et comptes rattachés	DX	
Dettes fiscales et sociales	DY	
Dettes sur immobilisations et comptes rattachés	DZ	
Autres dettes	EA	
Produits constatés d'avance (4)	EB	
TOTAL (IV)	EC	
Écarts de conversion passif TOTAL **(V)**	ED	

Tableau 1.25 – Retraitements des dettes d'exploitation dans le bilan fonctionnel

+ Dettes fiscales et sociales (DY tableau 2) + Dettes fournisseurs (DX tableau 2) + Écart conversion-Passif (ED tableau 2)	
= Total dettes fournisseurs	
+ Autres dettes (EA tableau 2) + Dettes sur immobilisations (DZ tableau 2) + Avances reçues (DW tableau 2) + Produits constatés d'avance (EB tableau 2)	
= Total autres dettes d'exploitation	
+ Provisions pour risques (DP tableau 2) + Provisions pour charges (DQ tableau 2)	
= Total provisions pour risques et charges	
= TOTAL RESSOURCES D'EXPLOITATION	

• Dettes fiscales et sociales (DY tableau 2 liasse fiscale)

L'entreprise présente à chaque clôture de l'exercice les montants de ses dettes envers l'administration fiscale dont celles relatives à la TVA, la cotisation sur la valeur ajoutée des entreprises (CVAE) et la cotisation foncière des entreprises (CFE). De plus, l'entreprise est toujours redevable à cette même date de cotisations auprès des organismes sociaux de sécurité sociale collectés en France par l'URSSAF (chômage, retraite, maladie...) et les mutuelles privées.

• Dettes fournisseurs

Dettes fournisseurs (DX tableau 2 liasse fiscale)

Les dettes fournisseurs du bilan fonctionnel regroupent celles réalisées auprès des fournisseurs de charges pour l'entreprise, mais également des fournisseurs d'immobilisation. Elles se sont limitées ces dix dernières années avec les délais de paiement plus courts imposés par la loi LME, mais les difficultés conjoncturelles récentes (Covid, inflation) ont conduit à un allongement des retards de paiement pour certaines entreprises fragilisées au niveau de leur trésorerie.

Écarts de conversion passif (ED tableau 2 liasse fiscale)

À l'opposé des ECA, les écarts de conversion passif (ECP) traduisent un gain potentiel permis par une évolution favorable des taux de changes sur une créance ou une dette libellée en monnaie étrangère. Dans le bilan fonctionnel, les ECP sont rattachés, par défaut, aux dettes fournisseurs. Si l'analyste est en mesure de s'assurer de l'absence d'importations, alors ces écarts sont à enlever du total des créances clients.

• Autres dettes d'exploitation

Autres dettes (EA tableau 2 liasse fiscale)

À l'instar des autres créances à l'actif du bilan, les autres dettes sont rattachées aux parties prenantes des entreprises autres que leurs fournisseurs. Ainsi, elles concernent également principalement les salariés, les organismes sociaux, l'administrations fiscale et les associés.

Dettes sur immobilisations (DZ tableau 2 liasse fiscale)

Les sommes restantes dues aux fournisseurs d'actifs immobilisés, liées aux délais de paiement entre entreprises, font l'objet d'une comptabilisation à part des autres fournisseurs.

Avances reçues (DW tableau 2 liasse fiscale)

Les avances reçues par les clients de l'entreprise sont comptabilisées au passif du bilan car si elle ne remplit pas ses obligations (livraison d'un bien ou prestation d'un service) après la clôture comptable, elle devra rembourser ces sommes qui constituent en l'état des dettes.

Produits constatés d'avance (EB tableau 2 liasse fiscale)

Il s'agit de la part des produits des ventes ou des prestations de services déjà comptabilisés au cours de l'exercice par l'entreprise, mais dont l'exécution interviendra ultérieurement. Ils sont comptabilisés en dettes en raison du remboursement qui pourrait en être fait en cas d'inexécution finale.

• Provisions pour risques et charges (DP et DQ tableau 2 liasse fiscale)

Tableau 1.26 – Provisions pour risques et charges dans la liasse fiscale

Provisions pour risques	DP	
Provisions pour charges	DQ	
TOTAL (III)	DR	

Ces provisions ont pour objet de couvrir un risque ou une charge prévisible dont le montant et/ou l'échéance ne sont pas connus. Elles concernent principalement les litiges, les garanties données aux clients, les pertes sur marchés à terme, les pertes de change, les amendes et pénalités. Par exemple, les entreprises chimiques ou aéronautiques comptabilisent des provisions pour couvrir les arrêts périodiques et les révisions générales des équipements pratiqués.

Selon la nature de la charge, les dotations et reprises de provision seront comptabilisées dans le cycle exploitation, financier ou exceptionnel du compte de résultat. Ainsi, l'indemnité de licenciement est comptabilisée en principe en charges d'exploitation dans les frais de personnel (salaires et charges sociales). Cependant, en cas de programme significatif de réduction des effectifs, les indemnités sont comptabilisées en charges exceptionnelles. En raison du principe que les indemnités doivent être rattachées à l'exercice au cours duquel a été prise la décision de licenciement, il sera enregistré, dans les charges exceptionnelles, une provision pour risques et charges au titre de l'exercice, alors que le versement de l'indemnité sera effectué au cours d'un exercice ultérieur.

Les provisions pour risques et charges posent deux problèmes en analyse financière. La première question à se poser à leur sujet concerne leur justification réelle, ou à défaut la suffisance du montant comptabilisé au regard des risques et charges couverts. Néanmoins, la vigilance des commissaires aux comptes et de l'administration fiscale fait que ces provisions couvrent des sorties de fonds qui se concrétisent le plus souvent effectivement dans le futur. La deuxième question concerne le dénouement prévisible, c'est-à-dire à l'horizon où les risques et charges se traduiront par une sortie de fonds. Il convient d'être prudent et de considérer, en l'absence d'information précise sur l'échéance probable, que ces provisions présentent un caractère de court terme qui conduit à les rattacher aux ressources d'exploitation lors de l'établissement du bilan fonctionnel.

5 • TRÉSORERIE PASSIF

Tableau 1.27 – Retraitements de la trésorerie passif dans le bilan fonctionnel

+ Concours bancaires courants et SC banque (EH tableau 2)	
+ Effets escomptés non échus (YS tableau 11)	
= TOTAL TRÉSORERIE PASSIF	

En vue de faire ressortir la trésorerie passif qui traduit l'ensemble des concours financiers à court terme apportés par les banques à l'entreprise, il est nécessaire d'ajouter aux concours bancaires courants (EH tableau 2 liasse fiscale) le montant des effets escomptés et non échus (YS tableau 11 liasse fiscale).

Précisons que les crédits bancaires accordés dans le cadre des cessions de créances professionnelles « Dailly » (cession-escompte ou cession à titre de garantie), qui sont enregistrés dans les « concours bancaires courants », ne donnent pas lieu à retraitement. Par contre, le montant des créances cédées doit être ajouté à celui des créances sur les clients dans le cas des cessions à titre de garantie.

En conclusion de l'ensemble de ces retraitements du bilan et du compte de résultat, il faut bien admettre que la représentation de l'entreprise que donne la comptabilité, n'est pas toujours en adéquation avec l'image économique dont souhaite disposer l'analyste. Ce décalage a plusieurs origines. Notamment :

- la pesanteur « patrimoniale », qui prévaut dans l'établissement des comptes, n'est pas sans conséquences pour l'appréciation de l'outil productif amputé des biens pris en location, ni pour l'estimation des utilisations de concours bancaires dont la partie correspondant à l'escompte figure dans les engagements hors bilan ;
- l'interférence des options fiscales et patrimoniales, qui conduisent à un « détournement » du bénéfice dont les nombreuses créations de SCI familiales ou à la dispersion du montant des salaires versés aux dirigeants de PME, nous paraît constituer une illustration ;
- la situation économique de l'entreprise n'est pas neutre non plus, et s'avère un facteur de déformation de l'information comptable pouvant contribuer à la création d'une image artificielle fort éloignée de la réalité économique. Ainsi, les pratiques habituelles d'allongement du crédit fournisseurs, de report de paiement sont autant d'artifices qui permettent d'occulter temporairement la dégradation de la situation de trésorerie ;
- enfin, l'immobilisation quasi exceptionnelle des investissements immatériels, alors que la part de ces investissements ne fait que croître, ferme la liste des facteurs contribuant à donner une image comptable éloignée de la réalité économique de l'entreprise.

Une fois tous les retraitements au passif du bilan effectués, les résultats sont reportés dans le modèle de bilan fonctionnel présenté dans le tableau 1.28.

Tableau 1.28 – Passif du bilan fonctionnel

Passif	N	N - 1	N - 2
Capital social et primes liées aux opérations de capital			
Réserves et écarts de réévaluation			
Report à nouveau			
Résultat			
Provisions réglementées			
Subventions d'investissement			
Capitaux propres			
Comptes courants d'associés			
Autres quasi capitaux propres			
Quasi capitaux propres			
Emprunts bancaires			
Emprunts obligataires			
Emprunts crédit-bail			
Dettes financières diverses			
Dettes financières à moyen et long terme			
RESSOURCES STABLES			
Dettes fiscales et sociales			
Dettes fournisseurs			
Autres dettes d'exploitation			
Provisions pour risques et charges			
RESSOURCES D'EXPLOITATION			
Concours bancaires courants (CBC) et SC banque			
Effets escomptés non échus (EENE)			
TRÉSORERIE PASSIF			
TOTAL PASSIF			

	N	N - 1	N - 2
Fonds de roulement (FR)			
Besoin en fonds de roulement (BFR)			
Trésorerie nette : FR – BFR			
Trésorerie nette : TA – TP			

SECTION 3 CALCULS DU FR, BFR ET DE LA TRÉSORERIE

1 • MODÈLES DE BILAN FONCTIONNEL

• Architecture d'ensemble du bilan fonctionnel

Comme le montre le tableau 1.29, les rubriques de l'actif sont regroupées en quatre composantes : actif immobilisé, emplois d'exploitation, emplois hors exploitation et éléments de trésorerie actif. Au passif, on distingue les ressources stables, les ressources d'exploitation, les ressources hors exploitation et les composantes de la trésorerie passif. Dans la pratique, par souci de simplification, les emplois hors exploitation et les ressources hors exploitation sont respectivement rattachés aux emplois d'exploitation et aux ressources d'exploitation.

Tableau 1.29 – Bilan fonctionnel condensé

Actif		Passif	
Actif immobilisé (emplois stables)	Actif incorporel Actif corporel Actif financier	*Ressources stables*	Capitaux propres Dettes financières à plus d'1 an
Emplois d'exploitation	Stock Créances clients Autres créances	*Ressources d'exploitation*	Dettes fournisseurs Dettes fiscales et sociales Autres dettes
Emplois hors exploitation	Créances hors exploitation	*Ressources hors exploitation*	Dettes hors exploitation
Trésorerie, actif	Valeurs mobilières de placement ; disponibilités	*Trésorerie, passif*	Concours bancaires courants ; escompte

Une fois appréhendé les grandes logiques financières du bilan condensé, l'analyste financier doit conduire le calcul des indicateurs clés à la suite des retraitements opérés sur la liasse fiscale. Le tableau 1.30 reprend le modèle complet de bilan fonctionnel détaillé dans les deux sections précédentes.

Tableau 1.30 – Modèle de bilan fonctionnel (en K€)

Actif	N	N - 1	N - 2
Immobilisations incorporelles			
Actifs corporels acquis			
Actifs corporels loués en crédit-bail			
Immobilisations corporelles			
Immobilisations financières			
EMPLOIS STABLES			
Stocks matières premières			
Stocks produits finis, semis-finis et en-cours			
Stocks marchandises			
Total stocks			
Créances clients			
Autres créances d'exploitation			
EMPLOIS D'EXPLOITATION			
Disponibilités			
Valeurs mobilières de placement (VMP)			
Autres équivalents de trésorerie			
TRÉSORERIE ACTIF			
TOTAL ACTIF			

Passif	N	N - 1	N - 2
Capital social et primes liées aux opérations de capital			
Réserves et écarts de réévaluation			
Report à nouveau			
Résultat			
Provisions réglementées			
Subventions d'investissement			
Capitaux propres			
Comptes courants d'associés			
Autres quasi capitaux propres			
Quasi capitaux propres			
Emprunts bancaires			
Emprunts obligataires			
Emprunts crédit-bail			
Dettes financières diverses			
Dettes financières à moyen et long terme			
RESSOURCES STABLES			

Dettes fiscales et sociales Dettes fournisseurs Autres dettes d'exploitation Provisions pour risques et charges			
RESSOURCES D'EXPLOITATION			
Concours bancaires courants (CBC) et SC banque Effets escomptés non échus (EENE)			
TRÉSORERIE PASSIF			
TOTAL PASSIF			

• Regroupements fonctionnels

À partir du bilan fonctionnel complet, il est possible de faire ressortir les trois grandeurs financières significatives (tableau 1.31) suivantes :

- le fonds de roulement (FR), défini comme l'excédent des ressources stables sur l'actif immobilisé (ou emplois stables) ;
- le besoin en fonds de roulement (BFR), correspondant à la différence entre les emplois et les ressources d'exploitation ;
- la trésorerie, égale à la différence entre les éléments de trésorerie à l'actif mentionnés TA (valeurs mobilières de placement, disponibilités) et ceux au passif mentionnés TP (concours bancaires à court terme, soldes créditeurs de banque et effets escomptés). Nous verrons, à la fin de cette section, que la trésorerie peut également être calculée par différence entre le FR et le BFR.

Tableau 1.31 – Calculs du FR, BFR et de la Trésorerie

	N	N - 1	N - 2
Fonds de roulement (FR)			
Besoin en fonds de roulement (BFR)			
Trésorerie nette : FR – BFR			
Trésorerie nette : TA – TP			

2 • DÉCOMPOSITION DU BESOIN EN FONDS DE ROULEMENT (BFR)

• Origines du BFR

Les opérations du cycle d'exploitation recouvrent trois phases qui se succèdent et engendrent un enchaînement de dettes et de créances :

- une phase d'approvisionnement correspondant à l'achat de biens ou de services ; généralement les biens achetés sont stockés avant d'être transformés ;
- une phase de production qui se traduit par la consommation d'inputs (biens ou services ; savoir-faire ; capital économique). Cette étape génère des stocks temporaires de produits semi-finis ou en cours ;
- une phase de commercialisation qui commence par le stockage de produits finis et se termine avec la vente des biens ou services.

Le BFR existe du fait des décalages qui apparaissent entre l'engagement de dépenses dans le processus de production du produit, et le moment où l'entreprise récupère ces fonds à l'issue du cycle de commercialisation.

Dans la figure 1.2, Le cycle d'exploitation induit deux cycles : un cycle physique et un cycle financier. C'est ce dernier qui exprime le décalage des flux entre les décaissements et les encaissements et représente le BFR ; ses caractéristiques sont en partie dictées par le cycle physique.

EXEMPLE : CYCLE DE BESOIN EN FONDS DE ROULEMENT

Dans cet exemple, l'entreprise supporte d'abord le fait de devoir avancer des fonds à ses clients pendant 16 semaines en raison de 2 semaines de stockage de matières premières, 12 semaines de transformation et 2 semaines de stockage de produits finis. Ce besoin du cycle physique de 16 semaines est réduit de 4 semaines grâce à son délai de règlement auprès de ses fournisseurs, mais il est allongé de 8 semaines d'attente du règlement de ses clients. Au final, le BFR sera valorisé sur la base de cette différence finale de 20 semaines correspondant à son cycle financier.

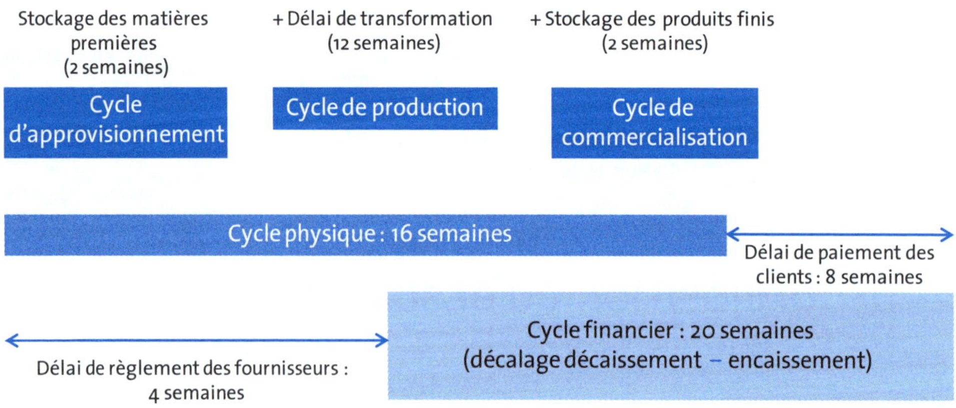

Figure 1.2 – Les cycles du besoin en fonds de roulement

Le BFR est donc fortement dépendant de la durée du cycle physique et du crédit interentreprises, directement lié à la durée du crédit accordé par les fournisseurs et par les conditions de règlement des clients.

L'escompte d'effets de commerce est un moyen de financement du BFR et non pas un moyen de réduction de ce dernier. Le BFR correspond à un phénomène structurel dû à la répétitivité du cycle d'exploitation. Le déroulement d'un cycle achat-production-commercialisation suppose généralement que l'entreprise fasse une avance de fonds au niveau des achats, des frais de fabrication hors amortissements et des frais commerciaux hors amortissement. En effet, les achats de matières premières seront transformés en encaissement après franchissement des durées de stockage qui les concernent : stocks de matières, d'en-cours, de produits finis et crédit clients. L'encaissement lié aux frais de fabrication ne sera effectif qu'après les différentes étapes de stockage et le délai de paiement des clients.

Le BFR correspond précisément à la part des besoins du cycle d'exploitation qui, n'étant pas financés par des ressources générées par ce cycle, doivent être couverts par des financements complémentaires : le FR puis des solutions de trésorerie passif (découverts, escompte) si le FR seul est insuffisant. Ainsi, l'approche fonctionnelle repose sur un principe normatif implicite, qui conduit à affirmer que plus le BFR est financé par du FR (ressources stables), meilleur est censé être assuré l'équilibre financier à long terme de l'entreprise.

• Ratios du BFR et de ses composantes

Généralement, l'analyse financière du BFR se réalise à l'aide de ratios permettant d'exprimer ses composantes par rapport à un indicateur d'activité.

Besoin en fonds de roulement/chiffre d'affaires (CA) HT

Le BFR est le plus souvent exprimé en nombre de jours de chiffre d'affaires HT. Si ce dernier n'est pas toujours représentatif de l'activité, son utilisation permet des comparaisons plus aisées avec les concurrents et par rapport aux indicateurs sectoriels (voir tableau 1.32 précisant le BFR ainsi exprimé par secteur calculé par la Banque de France).

En cas de cycle d'exploitation long, de production interne d'immobilisations ou de fortes variations des stocks de produits finis, il est en effet recommandé d'exprimer le BFR par rapport à la production.

Délais de paiement des clients

La loi sur la modernisation de l'économie, dite loi LME, a introduit un plafond légal en matière de délais de paiement (45 jours fin de mois ou 60 jours calendaires à compter de la date d'émission de la facture) applicable à la France seulement. Le délai de paiement réel des clients, intégrant l'éventuel retard de paiement, se calcule à parti des éléments suivants :

$$\frac{\text{Créances/Ventes + Effets escomptés non échus}}{\text{Chiffre d'affaires TTC}} \times 360$$

Si le volume à l'exportation varie beaucoup d'un exercice à l'autre, l'analyste calculera le délai pour le CA en France et un autre pour le CA export. Si le CA est en forte croissance, il est nécessaire de retenir celui du dernier trimestre représentatif du niveau d'activité en relation avec les créances sur ventes figurant au bilan. Le ratio précédent est alors modifié pour tenir compte de ces nouveaux paramètres :

$$\frac{\text{Créances/Ventes + Effets escomptés non échus}}{\text{Chiffre d'affaires TTC du dernier trimestre}} \times 90$$

Délais de rotation des stocks

Les ratios de délai de conservation en stocks de l'entreprise varient en fonction du type de stock concerné :

- délais de rotation des stocks de marchandises, matières premières ou matières consommables :

$$\frac{\text{Stock matières premières}}{\text{Coût d'achat des matières premières cosommées}} \times 360$$

$$\frac{\text{Stock marchandises}}{\text{Coût d'achat des marchandises vendues}} \times 360$$

- délais de rotation des stocks d'en-cours de production :

$$\frac{\text{Stock d'encours ou produits semi-finis}}{\text{Production}} \times 360$$

- délais de rotation des stocks de produits finis :

$$\frac{\text{Stock de produits finis}}{\text{Production}} \times 360$$

Pour le calcul des ratios de stocks d'en-cours et de produits finis, la production devrait normalement (et logiquement) être valorisée sur la base du coût de production qui n'incorpore pas les charges hors production. Dans les entreprises industrielles, les charges hors production représentent entre 15 % et 25 % du chiffre d'affaires. Il faudrait donc, dans la mesure du possible, comparer des grandeurs homogènes, c'est-à-dire ne pas comparer des grandeurs valorisées sur la base d'un coût de production à des grandeurs valorisées sur la base d'un prix de vente. Sinon, les valeurs des ratios calculés n'ont pas de correspondance avec la réalité physique de l'entreprise.

EXEMPLE

Si on constate qu'un stock de produits finis, qui représente 36 jours de production valorisée sur la base du prix de vente, correspond en fait à 65 jours de production valorisée sur la base du coût de production (hypothèse de charges hors production représentant 20 % du chiffre d'affaires), alors c'est ce dernier chiffre qui est en phase avec la réalité physique observable dans les ateliers et les entrepôts.

Délais de règlement des fournisseurs

$$\frac{\text{Dettes fournisseurs}}{\text{Achats TTC (marchandises, matières premières et charges externes)}} \times 360$$

Les composantes du BFR peuvent enfin être analysées à l'aide d'une séquence de calcul prenant en compte la contribution de chaque composante à la formation du besoin. Par exemple :

$$\text{Fournisseurs} = \underbrace{\frac{\text{Fournisseurs}}{\text{Achats TTC}} \times 360}_{\text{facteur rotation}} \times \underbrace{\frac{\text{Achats TTC}}{\text{CA HT}}}_{\text{facteur structure}} \times \underbrace{\frac{\text{CA.HT}}{360}}_{\text{facteur activité}}$$

$$\text{Stock de matières premières} = \underbrace{\frac{\text{Stock MP}}{\text{Achats}} \times 360}_{\text{facteur rotation}} \times \underbrace{\frac{\text{Achats}}{\text{CA HT}}}_{\text{facteur structure}} \times \underbrace{\frac{\text{CA.HT}}{360}}_{\text{facteur activité}}$$

• Facteurs explicatifs du niveau du BFR

Le secteur d'activité contribue d'une manière déterminante à l'importance des BFR. Les chiffres de la Banque de France font ressortir une dispersion sectorielle très marquée fortement dépendante des pratiques en matière de crédit interentreprises (règlement clients/fournisseurs). La longueur du cycle de transformation, dont on trouve la traduction dans le poids des stocks, est la deuxième variable explicative (par ordre d'importance) du niveau du BFR.

Tableau 1.32 – Disparités des besoins en fonds de roulement selon le secteur d'activité en 2022

	BFR (jours CA HT)	Délai réglement clients (jours CA TTC)	Délai réglement fournisseurs (jours achats)	Délai stocks (jours CA HT)
Industrie manufacturière	47 j	52 j	53 j	42 j
Construction	26 j	61 j	53 j	15 j
Commerce	16 j	12 j	38 j	35 j
Transports	8 j	52 j	45 j	3 j
Hôtellerie et restauration	– 30 j	1 j	42 j	3 j
Information et communication	4 j	71 j	63 j	9 j

Source : Fascicules d'indicateurs sectoriels Banque de France

Dans le temps, l'évolution du niveau d'activité contribue aux fluctuations du BFR. Il est généralement retenu l'hypothèse d'un rapport constant entre le BFR et le chiffre d'affaires. Si *c* est le taux de croissance de l'activité, et si les stocks, les créances d'exploitation et les dettes d'exploitation progressent au même taux *c*, on a :

$$\begin{aligned} BFR_{n+1} &= \text{Stocks} \times (1 + c) + \text{Créances d'exploitation} \times (1 + c) \\ &\quad - \text{Dettes d'exploitation} \times (1 + c) \\ &= (1 + c) \times BFR_n \end{aligned}$$

EXEMPLE

Si le BFR représente 20 % du chiffre d'affaires, alors son augmentation de 10 à 15 millions d'euros engendrera une hausse du BFR de 1 million d'euros (5 millions d'euros × 20 %).

L'hypothèse d'un rapport constant entre BFR et CA peut être cependant remise en cause sur longue période au profit d'une progression du BFR moins que proportionnelle au CA. En effet, les phénomènes de taille contribuent à l'amélioration de la position relative de l'entreprise vis-à-vis de ses fournisseurs (allongement des délais de règlement) et vis-à-vis de sa clientèle (raccourcissement des délais de paiement). De même, la relation précédente, généralement observée dans un contexte de croissance de l'activité, n'est pas toujours vérifiée lorsque le chiffre d'affaires régresse. En effet, dans ce cas, il est souvent observé, dans un premier temps, un gonflement des stocks éventuellement suivi ou accompagné d'une élévation de l'en-cours client. Cela le temps que l'entreprise adapte sa capacité de production à un niveau d'activité en baisse.

3 • CALCUL DE LA TRÉSORERIE NETTE

Les trois indicateurs de base que sont le FR, le BFR et la trésorerie sont en relation, comme l'exprime l'équation suivante qui met en évidence le rôle d'ajustement de la trésorerie.

Équation fondamentale : FR – BFR = Trésorerie

Voyons dans le détail le calcul de ces grandeurs.

Les emplois du BFR proviennent des charges d'exploitation non encore consommées ou vendues (stocks) et des produits vendus non encore encaissés (en-cours client). Les ressources correspondent aux charges contractées non encore payées (crédit fournisseur) et aux recettes d'exploitation sur des produits non encore livrés (avances sur commandes).

La trésorerie nette est la différence entre :

- la trésorerie actif et la trésorerie passif ;
- le FR et le BFR pour exprimer la part du BFR non financée par le FR.

En effet, la trésorerie est la différence entre les ressources dont dispose l'entreprise et les emplois mis en œuvre pour la réalisation de l'activité. Les ressources comprennent des ressources stables (liées au cycle d'investissement de l'entreprise) et des ressources induites par l'exploitation. De même, les emplois peuvent être décomposés en emplois stables et en emplois liés à l'exploitation.

On a donc l'égalité :

Trésorerie = (Ressources stables + Ressources d'exploitation)

– (Actif immobilisé + Emplois d'exploitation)

Or :

Ressources stables – Actif immobilisé = FR

Ressources d'exploitation – Emplois d'exploitation = – BFR

On en déduit que :

Trésorerie = FR – BFR

L'ESSENTIEL

L'information comptable est la matière première de base de l'analyste financier. L'analyste financier doit savoir où trouver rapidement l'information nécessaire à son travail dans la masse des documents comptables. Par ailleurs, il doit être conscient des limites de l'information comptable en raison, notamment, du rôle que joue la fiscalité dans la conception et la présentation de l'information.

L'analyse financière nécessite de procéder à des regroupements et reclassements des postes du bilan (actif et passif) en vue d'obtenir une représentation économique du bilan. La construction du bilan fonctionnel en mettant en évidence les grands emplois de fonds d'un côté (actif immobilisé et besoin en fonds de roulement) et le pool de ressources de l'autre (capitaux propres et dettes financières) aide à la compréhension de la structure du bilan et à l'identification de ses grandes composantes.

MISES EN PRATIQUE

QCM

Retrouvez un QCM d'entraînement en flashant ce QR code.

dunod.link/m3p96k9

APPLICATION 1 ECOPLAST

L'énoncé du cas EcoPlast se trouve dans la Partie 3.

• Construire le bilan fonctionnel.

Nous présentons le détail des retraitements ayant permis l'établissement du bilan fonctionnel, puis le tableau synthétique du bilan fonctionnel.

Détail des retraitements du bilan fonctionnel

Tableau 1.33 – Retraitements de l'actif du bilan d'EcoPlast

	N	N – 1	N – 2
+ Immobilisations incorporelles nettes (de AB à AL tableau 1)	190 460	272 514	177 280
+ Frais émission emprunts à étaler (CW tableau 1)	0	0	0
+ Primes de remboursement obligations (CM tableau 1)	0	0	0
= Immobilisations incorporelles	**190 460**	**272 514**	**177 280**
+ Immobilisations corporelles nettes (de AN à AX tableau 1)	3 036 790	3 059 719	2 905 985
= Total actifs corporels acquis	3 036 790	3 059 719	2 905 985
+ Valeur d'origine moins total amortissements si tableau de c.bail			
ou + 90 % engagement c.bail mobilier (YQ tableau 11)	725 933	991 930	980 078
ou + 80 % engagement c.bail immobilier (YR tableau 11)	0	0	0
= Total actifs corporels loués en crédit-bail	725 933	991 930	980 078
= Immobilisations corporelles	**3 762 723**	**4 051 649**	**3 886 064**

+ Immobilisations financières nettes (de CS à BH tab. 1)	18 712	18 218	18 930
– Immobilisations financières < 1 an (CP tableau 1)	0	0	0
= Total immobilisations financières > 1 an	18 712	18 218	18 930
+ Créances > 1 an (CR tableau 1)	0	0	0
– Dépréciations sur créances > 1 an (voir tableaux 7 et 8)	0	0	0
= Total créances > 1 an	0	0	0
= Immobilisations financières	**18 712**	**18 218**	**18 930**
= TOTAL EMPLOIS STABLES	**3 971 895**	**4 342 381**	**4 082 273**
Stocks matières premières (BL tableau 1)	525 377	755 182	354 497
+ Stocks en cours de production de biens (BN tableau 1)	0	0	0
+ Stocks en cours de production de services (BP tableau 1)	0	0	0
+ Stocks produits intermédiaires et finis (BR tableau 1)	629 722	1 326 204	1 022 462
= Total Stocks produits finis, semis-finis et en-cours	629 722	1 326 204	1 022 462
+ Stocks marchandises (BT tableau 1)	316 374	124 745	11 678
= Stocks	**1 471 473**	**2 206 131**	**1 388 637**
+ Créances clients nettes (BX tableau 1)	5 031 420	3 517 973	3 167 732
– Créances clients nettes > 1 an	0	0	0
= Total créances clients < 1 an	5 031 420	3 517 973	3 167 732
+ Avances et acomptes (BV tableau 1)	0	98 596	15 778
+ Effets escomptés non échus (YS tableau 11)	771 902	1 406 240	1 163 598
+ Écart de conversion – Actif (CN tableau 1)	0	0	0
= Créances clients	**5 803 322**	**5 022 809**	**4 347 109**
+ Autres créances (BZ tableau 1)	245 395	474 398	299 989
– Autres créances nettes > 1 an	0	0	0
= Total autres créances < 1 an	245 395	474 398	299 989
+ Charges constatées d'avance (CH tableau 1)	191 239	112 261	76 571
= Autres créances d'exploitation	**436 634**	**586 660**	**376 559**
= TOTAL EMPLOIS D'EXPLOITATION	**7 711 428**	**7 815 600**	**6 112 305**
+ Disponibilités et VMP (CF et CD tableau 1)	35 834	156 423	20 870
+ Immobilisations financières < 1 an (CP tableau 1)	0	0	0
+ Capital appelé, non versé (CB tableau 1)	0	0	0
= TOTAL TRÉSORERIE ACTIF	**35 834**	**156 423**	**20 870**

Tableau 1.34 – Retraitements du passif du bilan d'EcoPlast

	N	N – 1	N – 2
+ Capital social (DA tableau 2)	457 347	457 347	457 347
+ Primes d'émission, de fusion, d'apport (DB tableau 2)	0	0	0
– Capital souscrit non appelé (AA tableau 1)	0	0	0

= Capital social et primes liées aux opérations de capital	457 347	457 347	457 347
+ Réserves (de DD à DG tableau 2)	1 884 791	1 214 347	995 131
+ Écarts de réévaluation (DC tableau 2)	0	0	0
= Réserves et écarts de réévaluation	1 884 791	1 214 347	995 131
+ Report à nouveau (DH tableau 2)	0	0	0
+ Résultat (DI tableau 2)	944 426	836 031	266 862
+ Provisions réglementées (DK tableau 2)	852 363	0	0
+ Subvention investissement (DJ tableau 2)	0	798 630	611 278
= CAPITAUX PROPRES (A)	**4 138 926**	**3 306 355**	**2 330 618**
+ Comptes courants associés (VI tableau 8)	196885	65 215	49 164
+ Obligations convertibles (DS tableau 2)	0	0	0
+ Avances conditionnées (DN tableau 2)	0	0	0
+ Emprunts participatifs (DM + EI tableau 2)	0	0	0
= Autres quasi capitaux propres	0	0	0
= QUASI CAPITAUX PROPRES (B)	**196 885**	**65 215**	**49 164**
+ Emprunts ets crédit (DU tableau 2)	1 089 617	1 782 487	2 416 035
– Concours bancaires courants et SC banque (EH tableau 2)	0	173 646	560 530
= Emprunts bancaires	1 089 617	1 608 841	1 855 505
+ Emprunts obligataires (DT tableau 2)	0	0	0
+ Valeur d'origine moins total amortissements tableau de c.bail			
ou + 90 % engagement c.bail mobilier (YQ tableau 11)	725 933	991 930	980 078
ou + 80 % engagement c.bail immobilier (YR tableau 11)	0	0	0
= Emprunts crédit-bail	725 933	991 930	980 078
+ Dettes financières diverses (DV tableau 2)	216 722	172 436	147 515
– Comptes courants associés (VI tableau 8)	196 885	65 215	49 164
= Dettes financières diverses	19 837	107 222	98 351
= DETTES FINANCIÈRES A MOYEN ET LONG TERME (C)	**1 835 387**	**2 707 993**	**2 933 934**
= TOTAL RESSOURCES STABLES (A+B+C)	**6 171 199**	**6 079 563**	**5 313 716**
+ Dettes fiscales et sociales (DY tableau 2)	**1 784 547**	**1 685 229**	**803 231**
+ Dettes fournisseurs (DX tableau 2)	2 243 130	2 507 072	1 833 419
+ Écart conversion-Passif (ED tableau 2)	0	0	0
= Total dettes fournisseurs	**2 243 130**	**2 507 072**	**1 833 419**
+ Autres dettes (EA tableau 2)	0	32 130	43 005
+ Dettes sur immobilisations (DZ tableau 2)	748 381	430 521	243 628

+ Avances reçues (DW tableau 2)	0	0	254 323
+ Produits constatés d'avance (EB tableau 2)	0	0	0
= Total autres dettes d'exploitation	**748 381**	**462 651**	**540 956**
+ Provisions pour risques (DP tableau 2)	0	0	0
+ Provisions pour charges (DQ tableau 2)	0	0	0
= Total provisions pour risques et charges	**0**	**0**	**0**
= TOTAL RESSOURCES D'EXPLOITATION	**4 776 058**	**4 654 953**	**3 177 605**
+ Concours bancaires courants et SC banque (EH tableau 2)	0	173 646	560 530
+ Effets escomptés non échus (YS tableau 11)	771 902	1 406 240	1 163 598
= TOTAL TRÉSORERIE PASSIF	**771 902**	**1 579 886**	**1 724 129**

Bilan fonctionnel

Tableau 1.35 – Bilan fonctionnel d'EcoPlast en milliers de €

Actif	N	N – 1	N – 2
Immobilisations incorporelles	190	273	177
Actifs corporels acquis	3 037	3 060	2 906
Actifs corporels loués en crédit-bail	726	992	980
Immobilisations corporelles	3 763	4 052	3 886
Immobilisations financières	19	18	19
EMPLOIS STABLES	3 972	4 342	4 082
Stocks matières premières	525	755	354
Stocks produits finis, semis-finis et en-cours	630	1 326	1 022
Stocks marchandises	316	125	12
Total stocks	1 471	2 206	1 389
Créances clients	5 803	5 023	4 347
Autres créances d'exploitation	437	587	377
EMPLOIS D'EXPLOITATION	7 711	7 816	6 112
Disponibilités	36	156	21
Valeurs mobilières de placement (VMP)	0	0	0
Autres équivalents de trésorerie	0	0	0
TRÉSORERIE ACTIF	36	156	21
TOTAL ACTIF	11 719	12 314	10 215
Passif	N	N – 1	N – 2
Capital social et primes liées aux opérations de capital	457	457	457
Réserves et écarts de réévaluation	1 885	1 214	995

Report à nouveau	0	0	0
Résultat	944	836	267
Provisions réglementées	852	0	0
Subventions d'investissement	0	799	611
Capitaux propres	4 139	3 306	2 331
Comptes courants d'associés	197	65	49
Autres quasi capitaux propres	0	0	0
Quasi capitaux propres	197	65	49
Emprunts bancaires	1 090	1 609	1 856
Emprunts obligataires	0	0	0
Emprunts crédit-bail	726	992	980
Dettes financières diverses	20	107	98
Dettes financières à moyen et long terme	1 835	2 708	2 934
RESSOURCES STABLES	6 171	6 080	5 314
Dettes fiscales et sociales	1 785	1 685	803
Dettes fournisseurs	2 243	2 507	1 833
Autres dettes d'exploitation	748	463	541
Provisions pour risques et charges	0	0	0
RESSOURCES D'EXPLOITATION	4 776	4 655	3 178
Concours bancaires courants (CBC) et SC banque	0	174	561
Effets escomptés non échus (EENE)	772	1 406	1 164
TRÉSORERIE PASSIF	772	1 580	1 724
TOTAL PASSIF	11 719	12 314	10 215
	N	**N – 1**	**N – 2**
Fonds de roulement (FR)	2 199	1 737	1 231
Besoin en fonds de roulement (BFR)	2 935	3 161	2 935
Trésorerie nette : FR – BFR	– 736	– 1 423	– 1 703
Trésorerie nette : TA – TP	– 736	– 1 423	– 1 703

2 • LECTURE FINANCIÈRE DU COMPTE DE RÉSULTAT

OBJECTIF

L'objectif du chapitre est de présenter les reclassements et retraitements pratiqués sur les données du compte de résultat afin de disposer d'une information financière cohérente dans le temps et l'espace pour l'analyse de la performance économique.

SOMMAIRE

L'analyse du compte de résultat apporte l'éclairage essentiel pour l'appréciation des performances économiques de l'entreprise. Le compte de résultat de la liasse fiscale fournit les bases de l'information en faisant ressortir trois grandes catégories de charges et produits : charges et produits d'exploitation, charges et produits financiers, charges et produits exceptionnels.

Au préalable de la construction et l'étude d'un compte de résultat économique, la production comptable procède systématiquement à l'élaboration d'un tableau des soldes intermédiaires de gestion (SIG). Il apporte un premier éclairage avec des indicateurs clés de performance qui ne font cependant pas l'objet de retraitements économiques conformes à ceux opérés pour l'établissement du bilan fonctionnel.

Le souci de l'analyste financier étant de faire ressortir les tendances structurelles du résultat, l'analyse de la performance économique conduit donc à réintégrer l'incidence des opérations exceptionnelles sur le résultat d'exploitation, et procéder à un certain nombre de reclassements afin de donner le maximum d'homogénéité aux indicateurs d'activité et de résultat. Tout naturellement, l'analyse se concentre sur les charges et les produits d'exploitation puisqu'une entreprise industrielle et commerciale doit prioritairement être rentable sur son cœur de métier.

SECTION 1 TABLEAU DES SOLDES INTERMÉDIAIRES DE GESTION (SIG)

Le tableau des soldes intermédiaires de gestion (SIG) repose sur une cascade de marges qui fournit une description de la formation des résultats de l'entreprise. Ce tableau, dont l'établissement est obligatoire pour les entreprises utilisant le système développé, fait ressortir les neuf indicateurs clés suivants.

1 • MARGE COMMERCIALE

La marge commerciale ne concerne que les entreprises ayant une activité de négoce (achat pour revente en l'état). La marge commerciale s'obtient par différence entre les ventes de marchandises et le coût d'achat des marchandises vendues.

Marge commerciale

+ Vente de marchandises (FC tableau 3 liasse fiscale)

– Coût d'achat des marchandises vendues (= Achats de marchandises FS tableau 3 + Variations de stocks de marchandises FT tableau 3 liasse fiscale)

2 • PRODUCTION DE L'EXERCICE

Cet agrégat comptable est obtenu en faisant la somme de la production vendue (ventes de produits finis, de travaux, d'études, de prestations de services...), corrigée des rabais, remises, ristournes accordées, de la production stockée et de la production immobilisée.

Production de l'exercice

+ Production vendue (FF + FI tableau 3 liasse fiscale)

+ Production stockée (FM tableau 3 liasse fiscale)

+ Production immobilisée (FN tableau 3 liasse fiscale)

Précisons que le calcul de la production de l'exercice ne prend en compte ni les subventions d'exploitation qui présentent cependant le caractère d'un complément de prix, ni les redevances pour brevets, licences, marques, etc., reclassées dans les autres produits de gestion courante du résultat d'exploitation.

3 • VALEUR AJOUTÉE

L'importance relative de la valeur ajoutée (VA) mesure le degré d'intégration des activités de l'entreprise. Cet indicateur, pertinent pour mesurer la productivité de l'entreprise et son aptitude à créer de la valeur, est obtenu par différence entre le total constitué par la somme de la marge commerciale et de la production de l'exercice et les consommations en provenance de tiers qui regroupent toutes les consommations intermédiaires achetées à l'extérieur de l'entreprise (achats de matières premières et autres approvisionnements corrigés de leur variation de stock + autres achats et charges externes).

Valeur ajoutée

+ Marge commerciale
+ Production de l'exercice
– Consommations en provenance de tiers (FU à FW tableau 3 liasse fiscale)

4 • EXCÉDENT BRUT D'EXPLOITATION (EBE)

L'EBE est obtenu par différence entre la valeur ajoutée, éventuellement augmentée des subventions d'exploitation, et le total constitué par la somme des frais de personnel incluant les charges sociales patronales (lignes FY et FZ) et des impôts et taxes (lignes FX), hors impôt sur les bénéfices.

Excédent brut d'exploitation

+ Valeur ajoutée
+ Subventions d'exploitation (FO tableau 3 liasse fiscale)
– Impôts et taxes (FX tableau 3 liasse fiscale)
– Charges de personnel (FY + FZ tableau 3 liasse fiscale)

L'EBE est considéré par les analystes comme le meilleur indicateur de mesure de la performance économique. À l'exception des entreprises fortement endettées, il s'avère un indicateur fortement corrélé avec la capacité d'autofinancement (CAF) qui sera présenté à la fin du chapitre 2. Cette corrélation justifie que l'évolution et la formation de cet indicateur constituent une étape essentielle de l'analyse financière des performances d'une entreprise. Sa limite est qu'il ne tient pas compte du coût des immobilisations. De ce fait, l'amélioration de cet indicateur doit être appréciée compte tenu de la politique d'investissement de l'entreprise, afin de s'assurer que l'intensité capitalistique n'a pas été sensiblement renforcée durant la période d'analyse.

5 • RÉSULTAT D'EXPLOITATION

Le résultat d'exploitation est obtenu, d'une part, en retranchant de l'EBE la somme des dotations aux amortissements et provisions nettes des reprises et des autres charges de gestion courantes et, d'autre part, en ajoutant à l'EBE les autres produits de gestion courante.

Résultat d'exploitation

+ Excédent brut d'exploitation

+ Reprises sur amortissements et provisions d'exploitation et transferts de charges (FP tableau 3 liasse fiscale)

+ Autres produits d'exploitation (FQ tableau 3 lisse fiscale)

– Dotations aux amortissements et provisions d'exploitation (GA à GD tableau 3 liasse fiscale)

– Autres charges d'exploitation (GE tableau 3 liasse fiscale)

Le résultat d'exploitation fait ressortir le résultat retiré de l'activité courante hors incidence du mode de financement.

6 • RÉSULTAT COURANT AVANT IMPÔT (RCAI)

Le résultat courant avant impôt est obtenu en ajoutant au résultat d'exploitation le résultat financier.

Résultat courant avant impôt

+ Résultat d'exploitation

+ Produits financiers (GJ à GO tableau 3 liasse fiscale)

+ Quote-part sur opérations faites en commun (GH tableau 3 liasse fiscale)

- Charges financières (GQ à GT tableau 3 liasse fiscale)

- Quote-part sur opérations faites en commun (GI tableau 3 liasse fiscale)

7 • RÉSULTAT EXCEPTIONNEL

Le résultat exceptionnel est le seul SIG à ne pas être obtenu « en cascade », mais calculé directement à l'aide du regroupement des opérations présentant un caractère exceptionnel.

Résultat exceptionnel

+ Produits exceptionnels (HA à HC tableau 4 liasse fiscale)
– Charges exceptionnelles (HE à HG tableau 4 liasse fiscale)

8 • RÉSULTAT EXERCICE

Donné directement par la comptabilité, le résultat net de l'exercice est obtenu en ajoutant au résultat courant avant impôt le résultat exceptionnel, et en retranchant la participation des salariés aux bénéfices (obligatoire si plus de 50 salariés) et l'impôt sur les sociétés. Il faut prendre garde au montant de l'impôt sur les bénéfices qui peut être négatif, et traduire le fait que l'entreprise bénéficie d'un crédit d'impôt (notamment crédit d'impôt recherche ou formation, report en arrière des déficits, etc.).

Résultat exercice

+ Résultat courant avant IS
+ Résultat exceptionnel
– Participation des salariés (HJ tableau 4 liasse fiscale)
– Impôt société (HK tableau 4 liasse fiscale)

9 • RÉSULTAT SUR CESSION D'ACTIF

Le tableau des SIG a fait le choix d'isoler à la fin les plus ou moins values sur les cessions d'actifs compte tenu de leur caractère non récurrent pour les entreprises. Les informations précises sont données uniquement dans le renvoi 7 du tableau 4 qui distingue une colonne « charges » et une colonne « produits » (et non N et N – 1 comme plus haut dans ce tableau).

Résultat sur cession actif

+ Produits des cessions d'éléments d'actifs (renvoi 7 tableau 4 liasse fiscale)
– Valeur comptable des éléments d'actifs cédés (renvoi 7 tableau 4 liasse fiscale)

Tableau 2.1 – Tableau des soldes intermédiaires de gestion (SIG)

		Repères fiscaux	N
+	Ventes de marchandises	FC tab.3	
–	Coût d'achat des marchandises vendues	FS + FT tab. 3	
=	**MARGE COMMERCIALE**		
+	Production vendue	FF + FI tab.3	
+	Production stockée	FM tab.3	
+	Production immobilisée	FN tab.3	
=	**PRODUCTION EXERCICE**		
+	Marge commerciale		
+	Production de l'exercice		
–	Consommations en provenance des tiers	FU à FW tab.3	
=	**VALEUR AJOUTÉE**		
+	Valeur ajoutée		
+	Subventions d'exploitation	FO tab.3	
–	Impôts et taxes	FX tab.3	
–	Charges de personnel	FY + FZ tab.3	
=	**EXCÉDENT BRUT D'EXPLOITATION**		
+	Excédent brut d'exploitation		

+	Reprises sur amortissements et provisions et transferts de charges	FP tab.3
+	Autres produits d'exploitation	FQ tab.3
–	Dotations aux amortissements et aux provisions d'exploitation	GA à GD tab.3
–	Autres charges d'exploitation	GE tab.3
=	**RÉSULTAT D'EXPLOITATION**	verif GG tab.3
+	Résultat d'exploitation	
+	Produits financiers	GJ à GO tab.3
+	Quote part sur opérations faites en commun	GH tab.3
–	Charges financières	GQ à GT tab.3
–	Quote part sur opérations faites en commun	GI tab.3
=	**RÉSULTAT COURANT AVANT IS**	verif GW tab.3
+	Produits exceptionnels	HA à HC tab.4
–	Charges exceptionnelles	HE à HG tab.4
=	**RÉSULTAT EXCEPTIONNEL**	verif. HI tab.4
+	Résultat courant avant impôt	
+	Résultat exceptionnel	
–	Participation des salariés	HJ tab.4
–	Impôt société	HK tab.4
=	**RÉSULTAT EXERCICE**	verif HN tab.4
+	Produit des cessions d'éléments d'actif	Renvoi 7 tab.4
–	Valeur comptable des éléments d'actif cédés	Renvoi 7 tab.4
=	**RÉSULTAT SUR CESSION ACTIF**	

SECTION 2 LECTURE FINANCIÈRE DU COMPTE DE RÉSULTAT ET CONSTRUCTION DU COMPTE DE RÉSULTAT ÉCONOMIQUE

La présentation comptable, telle qu'elle ressort du tableau comptable des SIG, obéit à une logique qui ne donne pas toujours l'exact reflet de la réalité économique de l'entreprise. Il est donc nécessaire de procéder à un certain nombre de reclassements pour obtenir ce que nous appelons un « compte de résultat économique » afin d'être cohérent avec le bilan fonctionnel. Les ajustements concernent principalement les charges externes, les charges et produits financiers et les dotations aux provisions. Un des objectifs des reclassements est notamment de faire ressortir les coûts des facteurs de production.

1 • CHIFFRE D'AFFAIRES

Le chiffre d'affaires (CA) ne fait pas l'objet de retraitement par rapport à la liasse fiscale. Il représente l'ensemble des produits générés par les ventes des activités commerciales (vente de marchandises sans transformation) et industrielles de biens et/ou de services de l'entreprise. Le CA reflète les évolutions des prix unitaires (dont l'inflation) hors taxes et des quantités vendues.

Tableau 2.2 – Chiffre d'affaires dans la liasse fiscale

	France			Export	Total N	
Ventes de marchandises	FA		FB		FC	
Production vendue *Biens :*	FD		FE		FF	
Services :	FG		FH		FI	
Chiffre d'affaires net	FJ		FK		FL	

Tableau 2.3 – Retraitements du chiffre d'affaires dans le CR économique

			N
+	Ventes de marchandises	+ FC tableau 3	
+	Production vendue de biens	+ FF tableau 3	
+	Production vendue de services	+ FI tableau 3	
=	**CHIFFRE D'AFFAIRES**	**+ FL tableau 3**	

2 • PRODUCTION

La production traduit le niveau réel d'activité puisqu'elle intègre, en plus de la production vendue (chiffre d'affaires), la production stockée et immobilisée. Les taux (%) des indicateurs à suivre sont calculés ainsi en référence au niveau de production et non uniquement à celui du chiffre d'affaires.

Tableau 2.4 – Production dans la liasse fiscale

Production stockée	FM	
Production immobilisée	FN	
Subventions d'exploitation	FO	
Reprises sur amortissements et provisions, transferts de charges	FP	
Autres produits	FQ	
Total des produits d'exploitation (I)	FR	

Tableau 2.5 – Retraitements de la production dans le CR économique

=	**CHIFFRE D'AFFAIRES**	**+ FL tableau 3**	
+	Production stockée et immobilisée	+ FN tableau 3 « production immobilisée » + FN tableau 3 « production immobilisée »	
+	Autres produits d'exploitation	+ FQ tableau 3 « autres produits » + FO tableau 3 « subventions d'exploitation » + Renvoi 9 tableau 4 « transferts de charges » (ou + FP tab.3 - UF tab.7)	
=	**PRODUCTION**		

• Production stockée (FM tableau 3 liasse fiscale)

La production stockée traduit la variation annuelle des stocks de produits finis, produits intermédiaires et des en-cours. Égale à la différence entre le stock final et le stock initial (en début d'exercice ou en fin d'exercice précédent), la production stockée traduit une hausse de ces stocks si elle est positive et une baisse si elle est négative. L'appréciation du signe est donc très importante pour ce poste.

• Production immobilisée (FN tableau 3 liasse fiscale)

La production stockée correspond au coût de revient des immobilisations produites par l'entreprise pour elle-même. Elle ne concerne donc que des entreprises (secteur automobile, BTP...) susceptibles d'avoir un usage interne de leur production.

• Autres produits (FQ tableau 3 liasse fiscale)

Cette rubrique mérite d'être analysée dès que son montant paraît significatif comparé au résultat d'exploitation. Y sont notamment comptabilisées les redevances pour brevets et licences qui peuvent avoir une contribution significative au résultat d'exploitation.

• Subventions d'exploitation (FO tableau 3 liasse fiscale)

Les subventions d'exploitation apparaissent comme la contrepartie de charges indues supportées par l'entreprise ou la compensation de prix de vente inférieurs aux prix du marché. Elles recouvrent principalement les aides à l'emploi et les aides accordées aux producteurs en cas d'effondrement des prix de vente. Elles se distinguent des subventions d'investissement qui sont, pour leur part, accordées sur la base d'une quote-part du montant de l'investissement réalisé. Les subventions d'exploitation sont intégrées à la production car elles sont considérées comme un complément de chiffre d'affaires par les analystes financiers.

• Transferts de charge d'exploitation (Renvoi 9 tableau 4 liasse fiscale)

Les composantes du compte de résultat peuvent faire l'objet d'ajustements et de modifications par le biais de comptes de transfert de charges. Ainsi, une charge comptabilisée en charges d'exploitation peut être rattachée à une charge exceptionnelle. L'objet des comptes de transfert de charges est de compenser une charge déjà comptabilisée. Dans la pratique, il est généralement difficile de rattacher ces transferts de charge aux charges concernées, souvent parce qu'ils concernent plusieurs catégories de charges par nature (exemple : refacturation d'une quote-part de frais généraux, répartition de la sous-activité entre charge courante et charge exceptionnelle). La solution qui s'impose est de rattacher le montant des transferts de charge à la production.

Le règlement ANC 2022-06 supprimera le recours au transfert de charge à partir des exercices ouverts au 1er janvier 2025. La solution retenue sera alors de créditer directement la charge concernée.

3 • MARGE BRUTE

La marge brute est un indicateur paradoxalement absent du tableau des SIG, alors qu'elle constitue l'indicateur clé pour apprécier le degré de sensibilité des résultats de l'entreprise par rapport à ses marchés amont et aval. Elle est un indicateur d'insertion qui mérite une analyse attentive car son évolution dans le temps et sa comparaison dans l'espace fournit des informations reflétant le positionnement de l'entreprise à l'égard des marchés sur lesquels elle commercialise ses produits, et auprès desquels elle s'approvisionne.

Tableau 2.6 – Éléments de calculs de la marge brute dans la liasse fiscale

Achats de marchandises (y compris droits de douane)	FS	
Variation de stock (marchandises)	FT	
Achats de matières premières et autres approvisionnements (y compris droits de douane)	FU	
Variation de stock (matières premières et autres approvisionnements)	FV	
Autres achats et charges externes	FW	

Tableau 2.7 – Retraitements de la marge brute dans le CR économique

=	**PRODUCTION**		
–	Consommations de marchandises	+ FS tableau 3 « achats de marchandises »	
		+ FT tableau 3 « variation de stocks marchandises »	
–	Consommations de matières premières	+ FU tableau 3 « achats de matières premières »	
		+ FV tableau 3 « variation de stocks de mat. premières »	
=	**MARGE BRUTE**		

• Achats de marchandises et de matières premières (FS + FU tableau 3 liasse fiscale)

Les achats de marchandises sont comptabilisés pour leurs coûts d'achats et ont pour objectif d'être revendus sans transformation dans le cadre d'une activité de négoce. L'entreprise peut avoir, en parallèle ou uniquement, une activité de production qui intégrera des achats de matières premières qui seront transformés en produits finis lors de leur sortie des stocks.

• Variations de stocks de marchandises et MP (FT + FV tableau 3 liasse fiscale)

À l'inverse de la production stockée, les variations de stocks de marchandises et de matières premières se calculent par différence entre le stock initial et le stock final. En conséquence, si la variation est positive, elle traduit une baisse des stocks et inversement si le signe de la variation est négatif. La consommation de ces stocks est égale à la somme des achats et de la variation de stock.

EXEMPLE

Si une entreprise achète 140 000 € de stocks de MP et que la variation de stocks est de + 20 000 €, alors cela traduit une consommation réelle de l'exercice égale à 160 000 € puisque l'entreprise a dû diminuer son stock au cours de l'année pour répondre aux besoins de son activité. Si sa variation de stocks est de – 10 000 €, alors sa consommation n'est que de 130 000 € puisque l'entreprise n'a pas eu besoin d'utiliser tous ses stocks achetés cette année et qu'elle laisse ainsi un surplus de 10 000 € dans le stock final.

4 • VALEUR AJOUTÉE

La valeur ajoutée (VA) est un indicateur clé de performance car elle traduit la richesse créée pendant un exercice par l'entreprise à partir de son potentiel productif (travail humain et outil de production). Elle est au cœur des débats actuels sur la redistribution de la richesse générée par les entreprises entre la part revenant aux parties prenantes à sa création dont les salariés et la part résiduelle revenant aux actionnaires. L'étude de la répartition de la VA sera donc aussi importante que celle de son niveau atteint.

Tableau 2.8 – Éléments de calculs de la valeur ajoutée dans la liasse fiscale

Autres achats et charges externes	– Sous-traitance	YT	
	– Locations, charges locatives et de copropriété	XQ	
	– Personnel extérieur à l'entreprise	YU	
	– Rémunérations d'intermédiaires et honoraires	SS	
	– Rétrocessions d'honoraires, commissions et courtages	YV	
	– Autres comptes	ST	
	Total du poste correspondant à la ligne FW du tableau n° 2052	ZJ	

Tableau 2.9 – Retraitements de la valeur ajoutée dans le CR économique

=	**MARGE BRUTE**		
–	Autres achats et charges externes	+ FW tableau 3 « autres achats et charges externes » – YT tableau 11 « sous-traitance » + GE tableau 3 « autres charges » – HP Tableau 4 « annuité crédit-bail mobilier » – HQ tableau 4 « annuité crédit-bail immobilier » – YU tableau 11 « personnel extérieur à l'entreprise »	
–	Sous-traitance	+ YT tableau 11 « sous-traitance »	
=	**VALEUR AJOUTÉE**		

• Autres achats et charges externes (FW tableau 3 liasse fiscale)

À la différence des matières premières qui sont des biens physiquement incorporés dans les productions, les « autres achats et charges externes » représentent la valeur des biens et des services consommés au cours de la période, mais non physiquement incorporés aux productions (électricité, honoraires...).

• Sous-traitance (YT tableau 11 liasse fiscale)

Sur le plan économique, il ne paraît pas justifié de rattacher la sous-traitance aux frais de personnel, car le coût de sous-traitance incorpore non seulement de la main-d'œuvre, mais aussi les frais de structure du sous-traitant, sa marge, ainsi qu'éventuellement le coût des matières premières. En conséquence, nous recommandons de laisser la sous-traitance dans les charges externes, mais d'en faire ressortir explicitement le montant sous forme d'une ligne à part pour qu'il en soit tenu compte dans l'interprétation des comptes. Afin de faire apparaître la contribution économique effective de l'entreprise, il est envisageable également dans l'analyse de raisonner sur une production calculée hors sous-traitance appelée « production propre ».

• Autres charges (GE tableau 3 liasse fiscale)

Les autres charges comprennent des charges de natures diverses comme les pertes sur créances clients devenues irrécouvrables et les redevances pour concessions, brevets, licences et marques. Ces dernières constituent la contrepartie de l'utilisation d'actifs incorporels. Elles méritent de ce fait d'être rattachées directement aux charges externes. En effet, l'entreprise qui verse des royalties en contrepartie de l'utilisation d'une marque, dispose d'un actif immatériel représentatif d'un capital de notoriété et d'image qui vient en substitution de dépenses de communication comptabilisées normalement dans les charges externes.

• Annuités de crédit-bail (HP et HQ tableau 4 liasse fiscale)

Les redevances (loyers) annuelles enregistrées dans les charges externes (information en renvoi du compte de résultat, lignes HP et HQ) doivent faire l'objet d'un reclassement de manière à isoler la partie s'apparentant aux amortissements, de celle correspondant aux frais financiers.

Le retraitement est facilité si l'analyste peut obtenir de l'entreprise un tableau qui fournit les informations nécessaires, notamment les dotations aux amortissements, permettant par différence avec le montant de la redevance de l'exercice de déterminer le montant des frais financiers.

En l'absence de tableau interne spécifique, un retraitement approximatif sera fait sur les bases suivantes compte tenu des taux d'intérêt actuellement en vigueur :

- s'agissant de crédit-bail mobilier, 90 % du montant de la redevance annuelle doit être rattaché à la dotation aux amortissements et 10 % aux frais financiers ;
- concernant le crédit-bail immobilier (durée de 15 ans ou plus), 80 % du montant de la redevance sera dédié aux dotations aux amortissements et 20 % aux frais financiers.

• Personnel intérimaire (YU tableau 11 liasse fiscale)

Le coût du personnel intérimaire utilisé pendant l'exercice est à rattacher aux frais de personnel. Ce rattachement introduit cependant une distorsion pour l'appréciation de la productivité de la main-d'œuvre (valeur ajoutée/effectifs). Aussi, il convient de corriger les effectifs (YP tableau 11 liasse fiscale) en intégrant le nombre de personnel intérimaire équivalent temps plein.

5 • EXCÉDENT BRUT D'EXPLOITATION (EBE)

L'excédent brut d'exploitation (EBE) représente les liquidités issues du cycle d'exploitation de l'entreprise pendant un exercice, ou plus exactement sa capacité à les générer car il est calculé à partir de charges décaissables et de produits encaissables. Il est particulièrement apprécié des analystes et des évaluateurs d'entreprises car c'est le dernier indicateur de performance du cycle d'exploitation non faussé par des charges calculées (dotation aux amortissements et provisions). Son équivalent anglo-saxon est appelé EBITDA. L'EBE est donc un indicateur qui fait abstraction :

- du poids des investissements et de la politique d'amortissement ;
- de la politique financière, car il ne prend pas en compte les charges et produits financiers ;
- des éléments exceptionnels, du régime d'imposition des bénéfices et de la politique de distribution, car ni l'impôt ni les dividendes distribués ne sont pris en compte.

Tableau 2.10 – Éléments de calculs de l'EBE dans la liasse fiscale

Impôts, taxes et versements assimilés	FX	
Salaires et traitements	FY	
Charges sociales	FZ	

Tableau 2.11 – Retraitements de l'EBE dans le CR économique

=	**VALEUR AJOUTÉE**	
–	Salaires chargés et intérim	+ FY tableau 3 « salaires et traitements bruts » + FZ tableau 3 « charges sociales patronales » + YU tableau 11 « personnel extérieur à l'entreprise »
–	Impôts et taxes	+ FX tableau 3 « impôts, taxes et versements assimilés »
=	**EXCÉDENT BRUT D'EXPLOITATION**	

• Salaires et charges sociales patronales (FY et FZ tableau 3 liasse fiscale)

Le coût salarial d'une entreprise est la somme des salaires bruts (masse salariale) et des charges sociales patronales supportées par elle. Dans une entreprise individuelle (EI), le bénéfice inclut la rémunération de l'exploitant. Dans un contexte de comparaison et d'évaluation relative des performances, il est nécessaire de corriger ce bénéfice en lui imputant un salaire de dirigeant conforme au niveau moyen observé dans les entreprises de même taille (tableau 2.12).

Tableau 2.12 – Évolution des salaires des dirigeants en fonction de la taille des entreprises

Effectifs	0 à 1	2 à 4	5 à 19	20 à 49	Plus de 50
Salaires annuels moyens (en k€)	30	35	50	79	123

Source : Insee, 2021

La disparité observée dans les montants des salaires des dirigeants introduit un autre biais dans la comparaison des résultats des entreprises de petite taille. En effet, il n'est pas rare d'observer dans les PME des niveaux de salaires se situant dans un rapport de 1 à 3. Quelles significations accorder alors aux bénéfices d'une entreprise incapable de verser à son dirigeant une rémunération se situant dans les moyennes du marché ? Ce phénomène s'atténue fortement dès que la taille de l'entreprise augmente, l'augmentation en valeur du chiffre d'affaires permettant d'amortir les différences de salaire des dirigeants.

• Impôts et taxes (FX tableau 3 liasse fiscale)

Le poste impôts et taxes regroupe l'ensemble des prélèvements fiscaux à l'exception de l'impôt sur les bénéfices qui sera pris en compte à la fin du compte du résultat. Il concerne notamment :

- la cotisation foncière des entreprises (CFE) ;

- la cotisation sur la valeur ajoutée des entreprises (CVAE) ;
- la taxe d'apprentissage ;
- la taxe annuelle sur les émissions de CO_2 ;
- la taxe sur les émissions de polluants atmosphériques ;
- la taxe sur les salaires.

6 • RÉSULTAT D'EXPLOITATION RÉCURRENT

À partir de l'EBE, le résultat d'exploitation (REX) récurrent intègre le coût de l'outil de travail à travers les amortissements des investissements directement acquis par l'entreprise ou loués en crédit-bail. Ces charges calculées sont prises en compte chaque année dans les comptes de l'entreprise, ce qui justifie le caractère « récurrent » ou régulier de ce retraitement à prendre en compte pour cet indicateur.

Tableau 2.13 – Éléments de calculs du REX récurrent dans la liasse fiscale

Dotations d'exploitation	– sur immobilisations : dotations aux amortissements	GA	
	– sur immobilisations : dotations aux provisions	GB	
	– sur actif circulant : dotations aux provisions	GC	
	– pour risque et charges : dotations aux provisions	GD	

Tableau 2.14 – Retraitements du REX récurrent dans le CR économique

=	**EXCÉDENT BRUT D'EXPLOITATION**		
–	Dot. amort. immob. acquises	+ GA tableau 3 « dot. amort. sur immobilisations »	
–	Dot. amort. immob. louées	+ Tableau de crédit-bail : dotations de l'exercice ou : + 90 % HP tableau 4 (annuité crédit-bail mobilier) + 80 % HQ tableau 4 (annuité crédit-bail immobilier)	
=	**RÉSULTAT EXPLOITATION RÉCURRENT**		

• Dotations aux amortissements sur immobilisations (GA tableau 3 liasse fiscale)

Seules les dotations aux amortissements économiques sont intégrées dans le cycle d'exploitation. Les amortissements linéaires sont ainsi calculés en divisant la base d'amortissement (coût d'acquisition HT nette d'une éventuelle valeur résiduelle) par le nombre d'années d'utilisation prévue du bien. Si l'entreprise n'en prévoit pas une utilisation linéaire, alors elle doit utiliser un nombre d'unités d'œuvre (nombre de kms parcourus, nombre de pièces produites...) pour calculer l'amortissement.

Dans tous les cas, l'analyste doit être prudent dans son analyse des politiques d'amortissements car les entreprises ont tendance à sous-évaluer les durées d'utilisation prévues. En effet, elles récupèrent ainsi plus rapidement les économies d'IS générées par ces charges fiscalement déductibles sous condition qu'elles respectent les fourchettes de durées fixées par l'administration fiscale.

• Dotations aux amortissements des immobilisations louées (HP et HQ tableau 4 liasse fiscale)

À défaut d'un tableau de crédit-bail spécifique, l'analyste réintègre la partie amortissement des biens loués estimée à :

- 90 % du montant de la redevance annuelle pour le crédit-bail mobilier ;
- 80 % du montant de la redevance pour le crédit-bail immobilier.

7 • RÉSULTAT D'EXPLOITATION NON RÉCURRENT

Notre nouveau modèle de compte de résultat d'exploitation économique intègre et dépasse les évolutions réglementaires attendues en France (règlement ANC 2022-06 relatif à la modernisation des états financiers) qui vont conduire à faire remonter des éléments exceptionnels (cessions d'actifs, subventions...) dans le cycle d'exploitation à partir de 2025.

Nous avons ainsi pris le parti de supprimer totalement cette notion de résultat exceptionnel à l'instar du modèle de comptabilité internationale (IFRS) applicable aux groupes de sociétés et destiné prioritairement aux investisseurs et analystes. En remplacement, nous utilisons la notion de résultat d'exploitation « non récurrent » pour traduire le fait que ces éléments exceptionnels n'ont pas, par nature, de récurrence dans le temps. Mais, pour autant, les dirigeants doivent en rendre compte dans leurs indicateurs d'exploitation vis-à-vis de leurs actionnaires.

Tableau 2.15 – Éléments de calculs du REX non récurrent dans la liasse fiscale

Produits exceptionnels sur opérations de gestion	HA	
Produits exceptionnels sur opérations en capital	HB	
Reprises sur provisions et transferts de charges	HC	
Total des produits exceptionnels (VII)	HD	
Charges exceptionnelles sur opérations de gestion	HE	
Charges exceptionnelles sur opérations en capital	HF	
Dotations exceptionnelles aux amortissements et provisions	HG	
Total des charges exceptionnelles (VIII)	HH	

Tableau 2.16 – Retraitements du REX non récurrent dans le CR économique

=	**RÉSULTAT EXPLOITATION RÉCURRENT**		
–	Dot. provisions exploit. et dépréciations nette de reprises	+ GB tableau 3 « provisions sur actif immobilisé » + GC tableau 3 « provisions sur actif circulant » + GD tableau 3 « provisions pour risques et charges » – UF tableau 7 « reprises provisions d'exploitation » ou + (FP tableau 3 - renvoi 9 tableau 4)	
–	Charges exceptionnelles	+ HE tableau 4 « charges except. sur opérations de gestion » + HF tableau 4 « charges except. sur opérations en capital »	
+	Produits exceptionnels	+ HA tableau 4 « produits except. sur opérations de gestion » + HB tableau 4 « produits except. sur opérations en capital »	
–	Dot. provisions except. nettes de reprises	+ HG tableau 4 « dotations exceptionnelles » – HC tableau 4 « reprises exceptionnelles »	
=	**RÉSULTAT EXPLOITATION NON RÉCURRENT**		
=	**RÉSULTAT D'EXPLOITATION**		

• Dotations et reprises de provisions d'exploitation (GB à GD tableau 3 et UF tableau 7 liasse fiscale)

Les provisions d'exploitation dans la liasse fiscale correspondent en fait aux dépréciations constatées sur les immobilisations incorporelles ou corporelles, les stocks et les créances. L'administration fiscale ne tient en effet pas compte du choix (fait il y a vingt ans) du normalisateur comptable français (ANC) de ne plus dénommer « provisions » les dépréciations.

Les dotations aux dépréciations correspondent à des baisses de valeurs d'un actif résultant de causes non liées à l'utilisation (amortissements) et dont les effets ne sont pas jugés irréversibles. Elles peuvent donc être reprises, par exemple, si le cours d'un stock rebondit ou si un client en retard de paiement voit sa situation financière s'améliorer et pourra rembourser l'entreprise au-delà des attentes de la clôture précédente.

• Charges exceptionnelles (HE et HF tableau 4 liasse fiscale)

Les charges exceptionnelles sur opérations de gestion regroupent principalement les amendes et pénalités supportées par l'entreprise, les dons et les créances devenues irrécouvrables. Les charges exceptionnelles sur opérations en capital concernent surtout les valeurs nettes comptables des immobilisations cédées à constater lors de leur sortie au bilan. Ces dernières apparaîtront obligatoirement en charges d'exploitation à partir de 2025.

• Produits exceptionnels (HA et HB tableau 4 liasse fiscale)

Les produits exceptionnels sur opérations de gestion concernent les dons reçus, les paiements de créances ultérieurs à leur classement en catégorie irrécouvrables et les subventions d'équilibre et d'investissement (quote-part réintégrée au résultat). Ces subventions seront réintégrées en résultat d'exploitation à partir de 2025, comme les produits de cession des éléments d'actifs qui constituent, encore en 2024, l'essentiel des produits exceptionnels sur opérations de capital.

• Dotations et reprises de provisions exceptionnelles (HG et HC tableau 4 liasse fiscale)

Les provisions exceptionnelles concernent les provisions réglementées (comme les provisions pour hausses de prix ou les amortissements dérogatoires) et les provisions pour risque et charges détaillées dans le tableau 7 de la liasse fiscale. En particulier, l'analyste devra être vigilant pour identifier les éventuelles provisions pour litiges et pour restructurations (plan social…) qui peuvent avoir des effets importants sur la performance et la pérennité de l'entreprise.

8 • RÉSULTAT D'EXPLOITATION

Le résultat d'exploitation (REX) tel que défini dans notre compte de résultat économique est différent de celui présenté dans la liasse fiscale et le tableau des SIG. Il intègre notamment tous les éléments exceptionnels qualifiés de non récurrents. Il reflète ainsi l'incidence d'événements ou de choix qui ne relèvent pas de l'exploitation normale et courante de l'entreprise, mais qui sont de nature à augmenter ou à diminuer le résultat de l'exercice. Son équivalent anglo-saxon est appelé EBIT. Il exprime, mieux que l'EBE, la capacité de l'entreprise à optimiser l'ensemble de ses fonctions opérationnelles (investissement, approvisionnement, production, vente).

Comme l'EBE, il est indépendant de la politique financière, des éléments exceptionnels et du régime d'imposition.

Résultat d'exploitation

+ Résultat d'exploitation récurrent
+ Résultat d'exploitation non récurrent

9 • RÉSULTAT FINANCIER

Les charges et produits financiers comptabilisés ne sont pas nécessairement liés aux activités d'endettement et de placement de l'entreprise. Ainsi, on trouve dans les produits financiers les dividendes versés par les filiales, ainsi que les gains de change. De même, dans les charges financières, les pertes de change côtoient les intérêts.

Le retraitement prioritaire consiste donc à reclasser des charges et produits financiers de manière à isoler les flux liés aux activités d'endettement (ligne GR) et ceux liés aux activités de placement (solde des lignes GL et GO d'une part, et GT d'autre part). L'objectif est d'appréhender le coût de la dette et le rendement des placements financiers.

Le respect de quelques autres principes permet cependant d'introduire davantage de cohérence dans cet ensemble grâce aux retraitements détaillés ci-après.

Tableau 2.17 – Éléments de calculs du résultat financier dans la liasse fiscale

Produits financiers		
Produits financiers de participations	GJ	
Produits des autres valeurs mobilières et créances de l'actif immobilisé	GK	
Autres intérêts et produits assimilés	GL	
Reprises sur provisions et transferts de charges	GM	
Différences positives de change	GN	
Produits nets sur cessions de valeurs mobilières de placement	GO	
Total des produits financiers (V)	GP	
Charges financières		
Dotations financières aux amortissements et provisions	GQ	
Intérêts et charges assimilés	GR	
Différences négatives de change	GS	
Charges nettes sur cessions de valeurs mobilières de placement	GT	
Total des charges financières (VI)	GU	

Tableau 2.18 – Retraitements du résultat financier dans le CR économique

–	Intérêts emprunts bancaires et obligataires	+ GR tableau 3 « intérêts et charges assimilés »
–	Intérêts emprunts crédit bail	+ Tableau de crédit bail : redevances – dotations de l'exercice ou + 10 % HP tableau 4 (annuité crédit-bail mobilier) + 20 % HQ tableau 4 (annuité crédit-bail immobilier)
–	Autres charges financières	+ GS tableau 3 « différences négatives de change »
+	Produits financiers	+ GJ tableau 3 « produits financiers de participations » + GK tableau 3 « produits des autres valeurs mobilières » + GL tableau 3 « autres intérêts et produits assimilés » + GN tableau 3 « différences positives de change » + GO tableau 3 « produits sur cessions de VMP » – GT tableau 3 « charges sur cessions de VMP »
–	Dot. prov. financ. nettes de reprises	+ GQ tableau 3 « dotations financières » – GM tableau 3 « reprises sur dotations financières »
=	**RÉSULTAT FINANCIER**	

• Intérêts des emprunts bancaires et obligataires (GR tableau 3 liasse fiscale)

L'étude des intérêts liés aux emprunts devient un poste particulièrement sensible pour les analystes financiers depuis les fortes remontées de taux des banques centrales en 2022 et 2023. De plus, il faut s'assurer de la pertinence du montant des frais financiers en rapprochant leur montant de celui de l'endettement qui figure au bilan. Dans le cas des entreprises saisonnières, des décalages significatifs sont parfois observés entre l'en-cours moyen d'endettement utilisé durant l'année et le montant d'endettement financier apparaissant au bilan. En effet, les dettes reflètent le montant constaté à la date de clôture de l'exercice, alors que les intérêts sont calculés *prorata temporis* à partir des utilisations effectives durant l'année.

• Intérêts des emprunts de crédit-bail (GR tableau 3 liasse fiscale)

Si l'analyste ne dispose pas d'un tableau interne de crédit-bail, alors il réintègre le solde de l'annuité de crédit-bail sur la base d'une estimation des frais financiers des emprunts équivalents crédit-bail égal à :

- 10 % du montant de la redevance annuelle pour le crédit-bail mobilier ;
- 20 % du montant de la redevance pour le crédit-bail immobilier.

• Autres charges financières (GS tableau 3 liasse fiscale)

Les autres charges financières concernent les différences négatives de change portant sur des opérations avec des partenaires en dehors de la zone euro qui ont généré des pertes financières à la date de règlement à cause de l'évolution défavorable des cours du marché des changes.

• Produits financiers (GJ à GO et GT tableau 3 liasse fiscale)

La catégorie des produits financiers concentre d'abord les revenus des placements financiers de l'entreprise le plus souvent sous forme d'actions, d'obligations, de comptes à terme ou sur livret, ou encore de prêts. Il convient de prendre en compte également dans ce poste les gains définitifs de change de l'exercice et les produits de cessions de titres financiers nets des frais sur ces opérations de vente (GT tableau 3 de la liasse fiscale).

Il n'est d'ailleurs pas toujours évident d'appréhender correctement la performance des placements financiers dans la mesure où le compte de résultat ne tient compte que des plus-values extériorisées à l'occasion de cession des instruments de placement. Pour une fois, la fiscalité vient à l'aide de l'analyste financier en lui donnant la possibilité de réintégrer les plus-values potentielles qui, étant fiscalement imposables, font l'objet d'une réintégration au résultat comptable. L'information relative aux revenus de trésorerie répartis dans le temps se trouve en annexe du tableau 9 de la liasse fiscale.

• Dotations et reprises des provisions financières (GQ et GM tableau 3 liasse fiscale)

Les dotations aux dépréciations des titres figurent dans les charges financières. Elles sont constatées obligatoirement en cas de baisse de la valeur à la clôture comparée au coût d'acquisition initial. Elles peuvent être reprises tout ou partie lorsque la valeur du titre s'améliore les années suivantes.

10 • RÉSULTAT COURANT AVANT IMPÔT

Le résultat courant avant impôt (RCAI) correspond à la somme du résultat d'exploitation et du résultat financier, mais avant prise en compte de l'impôt sur les sociétés.

La comparaison du résultat d'exploitation (REX) et du RCAI révèle l'incidence de la politique et de la gestion financière de l'entreprise sur la formation du résultat, c'est-à-dire l'influence :

- des choix de financement : composition des dettes financières ;
- de certains choix d'investissement : prises de participation ou de contrôle ;
- des choix effectués en matière de placements financiers à LT : prêts, placements en actions, obligations...
- de la gestion de la trésorerie : recours à l'escompte, concours bancaires courants, placement de trésorerie...
- des fluctuations de cours affectant les opérations libellées en monnaies étrangères.

Résultat courant avant impôt

+ Résultat d'exploitation

+ Résultat financier

11 • RÉSULTAT NET

Le résultat net constitue le bénéfice ou la perte (signe négatif) compte tenu de l'ensemble des charges et des produits de l'exercice. Il traduit l'efficacité de l'entreprise dans tous ses aspects : commercial, industriel, financier, exceptionnel. Il a vocation à être réparti entre les actionnaires, puis conservé pour le solde sous forme de réserves pour autofinancer le développement de l'entreprise ou faire face à des difficultés conjoncturelles.

Tableau 2.19 – Éléments de calculs du résultat net dans la liasse fiscale

RÉSULTAT EXCEPTIONNEL (VII - VIII)		HI	
Participation des salariés	**(IX)**	HJ	
Impôts sur les bénéfices	**(X)**	HK	

Tableau 2.20 – Retraitements du résultat net dans le CR économique

=	**RÉSULTAT COURANT AVANT IMPÔTS**		
–	Participation salariés	+ HJ tableau 4	
–	Impôts sur les bénéfices	+ HK tableau 4	
=	**RÉSULTAT NET**	**+ HN tableau 4**	

Après la réalisation de l'ensemble des retraitements, le modèle final et complet de compte de résultat économique est présenté ci-dessous dans le tableau 2.21.

Tableau 2.21 – Modèle de compte de résultat économique

	N	%	N – 1	%	N – 2	%
+ Ventes de marchandises + Production vendue de biens + Production vendue de services						
= **CHIFFRE D'AFFAIRES**						
+ Production stockée et immobilisée + Autres produits d'exploitation						
= **PRODUCTION**		100 %		100 %		100 %
– Consommations de marchandises – Consommations de matières premières						
= **MARGE BRUTE**						
– Autres achats et charges externes – Sous-traitance						
= **VALEUR AJOUTÉE**						
– Salaires chargés et intérim – Impôts et taxes						
= **EXCÉDENT BRUT D'EXPLOITATION (EBE)**						
– Dot. amortissements immobilisations acquises – Dot. amortissements immobilisations louées en crédit-bail						
= **RÉSULTAT EXPLOITATION RÉCURRENT**						
– Dot. provisions exploit. et dépréciations nettes de reprises – Charges exceptionnelles + Produits exceptionnels – Dot. provisions exceptionnelles nettes de reprises						
= **RÉSULTAT EXPLOITATION NON RÉCURRENT**						
= **RÉSULTAT EXPLOITATION (REX)**						
– Intérêts emprunts bancaires et obligataires – Intérêts emprunts crédit-bail – Autres charges financières + Produits financiers – Dot. provisions financières nettes de reprises						
= **RÉSULTAT FINANCIER**						
= **RÉSULTAT COURANT AVANT IMPÔTS**						
– Participation des salariés – Impôts sur les bénéfices						
= **RÉSULTAT NET**						
CAF						
DIVIDENDES						
EFFECTIFS						

12 • CAPACITÉ D'AUTOFINANCEMENT (CAF)

La capacité d'autofinancement (CAF) représente, comme l'EBE, un flux de liquidités potentiel généré par l'activité de l'entreprise. Mais, contrairement à l'EBE, ce flux résulte de l'activité globale de l'entreprise et non seulement de son activité d'exploitation.

Il peut paraître surprenant que cet indicateur ne figure pas dans le tableau des SIG, alors que la CAF constitue un indicateur clé de l'analyse financière. Elle donne une mesure du surplus monétaire potentiellement disponible car une partie du CA, sur lequel il se base, n'est pas encore encaissée.

Le premier emploi de la CAF est constitué par la distribution des dividendes mis en paiement au cours de l'exercice précédent. Le solde, qui traduit l'autofinancement réel de l'exercice, contribue à financer le remboursement de la dette, les investissements de l'exercice et aussi, le cas échéant, l'augmentation des stocks, des créances clients ou de la trésorerie. Une entreprise dont l'autofinancement serait insuffisant pour couvrir la totalité de ses investissements serait nécessairement conduite à recourir à des apports financiers externes (apport en capital ou endettement financier). De ce fait, le niveau de la CAF permet d'appréhender l'évolution future de la structure financière.

La CAF peut être reconstituée à partir du résultat net de l'exercice (méthode additive) ou calculée à partir de l'EBE (méthode soustractive).

• Calcul de la CAF à partir du résultat net

Nous recommandons la méthode de calcul dit « additive » à partir du résultat net pour être efficace et limiter les erreurs. La logique est la suivante :

- CAF = Produits encaissables – Charges décaissables
- CAF = Résultat net + charges non décaissables – produits non encaissables

Elle conduit donc, à partir du résultat net, à ajouter les charges calculées (dotations aux amortissements et aux provisions), ainsi que la valeur comptable des immobilisations cédées et à retrancher les reprises de charges calculées (reprises de provisions), les produits des actifs cédés et les quotes-parts de subventions d'investissement réintégrées au résultat.

Les plus ou moins-values de cessions sont en effet exclues du calcul de la CAF, car elles ne traduisent pas des flux de trésorerie provenant de l'activité de l'entreprise, mais le résultat de la cession des actifs. Nous recommandons également de ne pas considérer comme composante de la CAF les dotations aux dépréciations de l'actif circulant, ainsi que les provisions pour risques et charges. Cela s'admet intuitivement dans le cas où les dépréciations sont censées couvrir des non-remboursements de créances douteuses ou des facturations futures en dessous du coût de revient (dépréciations de stocks de produits finis). En conséquence, il convient de ne pas ajouter ces dépréciations au résultat net car cela conduirait à surévaluer la capacité réelle d'autofinancement de l'entreprise.

Tableau 2.22 – Méthode additive du calcul de la CAF

			N
+	Résultat net	HN tableau 4	
+	Dotations aux amortissements	Dotations après retraitements	
+	Dot. aux prov. except. nettes	Dotations après retraitements	
+	Dot. aux prov. financières nettes	Dotations après retraitements	
+	Valeur comptable des actifs cédés	Renvoi 7 tableau 4	
–	Produits de cession des actifs	Renvoi 7 tableau 4	
–	Quote part de subv. d'invest.	Renvoi 7 tableau 4	
=	**Capacité d'autofinancement**		

• Calcul de la CAF à partir de l'EBE

Dans cette approche que nous donnons à titre informatif, la CAF est égale au solde de l'EBE, après prise en compte des charges décaissables et des produits encaissables, c'est-à-dire abstraction faite des charges et produits calculés (amortissements, provisions). En s'en tenant aux composantes essentielles, le calcul est le suivant.

Capacité d'autofinancement

+ Excédent brut d'exploitation

– Charges financières

+ Produits financiers

– Charges exceptionnelles (sauf valeur comptable des immobilisations cédées et dotations exceptionnelles aux amortissements et provisions)

+ Produits exceptionnels (sauf produits de cession des immobilisations (HB tableau 4 liasse fiscale) et reprises sur provisions (HC tableau 4 liasse fiscale))

– Impôt sur les bénéfices

– Participation des salariés

Ainsi calculée de façon soustractive, la CAF illustre bien la dégradation du revenu généré par l'activité industrielle et commerciale de l'entreprise (EBE), sous l'effet des charges financières et exceptionnelles.

Précisons que les dotations exceptionnelles aux amortissements et provisions concernent principalement les charges à répartir sur plusieurs exercices et les provisions réglementées dont on trouve le détail les tableaux 6 et 7.

L'ESSENTIEL

Il est donc indispensable de compléter les soldes intermédiaires de gestion (SIG), d'une part, en introduisant la marge brute utile pour l'analyse du positionnement de l'entreprise à l'égard de ses marchés amont et aval et, d'autre part, de calculer la CAF pour avoir un indicateur de mesure de l'autofinancement.

L'analyse financière procède à des regroupements et reclassements des postes du compte de résultat en vue de donner une signification économique aux résultats. C'est l'objet du compte de résultat économique dont la décomposition permet d'analyser la formation des résultats et la structure du compte de résultat.

MISES EN PRATIQUE

QCM

Retrouvez un QCM d'entraînement en flashant ce QR code.

dunod.link/cg713ls

APPLICATION 1 ECOPLAST

L'énoncé du cas EcoPlast se trouve dans la Partie 3.

• Construire le tableau des soldes intermédiaires de gestion (SIG) et le compte de résultat économique.

Nous présentons le tableau des SIG (2.23), puis les retraitements détaillés ayant permis l'établissement du compte de résultat économique (2.24), suivi du tableau synthétique du compte de résultat économique (2.25).

Tableau 2.23 – Tableau des SIG d'EcoPlast

		N	N – 1	N – 2		Repères fiscaux
	Ventes de marchandises	3 239 065	5 665 798	3 839 362		FC tab.3
–	Coût d'achat des marchandises vendues	2 608 426	3 685 640	2 863 372		FS + FT tab. 3
	MARGE COMMERCIALE	**630 639**	**1 980 158**	**975 990**		
+	Production vendue	20 151 998	15 233 680	12 360 417		FF + FI tab.3
+	Production stockée	– 321 483	428 742	– 210 928		FM tab.3
+	Production immobilisée	0	0	0		FN tab.3
=	**PRODUCTION EXERCICE**	**19 830 515**	**15 662 421**	**12 149 490**		
+	Marge commerciale	630 639	1 980 158	975 990		
+	Production de l'exercice	19 830 515	15 662 421	12 149 490		
–	Consommations en provenance des tiers	11 454 786	9 509 005	6 749 552		FU à FW tab.3
=	**VALEUR AJOUTÉE**	**9 006 368**	**8 133 575**	**6 375 928**		
+	Valeur ajoutée	9 006 368	8 133 575	6 375 928		
+	Subventions d'exploitation	32 143	0	0		FO tab.3
–	Impôts et taxes	403 563	368 305	313 255		FX tab.3
–	Charges de personnel	5 906 084	5 149 126	4 476 971		FY + FZ tab.3

=	**EXCÉDENT BRUT D'EXPLOITATION**	**2 728 864**	**2 616 144**	**1 585 702**		
+	Excédent brut d'exploitation	2 728 864	2 616 144	1 585 702		
+	Reprises sur amortissements et provisions et transferts de charges	0	17 642	13 339		FP tab.3
+	Autres produits d'exploitation	765	17 398	59 359		FQ tab.3
–	Dotations aux amortissements et aux provisions d'exploitation	844 147	775 814	675 259		GA à GD tab.3
–	Autres charges d'exploitation	447	2 482	65		GE tab.3
=	**RÉSULTAT D'EXPLOITATION**	**1 885 035**	**1 872 888**	**983 077**		**verif GG tab.3**
+	Résultat d'exploitation	1 885 035	1 872 888	983 077		
+	Produits financiers	463	3 458	11 060		GJ à GO tab.3
+	Quote part sur opérations faites en commun	0	0	0		GH tab.3 GQ à GT tab.3
–	Charges financières	67 763	162 007	179 384		GI tab.3
–	Quote part sur opérations faites en commun	0	0	0		
=	**RÉSULTAT COURANT AVANT IS**	**1 817 735**	**1 714 339**	**814 753**		**verif GW tab.3**
+	Produits exceptionnels	476 220	455 916	88 980		HA à HC tab.4
	Charges exceptionnelles	524 916	602 700	358 206		HE à HG tab.4
=	**RÉSULTAT EXCEPTIONNEL**	**– 48 696**	**– 146 784**	**– 269 226**		**verif. HI tab.4**
+	Résultat courant avant impôt	1 817 735	1 714 339	814 753		
+	Résultat exceptionnel	– 48 696	– 146 784	– 269 226		
–	Participation des salariés	383 765	193 917	74 432		HJ tab.4
–	Impôt société	440 847	537 606	204 232		HK tab.4
=	**RÉSULTAT EXERCICE**	**944 427**	**836 032**	**266 863**		**verif HN tab.4**
+	Produit des cessions d'éléments d'actif	325 748	359 682	87 645		Renvoi 7 tab.4
–	Valeur comptable des éléments d'actif cédés	281 775	342 160	84 552		Renvoi 7 tab.4
=	**RÉSULTAT SUR CESSION ACTIF**	**43 972**	**17 522**	**3 093**		

Tableau 2.24 – Retraitements du compte de résultat économique d'EcoPlast

			N	N – 1	N – 2
+	Ventes de marchandises	+ FC tableau 3	3 239 065	5 665 798	3 839 362
+	Production vendue de biens	+ FF tableau 3	20 151 998	15 233 680	12 360 417
+	Production vendue de services	+ FI tableau 3	0	0	0
=	**CHIFFRE D'AFFAIRES**	**+ FL tableau 3**	**23 391 063**	**20 899 478**	**16 199 779**
+	Production stockée et immobilisée	+ FM tableau 3 « production stockée »	– 321 483	428 742	– 210 928
		+ FN tableau 3 « production immobilisée »	0	0	0
+	Autres produits d'exploitation	+ FQ tableau 3 « autres produits »	765	17 398	59 359
		+ FO tableau 3 « subventions d'exploitation »	32 143	0	0
		+ Renvoi 9 tableau 4 « transferts de charges » (*ou + FP tab.3 – UF tab.7*)	0	0	0
=	**PRODUCTION**		**23 102 488**	**21 345 618**	**16 048 211**
–	Consommations de marchandises	+ FS tableau 3 « achats de marchandises »	2 800 055	3 798 707	2 875 049

			N	N – 1	N – 2
		+ FT tableau 3 « variation de stocks marchandises »	– 191 628	– 113 068	– 11 678
–	Consommations de matières premières	+ FU tableau 3 « achats de matières premières »	7 385 437	5 332 117	3 772 891
		+ FV tableau 3 « variation de stocks de mat. premières »	– 145 196	– 25 684	– 25 215
=	**MARGE BRUTE**		**13 253 821**	**12 353 545**	**9 437 164**
–	Autres achats et charges externes	+ FW tableau 3 « autres achats et charges externes »	4 214 545	4 202 572	3 001 876
		– YT tableau 11 « sous-traitance »	230 051	266 969	227 347
		+ GE tableau 3 « autres charges »	447	2 482	65
		– HP Tableau 4 « annuité crédit-bail mobilier »	646 242	497 885	430 853
		– HQ tableau 4 « annuité crédit-bail immobilier »	0	0	0
		– YU tableau 11 « personnel extérieur à l'entreprise »	384 133	979 677	323 556
–	Sous-traitance	+ YT tableau 11 « sous-traitance »	230 051	266 969	227 347
=	**VALEUR AJOUTÉE**		**10 069 205**	**9 626 053**	**7 189 631**
–	Salaires chargés et intérim	+ FY tableau 3 « salaires et traitements bruts »	4 294 372	3 794 477	3 313 564
		+ FZ tableau 3 « charges sociales patronales »	1 611 712	1 354 649	1 163 406
		+ YU tableau 11 « personnel extérieur à l'entreprise »	384 133	979 677	323 556
–	Impôts et taxes	+ FX tableau 3 « impôts, taxes et versements assimilés »	403 563	368 305	313 255
=	**EXCÉDENT BRUT D'EXPLOITATION**		**3 375 425**	**3 128 945**	**2 075 850**
–	Dot. amort. immob. acquises	+ GA tableau 3 « dot. Amort. sur immobilisations »	844 147	775 814	660 014
–	Dot. amort. immob. louées	+ Tableau de crédit-bail : dotations de l'exercice			
		ou : + 90 % HP tableau 4 (*annuité crédit-bail mobilier*)	581 618	448 097	387 767
		+ 80 % HQ tableau 4 (*annuité crédit-bail immobilier*)	0	0	0
=	**RÉSULTAT EXPLOITATION RÉCURRENT**		**1 949 660**	**1 905 035**	**1 028 068**
–	Dot. provisions exploit. et dépréciations	+ GB tableau 3 « provisions sur actif immobilisé »	0	0	0
	nette de reprises	+ GC tableau 3 « provisions sur actif circulant »	0	0	15 245
		+ GD tableau 3 « provisions pour risques et charges »	0	0	0
		– (FP tableau 3 - renvoi 9 tableau 4)	0	17 642	13 339
–	Charges exceptionnelles	+ HE tableau 4 « charges except. sur opérations de gestion »	47 404	30 623	14 626
		+ HF tableau 4 « charges except. sur opérations en capital »	282 619	343 569	55 101

			N	N – 1	N – 2
+	Produits exceptionnels	+ HA tableau 4 « produits except. sur opérations de gestion »	1 601	825	0
		+ HB tableau 4 « produits except. sur opérations en capital »	333 458	413 938	56 525
–	Dot. provisions except. nettes de reprises	+ HG tableau 4 « dotations exceptionnelles »	194 893	228 508	288 480
		– HC tableau 4 « reprises exceptionnelles »	141 161	41 154	32 454
=	**RÉSULTAT EXPLOITATION NON RÉCURRENT**		**– 48 696**	**– 129 143**	**– 271 132**
=	**RÉSULTAT D'EXPLOITATION**		**1 900 964**	**1 775 892**	**756 936**
–	Intérêts emprunts bancaires et obligataires	+ GR tableau 3 « intérêts et charges assimilés »	67 763	162 007	179 384
–	Intérêts emprunts crédit bail	+ Tableau de crédit bail : redevances moins dotations de l'exercice			
		ou + 10 % HP tableau 4 (*annuité crédit-bail mobilier*)	64 624	49 789	43 085
		+ 20 % HQ tableau 4 (*annuité crédit-bail immobilier*)	0	0	0
–	Autres charges financières	+ GS tableau 3 « différences négatives de change"	0	0	0
+	Produits financiers	+ GJ tableau 3 « produits financiers de participations »	0	0	0
		+ GK tableau 3 « produits des autres valeurs mobilières »	0	0	0
		+ GL tableau 3 « autres intérêts et produits assimilés"	463	3 458	11 060
		+ GN tableau 3 « différences positives de change »	0	0	0
		+ GO tableau 3 « produits sur cessions de VMP »	0	0	0
		– GT tableau 3 « charges sur cessions de VMP"	0	0	0
–	Dot. prov. financ. nettes de reprises	+ GQ tableau 3 « dotations financières »	0	0	0
		– GM tableau 3 « reprises sur dotations financières »	0	0	0
=	**RÉSULTAT FINANCIER**		**– 131 925**	**– 208 338**	**– 211 410**
=	**RÉSULTAT COURANT AVANT IMPÔTS**		**1 769 039**	**1 567 555**	**545 527**
–	Participation salariés	+ HJ tableau 4	383 765	193 917	74 432
–	Impôts sur les bénéfices	+ HK tableau 4	440 847	537 606	204 232
=	**RÉSULTAT NET**	**+ HN tableau 4**	**944 427**	**836 032**	**266 863**

Retraitement du compte de résultat

			N	N - 1	N - 2
+	Résultat net	HN tableau 4	944 427	836 032	266 863
+	Dotations aux amortissements	Dotations après retraitements	1 425 765	1 223 910	1 047 782
+	Dot. aux prov. except. nettes	Dotations après retraitements	53 732	187 355	256 025
+	Dot. aux prov. financières nettes	Dotations après retraitements	0	0	0
+	Valeur comptable des actifs cédés	Renvoi 7 tableau 4	281 775	342 160	84 552
–	Produits de cession des actifs	Renvoi 7 tableau 4	325 748	359 682	87 645
–	Quote part de subv. d'invest.	Renvoi 7 tableau 4	0	0	0
=	**Capacité d'autofinancement**		2 379 952	2 229 774	1 567 577
	DIVIDENDES	ZE tableau 11	0	91 469	51 768
	EFFECTIF	YP tableau 11 corrigé de l'intérim	109	104	86

Tableau 2.25 – Compte de résultat économique d'EcoPlast (en K€)

		N	%	N - 1	%	N - 2	%
+	Ventes de marchandises	3 239		5 666		3 839	
+	Production vendue de biens	20 152		15 234		12 360	
+	Production vendue de services	0		0		0	
=	**CHIFFRE D'AFFAIRES**	23 391		20 899		16 200	
+	Production stockée et immobilisée	– 321		429		– 211	
+	Autres produits d'exploitation	33		17		59	
=	**PRODUCTION**	23 102	100 %	21 346	100 %	16 048	100 %
–	Consommations de marchandises	2 608		3 686		2 863	
–	Consommations de matières premières	7 240		5 306		3 748	
=	**MARGE BRUTE**	13 254	57,4 %	12 354	57,9 %	9 437	58,8 %
–	Autres achats et charges externes	2 955		2 461		2 020	
–	Sous-traitance	230		267		227	
=	**VALEUR AJOUTÉE**	10 069	43,6 %	9 626	45,1 %	7 190	44,8 %
–	Salaires chargés et intérim	6 290		6 129		4 801	
–	Impôts et taxes	404		368		313	
=	**EXCÉDENT BRUT D'EXPLOITATION (EBE)**	3 375	14,6 %	3 129	14,7 %	2 076	12,9 %
–	Dot. amortissements immobilisations acquises	844		776		660	

–	Dot. amortissements immobilisations louées en crédit-bail	582		448		388	
=	**RÉSULTAT EXPLOITATION RÉCURRENT**	1 950	8,4 %	1 905	8,9 %	1 028	6,4 %
–	Dot. provisions exploit. et dépréciations nettes de reprises	0		– 18		2	
–	Charges exceptionnelles	330		374		70	
+	Produits exceptionnels	335		415		57	
–	Dot. provisions exceptionnelles nettes de reprises	54		187		256	
=	**RÉSULTAT EXPLOITATION NON RÉCURRENT**	– 49	– 0,2 %	– 129	– 0,6 %	– 271	– 1,7 %
	RÉSULTAT EXPLOITATION (REX)	1 901	8,2 %	1 776	8,3 %	757	4,7 %
–	Intérêts emprunts bancaires et obligataires	68		162		179	
–	Intérêts emprunts crédit-bail	65		50		43	
–	Autres charges financières	0		0		0	
	Produits financiers	0		3		11	
–	Dot. provisions financières nettes de reprises	0		0		0	
	RÉSULTAT FINANCIER	– 132	– 0,6 %	– 208	– 1,0 %	– 211	– 1,3 %
=	**RÉSULTAT COURANT AVANT IMPÔTS**	1 769	7,7 %	1 568	7,3 %	546	3,4 %
–	Participation des salariés	384		194		74	
–	Impôts sur les bénéfices	441		538		204	
=	**RÉSULTAT NET**	944	4,1 %	836	3,9 %	267	1,7 %
	CAF	2 380		2 230		1 568	
	DIVIDENDES	0		91		52	
	EFFECTIFS	109		104		0	

PARTIE 2

ANALYSE FINANCIÈRE D'UNE ENTREPRISE

3 • ANALYSE DE L'ACTIVITÉ

OBJECTIF

L'objectif du chapitre est de présenter le cadre d'analyse et les indicateurs utilisés pour l'évaluation du profil d'évolution du chiffre d'affaires, de sa vulnérabilité et de sa dépendance. La démarche présentée accorde une place particulière à l'éclairage des données sectorielles.

SOMMAIRE

L'analyse financière repose sur trois piliers : performance, risques et potentiel de développement. Ils se déclinent en six points qui font l'objet des six chapitres suivants et qui sont repris dans le schéma à suivre.

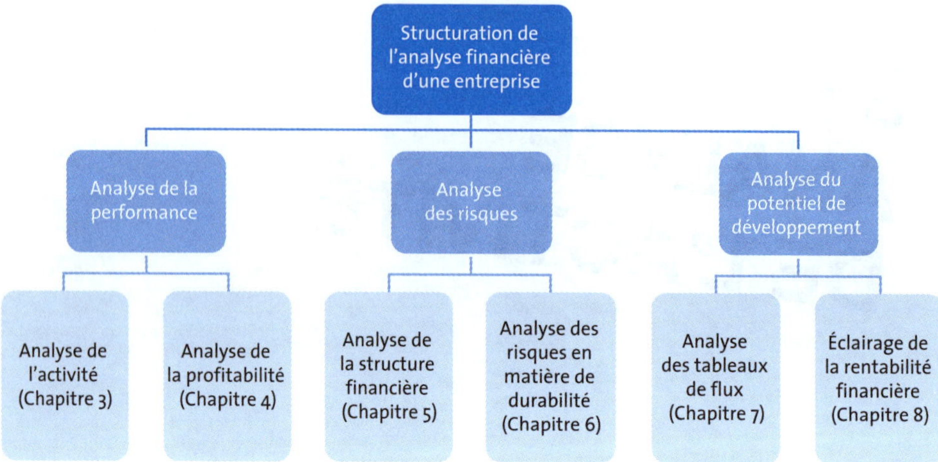

Figure 3.1 – Structuration de l'analyse financière

L'analyse de l'évolution du chiffre d'affaires (CA), fournit un éclairage pertinent pour l'appréciation de la performance commerciale et de la vulnérabilité de l'entreprise par rapport à ses marchés sachant que cette évolution nécessite d'être resituée dans un contexte sectoriel pour pouvoir relativiser la performance et qualifier la compétitivité de l'entreprise.

L'analyse de l'information comptable s'inscrit dans un cadre large qui nécessite l'étude préalable des métiers, des produits, des marchés et des rapports de force à l'œuvre dans le secteur. Cela montre que l'analyse financière d'une entreprise ne serait être conduite en dehors d'une solide analyse de son environnement. Le cadre d'analyse pertinent est le secteur que nous pouvons définir comme l'espace économique homogène réunissant les entreprises fabriquant des produits substituables.

La turbulence qui caractérise l'environnement économique et qui induit une instabilité dans la production des résultats nécessite de caractériser le degré de vulnérabilité de l'activité en rattachant l'évolution des indicateurs d'activité et de résultats aux lignes de force qui configurent l'évolution de l'entreprise. Ainsi en complément de l'étude de la volatilité de la demande, de nature exogène, il est nécessaire de prendre en compte les facteurs de dépendance du chiffre d'affaires qui sont, en général, la conséquence des choix arrêtés dans le domaine de la stratégie commerciale.

SECTION 1 IMPORTANCE DE L'ÉCLAIRAGE DE L'ANALYSE SECTORIELLE

En raison de la nécessité de formuler un pronostic, l'interprétation des indicateurs comptables se doit d'être complétée d'une analyse des projets des entreprises et de leur environnement. De ce fait, l'élargissement du champ prévisionnel de l'analyse financière nécessite de disposer des informations qui permettront de construire des scénarios relatifs aux environnements concurrentiels, commerciaux et technologiques.

L'étude des métiers repose sur celle des technologies mises en œuvre. Il convient notamment d'évaluer les possibilités d'accès aux technologies et leur potentiel de différenciation afin d'apprécier l'importance des barrières à l'entrée et des sources de création d'un avantage concurrentiel. L'attention portée aux produits suppose de déterminer leur stade de développement afin de pouvoir relativiser les indicateurs de performance et de risque.

L'appartenance à un secteur configure la structure et le poids de l'actif économique en raison de l'influence du secteur sur le niveau des équipements, la nature des technologies utilisées et le montant des besoins en fonds de roulement. L'effet sectoriel s'exprime aussi dans le compte de résultat en liaison avec les qualifications du personnel, l'intensité des investissements en recherche et développement et la nature des sources d'approvisionnement.

Des sociétés d'études sont spécialisées dans la réalisation d'analyse sectorielle. Ainsi, l'Institut Xerfi produit chaque année un ensemble de rapports qui se veulent exhaustifs sur l'ensemble des activités marchandes en France. Ces rapports suivent un plan type qui traite les points suivants :

- activité (les produits, la distribution) ;
- analyse et perspectives du marché (déterminants de l'activité, analyse de l'environnement, analyse conjoncturelle du secteur, présentation d'un scénario prévisionnel) ;
- structure de la concurrence (offre et positionnement des groupes leaders, localisation géographique de l'activité, solde commercial, principales opérations de rapprochement d'entreprises, classement des compétiteurs selon plusieurs critères) ;
- marges et résultats (déterminants des marges, analyse de la productivité, analyse de la situation financière et de la performance des acteurs regroupés par classe de taille).

À un moment donné, les résultats d'une entreprise sont la résultante : des choix stratégiques et organisationnels arrêtés antérieurement, des conditions macroéconomiques générales et des conditions économiques spécifiques au secteur. Sachant que dans le temps ces trois domaines s'influencent mutuellement, les orientations stratégiques sont arrêtées en fonction des conditions macroéconomiques passées et anticipées, ainsi qu'en réponse aux facteurs sectoriels.

Des études ont été conduites, qui permettent de quantifier les influences respectives des conditions macroéconomiques et sectorielles. Elles montrent que des secteurs sont particulièrement sensibles aux modifications des conditions macroéconomiques (ex. : le niveau des taux d'intérêt et la croissance du PIB influencent fortement la conjoncture des industries de l'automobile et de la construction, et par là même celle du secteur de l'acier), alors que d'autres sont fortement dépendants des aléas sectoriels (ex. : cas des industries liées à la mode dans lesquelles les tendances sont difficilement appréhendables *ex ante* ; cas des industries influencées par les conditions climatiques).

Michael Porter a proposé un modèle d'analyse structurelle qui permet d'appréhender les facteurs explicatifs de la profitabilité moyenne d'un secteur (ou d'une industrie). D'après Porter, la profitabilité est la résultante d'un jeu complexe entre cinq forces qui sont : le pouvoir de négociation des fournisseurs, le pouvoir de négociation des clients, la menace de produits de substitution, la menace de nouveaux entrants, la rivalité concurrentielle. Cette présentation pourrait cependant laisser penser que la stratégie d'une entreprise est directement dictée par les « forces » du marché. En fait, la relation inverse peut aussi bien être formulée. Les analystes des structures du marché ont montré que la stratégie d'une entreprise influence les structures du marché et les conditions dans lesquelles s'exerce la concurrence. On est donc en présence d'une relation biunivoque qu'il convient de ne pas oublier quand on fait l'analyse d'un secteur.

Des travaux d'économie industrielle ultérieurs ont permis de clarifier le rôle des forces explicatives de la profitabilité à l'œuvre dans un secteur. Ainsi, le mécanisme de formation de la marge dégagée dans un secteur peut utilement être appréhendé en concentrant l'analyse sur deux indicateurs : l'aptitude manifestée par le secteur pour conserver la marge potentielle et l'évolution du niveau des prix. Sachant que la première variable est directement dépendante du pouvoir de négociation que les entreprises exercent sur leurs clients et leurs fournisseurs tandis que l'évolution du niveau des prix reflète l'intensité de la concurrence entre fournisseurs du même produit, elle-même fortement dépendante des menaces de produits de substitution ou de nouveaux entrants ainsi que de la rivalité entre concurrents.

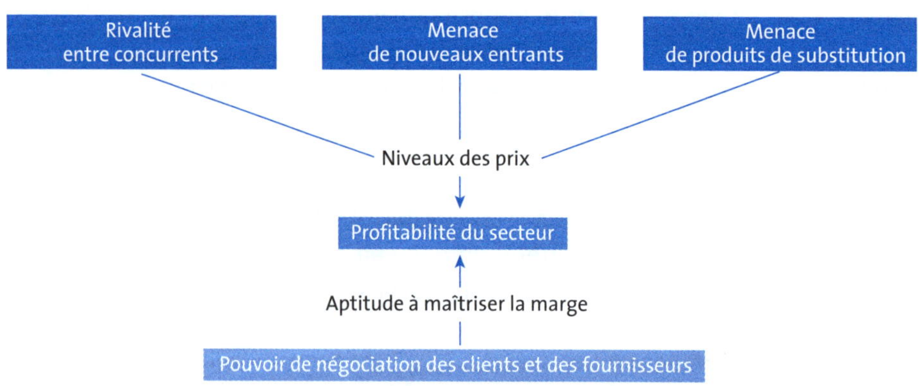

Figure 3.2 – Schéma d'analyse sectorielle (adapté de Porter)

Nous allons brièvement passer en revue les critères qui peuvent être utilisés pour évaluer l'intensité de la pression exercée par chacune des forces et ainsi apprécier le niveau global d'intensité concurrentielle.

1 • LE POUVOIR DE NÉGOCIATION DES CLIENTS

La satisfaction du besoin conduisant à l'acte d'achat se traduit par des exigences exprimées en termes de prix, de fonctionnalité, de qualité et de service qui constituent les termes de la négociation. Les déterminants du pouvoir de négociation des clients sont :

- le degré de concentration de la clientèle (ex. : le nombre réduit de centrales d'achat confère à la grande distribution un avantage évident dans la négociation commerciale avec les industriels) ;
- l'importance des achats du client par rapport aux capacités du fournisseur (ex. : l'importance des volumes d'activité traités par la grande distribution joue en sa faveur ; les alliances intervenues en France entre les enseignes de distribution illustrent cette volonté des grands distributeurs de peser face aux industriels via le regroupement de leurs centrales d'achat) ;
- le risque d'intégration en aval ;
- l'existence de coûts de transfert ;
- etc.

2 • LE POUVOIR DE NÉGOCIATION DES FOURNISSEURS

La relation commerciale qui lie une entreprise avec ses fournisseurs traduit un rapport de force qu'il convient d'évaluer afin d'apprécier sa maîtrise des prix d'achat. Les déterminants du pouvoir de négociation des fournisseurs sont :

- le degré de concentration ou de monopole de l'offre ;
- l'importance du débouché pour l'activité du fournisseur ;
- l'existence de coûts de transfert élevés qui traduisent le frein que constituent les coûts générés par le changement de fournisseurs ;
- la sensibilité de la demande par rapport au prix et à la qualité (influence d'une modification de prix sur le coût total) ;

- le risque d'intégration en amont (risque qui peut être particulièrement significatif quand il y a une intégration déjà amorcée) ;
- l'existence d'une protection à l'égard des produits de substitution ;
- etc.

3 • LA MENACE DE NOUVEAUX ENTRANTS

L'apparition de nouveaux acteurs dans un secteur est généralement source de déstabilisation de l'équilibre existant. L'apparition de nouveaux entrants entraîne une augmentation automatique des capacités et une redéfinition éventuelle des règles du jeu, qui n'est pas sans influencer les conditions de prix pratiqués jusqu'alors, ni sans modifier les paramètres de formation des coûts. L'évaluation de la menace de nouveaux entrants conduit à s'intéresser à la nature des barrières à l'entrée dans le secteur. Les déterminants de la menace sont :

- l'existence d'un effet d'expérience ou d'une protection des technologies ;
- le niveau élevé des seuils critiques (zones d'optimisation des coûts) en relation avec les économies d'échelle ;
- l'intensité capitalistique ;
- l'importance des actifs de marque et des actifs technologiques ;
- l'existence d'obstacles législatifs et/ou réglementaires ;
- etc.

4 • LA MENACE DE PRODUITS DE SUBSTITUTION

Cette menace est réelle dès que se profile l'apparition sur le marché de nouveaux produits présentant un meilleur rapport performances/coût/prix. Ainsi l'évaluation de la menace conduit à étudier l'élasticité de la demande à des produits de substitution. Les déterminants de la menace sont :

- le niveau des prix relatifs des produits de remplacement (ex. : le prix du billet d'avion est fortement conditionné par le prix du billet du TGV sur la même destination) ;
- l'importance des coûts de transfert en relation avec la propension de la clientèle à changer de produits et/ou de technologie ;
- etc.

5 • LA RIVALITÉ CONCURRENTIELLE

En raison de son impact sur la marge de manœuvre dont disposent les entreprises dans la fixation de leurs prix, l'intensité de la rivalité entre les concurrents doit être évaluée. Les déterminants de la rivalité concurrentielle sont :

- le nombre de concurrents et leurs puissances relatives ;
- le taux de croissance du secteur ;
- le degré de différenciation des produits offerts ;
- l'existence de barrières à la mobilité constituant un frein dans l'engagement de manœuvres stratégiques ;
- l'existence d'économies d'échelle ;
- le poids relatif des coûts fixes comparés aux coûts variables ;
- etc.

SECTION 2 INTERPRÉTATION ÉCONOMIQUE DE LA PRODUCTION

La production est la somme algébrique du chiffre d'affaires, de la production stockée et de la production immobilisée. La production est un agrégat comptable qui présente le risque de pouvoir masquer la détérioration des résultats et souffre d'une limite tenant à l'hétérogénéité de ses composantes. Au demeurant, l'analyse de l'évolution de sa composante principale, le chiffre d'affaires, fournit, un éclairage pertinent pour l'appréciation de la performance commerciale et de la vulnérabilité de l'entreprise par rapport à ses marchés.

L'évolution annuelle du chiffre d'affaires résulte de l'influence de cinq variables qui peuvent se renforcer ou s'opposer :

1. un effet de volume qui traduit la variation (hausse ou baisse) des quantités vendues ;
2. un effet de gamme qui reflète l'évolution différentielle des ventes par produit ;
3. un effet de prix qui traduit la hausse ou la baisse des prix de vente et/ou la variation des devises de facturation ;
4. un effet géographique qui caractérise l'évolution différentielle des ventes par zone géographique ;
5. un effet de périmètre (dans le cas des groupes) qui reflète les modifications intervenues dans le nombre des entités comptablement consolidées.

L'étude de la performance commerciale nécessite d'analyser la structure du chiffre d'affaires et son évolution : types de produits, types de marché, secteurs géographiques... Cela afin de repérer les évolutions différentielles et les transferts pouvant intervenir entre les dimensions précédentes. L'analyse de l'évolution en volume de l'activité est souhaitable, à défaut d'être nécessaire, pour neutraliser l'influence des variations de prix qui peuvent déformer la tendance observée à partir des évolutions des valeurs nominales.

1 • LIMITES DE L'INDICATEUR DE PRODUCTION

Généralement la production s'avère l'indicateur le plus représentatif de l'activité. Cette qualité est importante car les indicateurs de marge et de résultat (marge brute, excédent brut d'exploitation...) seront exprimés par rapport à cette base.

La production a l'avantage d'atténuer les fluctuations du chiffre d'affaires, notamment pour les entreprises à cycle d'exploitation long (constructeurs de machines-outils, entreprises de bâtiment...). Le plus souvent, le décalage entre la production vendue et la production est réduit, en moyenne de l'ordre de 1 % à 3 % de la production selon les secteurs et les années. Cependant, la production mérite d'être interprétée avec précaution pour les raisons suivantes.

1. On perçoit le biais introduit par le recours à la production quand on observe que, dans l'analyse, on est amené à faire le rapprochement entre, d'un côté un indicateur d'activité, la production, dont une partie, la production stockée et la production immobilisée, n'est que potentiellement encaissable, et de l'autre, des charges (frais de personnel, matières premières, etc.) ayant effectivement donné lieu à décaissement. De ce fait, la production présente l'inconvénient d'atténuer la détérioration des résultats dans le cas de figure où l'augmentation des stocks d'en-cours et de produits finis n'est pas le résultat d'un décalage temporaire entre la production et les ventes, mais la conséquence d'un phénomène durable (début de récession...) qui traduit un surdimensionnement de l'outil de production par rapport au marché. Le fait pour une entreprise de produire plus qu'elle ne vend, engendre une augmentation de résultat. L'augmentation est égale au montant des frais fixes incorporés dans la valorisation de la production stockée. Dans l'hypothèse évoquée, la production stockée joue un rôle de neutralisation de charges qui biaise le calcul des indicateurs de résultat. Tout le problème pour l'analyste est alors de savoir si l'entreprise est en présence d'une situation de mévente temporaire, ou si elle est confrontée à une récession effective. On conçoit que l'interprétation de l'augmentation des stocks n'emportera pas le même jugement selon la qualification de la situation retenue. La difficulté d'interprétation est la même face à une élévation du stock de produits finis, qui peut tout aussi bien résulter du

lancement d'un nouveau produit qu'être la conséquence d'une décision de reconstitution des stocks dont le niveau avait été jugé trop bas. Dans les secteurs cycliques, l'observation de l'évolution de la production stockée comparée à celle du chiffre d'affaires renseigne sur les phases du cycle. Normalement, tout retournement de conjoncture devrait s'accompagner d'une évolution de sens contraire de la production stockée. Ainsi, la manifestation d'une récession engendrera une production stockée positive alors que le redémarrage d'activité se traduira par une production stockée négative (l'entreprise puise dans ses stocks pour faire face au sursaut de la demande).

2. L'hétérogénéité des modes de valorisation des différentes composantes de la production induit une distorsion dans l'agrégat qui peut fausser son interprétation dans le temps. Le chiffre d'affaires est valorisé sur la base d'un prix de vente alors que les stocks d'en-cours et de produits finis le sont sur la base d'un coût de production qui n'intègre ni frais financiers, ni frais de structure. Lorsque la production stockée est importante en raison de la longueur du cycle de production (ex. : entreprise de gros œuvre) la non-prise en compte des résultats « potentiels » dans la production stockée, conduit à un transfert de résultat d'un exercice à l'autre qui rend difficile l'analyse surtout si ce phénomène se télescope avec un mouvement de conjoncture sectorielle.

2 • ANALYSE DE LA VULNÉRABILITÉ DU CHIFFRE D'AFFAIRES

L'évolution du chiffre d'affaires résulte de trois effets qui peuvent se renforcer ou se contrecarrer : l'effet prix, l'effet volume et l'effet gamme. Ce dernier élément mérite une attention particulière car les transferts pouvant s'opérer entre produits en raison de l'existence de différentiels de croissance des ventes des produits compliquent l'interprétation de l'évolution du niveau global d'activité. Cette remarque met en évidence la nécessité d'aller au-delà des données fournies par les documents comptables de synthèse en n'hésitant pas à recourir aux informations émanant des statistiques commerciales, voire à celles fournies par la comptabilité analytique.

La première préoccupation avant d'analyser l'évolution du chiffre d'affaires est de s'assurer de l'homogénéité dans le temps de la composition du chiffre d'affaires. Toute modification de l'assortiment des produits est appelée à avoir un impact sur la structure du chiffre d'affaires et donc sur la marge de l'entreprise. L'analyste financier doit évaluer l'aptitude de l'entreprise à s'adapter aux évolutions de son environnement. L'évaluation de la maîtrise des facteurs de vulnérabilité (volatilité de la demande et dépendance du chiffre d'affaires) apporte un éclairage essentiel pour la compréhension de la performance et l'appréciation du niveau de risque supporté par l'entreprise. La vulnérabilité exprime la mesure dans laquelle la stratégie est influencée, dans sa fixation comme dans son évolution, par les variables extérieures liées à la nature du secteur. L'analyse de la vulnérabilité permet d'avoir une idée assez précise de l'évolution qu'a pu connaître ou que peut être appelé à connaître le secteur dans lequel l'entreprise est présente. L'analyse éclaire sur les tendances lourdes, et permet de repérer les risques d'accident potentiel que devra savoir gérer l'entreprise.

• Facteurs de volatilité de la demande

Le risque de volatilité, par nature exogène à l'entreprise, est induit par les mouvements du chiffre d'affaires pouvant trouver leurs sources dans différents phénomènes.

Les fluctuations de la conjoncture

Dans la généralité des cas, l'entreprise est dans l'incertitude quant à la réalisation du chiffre d'affaires prévu en raison des aléas susceptibles d'impacter le niveau d'activité. Ainsi la baisse du chiffre d'affaires peut avoir pour origine une dégradation de la conjoncture.

La sensibilité d'une entreprise à la conjoncture recouvre une variété de situations. La sensibilité peut être élevée ou faible dans le sens où la variation du chiffre d'affaires amplifiera ou atténuera la conjoncture. La sensibilité peut être précoce ou retardée selon que la variation du chiffre d'affaires sera anticipée (cas de l'entreprise exportatrice dépendante d'une reprise conjoncturelle internationale) ou retardée (cas du fabricant de biens d'équipements). Enfin la sensibilité peut être positive ou négative selon que le chiffre d'affaires de l'entreprise connaît une évolution de sens identique ou pas à celui de la conjoncture.

Tableau 3.1 – Impact de la conjoncture sur un panel de secteurs industriels durant la période 2007-2009 (France)

	Biens d'équipement	Équipements électriques	Fonderie	Automobile	Emboutissage
2007	4,0 %	4,6 %	3,7 %	– 1,1 %	2,8 %
2008	– 1,0 %	0,1 %	– 2,9 %	– 13,3 %	– 11,1 %
2009	– 30,9 %	– 20,6 %	– 30,8 %	– 21,2 %	– 29,7 %

Unités : indice de volume base 100 en 2000, % des variations annuelles

Source Xerfi

Le caractère cyclique de la demande

Le marché de l'acier est l'exemple même d'un marché fortement cyclique en relation avec l'évolution de la demande de ses principaux débouchés : automobile, bâtiment et biens d'équipement. Au demeurant le caractère cyclique d'un marché peut parfaitement s'intégrer dans une tendance lourde de croissance du marché.

S'agissant des entreprises qui évoluent dans des secteurs cycliques, les résultats doivent être appréciés sur un cycle d'activité. Cette mise en perspective signifie que les indicateurs de résultats doivent être calculés à partir des données représentatives de la totalité d'un cycle d'activité afin de corriger l'incidence des points hauts et bas du cycle.

Les aléas climatiques ou saisonniers

Certaines activités (boissons, articles de sport d'hiver...) sont fortement influencées par les conditions climatiques, elles-mêmes dépendantes des saisons. Les conditions météorologiques affectent l'activité de nombreuses entreprises comme l'illustre l'influence de la température sur la consommation des bières et des chocolats. On observe qu'un été chaud est favorable aux brasseurs alors que la consommation de chocolat connaît une chute marquée. Néanmoins, dans certains cas, l'influence des aléas climatiques mérite d'être différenciée au sein d'un secteur d'activité donné.

EXEMPLE

Le niveau d'activité des stations de ski évolue d'une manière différenciée selon la taille de la station, caractéristique elle-même corrélée avec l'altitude du lieu d'implantation. La sensibilité du niveau d'activité est élevée pour les stations de taille petite et moyenne, souvent de basse altitude, alors qu'elle est faible pour les stations de grande taille, généralement de haute altitude.

La dépendance à l'égard d'un secteur

Cette dépendance est illustrée par le secteur des grues qui n'ont quasiment qu'un seul débouché : le secteur du bâtiment. Ce dernier étant lui-même cyclique, le marché des grues connaît de fortes variations périodiques qu'il est impossible de maîtriser au niveau d'un fabricant monoactivité.

La dépendance à l'égard d'une matière première ou d'un composant

En 2021 le redémarrage de l'activité des constructeurs automobiles qui avait été affectée par la crise sanitaire liée au Covid a été fortement freiné par des arrêts de production répétés générés par la pénurie de semi-conducteurs et les difficultés à s'approvisionner en pièces métalliques et plastiques.

La mise en œuvre d'une stratégie d'intégration en amont constitue une réponse au risque de dépendance en matière d'approvisionnement. Ainsi, Colas, entreprise de travaux publics ayant une position de leader dans le domaine des infrastructures de transport, a acquis des raffineries pour sécuriser ses approvisionnements en bitume. Cette stratégie est justifiée par les risques de pénurie liés aux fermetures de raffineries réalisées par les groupes pétroliers et aux reconversions des sites sur d'autres produits pétroliers.

La décroissance des débouchés en relation avec l'émergence de produits de substitution ou l'apparition de nouveaux entrants

L'arrivée prévisible sur le marché de produits génériques (copies de molécules tombées dans le domaine public) en remplacement de médicaments phares appelés « blockbusters » suscite des craintes de chute brutale du chiffre d'affaires chez les laboratoires pharmaceutiques. Cette crainte est d'autant plus forte que le portefeuille de produits des laboratoires pharmaceutiques a connu une forte concentration sur quelques médicaments phares dont le chiffre d'affaires unitaire dépasse le milliard de dollars au niveau mondial.

L'influence du risque sanitaire

Certains secteurs d'activité, notamment ceux touchant à l'alimentation ou aux soins des personnes, sont particulièrement sensibles aux événements mettant en cause la qualité des produits ou des services vendus. L'épisode de la « vache folle » intervenue au début des années 2000 s'est traduit par une chute de 50 % des volumes de vente des viandes bovines en l'espace d'un mois. En 2020 la crise sanitaire liée au Covid s'est traduite par des chutes d'activité particulièrement forte dans certains secteurs (hôtellerie/restauration notamment) épargnant les produits de nécessité (grande distribution).

Tableau 3.2 – Impact du Covid sur le niveau d'activité d'un panel de secteurs

	Hôtellerie (nuitées)	Restauration (chiffre d'affaires)	Publicité (chiffre d'affaires)	Automobile (chiffre d'affaires)	Grande Distribution (chiffre d'affaires hypermarchés)
2019	+ 0,8 %	+ 5,7 %	+ 2,4 %	– 2,0 %	– 0,8 %
2020	– 51,5 %	– 38,6 %	– 21,6 %	– 28,5 %	– 2,7 %
2021	+ 29,1 %	+ 14,1 %	+ 17,1 %	+ 2,6 %	+ 4,2 %
2022	+ 54,2 %	+ 63,5 %	+ 5,7 %	+ 6,4 %	+ 6,4 %

Source Xerfi

• Facteurs de dépendance de l'activité

L'utilisation de concepts d'économie industrielle, notamment le concept de filière, permet d'appréhender aisément le niveau de dépendance d'une entreprise. Une entreprise est dite dépendante quand les courants d'échange qu'elle entretient avec ses clients sont concentrés, difficilement substituables et présentent un caractère d'essentialité fort. De même, la dépendance à l'égard des fournisseurs dépendra de flux d'achat concentrés, difficilement substituables et essentiels.

Ce type de risque, pour partie de nature endogène par opposition au risque de volatilité analysé précédemment, traduit la dépendance du niveau d'activité à l'égard d'un produit (ex. : situation de « monoculture »), d'un environnement législatif et/ou réglementaire, d'une autorité ayant un rôle de prescription, d'un client unique (ex. : risque particulièrement élevé dans la situation d'une entreprise sous-traitante) ou d'un client prédominant (ex. : risque de déréférencement auprès d'une centrale d'achat de la grande distribution).

EXEMPLE

Les difficultés rencontrées en 2010 par le constructeur naval Guy Couach illustrent les risques liés à la concentration. La société Guy Couach est spécialisée dans la construction sur mesure de yachts de luxe d'une valeur moyenne de 10 millions d'euros. L'entreprise réalisant à l'époque un chiffre d'affaires annuel de 80 millions d'euros, la perte d'un client avait des répercussions sensibles sur l'équilibre de l'exploitation. De même, le cycle de production étant long (délai de fabrication de trois ans), les clients paient à l'avancement des travaux. Le retard de paiement d'un client impacte tout de suite la trésorerie, notamment si le règlement prévu correspond aux opérations de montage des moteurs dont le coût représente le quart de celui du bateau.

L'importance de l'influence d'une autorité extérieure garantissant la qualité des produits dans l'esprit du consommateur peut être illustrée par l'impact sur le chiffre d'affaires des grands restaurants de l'obtention ou de la perte d'une étoile au *Guide Michelin*.

D'autres éléments viennent s'ajouter aux précédents pour renforcer l'influence du risque commercial. On peut notamment citer le risque financier induit par l'insolvabilité de la clientèle ainsi que le risque technique induit par les garanties données à titre d'obligation de résultat ou sur les produits fabriqués (ex. : fabricants d'articles de sport d'hiver). Dans le secteur des biens d'équipement, les constructeurs apportent des cautions à leurs clients lors de la signature d'un contrat. Ces cautions de soumission, restitution d'acompte et garanties de bonne fin de la commande, représentent généralement 20 % du montant de cette dernière. Les cautions qui sont apportées par des tiers (banques ou compagnies d'assurances) s'avèrent un préalable à la conclusion d'un contrat commercial. De ce fait, toute position de réserve manifestée par les apporteurs de caution est susceptible d'avoir une influence forte sur le niveau d'activité.

La dépendance qui caractérise la relation établie entre un client et un fournisseur, peut être délicate à analyser comme le montre la variété des critères utilisés par le Conseil de la Concurrence. Pour qualifier la situation de dépendance économique d'un distributeur à l'égard d'un fournisseur, le Conseil de la Concurrence recommande de tenir compte de la notoriété de la marque du fournisseur, de l'importance de la part de marché de celui-ci, de la part qu'il représente dans le chiffre d'affaires du distributeur et de l'impossibilité pour ce dernier d'obtenir auprès d'autres fabricants des produits équivalents.

Concernant la situation de dépendance économique d'un fournisseur à l'égard d'un distributeur, il convient de prendre en compte l'importance de la part de chiffre d'affaires réalisée par un fournisseur avec ce distributeur, l'importance que représente la distribution dans la commercialisation des produits, les facteurs à l'origine de la concentration des ventes du fournisseur auprès du distributeur, ainsi que l'existence d'éventuelles solutions alternatives pour le fabricant. Sachant que l'examen de ces divers critères doit être réalisé de manière cumulative.

Au demeurant la rupture des relations avec un partenaire commercial ne peut intervenir qu'en respectant un préavis qui prend en compte la durée de l'ensemble de la relation. Le préavis correspond généralement à un mois par année d'ancienneté. Le non-respect d'un préavis risque d'être sanctionné par le paiement d'une indemnité égale à la marge brute perdue par le partenaire résilié pendant toute la durée du préavis. La jurisprudence exige une faute d'une particulière gravité pour justifier la dispense de préavis sachant que la recherche de prix plus avantageux ne rentre pas dans cette catégorie.

Pour conclure, l'analyse historique ou prospective de l'influence des variables précédentes sur le chiffre d'affaires permet de définir le degré d'exposition de l'entreprise. L'aptitude manifestée dans le passé par l'entreprise à supporter les fluctuations du chiffre d'affaires permet de porter un jugement sur la capacité de l'entreprise à maîtriser les facteurs de pérennité et le développement de son activité.

L'ESSENTIEL

Le suivi dans le temps et la comparaison dans l'espace d'un nombre réduit d'indicateurs permet d'évaluer la performance économique d'une entreprise. Ainsi l'analyse de l'évolution de la production, notamment de sa composante principale, le chiffre d'affaires, aide à caractériser la compétitivité commerciale de l'entreprise et le risque attaché à la vulnérabilité de l'activité.

4 • ANALYSE DE LA PROFITABILITÉ

OBJECTIF

L'objectif du chapitre est de présenter le cadre d'analyse et les indicateurs utilisés pour l'évaluation de la profitabilité qui traduit l'aptitude d'une entreprise à dégager des résultats. La démarche présentée accorde une place particulière à la maîtrise de la marge brute et à la connaissance des mécanismes qui régissent l'évolution des coûts.

SOMMAIRE

Dans le chapitre précédent, l'accent a été porté sur la vulnérabilité du niveau d'activité. Ce point doit nécessairement être complété par l'analyse de la sensibilité des résultats de l'entreprise au regard des fluctuations des prix et des monnaies. En effet l'évolution économique de ces dernières années, caractérisée par des phénomènes de forte volatilité des prix justifie que l'analyste financier privilégie l'analyse de l'effet prix sur les résultats de l'entreprise.

La réalisation d'une analyse financière nécessite de disposer des comptes des trois, voire des cinq derniers exercices. La lecture diachronique de l'information financière permet de détecter les grandes tendances qui ont pu caractériser l'évolution récente de l'entreprise. L'analyse ne saurait être uniquement descriptive, se limitant à souligner une tendance. Dans son travail, l'analyste se doit d'identifier les déterminants explicatifs de l'évolution d'une marge, c'est-à-dire les facteurs explicatifs de l'évolution des charges et des produits. Est-il concevable d'imaginer une analyse financière sans ratios ? La réponse justifie d'être nuancée quand on observe que, dans la réalité, certains analystes financiers y recourent avec parcimonie. L'intérêt d'un ratio est de faciliter la comparabilité dans le temps et dans l'espace en introduisant un facteur de relativisation dans les indicateurs.

Longtemps orientée sur l'analyse de la solvabilité en réponse aux préoccupations de protection des prêteurs, l'analyse financière a aussi pour objectif d'éclairer les investisseurs soucieux d'appréhender l'aptitude de l'entreprise à dégager un retour sur investissement acceptable au regard des normes de rentabilité en vigueur sur le marché des capitaux. Une réflexion sur la rentabilité des capitaux investis s'impose donc afin de s'assurer de l'efficience de l'allocation des capitaux au sein de l'entreprise et de répondre aux exigences de création de valeur des apporteurs de capitaux.

SECTION 1 MARGE BRUTE, INDICATEUR DE MESURE DE LA SENSIBILITÉ DES MARGES

La prise en compte du différentiel entre l'évolution des prix de vente et celle des prix d'achat est nécessaire car rien ne garantit qu'une identité soit assurée entre la dynamique d'évolution des prix de vente et celle des coûts d'achat. La marge brute constitue l'indicateur pivot pour apprécier le niveau de sensibilité des résultats de l'entreprise par rapport à ses marchés amont et aval.

Rappelons que la marge brute, indicateur paradoxalement absent du tableau des soldes intermédiaires de gestion, s'obtient par différence entre la production de l'exercice et le coût d'achat des matières premières. La marge brute est un indicateur d'insertion qui mérite une analyse attentive car son évolution dans le temps et sa comparaison dans l'espace fournissent un condensé d'informations reflétant le positionnement de l'entreprise à l'égard des marchés sur lesquels elle commercialise ses produits et auprès desquels elle s'approvisionne. L'évolution de la marge brute exprime l'influence des fluctuations de prix subies tant au niveau des coûts d'achat qu'au niveau des prix de vente, sachant que ces variations peuvent avoir une origine nationale ou être la traduction de turbulences monétaires. Pour désigner l'influence des modifications des prix de vente, on parle d'« effet prix », réservant l'expression modification des « termes de l'échange » aux conséquences d'une modification des coûts d'achat.

De nombreuses entreprises connaissent une progression de leur activité en volume alors que leur chiffre d'affaires stagne, voire régresse. Par ailleurs, les contextes de turbulences monétaires introduisent une distorsion dans les rapports relatifs des prix, de nature à entraîner des redistributions de positionnement compétitif. Pour des entreprises exportatrices, les hausses de tarifs exprimées en monnaie domestique peuvent être annihilées par les variations des cours des devises de facturation. De ce fait, la formation de la marge brute est de plus en plus dépendante de l'aptitude de l'entreprise (qualifiée de « *pricing power* ») à gérer la divergence d'évolution entre les prix de vente et les coûts d'achats. L'analyse financière doit prendre en compte l'évolution des termes de l'échange pour évaluer le niveau de sensibilité de l'entreprise à l'égard de ses achats.

Les développements précédents plaident en faveur d'une place significative de la marge brute au sein des indicateurs de performance économique de l'entreprise en complément des indicateurs fournis par le tableau des soldes intermédiaires de gestion. La marge brute fournit une indication sur le positionnement de l'entreprise sur ses marchés amont et aval. Son éclairage va d'ailleurs bien au-delà des phénomènes précédents, en apportant sa contribution à l'appréciation du rapport de force que l'entreprise entretient avec ses clients et ses fournisseurs. En effet, le niveau de marge brute, à un instant donné, et son évolution dans le temps, traduisent le pouvoir de négociation subi ou imposé avec les partenaires commerciaux de l'entreprise.

L'analyse de la marge brute ne saurait se limiter aux phénomènes précédents, le taux de marge brute est aussi dépendant des économies d'échelle dont bénéficient les entreprises en raison de l'augmentation de leur capacité d'achats. Prises en étau entre les exigences de baisse des prix des clients et la tendance à la concentration des fournisseurs, les entreprises sont de plus en plus nombreuses à recourir à des formules d'alliance pour regrouper leurs achats et bénéficier de réduction de coûts. Les groupements d'achats permettent de bénéficier de meilleurs prix d'achat et d'une mutualisation des besoins garantissant une sûreté formalisée à travers des contrats-cadres. Par ailleurs, le taux de marge brute est aussi conditionné par les améliorations de productivité que l'entreprise peut réaliser dans la consommation de ses matières premières. Ces améliorations de productivité qui correspondent à une baisse de la consommation de matières premières par unité produite se traduisent par une augmentation du taux de marge brute.

Les développements précédents montrent que la marge brute subit l'influence de nombreux facteurs d'origine externe (fluctuations des prix de vente et des prix d'achat, fluctuation des devises de facturation) ou interne (amélioration de la productivité dans la consommation de matières premières, atteinte d'une masse critique permettant de bénéficier d'économies d'échelle).

SECTION 2 ANALYSE EN TENDANCE DES RÉSULTATS PASSÉS

Raisonner sur une période pluriannuelle permet d'avoir rapidement une vision globale de l'évolution de la performance et de la situation financière grâce au repérage de tendances qui ressortent des chiffres. Par ailleurs, la prise en compte de plusieurs exercices permet d'atténuer l'impact des manipulations de l'information comptable qui, d'un exercice à l'autre, auront tendance à se compenser.

Le travail d'analyse nécessite de combiner la connaissance des mécanismes qui régissent les paramètres précédents avec une interprétation des choix de l'entreprise dans les domaines stratégiques et organisationnels. C'est notamment à ce niveau que l'analyste recourt à des informations relatives au positionnement de l'entreprise sur ses marchés (segments de produits privilégiés) et cherche à comprendre la structure des coûts induite par l'organisation supportant le modèle économique (externalisation *vs* intégration).

L'interprétation de l'évolution des indicateurs de résultats doit être faite en utilisant avec précaution la règle de proportionnalité entre l'évolution des charges et le chiffre d'affaires en raison de l'existence de coûts fixes et de l'évolution par paliers de ces derniers. L'évolution des résultats doit être observée sur longue période notamment pour pouvoir apprécier l'influence des cycles économiques qui caractérisent le secteur. Toute croissance du chiffre d'affaires devrait normalement s'accompagner d'une amélioration plus marquée de la marge d'exploitation. La non-vérification de ce principe peut laisser penser que l'augmentation du chiffre d'affaires est due à une progression des volumes alors que les prix subissent une pression à la baisse.

Si, présentement, l'analyse en tendance est présentée dans le cadre de l'analyse des résultats, il va sans dire que la méthode est aussi utilisée pour l'analyse de l'évolution de la structure financière. C'est d'ailleurs le rapprochement des tendances dégagées au niveau de l'activité, des charges, des composantes de l'actif et de la structure financière qui permet de porter un jugement sur l'évolution de la situation financière de l'entreprise. Cela suppose cependant que les mouvements de l'activité ne soient pas trop heurtés, car l'analyse en tendance, pour être fondée et crédible, suppose comparaison d'éléments homogènes. Attention donc aux modifications de toutes sortes, que ces modifications concernent la structure juridique (filialisation), l'activité (modification de l'assortiment des produits) ou les conditions d'exploitation (sous-traitance).

À ce niveau de l'analyse, il convient d'intégrer l'influence de la taille de l'entreprise ainsi que celle de certaines caractéristiques de nature juridico-patrimoniales qui pèsent sur les modes d'extériorisation des résultats. Ainsi, dans une PME familiale, les modalités de retrait des revenus (salaires ou dividendes) contribueront fortement à la configuration des résultats. De même, le mode de contrôle du capital n'est pas neutre pour l'appréciation des résultats qui mériteront éventuellement d'être retraités (réintégration de redevances sur brevets ou marques...) pour faire ressortir un résultat qui soit le reflet de la capacité bénéficiaire réelle de l'entreprise. Par ailleurs, il convient de ne pas oublier qu'un résultat est un solde entre des produits et des charges, solde dont le niveau est de la conséquence d'une multitude de variables interdépendantes caractérisant l'influence des phénomènes de prix, de volume, et des forces concurrentielles.

L'analyse en tendance des résultats repose sur trois indicateurs clé : l'excédent brut d'exploitation, la productivité et la valeur ajoutée. Au demeurant, pour être conduite avec rigueur et déboucher sur des résultats fiables, l'analyse en tendance suppose de connaître les grands mécanismes régissant l'évolution des charges. Nous terminerons en présentant l'intérêt et les limites des ratios qui constituent les indicateurs sur lesquels repose souvent l'analyse en tendance.

1 • MÉCANISMES RÉGISSANT L'ÉVOLUTION DES CHARGES

Les mécanismes de génération des charges et des produits connaissent des phénomènes de distorsion, d'inertie ou d'anticipation qui rendent délicates l'analyse de la formation et de l'évolution des résultats. Nous illustrons cette question en analysant l'influence de la structure des coûts, le rôle des économies de coûts liées à la taille et l'incidence des programmes d'investissements lourds ou de restructuration.

• Influence de la structure des coûts

Si les charges de l'entreprise étaient proportionnelles à ses ventes, les fluctuations du résultat d'exploitation seraient effectivement homothétiques aux fluctuations des niveaux d'activité. Le fait qu'une partie des charges soit fixe engendre au contraire une volatilité des résultats plus ou moins marquée selon les caractéristiques de l'entreprise.

L'analyse de l'influence de la structure des coûts conduit à étudier trois points :
- le rôle de la structure des coûts sur le niveau du point mort (hypothèse d'un chiffre d'affaires constant) ;
- le rôle de la structure des coûts sur la variabilité du point mort (hypothèse d'une variation du chiffre d'affaires) ;
- l'incidence de l'évolution par paliers des frais fixes.

Rappelons que le point mort correspond au niveau d'activité pour lequel les produits d'exploitation couvrent les charges d'exploitation. En d'autres termes, le point mort est le montant du chiffre d'affaires pour lequel la marge sur coûts variables couvre le montant des charges fixes. Donc, le niveau du point mort dépend de la structure des coûts et plus précisément de la part respective qu'occupent les charges fixes et les coûts variables dans le total des coûts.

Formule de calcul du point mort

CA : Chiffre d'affaires

CV : Coûts variables

CF : Charges fixes

Marge sur coûts variables = CA – CV

$$\text{Taux de marge sur coûts variables } (T_m) = \frac{CA - CV}{CA}$$

$$\text{Point mort} = \frac{CF}{T_m}$$

Le fait d'intégrer fortement sa fabrication induit une élévation du point mort et donc une augmentation du risque d'exploitation. Au demeurant, la structure des coûts, notamment l'importance des coûts fixes dans la structure du compte de résultat, n'est pas uniquement l'expression d'une option stratégique, elle reflète aussi les caractéristiques du métier (barrières à l'entrée...). De même, les choix opérés en matière de structure financière induisent un niveau plus ou moins élevé de fixité des frais financiers. Plus lourd est l'endettement, plus la part fixe des coûts est élevée contribuant à l'élévation du risque.

Les tableaux 4.4 et 4.5 illustrent d'une manière quantifiée l'incidence d'une chute d'activité selon que l'entreprise a fait le choix de se doter d'une structure de coût rigide ou flexible. Le rapport CA/Point mort qui mesure la marge de sécurité de l'entreprise, synthétise chaque situation.

Tableau 4.1 – Incidence de la structure des coûts sur le point mort

	Structure de coûts rigide	Structure de coûts flexible
CA	100	100
CV	50	70
CF	40	20
Résultat	10	10
Marge sur coûts variables	50	30
T_m	0,5	0,3
Point mort	80	66,7
CA/Point mort	1,25	1,5

Tableau 4.2 – Incidence d'une chute d'activité de 20 %

	Structure de coûts rigide	Structure de coûts flexible
CA	80	80
CV	40	56
CF	40	20
Résultat	0	4
Marge sur coûts variables	40	24
T_m	0,5	0,3
Point mort	80	66,7
CA/Point mort	1,0	1,2

Comme le montre la lecture comparative de ces tableaux, le niveau du taux de marge sur coûts variables conditionne le profil d'évolution des résultats lorsque le chiffre d'affaires fluctue. Ainsi, plus le taux de marge sur coût variable est élevé (structure de coûts rigide), plus la variabilité du résultat sera forte. Le point mort est de 80 avec la structure de coûts rigide comparé à 66,7 dans la structure de coûts flexible. Dans l'hypothèse d'une baisse d'activité de 20 %, le résultat devient nul avec la structure de coûts rigide alors qu'il est positif (4) avec la structure de coûts flexible. En effet, le niveau élevé de marge sur coûts variables (Tm = 0,5) s'accompagne nécessairement d'un montant de charges fixes élevé (40 dans la structure de coûts rigide contre 20 dans la structure de coûts flexible). Des coûts variables élevés, donc un taux de marge sur coûts variables bas, permettent de maîtriser les conséquences d'une variabilité du chiffre d'affaires.

Sachant que la volatilité du bénéfice est d'autant plus élevée que le chiffre d'affaires est proche du point mort, on en déduit que la structure des coûts et le positionnement du chiffre d'affaires par rapport au point mort constituent deux facteurs explicatifs de l'instabilité des résultats dans le temps.

Les enseignements précédents ont un rôle déterminant lors de l'analyse de l'évolution des résultats. Ainsi, une forte amélioration des résultats qui accompagnerait une progression du niveau d'activité mérite d'être relativisée. Cette amélioration peut simplement traduire l'effet d'amplification des résultats lié au dépassement du point mort, sans pour autant mériter d'être qualifiée d'amélioration structurelle de l'exploitation. Il en va de même avec l'incidence de l'évolution par paliers des charges fixes. En effet, la poursuite de la progression du chiffre d'affaires entraînera une nécessaire adaptation des structures et donc une élévation du point mort qui rétablira un résultat proche de la normale.

La figure 4.1 illustre le phénomène. La surface des aires comprises entre les courbes de chiffre d'affaires et de coûts totaux mesure le résultat dégagé sur une période. Les charges fixes franchissent un palier au début de N – 1 et restent stables sur les périodes N – 1 et N. En raison du franchissement de ce palier, l'aire 2 (résultat de

N – 1) est inférieure à l'aire 3 (résultat de N) et à l'aire 1 (résultat de N – 2). On aura donc une dégradation du taux de marge d'exploitation en N – 1. Il convient d'intégrer dans l'analyse le caractère temporaire de cette dégradation.

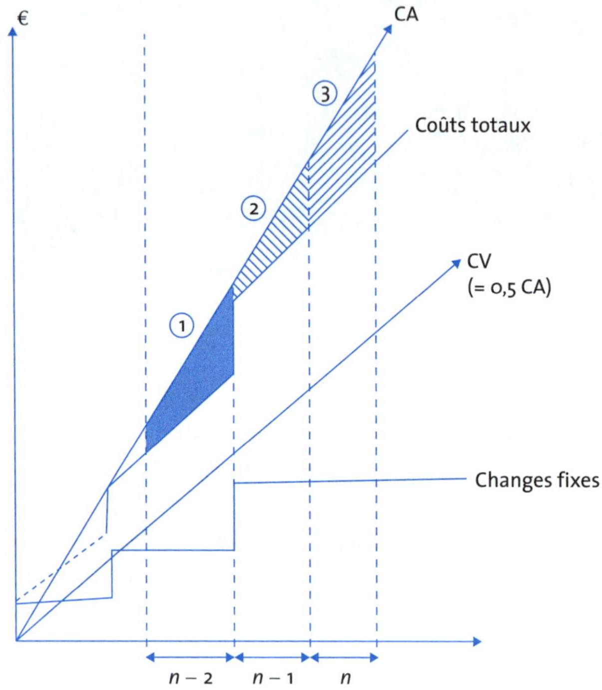

Commentaires : les aires 1, 2 et 3 représentent les bénéfices des périodes $n-2$, $n-1$ et n ; l'aire 2 est inférieure à l'aire 3.

Figure 4.1 – Influence de l'évolution des charges fixes par palier

• Rôle des économies de coûts induites par la taille

La technologie utilisée par une entreprise constitue souvent une source déterminante d'avantages concurrentiels à l'origine d'un avantage absolu en matière de coût. Cependant, les technologies évoluant, l'avantage concurrentiel est rarement pérenne ; par ailleurs, l'avantage peut reposer sur une combinaison associant à une technologie des compétences (savoir-faire, procédé de base amélioré, modalité de contrôle).

L'avantage au niveau des coûts attaché à la technologie utilisée par l'entreprise et à ses compétences peut être renforcé par le bénéfice d'économies attachées à la taille, à savoir des économies d'échelle et des économies d'envergure sur lesquelles viennent se greffer des économies d'apprentissage.

Les économies d'échelle correspondent à la baisse des coûts attachée à l'augmentation du volume de la production ou de la taille des unités de production. L'entreprise réalise des économies d'échelle quand le coût marginal est inférieur au coût moyen. Les économies d'échelle résultent de l'étalement des coûts fixes et du fait que certains facteurs de production ne sont pas ajustables en fonction des quantités produites. La recherche des économies d'échelle conduit à l'atteinte d'une masse critique qui correspond au seuil d'utilisation efficiente de certaines fonctions (recherche et développement, marketing, commercialisation, etc.) ou d'investissements matériels ou immatériels. La définition d'une masse critique induit celle de la part de marché que doit détenir l'entreprise pour garantir sa compétitivité face à la concurrence.

Les économies d'envergure correspondent à la baisse des coûts associée à la production conjointe de plusieurs biens différents. Produire deux biens ensemble coûte moins cher que les produire séparément. Les économies d'envergure résultent de l'interdépendance entre les produits qui fait que la production d'un bien génère des avantages sur la production d'un autre bien. Pour leur part, les économies d'apprentissage traduisent la baisse de coût que permet de réaliser l'expérience accumulée dans la production d'un bien.

• Incidence des investissements et des opérations de restructuration

La fixité des charges semble aller de pair avec l'hypothèse d'une capacité de production stable pendant la période d'analyse. Les modifications de la capacité de production induites par la réalisation d'investissement viennent modifier cette situation en générant une augmentation des charges fixes, notamment des charges d'amortissement et des frais financiers. Généralement la réalisation d'investissements lourds n'est pas suivie d'une amélioration des résultats au cours de leur première année de mise en œuvre. Ce paradoxe tient au décalage des charges et des produits induit par l'engagement des programmes d'investissements. L'entreprise est notamment conduite à supporter des charges, qui n'ont pas encore leur contrepartie dans un supplément de chiffre d'affaires. C'est particulièrement vrai des charges financières qui commencent à courir dès que le programme d'investissement est engagé. Il en va de même des dépenses liées au recrutement et à la formation de personnel qui doit être présent lors de la mise en service initiale de l'investissement. De même, l'apprentissage des équipements peut s'avérer long et contribuer au décalage des charges et des produits, phénomène que l'analyste financier doit savoir interpréter au risque d'assimiler à des pertes d'exploitation des dépenses qui méritent d'être qualifiées d'investissements immatériels.

Ce qui vient d'être dit des conséquences des investissements lourds est transposable à l'analyse des opérations de restructuration qui se caractérisent, dans un premier temps, par une élévation des charges alors que les mesures qui ont été arrêtées ont pour finalité d'en réduire le niveau. Corollaire des développements précédents, l'entreprise qui réduit ses investissements façonne le profil d'évolution de ses résultats en leur donnant une allure favorable, résultant notamment d'une baisse des charges d'amortissement.

2 • FORMATION DE L'EXCÉDENT BRUT D'EXPLOITATION

L'EBE constitue le surplus économique dégagé par les opérations d'exploitation. Il donne une mesure de l'autofinancement dégagé indépendamment des politiques d'amortissement et de financement adoptées par l'entreprise.

Séquence de calcul de l'excédent brut d'exploitation et du résultat d'exploitation

Production → Chiffre d'affaires
Production → Production stockée
Production → Autres

– Achats consommés
= Marge brute
– Charges externes

= Valeur ajoutée
– Frais de personnel
– Impôts et taxes
= Excédent brut d'exploitation
– Dotation aux amortissements
= Résultat d'exploitation

L'analyse de la formation de l'excédent brut d'exploitation constitue un des temps forts de l'analyse financière. L'excédent brut d'exploitation permet d'appréhender le résultat dégagé par l'exploitation avant toute prise en compte du coût des immobilisations (à travers les dotations aux amortissements) et des frais financiers. C'est donc un indicateur qui a l'avantage de ne pas être pénalisé par la politique financière de l'entreprise, ni par ses options fiscales. Cependant, ne tenant pas compte du coût des immobilisations, son évolution dans le temps mérite d'être appréciée en fonction de l'intensité capitalistique mesurée à l'aide du ratio : immobilisation productive par salarié. L'analyse de la formation de l'excédent brut d'exploitation se fait à partir d'une lecture du haut du compte de résultat en mettant en relation l'évolution de l'activité, décomposée en prix et volume, avec celle des principales charges (achats consommés, charges externes, frais de personnel).

Au demeurant, la première préoccupation de l'analyste doit être de caractériser le profil d'évolution de l'activité. L'entreprise est-elle en croissance, en stagnation ou en récession ? Le profil d'évolution est généralement explicatif des dérapages que l'on peut observer au niveau des charges de structure (notamment en termes d'alourdissement des frais de personnel) et de l'évolution du poids relatif des consommations de matière, des charges externes et des frais de personnel en relation avec les phénomènes d'économie d'échelle et de masse critique.

L'analyse en tendance repose sur l'examen de deux types d'indicateurs :

- le poids relatif des charges exprimé par rapport à la production ;
- les taux d'évolution des produits et des charges pris en compte pour le calcul de l'excédent brut d'exploitation (voir le mode de calcul ci-dessous).

L'analyse de l'évolution de l'excédent brut d'exploitation peut utilement être complétée par une analyse de sa sensibilité. En effet, la relation entre les prix, les coûts et les quantités vendues détermine la performance économique appréciée à l'aide de l'excédent brut d'exploitation. L'analyse de sensibilité a précisément pour objet d'appréhender les effets de modification se manifestant au niveau des prix, des coûts (fixes ou variables) et des volumes. Dans une analyse de sensibilité, les variables indépendantes sont manipulées une à une pour faire ressortir les variations sur le résultat. Pratiquement, la sensibilité du résultat est calculée en divisant sa nouvelle valeur par la valeur de départ.

Dans une optique de répartition, l'EBE doit couvrir plusieurs charges au rang desquelles figurent impérativement la rémunération des bailleurs de fonds (dividendes des actionnaires et intérêts des prêteurs), le maintien de l'outil économique (amortissement) et le paiement de l'impôt sur les bénéfices.

Calcul d'un taux d'évolution du chiffre d'affaires

Le taux d'évolution moyen annuel (c) est le taux d'évolution théorique qui, appliqué de façon identique chaque année, donnerait le chiffre d'affaires final.

Si l'on note :

CA_t : le chiffre d'affaires de la période t,

CA_{t-n} : le chiffre d'affaires de la période (t - n),

C : le taux d'évolution annuel du chiffre d'affaires.

Le taux d'évolution C est tel que : $C = \left(\frac{CA_t}{CA_{t-n}}\right)^{1/n} - 1$

3 • ANALYSE DE L'ÉVOLUTION DE LA PRODUCTIVITÉ

Rapport entre le volume de la production et le volume des moyens mis en œuvre pour obtenir cet *output*, la productivité est de ce fait un indicateur de l'efficience du processus de production.

Si, au niveau macroéconomique la productivité apparaît comme un des fondements essentiels de la croissance et de l'amélioration du niveau de vie, au niveau de l'entreprise, elle est l'une des variables principales contribuant à expliquer la marge de manœuvre de cette dernière en matière de baisse des prix relatifs ou d'amélioration des marges. Bref, la productivité est un facteur explicatif essentiel de la compétitivité, même si cette dernière notion de mesure globale de performance de la firme ne saurait se résumer dans un seul indicateur.

Cependant comme le soulignent ceux qui se sont intéressés à cette notion, il y a un paradoxe de la productivité. En effet, si la productivité s'avère une notion facile à définir et à comprendre, elle se révèle par contre difficile à mesurer et à interpréter. Pour notre part, nous nous en tiendrons à un seul indicateur de mesure de la productivité, encore appelée productivité apparente de la main-d'œuvre, défini comme le rapport entre la valeur ajoutée et les effectifs employés.

$$\text{Productivité apparente de la main-d'œuvre} = \frac{\text{Valeur ajoutée}}{\text{Effectifs}}$$

Cet indicateur a une limite : il ne tient compte que du facteur travail, ignorant le rôle du facteur capital dans la combinaison des facteurs de production. Nous verrons cependant que cet indicateur, s'il nécessite quelques précautions dans son mode de calcul et son interprétation, est un indicateur particulièrement pertinent quand il s'agit d'apprécier le positionnement compétitif d'entreprises en concurrence dans un espace économique homogène.

Tableau 4.3 – Productivité apparente de la main-d'œuvre (en milliers d'euros, année 2022)

Industrie manufacturière	Construction	Commerce (gros et détail)
66,7	63,4	73,5
Information et communication	**Transport et entreposage**	**Activités spéciales, scientifiques et techniques**
92,3	57,7	92,1

Source : Fascicules sectoriels Banque de France

La diminution du poids relatif de l'industrie au sein des économies des pays développés ne remet pas en cause l'indicateur de productivité de la main-d'œuvre. En effet, l'indicateur qui conduit à rapprocher la valeur ajoutée des effectifs est tout aussi pertinent pour mesurer la maîtrise des gisements de productivité par une entreprise que pour évaluer son aptitude à mieux valoriser son offre en asseyant son avantage concurrentiel sur une proximité des clients.

L'efficience mesure le rapport entre le produit d'exploitation dégagé et les moyens engagés dans le processus de transformation. De ce fait, les gains de productivité qui traduisent une diminution des coûts, notamment des frais de personnel, induisent une amélioration du rapport précédent. Cependant, cette amélioration physique n'a de traduction en termes de création de richesses, et donc de création de valeur, que dans la mesure où le marché sanctionne positivement le processus de transformation traduisant l'acceptation par ce dernier de payer « à sa juste valeur » le produit offert.

L'introduction de la valeur est fondamentale dans l'évaluation de la performance de la firme. Alors que la maîtrise, voire la minimisation des coûts, est du ressort direct de la firme, la création de valeur, et donc la rentabilité qui en dérive, nécessite l'introduction du marché qui joue le rôle de facteur de valorisation des produits. Au demeurant, l'analyse de l'amélioration de la productivité peut être obscurcie par les transferts de marge qui s'opèrent au sein d'une filière. Une entreprise peut améliorer régulièrement sa productivité sans que pour autant son taux de marge d'exploitation reflète les gains réalisés si l'entreprise subit une forte pression sur les prix.

Toute évolution dans le temps du ratio valeur ajoutée/effectifs mérite d'être rapprochée d'un indicateur de mesure de l'intensité capitalistique. Généralement, on a recours au ratio immobilisations productives/effectifs pour effectuer ce rapprochement (retenir le montant brut des immobilisations pour le calcul).

Tableau 4.4 – Poids des immobilisations par salarié (en milliers d'euros, année 2022)

Industrie manufacturière	Construction	Commerce (gros et détail)
78,9	30,0	63,7
Information et communication	**Transport et entreposage**	**Activités spéciales, scientifiques et techniques**
33,2	47,7	35,1

Source : Fascicules sectoriels Banque de France

De même, il est nécessaire de prendre en compte la qualité de la main-d'œuvre utilisée. Le coût salarial unitaire (frais de personnel/effectifs) constitue un indicateur pertinent de cette dimension dans la mesure où on observe une forte corrélation entre la productivité de la main-d'œuvre et le niveau de rémunération qui reflète le niveau de qualification.

Il est cependant possible d'appréhender la productivité globale des facteurs de production en effectuant le rapport entre la valeur ajoutée et le total constitué par les frais de personnel et les dotations aux amortissements.

$$\text{Indicateur de productivité globale} = \frac{\text{Valeur ajoutée}}{\text{Frais de personnel + Dot. aux amortissements}}$$

Cet indicateur a le grand mérite d'intégrer le coût des deux facteurs de production dans la formation de la valeur ajoutée. Il permet de prendre en compte, dans l'analyse de l'évolution de la valeur ajoutée, l'effet des substitutions entre le capital et le travail que ne permet qu'imparfaitement l'examen concomitant de la productivité apparente de la main-d'œuvre et du niveau d'équipement par salarié.

4 • ANALYSE DE LA RÉPARTITION DE LA VALEUR AJOUTÉE

La différence entre la valeur produite et les valeurs consommées représente la valeur ajoutée par l'entreprise. Cette valeur ajoutée constitue la contribution de l'entreprise au produit intérieur brut (PIB) et s'avère de ce fait l'expression de la performance économique de l'entreprise. La valeur ajoutée en donnant une mesure du surplus économique de l'entreprise permet d'appréhender le supplément de valeur (la « valeur ajoutée ») apporté par l'utilisation des ressources humaines (le travail), des ressources techniques (le capital physique) et des ressources financières (le capital financier). La question essentielle qui se pose est d'apprécier la façon d'utiliser ces ressources et de les rémunérer.

Les taux d'intégration (part de la valeur dans la production) sont très disparates selon les secteurs. Depuis plusieurs années la part de la valeur ajoutée au sein de la production connaît une régression régulière reflétant le mouvement d'externalisation engagé par les entreprises. Ce mouvement résultant du recentrage opéré sur les métiers stratégiques conduit les entreprises à confier un volume d'activité croissant à des intervenants extérieurs.

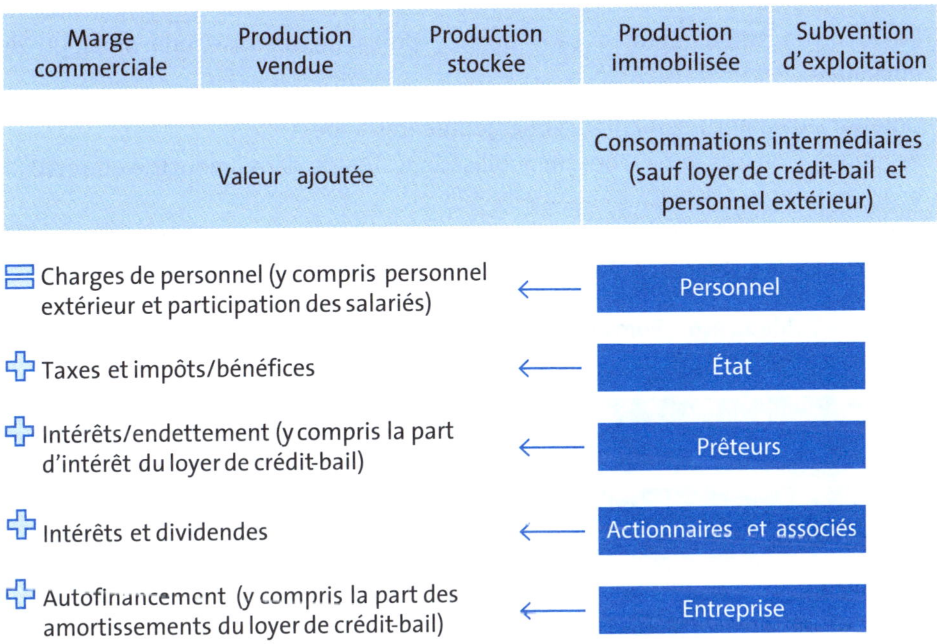

Figure 4.2 – Répartition de la valeur ajoutée

L'analyse de la répartition de la valeur ajoutée conduit à exprimer, par rapport à celle dernière, certaines de ses grandes composantes (frais de personnel, amortissements...) et à voir l'évolution de la rémunération des facteurs. Les principaux ratios utilisés sont les suivants.

- Frais de personnel/valeur ajoutée :

Tableau 4.5 – Poids des frais de personnel dans la valeur ajoutée (en %, année 2022)

Industrie manufacturière	Construction	Commerce (gros et détail)
74,6	80,7	67,9
Information et communication	**Transport et entreposage**	**Activités spéciales, scientifiques et techniques**
80,1	74,1	79,6

Source : Fascicules sectoriels Banque de France

– dans l'industrie française, la valeur médiane de ce ratio (74,6 %) évolue dans une fourchette comprise entre 65 et 80 % ce dernier niveau étant le signe d'une situation de difficultés ;
– la qualification du personnel n'est pas la seule variable explicative de l'évolution des frais de personnel. L'analyse doit prendre en compte la pyramide des âges du personnel et les caractéristiques de flexibilité des effectifs ;
– dans le secteur des services, les frais de personnel peuvent représenter plus de 80 % de la valeur ajoutée sans que ce poids ne traduise une situation de difficulté.

• Dotation aux amortissements/valeur ajoutée (retraitée) :
– ce ratio qui mesure le coût des immobilisations fluctue dans l'industrie entre 10 % et 15 % ;
– dans le cas d'une industrie hautement capitalistique, le ratio peut représenter plus de 25 % de la valeur ajoutée.

Tableau 4.6 – Poids des investissements dans la valeur ajoutée (en %, année 2022)

Industrie manufacturière	Construction	Commerce (gros et détail)
6,7	4,4	2,9
Information et communication	**Transport et entreposage**	**Activités spéciales, scientifiques et techniques**
2,3	9,7	1,6

Source : Fascicules sectoriels Banque de France

• Frais financiers/valeur ajoutée (3 à 5 % en moyenne dans les entreprises endettées).

• Le solde de la valeur ajoutée correspond au bénéfice avant impôt.

Coût des défaillances des clients

Le suivi du risque lié aux défaillances et à l'insolvabilité des clients constitue une étape de l'analyse de la performance d'une entreprise. L'analyse du coût du risque client donne une information sur la qualité du chiffre d'affaires. Les informations à réunir sont les suivantes : compte « client douteux ou litigieux », dotations (et reprises) aux provisions sur clients, pertes sur créances clients irrécouvrables (comptabilisées dans les « autres charges »), créances devenues irrécouvrables dans l'exercice (comptabilisées dans les charges exceptionnelles sous la rubrique « charges exceptionnelles sur opération de gestion »), le montant des arriérés échus (information extra-comptable).

Les gestionnaires du crédit-client considèrent que le montant des arriérés échus rapporté à l'en-cours clients ne doit pas être supérieur à 3 %. Pour l'appréciation du poids des clients défaillants la situation constatée pour l'ensemble des entreprises françaises fournit une référence intéressante même si le taux de pertes sur clients (créances douteuses rapportées au chiffre d'affaires) mérite de faire l'objet d'une appréciation spécifique à la situation du secteur.

5 • INTÉRÊT ET LIMITE DES RATIOS

De nombreux acteurs ont recours à une utilisation des ratios en « batterie » pour comparer les résultats d'une entreprise avec ceux du secteur. C'est notamment le cas de l'administration fiscale qui déclenche un contrôle fiscal dès qu'elle constate une déviation sensible entre les indicateurs de l'entreprise et le profil moyen qui lui sert de référence. La Banque de France a constitué une centrale de bilans, très représentative du tissu économique, qui fournit une batterie de ratios qui permet aux dirigeants de positionner les résultats de leur entreprise relativement à ceux du secteur dont ils relèvent.

• Nature des ratios

Un ratio est un rapport établi entre deux grandeurs. L'expression générale d'un ratio est du type $R = XY^{-1}$. Généralement, les deux termes X et Y représentent des flux (ex. : les frais financiers) ou des stocks (ex. : le montant des dettes financières). Les stocks correspondent à des quantités physiques ou monétaires exprimées à une date donnée. L'observation d'une variable à un niveau donné exprime la mesure d'un stock (ex. : le montant des immobilisations (montant brut) au 31/12/N permet d'appréhender le stock de capital productif dont dispose l'entreprise). Les flux correspondent à des quantités par unité de temps. La variation d'une variable entre deux niveaux traduit la mesure d'un flux (ex. : l'augmentation des immobilisations (montants bruts) entre deux dates d'arrêté des comptes donne une mesure du flux d'investissement productif).

Quand on établit un ratio, l'ordre des termes ne doit pas être indifférent. Il est recommandé de faire en sorte que l'augmentation de la valeur du ratio traduise une amélioration de la situation. Un ratio s'exprime soit à l'aide du résultat brut de la division, soit en pourcentage, soit en nombre de jours, de mois…

Quand on fait le rapport entre un stock et un flux, le ratio exprime une durée si les unités de référence de X et de Y sont identiques : ex. : le ratio immobilisation corporelle brute/dotation aux amortissements mesure la durée d'amortissement. À l'inverse, quand on fait le rapport entre un flux et un stock, le ratio donne un coefficient par unité de temps que l'on exprime sous forme de taux : ex. : le ratio précédent inversé exprime le taux d'amortissement. Les rapports entre stocks ou entre flux, lorsque les unités de référence de X et de Y sont identiques, sont des indicateurs sans dimension qui expriment un coefficient structurel : ex. : capitaux propres/dettes financières. Par contre, si les unités de référence sont différentes, le ratio n'est pas indépendant de ces unités (ex. : le ratio capital investi (en euros)/effectif).

Les ratios sont couramment utilisés dans l'analyse financière en tendance, parce que l'évolution de leur valeur traduit une modification de la situation économique et financière et conduit à poser les bonnes questions. Cependant leur interprétation doit être faite avec prudence en veillant à ce que les variables (numérateur et dénominateur) mises en relation ne soient pas directement corrélées. De même, il faut veiller à ne pas utiliser des ratios redondants dans leur signification. C'est pourquoi, en pratique, il est recommandé d'utiliser un nombre restreint de ratios. L'expérience montre qu'une dizaine de ratios s'avère souvent suffisante, une moitié étant établie à partir des données du compte de résultat, l'autre moitié l'étant à partir des éléments du bilan. De cela, retenons que les ratios permettent à l'analyste financier de poser les vraies questions, mais qu'ils n'apportent pas les réponses à ces questions.

Applications pour l'analyse financière

Trois types de ratios peuvent être distingués. Les ratios de croissance permettent d'appréhender l'évolution d'un indicateur dans le temps (ex. : taux de croissance du chiffre d'affaires). Les ratios de structure expriment le poids d'un indicateur relativement à un autre indicateur (ex. : frais de personnel/valeur ajoutée). Enfin, les ratios de durée mesurent la durée de vie d'une composante (ainsi la durée de règlements des fournisseurs). L'utilisation des ratios permet d'avoir une représentation de la situation économique et financière des entreprises. En retenant une double perspective, diachronique et synchronique, on peut envisager de nombreuses applications comme l'illustrent les deux exemples suivants :

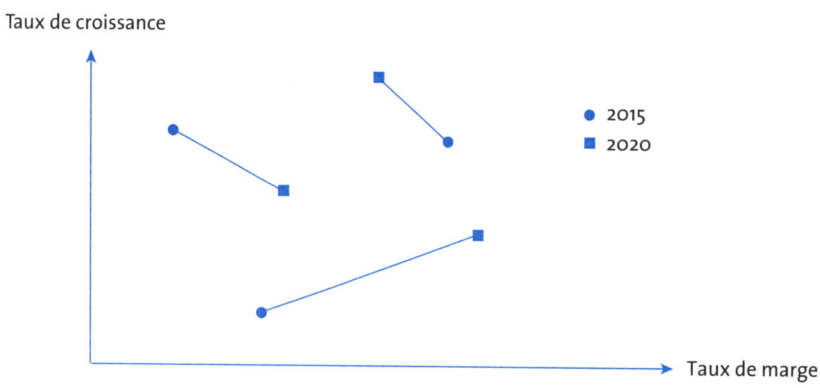

Figure 4.3 – Perspective diachronique

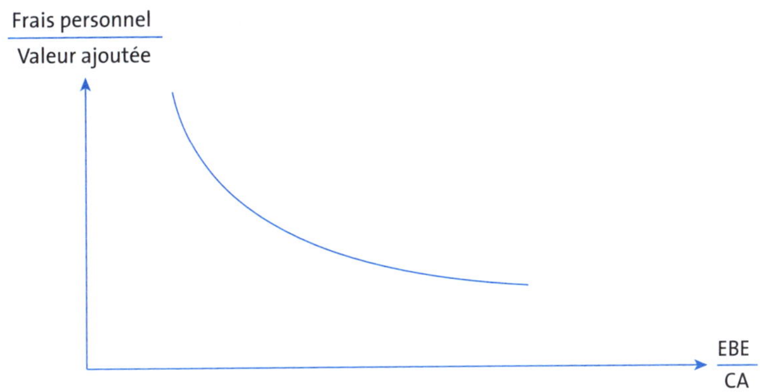

Figure 4.4 – Perspective synchronique

• Limites de l'approche

La première limite dans l'utilisation normative des ratios est relative à la difficulté des comparaisons interentreprises, en raison notamment des problèmes de représentativité des entreprises constituant l'échantillon utilisé. Il ne faut pas voir dans les indicateurs moyens ou médians une référence normative, mais simplement les prendre comme point de repère pour faire un constat à un moment donné. Un écart donné d'un ratio par rapport à un ratio « normatif », même si cet écart est important, ne doit donc pas être interprété sans la prise en compte d'autres dimensions.

La valeur élevée du ratio dettes financières/capitaux propres est à même de retraduire une situation favorable ou défavorable. Pour ce qui est des circonstances favorables, l'importance de l'endettement peut résulter du fait que les perspectives de l'entreprise étant bonnes, l'entreprise anticipe cette évolution en finançant par emprunt son expansion future. En revanche, l'interprétation négative d'un ratio élevé peut correspondre au fait que l'endettement paraît élevé tout simplement parce que les capitaux propres de l'entreprise ont été amputés par des pertes.

On voit bien à travers cette illustration que l'interprétation d'un ratio ne peut être déconnectée des performances antérieures de l'entreprise et/ou de ses perspectives. De même, il convient d'être prudent à l'égard des références sectorielles, dans la mesure où l'on observe que la dispersion intra-sectorielle (dispersion au sein d'un même secteur) est souvent plus élevée que la dispersion intersectorielle (dispersion entre différents secteurs). Il peut donc être dangereux de rapprocher systématiquement les ratios de l'entreprise de profils normatifs, surtout dès qu'on est en présence d'entreprises faisant montre d'innovation dans leurs comportements stratégiques et leurs modes de gestion.

SECTION 3 ÉCLAIRAGE COMPLÉMENTAIRE DE LA RENTABILITÉ ÉCONOMIQUE

L'analyse de la profitabilité, pour nécessaire qu'elle soit en vue de comprendre la formation des marges, ne saurait être suffisante en raison de la non-intégration dans le champ d'analyse du montant des capitaux investis dans l'exploitation. L'analyse de l'efficience des capitaux investis repose sur l'étude de la rentabilité économique qui rapporte le résultat d'exploitation à l'actif économique.

Pour comprendre l'intérêt de l'indicateur de rentabilité économique (Résultat d'exploitation/Actif économique), il n'est que d'imaginer la situation d'une entreprise dont on observerait concomitamment une amélioration du résultat d'exploitation, un allongement du crédit-client et un alourdissement des stocks de produits finis. Cela en raison d'une stratégie de gains de part de marché reposant sur des conditions de règlement généreuses et une garantie de rapidité de livraison des produits.

Rien ne permet d'affirmer que l'amélioration du résultat d'exploitation observée soit le signe d'une réelle amélioration des performances de l'entreprise. Pour qu'il en soit ainsi, il conviendrait de s'assurer que le supplément de résultat d'exploitation rapproché de l'augmentation de l'actif économique induit par l'augmentation du crédit-client et des stocks, soit supérieur au ratio de rentabilité économique historiquement observé. Sinon, l'amélioration du résultat d'exploitation peut n'être qu'un leurre cachant une dégradation de l'efficience des capitaux investis dans l'exploitation.

1 • INDICATEURS

La raison d'être d'une entreprise est l'exercice de son activité d'exploitation (production, commercialisation, servuction). Si l'on rapporte le profit tiré de cette activité au capital investi, on obtient un indicateur d'efficience des capitaux engagés généralement qualifié de rentabilité économique. L'indicateur pose deux types de problèmes, tenant respectivement à la définition du profit et à la mesure du capital consacré à l'exploitation.

Le profit d'exploitation résulte de la différence entre les ventes de produits et leurs coûts de revient. Cette dernière notion justifie que le profit soit mesuré après amortissements puisque ces derniers expriment la consommation du capital fixe au cours de l'exercice. Par contre, il paraît logique de retenir un profit qui ne soit pas influencé par les modes de financement. Ces caractéristiques conduisent à retenir le résultat d'exploitation comme indicateur du profit dégagé par l'exploitation.

La mesure du capital consacré à l'exploitation suppose que puisse être correctement isolé le capital investi, et que sa mesure exprime une évaluation économiquement significative. Sur le premier point, on comprend que l'on ne puisse limiter la notion de capital investi dans l'exploitation au seul capital fixe (l'actif immobilisé). Il est nécessaire de lui adjoindre le capital circulant (les besoins en fonds de roulement). Quant au deuxième point, l'évaluation du capital fixe, on est en droit de se demander s'il convient d'appréhender ce dernier à travers les valeurs d'usage ou si l'on peut s'en remettre aux valeurs comptables. Pour des raisons pratiques évidentes, on retient les valeurs nettes du bilan. Ce choix prête cependant à critique si les amortissements constatés sont sensiblement différents des amortissements économiques. Ce qui est généralement le cas, puisque la politique d'amortissement des entreprises est définie principalement en raison de considérations fiscales.

Mesure de la rentabilité économique

$$\text{Rentabilité économique} = R_{eco} = \frac{REX}{AE}$$

Avec : REX = Résultat d'exploitation

AE = Actif économique [= Actif immobilisé (valeur nette comptable)

+ Besoins en fonds de roulement]

Au regard du mode de calcul, et notamment de la prise en compte des besoins en fonds de roulement dans le capital investi, on pourrait s'attendre, sous l'effet du jeu du marché, à une uniformisation relative des rentabilités économiques sectorielles.

Quand on observe la distribution des indicateurs sectoriels médians, on relève une forte dispersion. L'écart entre le troisième quartile et le premier quartile peut aller jusqu'à représenter un tiers de la médiane ! L'explication du phénomène précédent tient au fait que le risque n'a pas été intégré dans l'analyse, alors que la décision d'investir est le résultat d'un arbitrage entre le risque et la rentabilité. On peut donc imaginer que les disparités de rentabilité économique compensent les différences de risque propre à chaque secteur. Dans cette perspective, la dispersion observée des rentabilités économiques exprime le reflet inversé de la hiérarchie des risques sectoriels.

Le mode de calcul de la rentabilité économique présente deux limites qui nécessitent une certaine prudence dans l'appréciation des chiffres :

- le bilan de fin d'exercice ne fournit pas toujours une représentation correcte du montant moyen des capitaux investis dans l'exploitation tout au long de l'année. C'est particulièrement vrai des entreprises dont l'activité est saisonnière, dans lesquelles le besoin en fonds de roulement peut varier du simple au double, voire du simple au triple en cours d'exercice ;

- l'interprétation de la rentabilité économique nécessite de positionner l'entreprise dans son cycle d'investissement en raison du mode de calcul qui rapporte un flux de revenu à un stock de capital (les immobilisations nettes) dont le montant est fortement dépendant de l'âge de l'outil de production. La valeur du ratio est fortement influencée par les cycles d'investissement de l'entreprise. Une entreprise qui sort d'une période d'investissement massif sera pénalisée par le montant de l'actif immobilisé au sein duquel la part des amortissements sera, par la force des choses, réduite. Cela montre la nécessité d'analyser le ratio de rentabilité économique sur de longue période. Pour atténuer l'effet des cycles d'investissement, certains praticiens proposent de s'appuyer sur une valeur moyenne de l'actif immobilisé en retenant au dénominateur la moitié du montant des immobilisations brutes.

2 • INTERPRÉTATIONS

La rentabilité économique est un indicateur synthétique qui exprime l'efficience du processus d'exploitation. Aussi est-il nécessaire de la raccorder à d'autres indicateurs de mesure et de suivi des résultats, et notamment à la marge (rapport du profit au chiffre d'affaires).

• Relation entre la rentabilité économique, la marge d'exploitation et la rotation du capital investi

$$R_{eco} = \frac{REX}{AE} = \underbrace{\frac{REX}{CA}}_{\text{taux de marge}} \times \underbrace{\frac{CA}{AE}}_{\text{rotation du capital}}$$

Avec : CA = chiffre d'affaires hors taxes.

Conduisant à étudier un taux de marge et un indicateur de rotation du capital, la décomposition de la rentabilité économique éclaire sur les conséquences des décisions stratégiques et opérationnelles arrêtées. La décomposition permet de comprendre les arbitrages réalisés par l'entreprise en prenant en compte les conséquences d'une stratégie dans ses diverses expressions. Une stratégie de conquête de parts de marché assise sur une baisse des prix de vente se traduira par une diminution du taux de marge accompagnée d'une augmentation de la rotation des capitaux investis. Alternative de l'option précédente, les gains de parts de marché peuvent résulter d'une rapidité de livraison assortie de conditions de règlement généreuses. Cette stratégie peut se traduire par une amélioration du taux de marge générée par les économies d'échelle induites par l'augmentation des volumes, amélioration conjuguée à une baisse de la rotation des capitaux investis consécutive à l'allongement du crédit-client et à l'alourdissement des stocks de produits finis.

La marge et la rotation du capital sont des indicateurs fortement dépendants de la nature de l'activité exercée par l'entreprise. Il n'est pas rare de trouver des écarts dans un rapport de 1 à 3 au sein de ces deux indicateurs comme le montre la comparaison entre Carrefour, Holcim et Addeco, entreprises relevant de secteurs d'activité très différents : la grande distribution, la cimenterie et l'intérim.

Tableau 4.7 – Tableau comparatif des inducteurs de rentabilité économique (2022, en millions d'euros)

	Holcim	Carrefour	Addeco
Chiffre d'affaires	29 607	80 543	23 640
Besoin en fonds de roulement Actif immobilisé net	1 290 37 412	-495 26 526	458 7 132
Actif économique	38 702	26 031	7 590
REX Marge d'exploitation Coefficient de rotation	3 267 11,0 % 0,76	2 413 3,0 % 3,09	833 3,5 % 3,11
Rentabilité économique	8,4 %	9,3 %	11,0 %

Le classement des secteurs en fonction de la marge et de la rotation du capital montre une corrélation forte et négative. Un taux de marge élevé va généralement de pair avec une vitesse de rotation lente.

• Décomposition de la rentabilité selon la pyramide Du Pont de Nemours

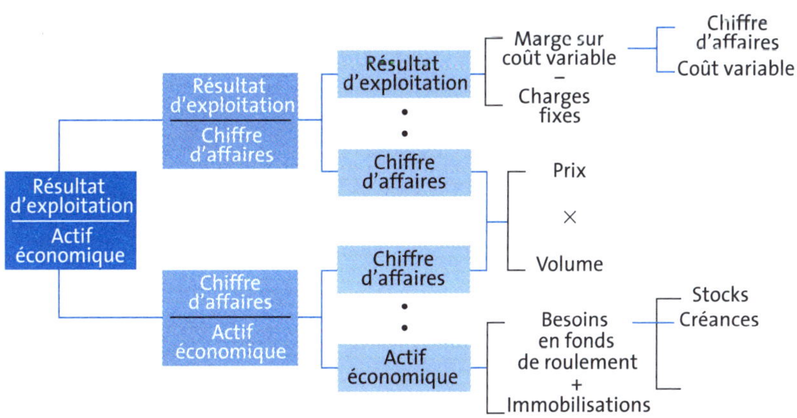

Figure 4.6 – Pyramide des ratios Du Pont de Nemours

Ce schéma d'analyse, s'il présente l'avantage de fournir une vue globale de l'articulation entre les diverses variables explicatives de la rentabilité économique, présente le risque de donner une vision dichotomique de la formation de la rentabilité. En effet, la division en deux branches (marge et rotation) peut laisser penser qu'il y a indépendance entre elles et fausser l'interprétation. En fait, la marge est influencée par le montant du capital investi, la relation s'établissant notamment à travers les dotations aux amortissements prises en compte dans les charges d'exploitation.

L'ESSENTIEL

L'analyse de la marge brute éclaire sur le niveau de sensibilité des résultats aux phénomènes de fluctuation des prix. L'analyse de la formation des marges s'appuie sur la compréhension de l'évolution de l'excédent brut d'exploitation en mettant en relation l'évolution de ce dernier avec celle des principales charges afin de repérer les dérapages ou les économies réalisées dans les consommations de charges à l'origine des évolutions de résultats.

L'étude de la productivité appréhendée à travers l'indicateur de productivité apparente de la main-d'œuvre, complète les éclairages précédents pour aider l'analyste à appréhender l'aptitude de l'entreprise à maîtriser les leviers de la performance.

MISES EN PRATIQUE

QCM

Retrouvez un QCM d'entraînement en flashant ce QR code.

dunod.link/iz0nqd4

APPLICATION 1 ECOPLAST

L'énoncé du cas EcoPlast se trouve dans la Partie 3.

1. Analyser l'activité de l'entreprise.
2. Analyser la profitabilité de l'entreprise.

La lecture de la grille des résultats met en évidence deux caractéristiques de la société EcoPlast : une croissance des ventes sur la période et l'exercice d'une double activité : fabrication et négoce. Par ailleurs la période d'analyse de la société EcoPlast présente la particularité de se situer dans un contexte inflationniste. Dans ce contexte, l'analyse doit notamment se focaliser sur la sensibilité des résultats d'exploitation au regard des fluctuations des prix et des monnaies. L'accent doit être porté sur le différentiel entre l'évolution des prix de vente et l'évolution des prix d'achat sachant qu'il est rarement observé une identité entre la dynamique d'évolution des prix de vente et celle des coûts d'achats.

Dans cette perspective, la marge brute (définie comme différence entre le chiffre d'affaires et les consommations de biens et services) s'avère l'indicateur adapté pour évaluer le niveau de sensibilité des résultats d'exploitation par rapport aux marchés amont et aval. En effet, la marge brute synthétise le positionnement de l'entreprise à l'égard des marchés sur lesquels elle commercialise ses produits et auprès desquels elle s'approvisionne. La marge brute traduit l'impact des pressions subies au niveau des coûts d'achat et au niveau des prix de vente, sachant que cette situation est susceptible d'introduire une distorsion dans les rapports relatifs des prix de nature à engendrer une redistribution des positionnements des compétiteurs en présence. La marge brute est donc l'indicateur pivot d'une entreprise évoluant dans un contexte inflationniste en apportant un éclairage déterminant pour l'appréciation du pouvoir économique que l'entreprise entretient avec ses clients et ses fournisseurs, bref en permettant d'évaluer le pouvoir de négociation subi ou imposé avec les partenaires commerciaux de l'entreprise.

L'inflation aura une influence différenciée sur le résultat courant, selon que l'entreprise est fortement ou faiblement endettée et que les taux d'intérêt sont fixes ou variables. L'inflation qui se traduit par un ajustement à la hausse des taux d'intérêt conduit à porter attention à la structure financière de l'entreprise en raison de l'effet multiplicateur de l'endettement sur le niveau du résultat courant. En raison des taux d'intérêt négatifs pratiqués au cours des dernières années l'impact des frais financiers sur le résultat courant a eu tendance à être quelque peu négligé.

Dans ces conditions l'analyse doit permettre d'appréhender :

- la croissance réelle de l'activité (croissance en volume) ;
- la maîtrise de la marge brute et de la marge commerciale, des charges externes (hausse de l'énergie et des coûts logistiques) et des frais de personnels (hausse des salaires) ;
- la maîtrise des frais financiers.

L'analyse de la performance suivra le plan suivant :

- analyse de l'activité ;
- analyse de la sensibilité des résultats aux prix ;
- analyse de l'évolution des marges d'exploitation (EBE) ;
- analyse de la productivité ;
- analyse de la rentabilité.

Elle s'appuiera notamment sur les ratios suivants.

Tableau 4.8 – Indicateurs utilisés pour l'analyse de l'activité et de la profitabilité

Activité	N	N – 2	N – 1
Variation du CA % (CA « n » – CA « n – 1 »)/ CA « n – 1 » = (23 391 – 208999)/ 20899	11,90 %	29 %	8,50 %
Poidis de la production stockée % Producton stockée / production vendue biens = – 321 / 20 152	– 1,60 %	2,80 %	– 1,70 %
Variation de la production % (Prod. « n » – Prod « n – 1 ») / Prod. « n – 1 » = (23 102 – 21 346) /21 346	8,20 %	33 %	7,30 %
Marge			
Taux de marge commerciale % (Ventes m/ses – conso. m/ses) / Ventes m/ses avec conso m/ses = Achats m/ses + var stock m/ses = (3 239 – (2 800 + (–192))) / 3 239	19,50 %	34,90 %	25,40 %

Taux de marge sur production % (Production indust. – conso. MP) / Prod. Ind. Avec prod ind = production – ventes m/ses et conso MP = Achats MP + var stock MP = (23 102 – 3 239) – (7 835 + (–145)))/(23 102 – 3 239)	63,50 %	66,20 %	69,30 %
Taux de marge brute globale % Marge brute / Production = (13 254 / 23 103)	57,40 %	57,90 %	58,80 %
Valeur ajoutée et répartition			
Taux de valeur ajoutée % Val. Ajoutée / production = (10 069 / 23 103	43,60 %	45,10 %	44,80 %
Poids facteur Travail % Salaires / Val. Ajoutée = (6 290 / 10 069)	62,50 %	63,70 %	66,80 %
Poids facteru Capital % Dotations amortissements / Val. Ajoutée = (844 + 582) / 10 069)	14,20 %	12,70 %	14,60 %
Productivité			
Productivité globale Val. Ajoutée / (Salaires + Dotations) = 10 069 / (6 290 + 844 + 582)	1,30	1,31	1,23
Productivité facteur travail k€ Val. Ajoutée / Effectif total = 10 069 / 109	92,20	92,40	83,60
Rendement des équipements N Val. Ajoutée / Immos corporelles brutes immo corp brutes = install techniques + autres immos corp + bien loués en crédit-bail avec val brute c bail mob = redev c bail × 90 % × 5 = 646 × 90 % × 5 = 2 907 immo corp brutes = 4 358 + 1 833 + 2 907 = 9 098 = 10 069 / 9 098	1,1	1,2	1,1
Salaire unitaire moyen k€ Salaire / Effectif = 6 290 / 109	57,6	58,8	55,8
Intensité capitalistique k€ Immos corporelles brutes / Effectif = 9 098 / 109	83,4	76,7	nd
Rentabilité			
Rentabilité économique % Résultat exploit. Après IS / Actif économique = (1 901 × 0,75) / (3 972 + 2 935)	20,60 %	17,80 %	8,10 %

• Analyse de l'activité

Évolution du chiffre d'affaires

Sur la période (N – 2, N), le chiffre d'affaires progresse de 44 % dont 29 % en N – 1 et 12 % en N. Comparée aux données sectorielles (voir fascicule sectoriel de la Banque de France) EcoPlast connaît une progression sensiblement plus élevée que le secteur dont le taux de croissance médian est de 10,5 % en N – 1 et de 15,1 % en N. EcoPlast connaît une croissance de son chiffre d'affaires qui la situe dans le quart des entreprises les plus performantes sur le plan commercial (taux de croissance des ventes du troisième quartile en N : 27,4 %).

Au demeurant la croissance nominale du chiffre d'affaires intègre une augmentation des prix des produits. Pour ne pas dégrader sa compétitivité prix EcoPlast a pratiqué des hausses de prix voisines de l'évolution observée dans le secteur (N – 1 : + 14,3 % ; N : + 4,8 %). Corrigée de l'augmentation des prix l'évolution du chiffre d'affaires fait ressortir une croissance des volumes de 14,7 % en N – 1 et de 7,2 % en N permettant d'affirmer que la société EcoPlast est en croissance sur la période.

EcoPlast ayant une activité de fabrication et une activité de négoce, l'analyse doit être réalisée par domaine d'activité.

Tableau 4.9 – Évolution des indicateurs d'activité

En K€	N – 2	N – 1	N
Production vendue	12 360	15 233	20 151
Vente de marchandises	3 839	5 665	3 239

Le tableau précédent indique une forte croissance de l'activité de la production vendue qui progresse de 63 % sur la période alors que les ventes de marchandises régressent de 16 %. Cette régression s'explique par l'intégration de la fabrication d'un modèle de bouchon jusqu'alors importé.

Analyse des facteurs de vulnérabilité de l'activité

L'analyse s'appuie sur deux points :

1. l'étude des facteurs explicatifs de la volatilité de la demande ;
2. l'examen des facteurs constitutifs d'une dépendance.

L'étude des facteurs explicatifs de la volatilité de la demande s'appuie sur les informations extraites des articles. Les enseignements sont les suivants :

- conjoncture favorable dans le secteur de l'emballage plastique : progression des volumes malgré la concurrence de matériaux alternatifs (rappel : progression de 16 % en N – 2, 5 % en N – 1 et 7 % en N). Au demeurant des interrogations pour l'avenir en raison des tensions qui pèsent sur les principaux débouchés ;
- la progression de l'emballage plastique s'explique par le fait que le plastique est un matériau facile à travailler, notamment comparativement au métal, permettant une différenciation des emballages souhaitée par les industriels ;
- le secteur de l'emballage plastique est sensible aux efforts d'innovation permettant de mettre sur le marché des emballages dont les caractéristiques génèrent de la valeur.

S'agissant des facteurs de dépendance, deux points doivent être soulignés :

- deux clients représentent 56 % du chiffre d'affaires, traduisant une dépendance marquée sur le plan commercial ;
- le secteur de l'emballage est sensible à l'influence de la réglementation et de la législation marquée par un renforcement des contraintes environnementales en matière de valorisation et de recyclage des emballages plastiques.

Évolution de la production stockée

Tableau 4.10 – Évolution de la production stockée

En K€	N – 2	N – 1	N
Production stockée	– 321	428	– 210
En % de la production vendue	– 1,7 %	2,8 %	– 1,6 %

Les chiffres montrent une évolution de la production stockée qui se caractérise par une alternance de productions stockées de signes contraires. De plus, les montants évoluent dans des limites acceptables (quelques points de production vendue).

La maîtrise de la production stockée mérite d'être soulignée car la croissance de l'activité est un facteur potentiel de dérapage de la production stockée en raison des difficultés éventuelles pouvant être rencontrées dans l'adaptation de la capacité de production à la demande.

• Analyse de la sensibilité des résultats par rapport aux prix

EcoPlast ayant une double activité, il convient d'analyser les évolutions de la marge brute (activité de fabrication) et de la marge commerciale (activité de négoce).

Tableau 4.11 – Indicateurs de sensibilité des résultats

Marge brute	N – 2	N – 1	N
Production totale	12 360	15 233	20 151
Consommation de matières premières	3 747	5 306	7 240
= Marge brute	8 613	9 927	12 911
Taux marge brute	69,3 %	66,2 %	63,5 %
Marge commerciale	**N – 2**	**N – 1**	**N**
Ventes de marchandises	3 839	5 665	3 239
Consommation de marchandises	2 863	3 685	2 608
= Marge commerciale	976	980	631
Taux marge commerciale	25,4 %	34,9 %	19,5 %

Éclairage sectoriel (source : fascicule sectoriel de la Banque de France)

Taux de marge brute (N – 1 et N)	Q_2 = 62,9 %	Q_2 = 60,2 %
	Q_3 = 73,6 %	Q_3 = 71,9 %
Taux de marge commerciale (N – 1 et N)	Q_2 = 28,8 %	Q_2 = 29,4 %

Appréciée à partir du taux de marge brute médian du secteur (Q_2), l'évolution du secteur fait ressortir une dégradation de 4,5 points en N – 1 et une dégradation de 2,7 points en N. Les entreprises du secteur ont ainsi subi une dégradation du taux de marge brute de

7,2 points sur la période. Cette évolution est la conséquence de l'évolution des cours du pétrole et par contrecoup du polyéthylène qui représente une fraction importante des coûts de production. La hausse des coûts des matières premières ayant été répercutées partiellement aux clients le taux de marge brute se dégrade.

Dans ce contexte il convient de relever que la dégradation du taux de marge brute de EcoPlast est limitée à 5,6 points traduisant une aptitude à mieux répercuter aux clients les hausses des matières premières. Par ailleurs, le taux de marge brute d'EcoPlast se situe 3,2 points au-delà du taux médian sectoriel traduisant la valorisation par le marché des efforts d'innovation qui permettent de vendre des produits à haute valeur ajoutée répondant aux attentes des clients.

En l'espèce le modèle de Porter apporte un éclairage sur les facteurs explicatifs de la maîtrise des marges et de l'évolution des prix de vente.

Facteurs explicatifs de la pression sur les prix de vente :

- forte concurrence entre matériaux ;
- menace de produits de substitution.

Facteurs explicatifs d'une maîtrise des marges difficile :

- rapport de force favorable aux fournisseurs de matières premières illustré dans le passé par des ruptures d'approvisionnement ;
- clientèle constituée de grands groupes alimentaires qui supportent une pression constante sur les prix de la part des centrales d'achat de la grande distribution. Cette pression se répercute en amont sur les fabricants d'emballage qui la subissent aussi directement en raison du développement des marques de distributeur.

• Analyse de la formation et de l'évolution des marges d'exploitation

L'analyse sera limitée à l'excédent brut d'exploitation (EBE).

Tableau 4.12 – Évolution de l'EBE

En % de la production	N – 2	N – 1	N
Marge brute (y compris marge commerciale)	58,8	57,9	57,4
Charges externes	12,6	11,5	12,8
Frais de personnel	29,9	28,7	27,2
EBE (secteur)	12,9	14,7 (Q_3 = 15,4)	14,6 (Q_3 = 14,6)

Le positionnement par rapport aux données sectorielles montre que Ecoplast se situe en N – 1 et N dans le quart des entreprises les plus performantes. Malgré une dégradation de 1,4 point de la marge brute, la maîtrise des frais de personnel qui baissent de 2,7 points, permet une amélioration du taux de marge d'exploitation mesuré à partir de l'EBE. La réduction des frais de personnel résulte des économies d'échelle générées par l'amortissement des frais de structure sur des volumes de production plus élevés. Pour l'essentiel, les économies d'échelle résultent de la présence de coûts fixes ou de l'assimilation d'éléments à des coûts fixes. L'augmentation des volumes constitue une source d'économies d'échelle en raison de la répartition des frais fixes sur un plus grand nombre d'unités.

Il convient de souligner la stabilité des charges externes qui traduit une bonne maîtrise de ces charges d'exploitation malgré l'augmentation des prix de l'énergie et des transports.

• Analyse de la productivité

Tableau 4.13 – Évolution de la productivité

En K€	N – 2	N – 1	N
Valeur ajoutée/ effectifs	83,6	92,4	92,2
Frais de personnel/ effectifs	55,8	58,8	55,8

La productivité de la main-d'œuvre de la société Ecoplast situe l'entreprise dans le groupe des entreprises les plus performantes du secteur (Q_3 = 94,4 k€ en N). Cette performance résulte d'un taux de valeur ajoutée élevé (valorisation par le marché des produits innovants) et de la réalisation d'économies d'échelle au niveau des frais de personnel (croissance des volumes). L'analyse des facteurs de production apporte un éclairage complémentaire :

- le niveau des équipements par salarié (83 k€) se situe entre Q_1 (62 K€) et la médiane (111 k€) du secteur ;
- le coût salarial unitaire élevé car proche de Q_3 traduit un bon niveau de qualification du personnel.

Ces informations confirment que le niveau élevé de valeur ajoutée par salarié ne résulte pas des ressources en équipement mises en œuvre mais est la conséquence d'un niveau de qualification du personnel élevé en raison notamment du poids des effectifs alloués à la recherche-développement.

• Analyse de l'efficience des capitaux investis

Tableau 4.14 – Analyse de la rentabilité

en milliers d'euros	N – 2	N – 1	N
(1) Actif immobilisé	4 082	4 342	3 971
(2) Besoin en FR	2 934	3 160	2 935
(3) Actif économique (3) = (1)+(2)	7 016	7 502	6 906
(4) Résultat exploitation	756	1 775	1 900
(5) Rentabilité économique (en %) (5) = (4)/(3)	10,8	23,7	27,5

Rappelons que la rentabilité économique permet de mesurer l'efficience des capitaux investis (actif économique). Sur la période, la rentabilité économique de la société EcoPlast progresse très fortement pour atteindre un niveau de 27,5 % (avant IS), niveau situant l'entreprise parmi les entreprises les plus performantes du secteur (Q_3 = 18,0 %).

L'amélioration de la rentabilité économique résulte principalement de la maîtrise de l'actif économique alors que le chiffre d'affaires progresse de 44 % sur la période. Sachant que la maîtrise de l'actif économique a pour origine une quasi-stagnation des besoins en fonds de roulement, phénomène analysé dans le chapitre suivant.

• Synthèse de l'analyse de la performance

EcoPlast est une entreprise en croissance qui bénéficie d'un avantage concurrentiel résultant de ses efforts d'innovation qui lui confère une position solide auprès de ses clients. Bien qu'en croissance EcoPlast a fait la démonstration de son aptitude à maîtriser l'évolution de sa structure et à réaliser des économies d'échelle.

5 • ANALYSE DE LA STRUCTURE FINANCIÈRE

OBJECTIF

L'objectif du chapitre est de présenter un cadre d'analyse de la structure financière qui intègre les indicateurs fonctionnels et permette d'apprécier le poids des capitaux propres et de l'endettement.

SOMMAIRE

Évaluer la structure financière d'une entreprise conduit à analyser la façon dont elle a su ou pu aménager la contrainte financière. Parler de contrainte financière renvoie naturellement à la notion d'équilibre financier, qui traduit l'ajustement qui s'opère au niveau des flux financiers.

L'appréciation de la structure financière est un sujet complexe en raison de l'interdépendance entre les variables à prendre en compte dans l'analyse. Aussi, il convient de rappeler un certain nombre de principes pour structurer la démarche.

Le premier principe conduit à rappeler les trois domaines dans lesquels l'entreprise a fait des choix pour définir sa structure financière, à savoir :

1. la répartition entre capitaux propres et dette financière, avec en arrière fond le souhait de doter l'entreprise d'un taux d'endettement en adéquation avec le niveau de risque que ses bailleurs de fonds (actionnaires et prêteurs) sont prêts à supporter ;
2. la structure de propriété, avec en filigrane la contrainte de l'influence de la composition de l'actionnariat sur le contrôle de l'entreprise ;
3. la durée des ressources financières empruntées qui détermine la répartition entre ressources stables et concours bancaires à court terme avec l'objectif de s'assurer que les emplois longs sont financés par des ressources stables.

Les trois domaines précédents méritent d'être qualifiés de structurants dans la mesure où les décisions arrêtées configurent le cadre financier dans lequel l'entreprise est appelée à évoluer au cours des années futures.

Le deuxième principe conduit à souligner le caractère contingent des critères d'appréciation de la structure financière. Les développements suivants illustrent les adaptations des critères aux contextes de l'entreprise pour que l'appréciation de la structure financière soit pertinente.

Ainsi, les critères doivent être adaptés aux caractéristiques de volatilité des marchés sur lesquels l'entreprise est présente et au degré de dépendance des courants d'échanges que l'entreprise entretient avec son environnement (clients, fournisseurs, banques ...). On conçoit intuitivement qu'une entreprise évoluant sur un marché cyclique subissant l'influence d'aléas climatiques ou saisonniers (ex. : le secteur du bâtiment) devra privilégier le financement par capitaux propres au détriment de la dette financière afin de limiter le risque financier et de contenir le risque global au niveau du risque d'exploitation.

Les critères d'appréciation doivent aussi intégrer les perspectives de croissance de l'entreprise. Une entreprise en croissance, en raison de l'importance de ses besoins d'investissements, sera appelée à solliciter régulièrement ses banques et ponctuellement ses actionnaires. La nécessité de faire appel à des ressources financières externes implique que l'entreprise s'assure de l'adhésion durable de ses bailleurs de fonds (actionnaires et prêteurs) afin de sauvegarder le maintien de son équilibre financier. Enfin, l'appréciation du poids de l'endettement doit être réalisée à la lumière de la profitabilité dans la mesure où un stock de dettes est d'autant plus supportable que le niveau des résultats est élevé et leur visibilité forte.

Le troisième principe a trait aux points de passage obligés dont l'analyse de la structure financière ne saurait faire l'économie. Ainsi, l'évaluation de la solvabilité (appréhendée notamment à partir de l'appréciation du caractère supportable de l'endettement) complétée par la vérification d'une adéquation entre la maturité des emplois et celle des ressources (réalisée à partir de l'analyse des modes de financement des besoins en fonds de roulement), constitue les points de passage obligés pour l'étude des conditions de réalisation et de maintien de l'équilibre financier.

SECTION 1 ADÉQUATION ENTRE LA MATURITÉ DES EMPLOIS ET DES RESSOURCES

L'analyse de l'adéquation entre la maturité des emplois et des ressources repose sur l'analyse du mode de financement de chaque composante de l'actif économique de l'entreprise. La finalité de cette approche est d'analyser la contribution respective, au financement de l'entreprise, des différents bailleurs de fonds, en s'assurant d'une adéquation entre la durée des emplois (les actifs financés) et celle des ressources. Dans cette optique, les ressources sont décomposées en ressources stables et dettes financières à court terme, les ressources stables étant elles-mêmes subdivisées en capitaux propres et dettes financières à terme. Les emplois sont décomposés en actif immobilisé et besoin en fonds de roulement. La vérification d'une nécessaire adéquation entre la durée des ressources et celle des emplois repose sur l'existence d'un fonds de roulement positif qui garantit que le financement de l'actif immobilisé est assuré par des ressources stables.

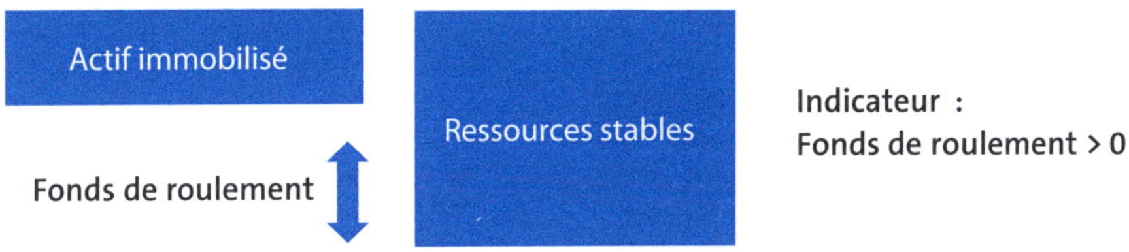

Figure 5.1 – Analyse de l'adéquation entre maturité des emplois et des ressources

L'existence d'un fonds de roulement positif constitue une condition nécessaire mais non suffisante pour s'assurer d'une adéquation satisfaisante entre la maturité des emplois et des ressources. En complément l'analyse du mode de financement des besoins en fonds de roulement conduit à vérifier qu'une part significative de ces besoins est couverte par le fonds de roulement.

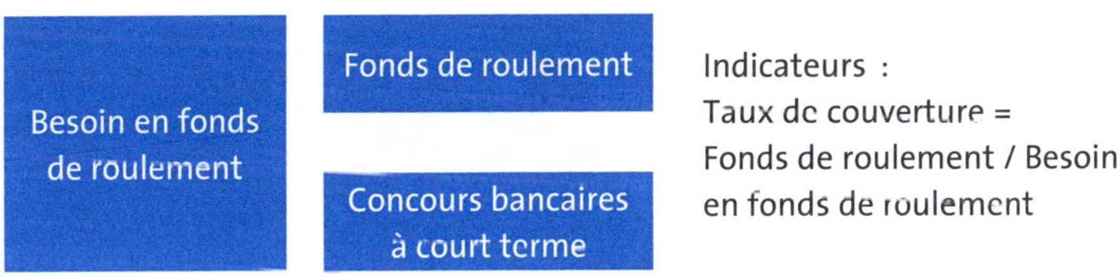

Figure 5.2 – Financement des besoins en fonds de roulement par des ressources stables

À ce stade une remarque s'impose concernant le statut du fonds de roulement comme indicateur d'analyse financière. En effet, en matière d'analyse de l'adéquation entre la maturité des emplois et des ressources, la taille de l'entreprise s'avère un critère discriminant. Alors que, dans les PME, les financements sont affectés à un actif particulier (crédit à moyen terme ou prêt à long terme pour le financement d'une immobilisation, crédit de trésorerie pour le financement du besoin en fonds de roulement), il n'en va pas de même dans les ETI et les grandes entreprises. Dans ces entreprises qui se financent directement sur le marché financier, l'arbitrage entre l'émission d'un emprunt obligataire ou l'émission de billets de trésorerie dépendra des opportunités de marché, notamment des anticipations sur les taux d'intérêt. Dès lors la pertinence du fonds de roulement comme indicateur d'équilibre financier est remise en cause, dans la mesure où la composition de la dette financière est le résultat d'arbitrage dans la gestion de la dette. En revanche, dans les PME, le fonds de roulement reste un indicateur pertinent dès lors qu'il est associé au besoin en fonds de roulement afin d'apprécier la part du besoin en fonds de roulement financée par des ressources stables.

1 • ANALYSE DU FINANCEMENT DU BESOIN EN FONDS DE ROULEMENT

• Analyse statique

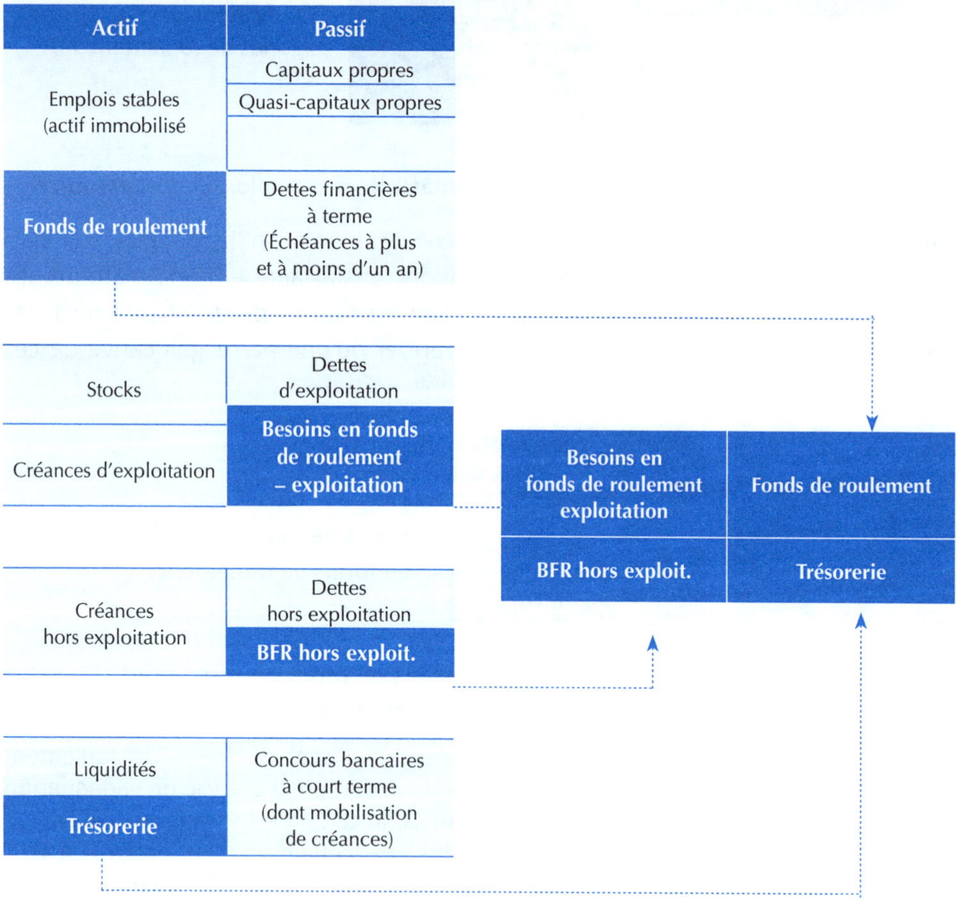

Figure 5.3 – Représentation fonctionnelle du bilan de l'entreprise

L'analyse du mode de financement des besoins en fonds de roulement, en mesurant la part de ces derniers financée par les ressources stables (calcul du taux de couverture des besoins en fonds de roulement par le fonds de roulement) repose sur un principe normatif implicite, qui conduit à affirmer que plus le besoin en fonds de roulement est financé par du fonds de roulement (ressources stables), plus l'équilibre financier à long terme de l'entreprise est censé être assuré.

La figure 5.3 résume le fondement de l'approche financière fonctionnelle qui focalise l'analyse sur le mode de financement des besoins en fonds de roulement. La relation fonctionnelle liant le fonds de roulement, le besoin en fonds de roulement et la trésorerie fournit une grille d'analyse pertinente de la structure financière qui conduit notamment à s'interroger sur les causes des évolutions observées.

Trésorerie = Fonds de roulement – Besoins en fonds de roulement

Besoins en fonds de roulement = Fonds de roulement + Trésorerie

Analysons les situations les plus fréquemment rencontrées en différenciant le cas des besoins en fonds de roulement positifs de celui des besoins en fonds de roulement négatifs.

Besoins en fonds de roulement positifs

Trois grands cas de figure peuvent être distingués.

1. Les besoins en fonds de roulement sont financés en partie par des ressources stables (fonds de roulement), en partie par des concours bancaires à court terme. Ce cas de figure est celui le plus fréquemment rencontré.

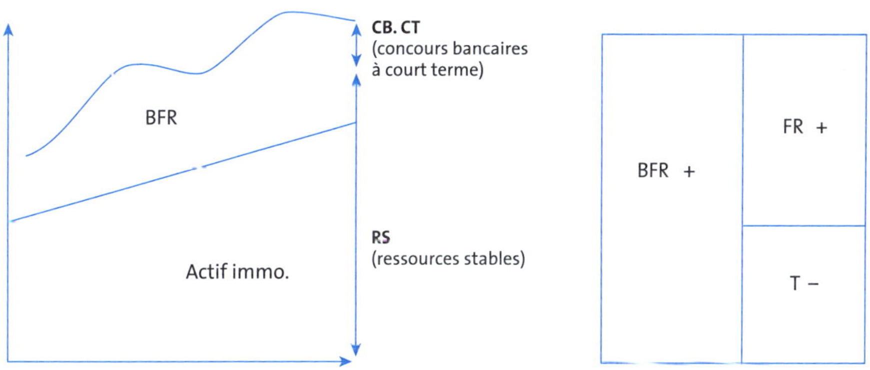

Figure 5.4 – BFR financés par des ressources stables et des concours bancaires à court terme

2. Les besoins en fonds de roulement sont entièrement financés par des ressources stables. À certains moments de l'année, l'importance du fonds de roulement permet de dégager des liquidités. Dans une telle situation, le risque est celui d'un sous-emploi des capitaux.

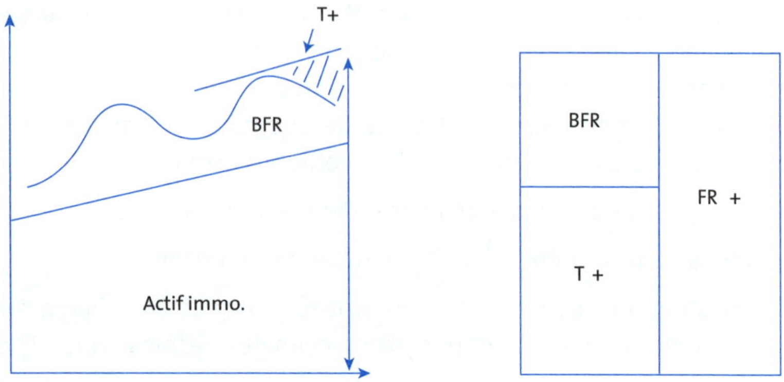

Figure 5.5 – BFR entièrement financés par des ressources stables

3. Les concours bancaires à court terme assurent le financement de la totalité des besoins en fonds de roulement voire d'une partie de l'actif immobilisé. Dans cette situation, l'entreprise supporte un risque bancaire élevé qui nécessite un renforcement des ressources stables.

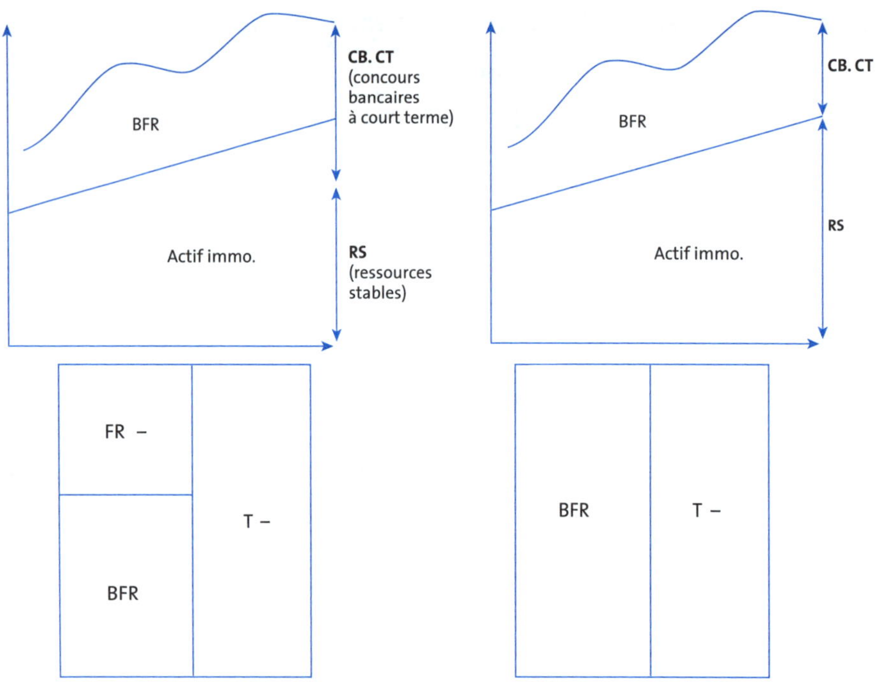

Figure 5.6 – BFR financés par des concours bancaires à court terme

Besoins en fonds de roulement négatifs

Deux grands cas de figure peuvent être distingués (voir figures 5.7 et 5.8).

1. Les ressources dégagées par le cycle d'exploitation viennent renforcer l'excédent de ressources stables pour dégager une trésorerie structurellement positive. Dans cette situation, l'entreprise supporte un risque de sous-emploi des capitaux.

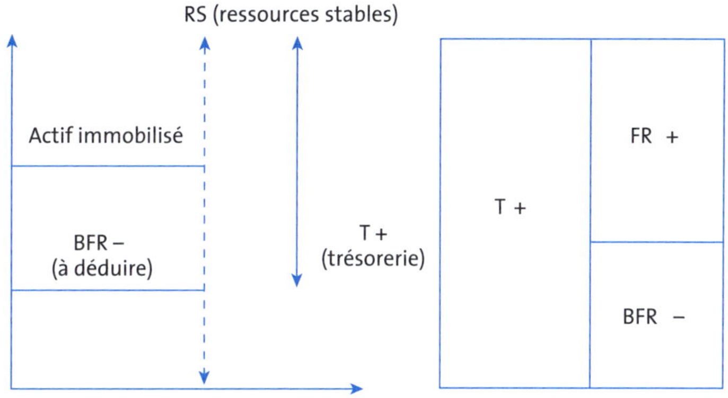

Figure 5.7 – Situation de trésorerie structurellement positive

2. Les ressources dégagées par le cycle d'exploitation assurent le financement d'une partie de l'actif immobilisé. En d'autres termes, cela signifie que les fournisseurs financent les investissements de l'entreprise. Cette situation nécessite un renforcement des ressources stables.

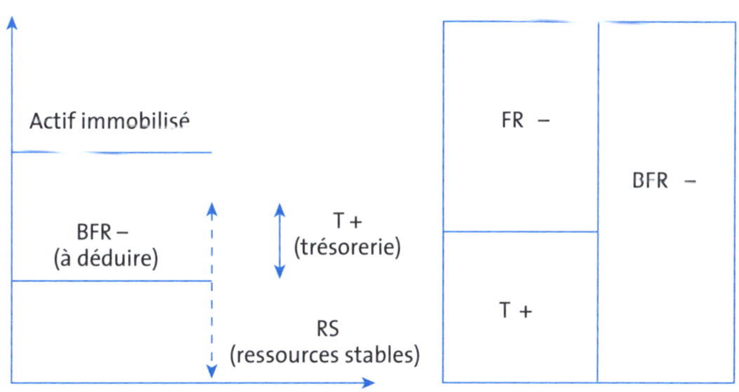

Figure 5.8 – Actif immobilisé partiellement financé par le BFR négatif

• Analyse dynamique

Pour faciliter l'analyse, il est recommandé de recourir à une représentation graphique de l'évolution de l'équilibre financier fonctionnel. Nous en donnons trois illustrations.

Cas d'un dérapage dans la gestion

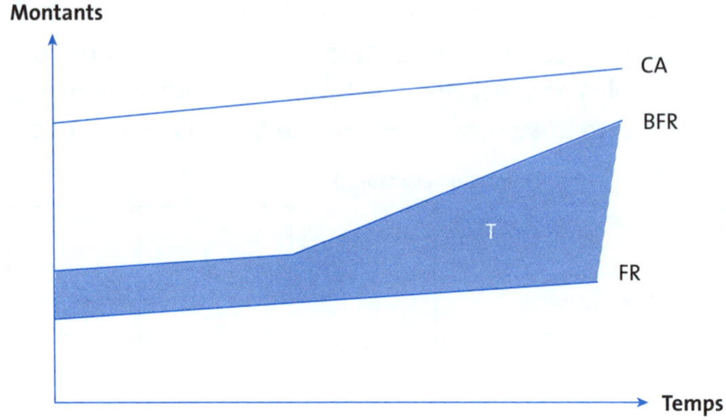

Figure 5.9 – Forte augmentation du BFR financée par la trésorerie

Alors que le chiffre d'affaires progresse faiblement et régulièrement, le besoin en fonds de roulement augmente subitement, connaissant une progression sensiblement plus forte que celle dictée par la variation du chiffre d'affaires. Pour sa part, le fonds de roulement connaît une variation parallèle au chiffre d'affaires. L'équilibre financier se détériore car le besoin en fonds de roulement progresse plus rapidement que le fonds de roulement.

Cette croissance incontrôlée des besoins en fonds de roulement se traduit par une augmentation significative des concours bancaires de trésorerie, non justifiée par la seule évolution du chiffre d'affaires de l'entreprise.

Cas de la croissance équilibrée

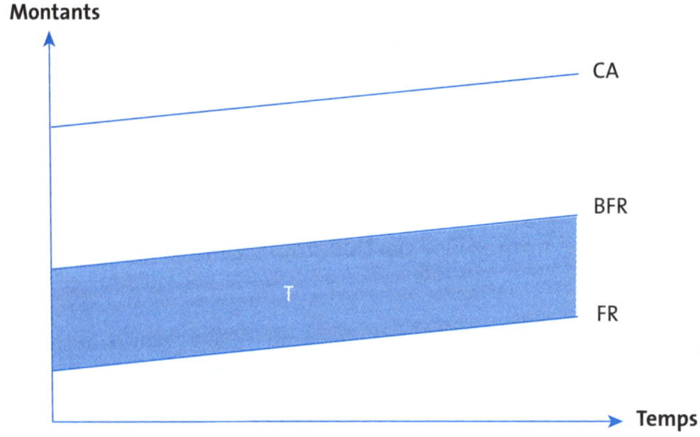

Figure 5.10 – BFR et FR augmentent au même taux

Dans la figure ci-dessous, les concours bancaires correspondent à l'aire bleue comprise entre le besoin en fonds de roulement et le fonds de roulement.

L'augmentation du fonds de roulement est parallèle à celle du besoin en fonds de roulement ; de ce fait, les utilisations de concours bancaires à court terme restent stables dans le temps. Cette évolution traduit un contexte favorable car il signifie que l'entreprise maîtrise les variables du besoin en fonds de roulement qu'elle fait évoluer parallèlement à celles du chiffre d'affaires ; par ailleurs, l'augmentation du fonds de roulement traduit l'aptitude de l'entreprise à dégager un autofinancement suffisant pour faire face à ses besoins.

Cas de la croissance non contrôlée

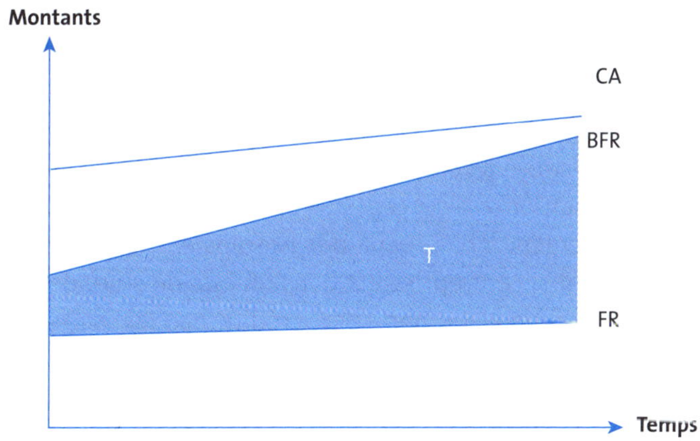

Figure 5.11 – Le BFR augmente plus rapidement que le FR

L'entreprise ne maîtrise pas les composantes du besoin en fonds de roulement qui connaît une progression plus forte que le fonds de roulement. De ce fait, l'utilisation de concours bancaires à court terme ne fait que croître renforçant la situation de dépendance. Cette évolution est grave de difficultés futures en conduisant l'entreprise au surendettement générateur de frais financiers. Le risque est dans un retournement de la position des banques qui peuvent légitimement être inquiètes pour leur engagement de plus en plus lourd dans le financement de la croissance de l'entreprise. Cette situation de dépendance peut d'ailleurs rapidement tourner à la catastrophe, si l'entreprise connaît un événement fâcheux dans son activité se traduisant par un gonflement intempestif de ses besoins en fonds de roulement.

Comme le montrent les trois figures précédentes, ce type de représentation graphique présente une vertu démonstrative certaine mettant en exergue les principaux facteurs d'évolution de l'équilibre financier.

- **Niveau de fonds de roulement nécessaire**

Pour financer le besoin permanent induit par le décalage entre les flux de décaissement et d'encaissement du cycle d'exploitation, l'entreprise recourt à des financements stables (le fonds de roulement) et à des crédits bancaires à court terme. Le financement d'un besoin permanent par des ressources instables induit une distorsion qui peut être la source d'éventuels dérèglements financiers si les banques de l'entreprise décident de réduire ou de limiter leurs engagements. On comprend en quoi le fonds de roulement assure à l'entreprise une sécurité dans son fonctionnement financier quotidien.

Le niveau de fonds de roulement est naturellement dépendant de la nature de l'activité de l'entreprise et proportionnel au poids du besoin en fonds de roulement dans le chiffre d'affaires. Au demeurant, l'analyse des entreprises en difficulté révèle que les tensions sur la trésorerie sont fortes dès que le ratio de couverture du besoin en fonds de roulement par le fonds de roulement passe en dessous de 50 %.

Le fonds de roulement assure à l'entreprise une sécurité de fonctionnement, surtout quand le cycle d'exploitation est susceptible de connaître des à-coups brutaux, se traduisant par un gonflement momentané des besoins en fonds de roulement. Dans cette situation, et surtout si l'entreprise est dans un état de surendettement, il y a un risque évident de non-renouvellement des crédits bancaires à court terme. Par ailleurs, il convient de tenir compte d'un risque potentiel mais réel de rationnement des crédits qui se manifeste par une réduction de l'ensemble des concours bancaires accordés aux entreprises.

Dans certains cas cependant, l'information fournie par le calcul du fonds de roulement doit être interprétée pour analyser avec discernement l'équilibre financier.

Deux situations particulières méritent attention :

1. la distinction entre l'actif immobilisé et l'actif circulant perd de sa signification quand les immobilisations se renouvellent rapidement (ex. : le parc de véhicules d'une entreprise de location de voitures est immobilisé, bien qu'il soit renouvelé pratiquement tous les six mois) ;
2. le montant du fonds de roulement ne constitue pas une information suffisante si l'on ne prend pas en compte, concomitamment, son mode de financement, c'est-à-dire la répartition des ressources stables entre les capitaux propres et la dette financière. On ne saurait considérer que l'équilibre financier est satisfaisant lorsque l'entreprise dispose d'un fonds de roulement important assuré majoritairement par de la dette constitutive d'une situation de surendettement.

2 • NÉCESSAIRE ÉLARGISSEMENT DE LA NOTION DE TRÉSORERIE BILANCIELLE

L'appréciation de l'équilibre financier à l'aide du taux de couverture des besoins en fonds de roulement n'est pas toujours pertinente. Il suffit de penser à la situation d'une entreprise qui aurait un fonds de roulement négatif mais disposerait cependant d'un montant conséquent de liquidités. L'utilisation du taux de couverture comme indicateur d'analyse peut alors s'avérer délicate. De même, la pertinence du rapprochement du fonds de roulement et du besoin en fonds de roulement est fortement dépendante des dates d'arrêtés du bilan. Cette remarque est particulièrement vraie pour l'analyse des structures financières des entreprises connaissant une saisonnalité marquée dans leur activité :

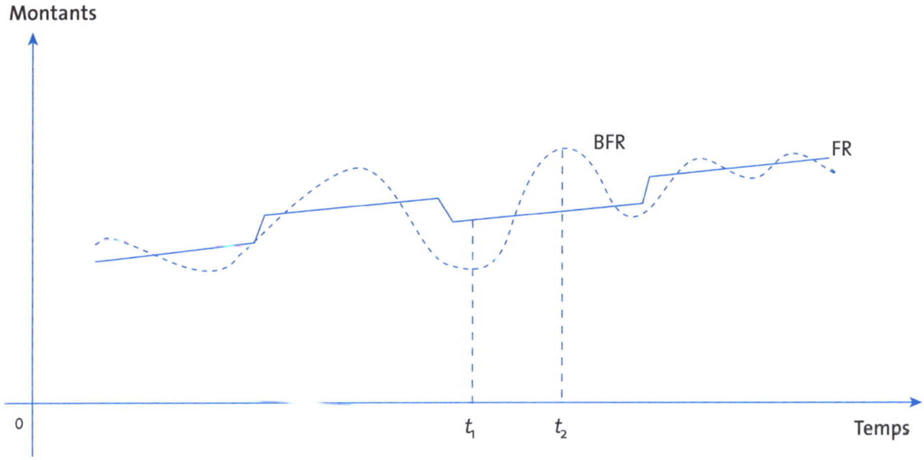

Figure 5.12 – Saisonnalité du besoin en fonds de roulement

Une clôture du bilan en *t*1 ferait apparaître une trésorerie positive (FR > BFR) alors que l'arrêté des comptes en *t*2 révélerait une situation financière inverse (BFR > FR). Cette illustration montre la prudence qu'il convient de manifester lorsqu'on fait l'analyse financière d'une entreprise dont l'activité est saisonnière. Dans cette situation, l'idéal est de disposer d'une situation comptable intermédiaire qui fournit l'image comptable complémentaire à la représentation issue du bilan. Par ailleurs, le calcul de la trésorerie à partir du bilan ne donne pas toujours une idée exacte de la situation de trésorerie de l'entreprise ; notamment, l'entreprise peut disposer de ressources potentielles mobilisables immédiatement, qui confèrent une marge de manœuvre que l'analyste financier doit intégrer dans son jugement.

Cette idée conduit à élargir les paramètres de mesure de la trésorerie tirés du bilan (concours bancaires de fonctionnement-liquidités), en y incluant les financements rapidement mobilisables. Cet élargissement de la trésorerie se fera dans deux directions :

1. en direction des réserves de crédit dont dispose l'entreprise : effets escomptables non encore escomptés, crédits mobilisables de trésorerie non utilisés (différence entre le plafond autorisé par les banques et le montant des utilisations actuelles), lignes de crédits confirmés (lignes RCF (Revolving Credit Facility)), crédit fournisseurs non utilisé (notamment si, jusqu'alors, l'entreprise a pratiqué le règlement comptant de ses fournisseurs) ;
2. en direction des « placements spéculatifs » que l'entreprise a pu effectuer dans les actifs d'exploitation par emploi des liquidités disponibles. Ex. : sur-stockage de matières premières réalisé pour se prémunir contre une hausse prochaine des cours.

SECTION 2 ANALYSE DE LA SOLVABILITÉ

L'analyse répond à la préoccupation du prêteur qui est soucieux de s'assurer que les crédits accordés à l'entreprise seront remboursés. Cette approche renvoie directement à la notion de solvabilité définie comme l'aptitude de l'entreprise à faire face à ses engagements. La solvabilité dépend de l'importance des engagements supportés par l'entreprise, c'est-à-dire des dettes contractées. L'évaluation de la solvabilité conduit donc à analyser la contribution respective des capitaux propres et des dettes financières au financement de l'actif économique. Sachant que cet éclairage est complété par la prise en compte de la capacité de remboursement dégagée par l'exploitation.

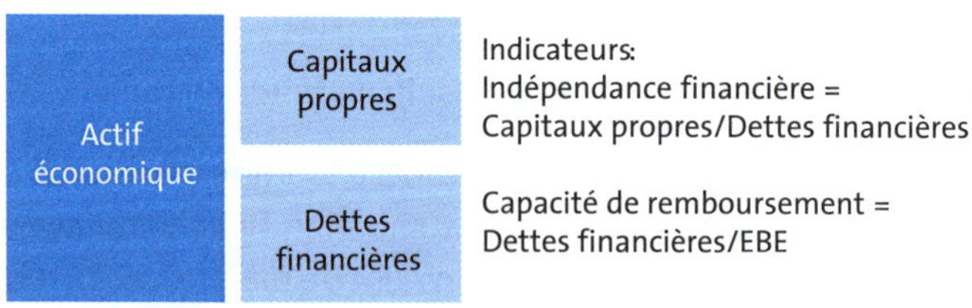

Figure 5.13 – Analyse de la solvabilité

Deux remarques liminaires méritent d'être formulées s'agissant respectivement du rôle des capitaux propres et de l'appréciation du montant d'endettement supportable.

Le stock de capitaux propres dont dispose une entreprise contribue à définir son degré d'indépendance financière. S'il n'est pas aisé de définir, dans l'absolu, le montant des capitaux propres dont doit disposer une entreprise, on peut affirmer cependant que le stock de capitaux propres doit s'accorder avec la stratégie de l'entreprise (une entreprise en phase de croissance nécessite de renforcer régulièrement ses capitaux propres), et aussi avec les caractéristiques de son environnement (une entreprise évoluant dans un secteur vulnérable et se trouvant dans une situation de dépendance marquée à l'égard de ses clients, se doit de compenser ce niveau de risque élevé en se dotant d'une structure financière au sein de laquelle les capitaux propres occupent une place prépondérante).

L'appréciation du montant d'endettement supportable doit s'appuyer sur deux constats :

- la recherche d'une structure financière équilibrée est une exigence forte pour le dirigeant soucieux de conserver la confiance de ses bailleurs de fonds (institutions financières, marché financier). C'est au prêteur à qui revient le dernier mot en cas de difficulté de trésorerie. L'endettement est supportable pour une entreprise tant que les prêteurs sont disposés à l'accroître et l'appréciation de la frontière est fondamentalement liée à la capacité estimée du débiteur à faire face à ses engagements. De ce fait, il convient d'intégrer, dans l'analyse de la structure financière, les principes qui régissent l'octroi de crédit par les institutions financières. À cet égard la crise financière déclenchée par l'éclatement de la bulle des prêts hypothécaires subprimes en août 2007 a débouché sur des réformes réglementaires se traduisant par un renforcement des règles prudentielles gouvernant la distribution du crédit bancaire aux entreprises. Au demeurant, les PME ont bénéficié d'un traitement spécifique lors de la transposition du régime Bâle III en 2014. Le régime Bâle II institué en 2004 avait consacré le principe d'exigences de fonds propres des banques déterminées en fonction du risque généré par les entreprises sollicitant un crédit. Le risque généré par les entreprises est mesuré par des agences de notation ou par des modèles de notation internes propres aux banques ayant fait l'objet d'une validation par le superviseur. En France, la Banque de France qui possède le statut d'agence de notation externe attribue une note aux entreprises réalisant un chiffre d'affaires supérieur à 750 000 €. La transition vers le régime réglementaire Bâle III s'est traduite par une hausse des exigences en fonds propres des banques qui a pour contrepartie l'obligation que l'endettement des entreprises qui sollicitent un crédit respecte des plafonds déterminés à partir des indicateurs de résultats ou de structure financière ;
- en complément des principes qui régissent l'octroi de crédit par les institutions financières, il est nécessaire d'introduire les caractéristiques de la profitabilité dans l'appréciation du niveau d'endettement. Un stock d'endettement deviendra d'autant moins supportable que l'entreprise connaîtra une baisse de ses résultats. À l'inverse une entreprise pourra d'autant plus facilement maîtriser les effets d'un endettement élevé qu'elle disposera d'une bonne visibilité et d'une stabilité de ses résultats.

1 • NIVEAU D'ENDETTEMENT SUPPORTABLE

L'analyse de l'endettement repose sur plusieurs étapes qui conduisent dans un premier temps à s'assurer que le montant de l'endettement est en adéquation avec la capacité de remboursement de l'entreprise et le montant de ses capitaux propres. Puis il convient de vérifier que l'entreprise possède la flexibilité financière qui lui permettra de saisir les opportunités qui se présentent sur ses marchés. Enfin l'adaptation de la durée des ressources financières aux caractéristiques de l'actif doit être analysée.

• Éclairage de la capacité de remboursement

La question est de savoir si l'entreprise est surendettée. Pour répondre à cette préoccupation, il est utile de recourir à des approches complémentaires, les unes privilégiant l'appréhension du stock d'endettement financier comparativement à sa profitabilité, les autres s'appuyant sur les modalités de couverture des frais financiers. Les indicateurs présentés ci-après permettent de porter un jugement rapide et synthétique sur le niveau d'endettement financier supporté par l'entreprise. Les indicateurs utilisés sont généralement présents dans les conventions de crédit qui ont pour objet de permettre aux banques d'exercer un contrôle sur l'endettement des entreprises qu'elles financent. Les indicateurs les plus couramment utilisés sont : le ratio de levier (dette financière sur EBE) ; le ratio de couverture du service de la dette par le flux de trésorerie disponible et le ratio de couverture des frais financiers par le résultat d'exploitation.

Le ratio de levier (dette financière sur EBE) permet d'introduire une mesure de l'importance relative de l'endettement. Depuis quelques années, le plafond d'endettement s'apprécie principalement à partir de l'EBE qui mesure le surplus monétaire dégagé par l'exploitation. La pratique s'accorde pour apprécier la capacité d'endettement d'une entreprise à partir du ratio dette financière nette (dette financière brute diminuée des liquidités)/ excédent brut d'exploitation, sachant que le dénominateur exprime la capacité de remboursement. L'idée de base est de s'assurer que les échéances de la dette soient couvertes par des flux générés par l'exploitation. Dans cette perspective, il est souvent retenu un multiple de trois fois l'EBE pour définir le plafond de l'endettement global. Le plafond ainsi défini constitue d'ailleurs souvent la limite contractuelle de l'endettement retenue dans les montages LBO. Ce plafond arrêté lors de la mise en place des financements intègre une dynamique temporelle qui se traduit par une dégressivité dans le temps (ex. : plafond de 3 durant les deux premières années puis de 2,5 durant les deux années suivantes puis de 2 au-delà). Cette dégressivité traduit une contrainte de désendettement par rapport à la situation de départ. Il convient de noter que le plafond de trois fois l'EBE peut être aménagé en fonction de la maturité de la dette. Ainsi pour une ETI dont la dette financière comprendrait une part significative de dette *in fine*, le multiple pourrait être augmenté d'un demi-point.

Le plafond de 3 trouve une correspondance dans les ratios publiés par les agences de notation concernant les entreprises de taille réduite notées « BBB » et « BB ». Rappelons que les agences attribuent une note qui se situe dans une classification qui va de AAA (meilleure qualité) à D (situation de défaillance financière). La notation repose sur une échelle normalisée. L'échelle de notation permet de rattacher les entreprises à deux grandes catégories de risque selon que les entreprises vont être classées dans la catégorie « investissement » (notes allant de AAA à BBB) ou dans la catégorie « spéculative » (notes allant de BB à D). La frontière séparant les catégories « investissement » et « spéculative » fournit une référence utile pour l'appréciation de la structure financière d'une entreprise.

Tableau 5.1 – Système de notation de Standard and Poor's

	Échelle de lettre	Équivalent en note sur 20	Signification
Catégorie Investissement	AAA	20	Solvabilité extrêmement forte
	AA	17 à 19	Très forte solvabilité
	A	14 à 16	Forte solvabilité
	BBB	11 à 13	Sensibilité de la solvabilité aux conditions économiques
Catégorie Spéculative	BB	8 à 10	Solvabilité incertaine en cas de conditions économiques défavorables
	B	5 à 7	Vulnérabilité plus forte que la note précédente
	CCC	5 à 4	Solvabilité très douteuse
	CC	1	Solvabilité extrêmement douteuse et précaire
	D	0	Défaut de paiement

La note « BBB » correspond à la limite basse de la catégorie « investissement » et traduit une solvabilité de l'entreprise sensible aux conditions économiques alors que la note « BB » correspond à la limite haute de la catégorie « spéculative » et traduit une solvabilité incertaine en cas de conditions économiques défavorables.

Pour ces deux notes les niveaux indiqués par les agences de notation se situent dans les fourchettes suivantes :

- BBB (Investissement) : 2,5 à 3,5 ;
- BB (Spéculative) : 3,5 à 4,5.

Les fourchettes indiquées ci-dessus correspondent à des entreprises présentant une volatilité se situant dans la médiane. À titre informatif les plafonds sont augmentés d'un point pour les entreprises présentant une faible volatilité. Le plafond d'endettement peut aussi être analysé à partir de la CAF. Exprimées à partir du ratio CAF/ Dette financière nette. Les limites fixées à l'endettement sont les suivantes :

- BBB (investissement) : 25 % à 35 % ;
- BB (spéculative) : 15 % à 25 %.

En retenant la référence de la note BBB la CAF doit représenter au moins 30 % de l'endettement ; ce qui correspond à un plafond d'endettement représentant 3,3 × CAF.

Le ratio de couverture du service de la dette (DSCR en anglais, pour *Debt Service Cover Ratio*) complète le ratio de levier précédent en contraignant le recours à la dette à la nécessité de couvrir le service de la dette (charges d'intérêt et remboursement du capital) par le flux de trésorerie disponible qui résulte de la conversion de l'EBE en génération de trésorerie. Ce dernier indicateur mesure le flux de trésorerie réellement dégagé par l'entreprise après financement de sa croissance et paiement de l'impôt. L'indicateur est calculé à partir de l'excédent brut d'exploitation diminué de l'impôt sur les sociétés, des variations du besoin en fonds de roulement et des flux d'investissements. Sachant que le solde doit couvrir les échéances (capital et intérêt) de la dette financière.

Le ratio DSCR se prête à une double utilisation selon que l'on adopte une approche statique ou dynamique. En statique, le ratio peut être apprécié selon le mode de calcul précédent qui ne prend pas en compte l'incidence des investissements corporels. Dans cette optique le service de la dette est couvert par un flux issu de la seule exploitation. Le respect de cette contrainte permet de s'assurer que le service de la dette est couvert par la trésorerie dégagée par l'exploitation sans devoir recourir à une ressource financière extérieure, à de la dette financière en l'occurrence. Une approche complémentaire qui s'inscrit dans une perspective dynamique conduit à raisonner en tenant compte, dans la formule de calcul, du financement des investissements corporels. Cette prise en compte qui assouplit la contrainte précédente a cependant pour contrepartie la prise en compte d'une diminution dans le temps du multiple appliqué à l'EBE afin d'imposer une exigence de désendettement. Le ratio de couverture du service de la dette doit normalement être supérieur à 1,1 ou 1,2 sachant que cette limite définit un plafond complémentaire au plafond calculé à partir de l'EBE.

Il convient de souligner que l'entreprise doit respecter simultanément les limites précédentes (endettement inférieur à 3 × EBE et service de la dette couvert par l'aptitude de l'entreprise à générer de la trésorerie).

Mode de calcul du flux de trésorerie disponible pour la couverture du service de la dette :

1. Calcul des flux de trésorerie opérationnels
   EBITDA/EBE
   – Impôt sur les Sociétés
   – Variation de BFR
   = Flux de trésorerie opérationnelle

2. Calcul des flux de trésorerie d'investissement/ CAPEX

   – Investissements corporels

   – Investissements incorporels (ex : production immobilisée, brevets, licences)

   + cession d'immobilisations corporelles

   + cession d'immobilisations incorporelles

   = Flux de trésorerie d'investissement/ CAPEX

3. Calcul des Flux de trésorerie disponibles/ free cash-flow

   = Flux de trésorerie opérationnels – Flux de trésorerie d'investissement

   = Flux de trésorerie disponible/ free cash-flow

4. Flux de trésorerie disponibles pour le remboursement de la dette

   = Flux de trésorerie disponible/ free cash-flow

   – Remboursement annuel des dettes

   – Intérêts annuels de dettes

   = Solde positif

Le ratio de couverture des frais financiers par le résultat d'exploitation, dans le même esprit que l'indicateur précédent, est aussi appréhendé à partir du ratio de couverture des frais financiers par le résultat d'exploitation (ICR en anglais, pour *Interest Coverage Ratio*). Un ratio inférieur à 4 est généralement retenu comme la traduction d'un niveau d'endettement critique. Les frais financiers correspondent aux charges d'intérêt, hors dotations et pertes de change.

Dans l'appréciation des indicateurs précédents, il est nécessaire de prendre en compte la volatilité de l'excédent brut d'exploitation qui conduit à de fortes fluctuations des ratios calculés à partir de l'EBE (tableau 5.2).

Tableau 5.2 – Sensibilité de la contribution de l'EBE à la couverture du service de la dette en cas de baisse du chiffre d'affaires

Année N		Année N + 1	
		Baisse du CA de 10 %	Baisse du CA de 15 %
Chiffre d'affaires	100	90	85
Achats + TSFE	60	54	51
Valeur ajoutée	40	36	34
Salaires	25	25	25
Impôts	5	5	5
EBE	10	6	4
Frais financiers + capital	5	5	5
EBE/ service de la dette	2	1,2	0,8

Pour remédier à l'inconvénient qu'induit la volatilité de l'excédent brut il est recommandé de retenir un excédent brut moyen calculé sur plusieurs exercices. S'agissant des entreprises qui évoluent dans des secteurs cycliques, les ratios doivent être appréciés sur un cycle d'activité. Cette mise en perspective signifie que les indicateurs de résultats doivent être calculés à partir des données représentatives de la totalité d'un cycle d'activité afin de corriger l'incidence des points hauts et bas du cycle.

• Éclairage du niveau des capitaux propres

En complément d'un plafond d'endettement apprécié à partir de l'EBE, les règles prudentielles qui régissent le crédit bancaire tiennent aussi souvent compte du montant des capitaux propres de l'entreprise. Dans ce cadre, il est recommandé que l'endettement soit inférieur aux capitaux propres. Là encore, ce plafond constitue souvent la limite contractuelle de l'endettement des montages LBO.

Concernant le poids des capitaux propres dans les ressources de l'entreprise, les ratios médians dette financière/ actif économique des entreprises notées BBB et BB font ressortir un ratio voisin de 0,5 pour les entreprises BBB et un ratio voisin de 0,6 pour les entreprises BB. Exprimés sous la forme du ratio dette financière/ capitaux propres les niveaux médians sont respectivement de 1 pour les entreprises BBB et de 1,5 pour les entreprises BB.

Le tableau suivant établi à partir des données publiées par la Banque de France pour 2022 fournit un éclairage empirique utile : le ratio médian rapportant la dette financière aux capitaux propres évolue dans une fourchette comprise entre 0,28 (secteur information et communication) et 0,93 (secteur hôtellerie et restauration). Au demeurant, un quart des entreprises supporte un endettement compris entre 0,91 (secteur information et communication) et 2,32 (secteur hôtellerie et restauration) du montant des capitaux propres.

Tableau 5.3 – Endettement des entreprises françaises

	Dette financière / Capitaux propres	
Secteurs	Médiane	3e quartile
Industrie manufacturière	0,43	1,01
Construction	0,42	1,00
Commerce	0,44	1,15
Transports et entreposage	0,74	1,80
Hébergement et restauration	0,93	2,32
Information et communication	0,28	0,91
Activités spéciales, scientifiques et techniques	0,31	0,83

Fascicules sectoriels Banque de France 2022

• Cas spécifique des concours bancaires à court terme

L'analyse du volume des concours bancaires à court terme utilisés par l'entreprise nécessite de distinguer les financements bancaires assis sur des actifs (escompte, affacturage) des financements destinés à couvrir des décalages temporaires de trésorerie (facilité de caisse, découvert). Nous limiterons l'analyse à la première catégorie de financement.

Dans l'escompte la banque finance l'entreprise en s'appuyant sur le crédit commercial que cette dernière accorde à ses clients. L'affacturage se démarque de l'escompte en adjoignant au financement de la créance cédée des services complémentaires (recouvrement et assurance contre les impayés). Si l'ensemble des risques liés à la créance sont transférés à l'établissement d'affacturage, la déconsolidation comptable de l'opération intervient. Le caractère déconsolidant de l'affacturage a pour conséquence de diminuer les montants des créances clients et d'augmenter simultanément le montant des liquidités. Sur le plan de l'analyse financière ces mouvements se traduisent par une baisse des besoins en fonds de roulement et une amélioration de la solvabilité mesurée par le niveau de levier (DFN/EBE) et le ratio d'indépendance financière (DFN/ capitaux propres) en raison de la diminution de la dette financière nette.

Le caractère renouvelable des composantes du besoin en fonds de roulement justifie d'utiliser des financements bancaires revolving. Au demeurant, ce mode de financement présente des limites tenant à l'importance de son utilisation. En effet, le risque d'un financement intense du besoin en fonds de roulement par des cessions de créances réside dans l'éventualité d'une impossibilité temporaire ou durable pour l'entreprise de recourir à ces financements faute de disposer des créances à céder. Cette éventualité correspond à la survenance d'une baisse d'activité brutale et non anticipée qui se traduit par une augmentation des stocks concomitante à une réduction de l'en-cours client. Dans cette situation (substitution de stocks à des créances clients) l'entreprise se trouve à devoir couvrir un besoin financier sans nécessairement disposer d'un actif pouvant être donné en garantie aux banques. C'est pourquoi, en raison du risque de crise de trésorerie que fait peser le recours aux crédits bancaires à court terme, il est risqué de financer un besoin permanent par un financement assis sur les créances commerciales même si ce dernier présente un caractère revolving.

Le développement précédent suggère que l'appréciation portant sur le volume des concours bancaires à court terme utilisés doit être réalisée en rapprochant le montant moyen de l'en-cours client du montant du besoin en fonds de roulement. Le montant des créances clients éclaire sur le potentiel de financement pouvant être mobilisé dans le cadre de cession de créances. Le montant du besoin en fonds de roulement indique l'enveloppe du besoin de trésorerie à couvrir sachant que pour des raisons de maîtrise du risque une part significative du besoin doit être couverte par le fonds de roulement qui présente un caractère structurant en raison de sa corrélation statistique observée avec l'intensité des capitaux immobilisés dans le cycle d'exploitation. L'augmentation du taux de couverture accompagne mécaniquement l'élévation de l'intensité des besoins en fonds de roulement (BFR/CA). En effet, à durée de crédit client donnée, le taux de couverture des besoins par le fonds de roulement doit être d'autant plus élevé (ou le taux de financement des besoins en fonds de roulement par des concours bancaires à court terme d'autant plus bas) que l'intensité des besoins en fonds de roulement est forte. Cela en raison de la nécessité de disposer d'une réserve de créances clients mobilisable comme marge de sécurité.

Nous avons précédemment indiqué qu'une couverture de moins de la moitié du besoin en fonds de roulement par le fonds de roulement était généralement associée à une situation de tension sur la trésorerie caractéristique d'une forte dépendance à l'égard des banques. Dans ces conditions, il paraît prudent de disposer d'un fonds de roulement normatif assurant le financement de 70 à 80 % du besoin en fonds de roulement, ce qui signifie des concours bancaires à court terme finançant dans une proportion de 20 à 30 % le besoin en fonds de roulement.

EXEMPLE

Dans la situation d'une entreprise industrielle présentant les caractéristiques médianes du secteur (à savoir un besoin en fonds de roulement de 47 jours de chiffre d'affaires et un en-cours clients de 52 jours de chiffre d'affaires), les concours bancaires à court terme devraient se situer dans une fourchette comprise entre 9 jours (47 × 0,2 = 9,4 j arrondis à 9 jours) et 14 jours (47 × 0,3 = 14,1 j arrondis à 14 jours). Dans la situation d'une entreprise de construction présentant les caractéristiques médianes du secteur (à savoir un besoin en fonds de roulement de 26 jours de chiffre d'affaires et un encours clients de 61 jours de chiffre d'affaires) les concours bancaires à court terme devraient se situer dans une fourchette comprise entre 5 jours (26 × 0,2 = 5,2 j arrondis à 5 jours) et 8 jours (26 × 0,3 = 7,8 j arrondis à 8 jours). Au demeurant cette prescription normative doit être adaptée en fonction de l'intensité des capitaux immobilisés dans le cycle d'exploitation.

Ces considérations conduisent à considérer que le niveau de 60 % de l'en-cours client (y compris les effets escomptés et non échus et les créances mobilisées), qui est souvent indiqué comme constitutif d'un plafond dans l'utilisation des concours bancaires à court terme, traduit un fonds de roulement insuffisant et une situation de tension sur la trésorerie caractéristique d'une forte dépendance à l'égard des banques. Dans ces conditions, pour que l'entreprise dispose d'une réserve de financement disponible en cas de besoin, le niveau normatif d'utilisation des concours bancaires doit se situer sensiblement en dessous du plafond de 60 %, une utilisation de concours bancaires à court terme évoluant dans une fourchette de 40 à 45 % pouvant être retenue.

Enfin, il convient de tenir compte du respect du plafond de l'endettement (ex. : trois fois l'EBE) ainsi que du principe de couverture des frais financiers par la trésorerie disponible générée sur l'exercice qui constituent tous deux une limite complémentaire dans l'utilisation des concours bancaires pour le financement du besoin en fonds de roulement.

2 • EXISTENCE D'UNE FLEXIBILITÉ FINANCIÈRE

L'aptitude d'une entreprise à saisir des opportunités stratégiques est nécessairement conditionnée par sa capacité à mobiliser des ressources financières. Les ressources financières qu'une entreprise peut réunir peuvent avoir une origine interne (liquidités ou produits de cession d'actif) ou externe (levée de capitaux propres et recours à la dette financière).

Pour se développer, l'entreprise doit accroître sa capacité de production (bâtiments, matériels...) et donc investir. Le maintien du fonds de roulement nécessite qu'elle finance ses investissements par de la dette financière à terme (prêts à long terme, crédits à moyen terme...). L'analyste financier doit donc s'assurer que l'entreprise dispose d'une flexibilité financière qui lui permettra de se procurer les financements nécessaires auprès des banques au risque d'être bloquée dans son développement.

L'évaluation de la capacité financière à saisir des opportunités stratégiques (développement d'un projet ou acquisition d'une entreprise) conduit à analyser la marge de manœuvre dont l'entreprise dispose pour mobiliser des ressources financières. L'appréciation de cette marge de manœuvre traduisant la flexibilité financière, conduit à estimer la capacité d'endettement non utilisée ainsi que les réserves de trésorerie mobilisables par prélèvement sur les liquidités ou potentiellement disponibles par cession d'actifs. Ce travail d'appréciation de la flexibilité financière nécessite une bonne intelligence du contexte et de l'environnement dans lequel l'entreprise évolue. Ainsi, s'agissant de la mesure de la capacité d'endettement disponible, l'approche ne saurait être trop mécanique se limitant au respect de principes d'orthodoxie en vigueur dans le monde bancaire. En effet, des dimensions immatérielles (la notoriété, l'image, le crédit de confiance dont dispose l'entreprise...) sont susceptibles d'influencer favorablement les relations d'interdépendance entre les acteurs concernés et de contribuer, par la réduction de l'influence des contraintes, à la réussite d'une levée de fonds ambitieuse.

Les développements précédents montrent que la mesure de la flexibilité financière nécessite une analyse préalable des interrelations qui s'établissent entre la stratégie, la structure financière et la performance économique de l'entreprise. La volonté de disposer d'une marge de manœuvre financière garantissant la réactivité, est certainement une des explications au faible niveau d'endettement observé chez les entreprises dynamiques dans les années précédant la réalisation d'un investissement de croissance. L'observation du comportement financier de ces entreprises révèle l'adoption d'un taux d'endettement modéré afin de disposer de la flexibilité financière qui permettra de saisir, le moment venu, les opportunités d'investissement.

3 • INFLUENCE DE LA NATURE DES ACTIFS FINANCÉS

L'observation des structures financières des entreprises dont les composantes immatérielles occupent un poids significatif au sein de leur actif, montre que ces entreprises ont tendance à recourir modérément à la dette. Cette observation met en évidence l'adaptation des structures d'endettement des entreprises aux caractéristiques de leur actif économique. Ainsi, les compagnies aériennes ont un niveau d'endettement généralement élevé à l'inverse des agences de communication ou des entreprises pharmaceutiques qui présentent une structure financière au sein de laquelle la part des capitaux propres est largement prépondérante.

Le recours plus ou moins intensif à la dette est dicté par la nature des actifs, notamment leur caractère matériel ou immatériel, et plus fondamentalement leur aptitude à pouvoir être redéployé sur le marché secondaire. Ainsi l'aptitude que présentent les avions à pouvoir être valorisés sur le marché d'occasion n'est pas étrangère à leur financement prépondérant par de la dette. De même, le recours aux capitaux propres par les entreprises de haute technologie s'explique par la nature largement immatérielle de leur actif qui, interdisant toute prise de garantie gagée sur l'actif, contribue à l'élévation du risque des prêteurs. Enfin, les entreprises qui utilisent la croissance externe recourent aux capitaux propres pour financer leurs acquisitions d'entreprises en raison de la réticence que manifestent les banques pour financer un actif dont la fragilité de la valeur ne constitue pas une garantie satisfaisante.

Ces exemples montrent que les coûts de faillite supportés par les prêteurs sont fortement corrélés à l'aptitude des actifs à pouvoir être valorisés sur le marché secondaire dans l'hypothèse d'une défaillance de l'entreprise. L'analyse financière doit intégrer ce point et s'assurer d'une adéquation entre les caractéristiques des actifs (notamment leur redéployabilité inversement proportionnelle à leur degré d'immatérialité et de spécificité) et celles des ressources externes qui en assurent le financement.

FOCUS

Mesure de la génération de trésorerie

Le développement de la théorie financière conjugué à la place centrale occupée par la notion de trésorerie disponible au sein des approches d'évaluation financière, explique l'intérêt désormais porté à la mesure de la génération de trésorerie dans les outils et méthodes de l'analyse financière. Ainsi, les notions d'autofinancement disponible et de rentabilité corrigée de la trésorerie générée sont utilisées en complément des indicateurs traditionnels de capacité d'autofinancement et de rentabilité. Cela pour être cohérent avec les indicateurs utilisés pour calculer la valeur des actifs de l'entreprise et de ses capitaux propres. Dans cette perspective la notion de flux de trésorerie disponible et l'indicateur de génération de trésorerie constituent deux outils venant compléter l'éclairage des indicateurs traditionnels.

La notion de flux de trésorerie disponible

Le flux de trésorerie disponible (free cash flow en anglais) est la différence entre l'excédent brut d'exploitation diminué de l'impôt sur les sociétés et la somme de la variation des besoins en fonds de roulement et des investissements. Le solde correspond donc au flux de liquidités générées par l'exploitation nette d'impôt après financement de l'investissement de reconstitution et de la variation du besoin en fonds de roulement. Cet indicateur constitue le flux de trésorerie réellement dégagé par l'entreprise après financement de sa croissance et paiement de l'impôt.

L'expérience de l'analyse du risque de crédit montre que le flux de trésorerie disponible est un indicateur particulièrement pertinent pour l'analyse de la situation financière des entreprises supportant un endettement élevé.

L'indicateur de génération de trésorerie

Pour prendre en compte la capacité de l'entreprise à générer de la trésorerie l'analyse de la rentabilité économique, dont le mode de calcul repose sur un flux de résultat, doit être complétée d'une analyse du mécanisme de transformation des marges en trésorerie. Pour ce faire, il est calculé un indicateur de génération de trésorerie en substituant au résultat d'exploitation le flux de trésorerie disponible obtenu en retranchant du résultat d'exploitation le réinvestissement net en immobilisation et besoins en fonds de roulement.

Séquence de calcul du flux de trésorerie disponible à partir de l'EBE :

EBE
– Impôt
– Variation du BFR
– Investissements
= Flux de trésorerie disponible

REX
– Impôt
+ Dotation aux amortissements
– Variation du BFR
– Investissements
= Flux de trésorerie disponible

$$\text{Indicateur de génération de trésorerie} = \frac{FTD}{AE}$$

avec FTD = Flux de trésorerie disponible
AE = Actif économique

La décomposition de l'indicateur éclaire sur le passage de la rentabilité économique à la génération de trésorerie en mettant en évidence un ratio de transformation du résultat en trésorerie.

$$\frac{FTD}{AE} = \frac{FTD}{REX} \times \frac{REX}{AE}$$

Indicateur de transformation du résultat en trésorerie

Rentabilité économique

L'ESSENTIEL

L'analyse de la structure financière permet d'appréhender les risques potentiels résultant d'un déséquilibre entre ses composantes. L'étude du mode de financement des besoins en fonds de roulement par les ressources stables fournit une indication essentielle sur le niveau de dépendance de l'entreprise à l'égard des banques. Cet éclairage est utilement complété par l'analyse de la solvabilité qui traduit l'aptitude de l'entreprise à faire face à ses engagements. Tout en sachant que l'évaluation de la structure financière souvent formulée par référence à des normes est fortement empreinte de contingence.

MISES EN PRATIQUE

QCM

Retrouvez un QCM d'entraînement en flashant ce QR code.

dunod.link/thv2h92

APPLICATION 1 ECOPLAST

L'énoncé du cas EcoPlast se trouve dans la Partie 3.

• Analyser la structure financière de l'entreprise.

Tableau 5.4 – Évolution des indicateurs fonctionnels

Indicateurs (en K€)

	N	N – 1	N – 2
Fonds de roulement	2 199	1 737	1 231
Besoins en fonds de roulement	2 935	3 160	2 934
Trésorerie nette	736	– 1 423	– 1 703
Actif immobilisé net	3 971	4 342	4 082
Besoins en fonds de roulement	2 935	3 160	2 934
Actif économique	6 906	7 502	7 016
Capitaux propres (y compris comptes courants)	4 335	3 371	2 380
Dette financière nette	2 571	4 131	4 636
FR/BFR	0,75	0,55	0,42
Dette financière nette/ capitaux propres	0,59	0,76	1,95
Dette financière nette/ EBE	0,76	1,32	2,23

Constats :

- rappel : chiffre d'affaires en croissance ;
- besoins en fonds de roulement stables ;
- fonds de roulement en augmentation ;
- trésorerie passif (concours bancaires à court terme) en baisse.

Les ratios suivants seront notamment utilisés.

Tableau 5.5 – Évolution des indicateurs de structure financière

			N	N – 1	N – 2
Capitaux propres					
Poids des capitaux propres	%	Capitaux propres / total du bilan = (4 139 + 197) / 11 719	37,0 %	27,4 %	23,3 %
Poids des capitaux propres	%	Capitaux propres / Actif économique dont Actif économique = AI + BFR = (4 139 + 197) / (3 972 + 2 935)	62,8 %	44,9 %	33,9 %
Endettement					
Indépendance financière		Dettes financières nettes / Capitaux propres Dettes fin nettes = Dettes fin LMT + Tréso passif – Tréso actif = ((1 835 + 772) – 36) / (4 139 + 197)	0,59	1,23	1,95
Levier	an	Dettes financières nettes / EBE = (1 835 + 772) / 3 375	0,76	1,32	2,23
Couverture du service de la dette	N	Free cash flow/ (Remboursement+Intérêts) (EBE – IS – Δ BFR – Invest corp + cession corp)/ (remboursements + intérêts) = (3 375 – 441 – (2 935 – 3 161) – (857 + 316) + 408)/ ((674 + 582) + (67 + 64))	1,73	0,75	nd
Couverture des frais financiers		Résultat exploitation / intérêts = (1 961 / (68 + 65))	14,4	8,4	3,4
Taux de couverture	%	FR / BFR = (2 199 / 2 935)	74,9 %	55,0 %	42,0 %

Tableau 5.6 – Détail du ratio de couverture du service de la dette

Numérateur	Détail des calculs	N
EBE		3 375
– IS		441
– BFR	= 2 935 k€ – 3 161 k€	– 226
– Investissement corporel	= 857 k€ + 316 k€ Avec : 857 k€ (information dans le tableau 5 de liasse fiscale) 316 k€ (investissement crédit-bail = nouveaux engagements crédit – bail mobilier × 0,9 = 351 × 0,9 = 316 ; nouveaux engagements crédit- bail N = Engagement crédit-bail N – Engagement crédit-bail N – 1 + Loyers crédit-bail N = 807 – 1 102 + 646 = 351)	1 173
+ cession immobilisations corporelles	= 408 K€ (information dans le tableau 5 de la liasse fiscale)	408
Total numérateur		2 395
Dénominateur		

Remboursements	= 674 K€ + 582 K€ 674 k€ (information dans le tableau 8 de la liasse fiscale) 582 k€ (dotation aux amortissements des immobilisations en crédit-bail)	1 256
+ intérêts	= 67 k€ + 65 k€ (intérêts crédit-bail)	132
Total dénominateur		1 388
Couverture des frais financiers =		1,73

• Niveau du fonds de roulement

À ce niveau l'objectif est de s'assurer d'une bonne adéquation entre la durée des ressources financières stables et la durée des emplois immobilisés dans le cycle d'investissement et le cycle d'exploitation.

L'existence d'un fonds de roulement positif et un niveau élevé de financement du besoin en fonds de roulement par le fonds de roulement permettent de s'assurer que l'entreprise maîtrise le risque de dérèglement financier qui peut apparaître dès lors que l'entreprise sollicite trop largement les concours bancaires à court terme pour financer son besoin en fonds de roulement.

Le taux de couverture des besoins en fonds de roulement (FR/BFR) a fortement progressé sur la période (0,75 en N contre 0,42 en N – 1). Cette augmentation traduit une amélioration de la sécurité financière de la société EcoPlast. À noter que cette augmentation est la conséquence d'un renforcement du fonds de roulement (augmentation de 968 k€ sur la période) conjuguée à une maîtrise du besoin en fonds de roulement (stabilité du montant sur la période).

Le renforcement du fonds de roulement résulte de l'augmentation des capitaux propres consécutive à la mise en réserve de la totalité des bénéfices nets dégagés sur la période. La stabilisation du montant du besoin en fonds de roulement dont le poids relatif baisse sensiblement (38 jours de chiffre d'affaires en N contre 54 jours en N – 2) a pour origine l'amélioration de la rotation des stocks (23 jours de chiffre d'affaires en N contre 31 jours en N – 2). En matière de gestion des stocks EcoPlast se situe sensiblement en dessous du premier quartile du secteur (Q_1 = 35 jours) alors que les durées du crédit client (75 jours de chiffre d'affaires à rapprocher de Q_3 = 67 jours) et du crédit fournisseur (68 jours d'achat à rapprocher de Q_3 = 70 jours) sont parmi les plus longues du secteur. Le poids du BFR (37 jours de chiffre d'affaires) proche du premier quartile (31 jours de chiffre d'affaires) traduit une maîtrise du cycle d'exploitation.

• Solvabilité

L'analyse doit permettre d'évaluer l'aptitude de l'entreprise à respecter ses engagements financiers et sa capacité à financer les besoins engendrés par la croissance de l'activité.

Endettement global

Dette financière nette/ EBE = 0,76.

Le ratio est en diminution régulière sur la période et se situe désormais sensiblement en dessous du plafond normatif de 3.

Free cash flow/ (remboursements + intérêts) = 1,7 (0,75 en N – 1).

Le ratio s'améliore fortement en N ; le service de la dette est couvert en totalité par le flux de trésorerie disponible gage d'un désendettement.

REX/ frais financiers = 14,4

Le ratio est sensiblement supérieur au plafond de 4.

Les indicateurs précédents montrent que l'endettement est faible au regard du niveau de profitabilité de la société EcoPlast.

Capitaux propres

Dette financière nette/ Capitaux propres = 0,59

Le ratio est en diminution régulière sur la période et se situe sensiblement en dessous du plafond normatif de 1.

À noter que les capitaux propres augmentent chaque année en raison de la mise en réserve de la totalité des bénéfices. Le poids élevé des capitaux propres dans le financement de l'actif économique traduit la forte indépendance financière de EcoPlast. Cet élément est très positif s'agissant d'une entreprise en forte croissance dont le renforcement des capitaux propres est une préoccupation majeure afin de maintenir l'équilibre financier.

Niveau des concours bancaires à court terme

Les concours bancaires à court terme représentent 13 % des créances clients (norme : 25 %). Le bas niveau de ces concours est la conséquence de la forte contribution du fonds de roulement au financement des besoins liés au cycle d'exploitation.

Capacité d'endettement disponible

Le désendettement intervenu sur la période confère une flexibilité financière garantissant la capacité de la société EcoPlast à lever de la dette financière pour financer les besoins engendrés par la croissance.

Dette financière nette/ Capitaux propres = 0,59 à rapprocher d'un plafond normatif de 1.

Dette financière nette/ EBE = 0,76 à rapprocher d'un plafond normatif de 3.

Les indicateurs précédents font ressortir une capacité d'endettement disponible. Cet élément est positif s'agissant d'une entreprise en croissance appelée à investir régulièrement.

• Synthèse de la structure financière

La profitabilité, le désendettement intervenu au cours des dernières années conjugué au renforcement des capitaux propres, gage d'indépendance financière, permettent d'affirmer que la société EcoPlast ne devrait pas connaître d'entrave pour financer les besoins engendrés par sa croissance.

6 • ANALYSE DES RISQUES EN MATIÈRE DE DURABILITÉ

OBJECTIF

L'objectif du chapitre est d'apprécier les risques en matière de durabilité. Les enjeux sont d'abord discutés à la lumière des réglementations. Ensuite, une démarche d'analyse dédiée est proposée et, enfin, la méthodologie spécifique des agences de notation ESG est présentée.

SOMMAIRE

Les implications en matière de durabilité ne sont pas récentes. Toutefois, les réglementations, notamment européennes, se font de plus en plus nombreuses et contraignantes pour les entreprises. Les préoccupations des individus en la matière semblent également croissantes et devraient ainsi accroître le besoin des entreprises de répondre à ces attentes.

La durabilité repose sur l'intégration des trois piliers fondamentaux que forment les critères ESG (environnement, social, gouvernance) dans les décisions, notamment d'investissement, des entreprises. À titre d'illustration, la société leader de la gestion d'actifs, Blackrock (2020) considère que la durabilité (*sustainability*) sera la nouvelle norme en matière d'investissement, de constitution de portefeuilles et de gestion des risques des entreprises.

Les informations relatives à la performance ESG des entreprises sont de plus en plus prises en compte dans le pilotage des entreprises et les analyses des investisseurs. La divulgation d'informations ESG semble ainsi influencer l'évaluation des entreprises et leurs décisions d'investissements.

SECTION 1 PRINCIPE DE DURABILITÉ

1 • UN PEU D'HISTOIRE

DÉFINITION

Le rapport Brundtland de l'ONU (1987) définit la durabilité comme « *la capacité des entreprises à répondre à leurs besoins financiers à court terme sans compromettre leur pérennité financière* ». L'intégration des enjeux du développement durable dans les décisions d'investissement est progressive surtout à partir des années 1990.

Aux enjeux environnementaux s'ajoute la prise en compte des problématiques sociales. Les *Global Sullivan Principles of Corporate Social Responsibility* sont repris par l'ONU en 1999. Il s'agit d'un code de bonne conduite établi initialement en Afrique du Sud pour les entreprises étrangères avec comme objectif de limiter la ségrégation dans le milieu professionnel. Il vise à alerter les multinationales sur le rôle qu'elles jouent dans la lutte contre les discriminations et l'injustice sociale.

Le concept de « *triple bottom line* » (triple résultat, dernière ligne du compte de résultat comptable) est formalisé par Elkington (1994). Il intègre les préoccupations économiques, environnementales et sociales. Il est également appelé la règle des « 3 P » : « *People, Planet, Profit* » (personne, planète et profit). L'objectif est de démontrer que les entreprises ne doivent pas se limiter à la performance économique, mais qu'elles peuvent également améliorer le bien-être des individus tout en prenant conscience de l'importance de préserver la planète. De plus, le coût total de l'activité d'une entreprise ne serait pas évalué lorsqu'une entreprise ne prend en compte que ses bénéfices. Il vise donc à apprécier la performance économique, sociale et environnementale.

Plus généralement, ces prises de conscience s'inscrivent dans le développement de la responsabilité sociale des entreprises (RSE). La Commisssion europénne (2011) définit la RSE comme une démarche consistant à être « *engagé, en collaboration étroite avec [les] parties prenantes, [et comme] un processus destiné à intégrer les préoccupations en matière sociale, environnementale, éthique, de droits de l'Homme et de consommateurs dans [les] activités commerciales et [la] stratégie de base* ». Cette définition présente les trois facettes de la RSE : économique, sociale et environnementale, en soulignant l'importance des parties prenantes et de l'éthique.

Le « Donut » est un outil phare de la durabilité. Il a été développé par l'économiste anglaise Kate Raworth en 2017. Elle considère que le modèle économique actuel présente de nombreux dysfonctionnements qui ont pour conséquence les crises financières et économiques, les inégalités de revenus et dans l'accès aux ressources ainsi que la détérioration de l'environnement. Cet outil présente l'avantage d'être pédagogique (Figure 6.1).

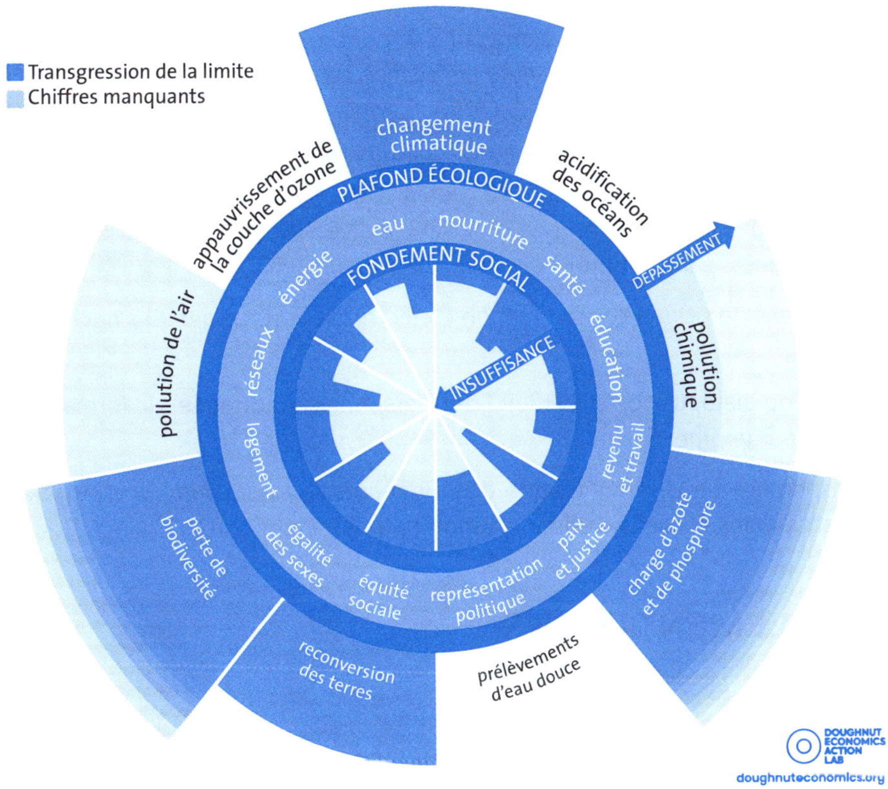

Source : Kate Raworth et Christian Guthier, CC-BY-SA 4.0

Figure 6.1 – Limites planétaires et sociales du Donut

Le Donut montre schématiquement les enjeux environnementaux et sociaux qui doivent être intégrés dans les priorités économiques. Il met aussi très clairement en avant le plancher social et le plafond écologique. Il montre ainsi visuellement qu'il est nécessaire de se positionner sur les bases solides de son cercle :

- au milieu du Donut : les besoins sociaux minimaux ne sont pas couverts (nourriture, énergie, éducation, logement et revenu, etc.) ;
- à l'extérieur du Donut : les limites planétaires sont franchies (pollution, changement climatique et biodiversité, etc.).

Pour assurer un maintien durable de l'économie, ce cadre conceptuel prône un déploiement d'activités sur le Donut (sur l'anneau central entre le fondement social et le plafond écologique), qui correspond à la partie où les besoins sociaux minimaux sont couverts tout en respectant le plafond écologique à ne pas dépasser. Pour ce faire, il est nécessaire d'intégrer conjointement les enjeux sociaux, environnementaux et économiques. Il impose également une prise de conscience des impacts des décisions prises aux niveaux local (la structure qui réalise l'analyse, entreprise, ville ou pays) et global (la planète). L'objectif est donc de tendre vers une prospérité équilibrée ne reposant pas sur la seule croissance économique.

L'AMF (2021) considère que les critères ESG permettent d'évaluer la prise en compte du développement durable et des enjeux de long terme dans la stratégie des acteurs économiques (entreprises, collectivités, etc.). Derrière ces trois dimensions, une multitude de critères sont regroupés, montrant la diversité des pratiques ESG pouvant être développées, par exemple :

- les émissions de CO_2, la consommation d'électricité, le recyclage des déchets pour le pilier E ;
- la qualité du dialogue social, l'emploi des personnes handicapées, la formation des salariés pour le pilier S ;
- la transparence de la rémunération des dirigeants, la lutte contre la corruption, la féminisation des conseils d'administration pour le pilier G.

2 • RÉGLEMENTATIONS

Les fondements de la politique européenne en matière de durabilité sont établis dans le Pacte vert (*Green deal*) européen en 2019 (Figure 6.1). Il prévoit un plan d'investissements de 1 000 milliards d'euros sur 10 ans pour assurer une transition environnementale et équitable de l'économie de l'Union européenne. Un des objectifs est d'atteindre la neutralité carbone à l'horizon 2050.

Cette stratégie politique est traduite de manière opérationnelle, en 2021, dans le Plan de finance durable européen. Il poursuit trois objectifs :

1. orienter les capitaux vers une économie plus soutenable ;
2. introduire les critères ESG dans la maîtrise des risques ;
3. favoriser la transparence et le long terme.

La taxonomie et la CSRD (*Corporate Sustainability Reporting Directive* ; en remplacement de la NFRD (*Non – Financial Reporting Directive*)) ont ensuite été développées.

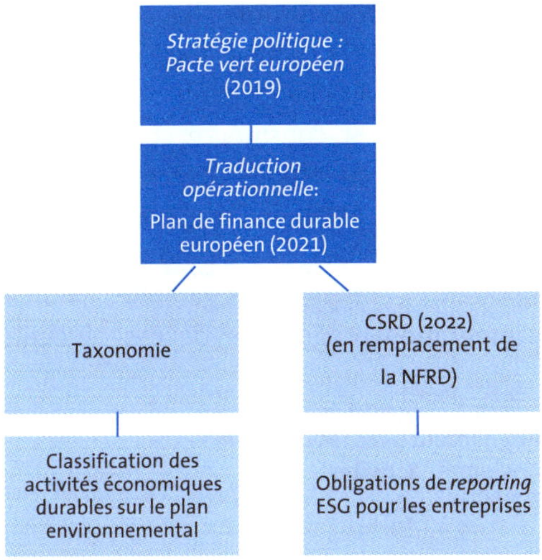

Figure 6.2 – Renforcement des enjeux de durabilité dans l'Union européenne

• Taxonomie européenne

La taxonomie européenne vise à encourager la finance durable en classifiant les activités considérées comme durables ou vertes. Dans cette catégorie entrent les activités contribuant significativement à l'un des six objectifs énoncés par la taxonomie européenne (2).

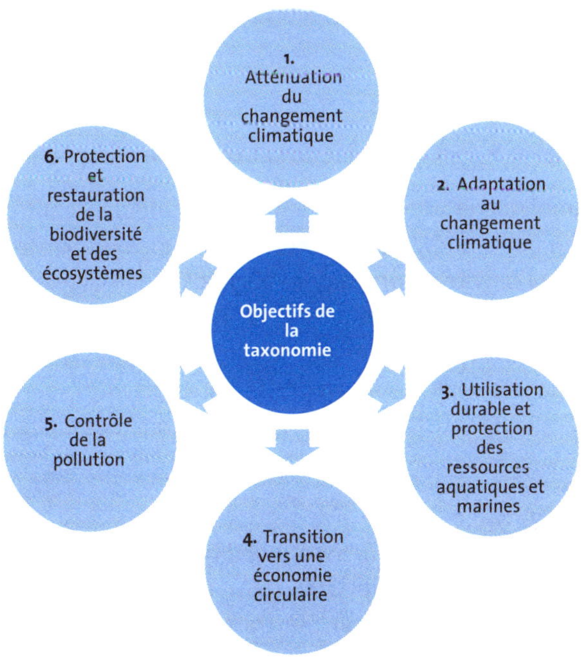

Figure 6.3 – Six objectifs de la taxonomie européenne

La taxonomie prévoit également deux statuts : les activités éligibles et les activités alignées. Une activité est considérée comme éligible si trois critères sont remplis : activité bas carbone ou adaptée au changement climatique, activité habilitante et activité transitoire. Une activité est considérée comme alignée avec l'un des six objectifs de la taxonomie si les conditions suivantes sont respectées : contribue substantiellement à l'atteinte de cet objectif (respect de critères techniques spécifiques), ne nuit à aucun des cinq objectifs « *Do no significant harm* » (DNSH, ne pas causer de préjudice important), et respecte les garanties minimales (sociales). L'Union européenne prévoit l'intégration progressive de ces objectifs selon le calendrier suivant.

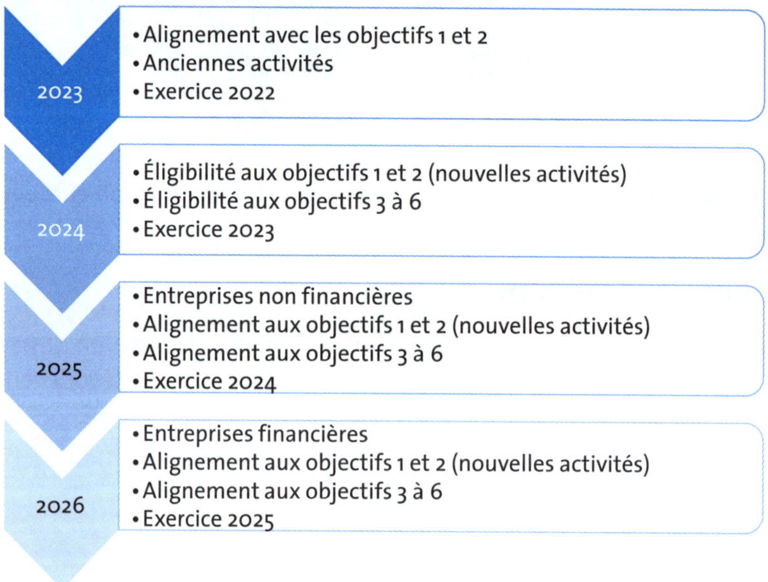

Figure 6.4 – Calendrier de la taxinomie européenne

Cette taxonomie implique la publication de trois indicateurs – chiffre d'affaires, Capex (investissements en actifs corporels et incorporels), Opex (dépenses d'exploitation) – qui sont associés à des activités économiques alignées et non-alignées. Des informations qualitatives complémentaires sont requises, par exemple, pour décrire la composition des indicateurs, la nature des activités économiques éligibles ou alignées, les méthodologies d'allocation des indicateurs aux différentes activités, ou encore la manière dont la société a évalué la satisfaction des critères techniques d'alignement.

• CSRD

Dans ce contexte, la CSRD (*Corporate Sustainability Reporting Directive*) est applicable progressivement à partir de janvier 2024 en remplacement de la NFRD *(Non – Financial Reporting Directive*) qui avait été transposée en France par le biais de la

DPEF (Déclaration annuelle de performance extra-financière), désormais remplacée par le rapport de durabilité. La CSRD a pour objectif de renforcer les mesures prévues par la NFRD. Le champ d'application est plus large, les entreprises devront satisfaire ces obligations de reporting de durabilité en fonction du calendrier d'application suivant.

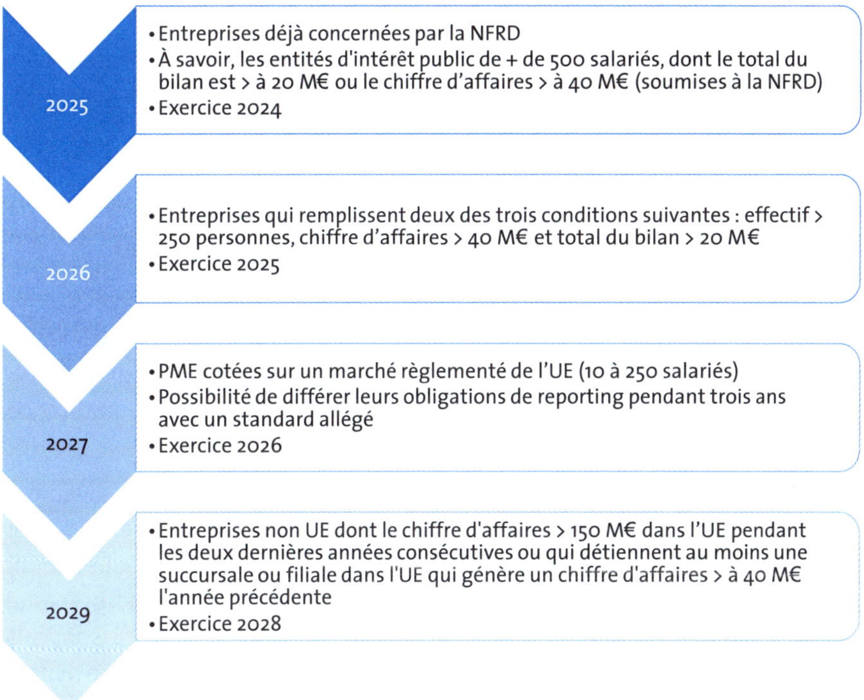

Figure 6.5 – Calendrier d'application de la taxomonie européenne

La CSRD a pour objectif que les entreprises analysent dans quelle mesure leur modèle d'affaires et leur stratégie sont compatibles avec les limites environnementales et sociales.

Cette directive prévoit également de renforcer et standardiser ce reporting en s'appuyant sur le principe de double matérialité (Figure 6.6). Les entreprises devront ainsi communiquer sur leurs risques, les opportunités et les impacts en détaillant les volets environnementaux, sociaux et de gouvernance en soulignant leurs conséquences sur l'entreprise (matérialité financière ou *outside-in*) et les impacts de l'entreprise sur l'environnement, ses parties prenantes et la société (matérialité d'impact ou *inside-out*).

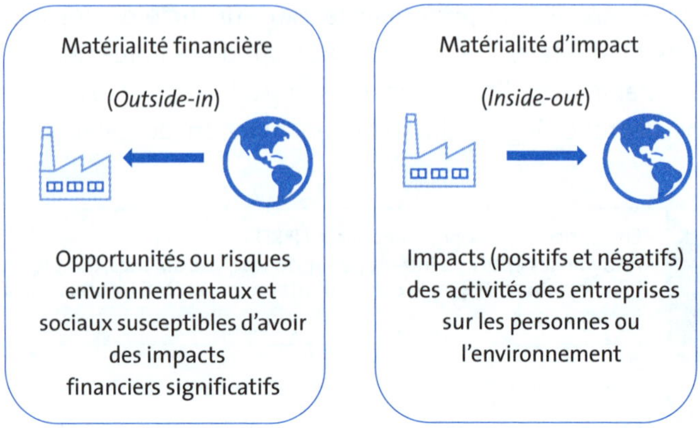

Figure 6.6 – Double matérialité

La matérialité financière porte sur les risques et opportunités susceptibles d'avoir des impacts financiers significatifs sur les flux de trésorerie futurs et la valeur de l'entreprise à court, moyen et long terme. Il convient donc d'apprécier l'importance des potentiels impacts financiers et la probabilité d'occurrence.

La matérialité d'impact évalue les impacts réels ou potentiels à court, moyen ou long terme dans les propres opérations ou la chaîne de valeur de l'entreprise. La probabilité d'occurrence de l'effet anticipé ainsi que sa gravité (importance, étendue, possibilité de remédiation) doivent être appréciées. Les investisseurs, les parties prenantes de l'entreprise (salariés, clients, fournisseurs, banques, actionnaires, etc.) sont susceptibles de porter une attention particulière aux données relatives à la double matérialité.

Il est important de souligner que l'intégration de la double matérialité dans le rapport de durabilité est une spécificité européenne majeure par rapport aux autres approches (et notamment américaines) qui se cantonnent à l'analyse de la matérialité financière.

• Rapport de durabilité normé par les ESRS

Le rapport de durabilité intègre les dispositions de la taxonomie et de la CSRD. Il doit être intégré au rapport de gestion. Ce rapport doit être vérifié par les Organismes tiers indépendants (OTI) ou par un commissaire aux comptes accrédité par la COFRAG (Comité français d'accréditation qui évalue la compétence et l'impartialité des laboratoires et des organismes de certification ou d'inspection).

Le rapport de durabilité est normé par les ESRS (*European Sustainability Reporting Standards*). Il s'agit de douze normes, dont deux sont transverses, cinq spécifiques à l'environnement, quatre au social et sociétal, et une pour la gouvernance (Figure 6.7). Elles s'insèrent dans le principe de double matérialité. Elles sont communes à tous les secteurs. La publication de normes sectorielles a été retardée de deux ans (2026). Ces normes impliquent de produire près de 1 200 informations de durabilité (appelées des *datapoints*) qui devront être revues tous les trois ans.

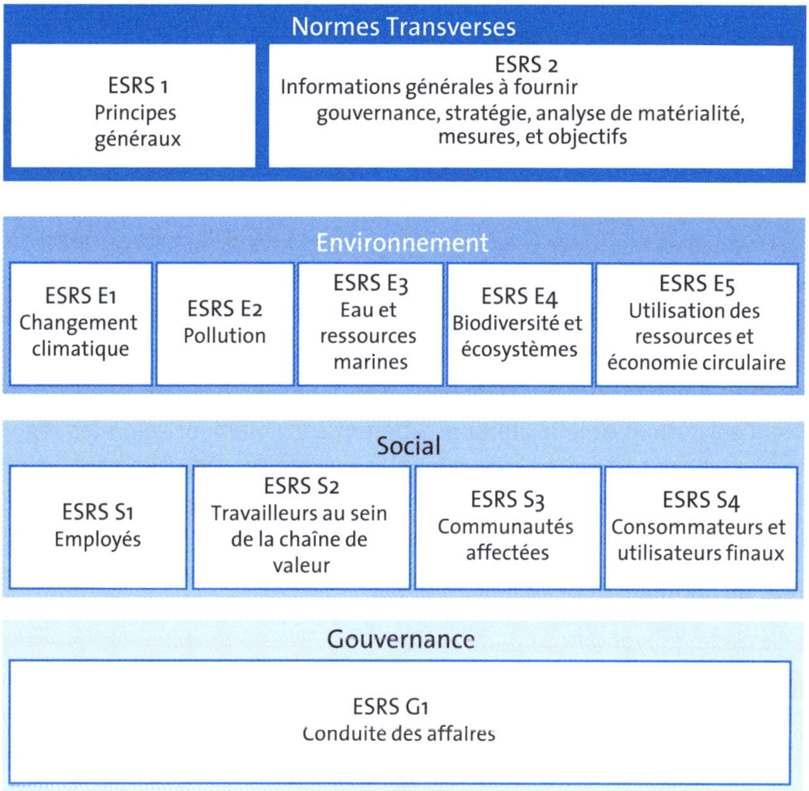

Figure 6.7 – Normes ESRS

Les normes transverses présentent les principes généraux qu'une entreprise doit respecter afin d'atteindre une transparence globale pour ses parties prenantes. La norme E1 présente l'architecture générale des normes ESRS. La norme E2 décrit comment le rapport de durabilité doit être présenté.

Les normes sur l'environnement comportent cinq volets. La norme E1 vise à mettre en avant les moyens passés, actuels et futurs mis en œuvre pour atténuer l'impact du changement climatique sur l'activité. La norme E2 décrit les polluants rejetés par l'entreprise en précisant leur significativité. La norme E3 détaille la consommation d'eau de l'entreprise et la pollution engendrée dans les zones d'eau. La norme E4 présente les impacts de l'activité de l'entreprise sur son environnement et la biodiversité. La norme E5 énonce les ressources utilisées et si elles s'inscrivent dans une démarche d'économie circulaire.

Les normes sur le social présentent quatre principaux aspects. La norme ES1 détaille les conditions de travail au sein de l'entreprise. La norme ES2 présente les politiques sociales des parties prenantes et fournisseurs de l'entreprise. La norme ES3 vise à appréhender si l'entreprise a un impact positif ou négatif. La norme ES4 contribue à recueillir des informations sur les consommateurs finaux des produits ou services de l'entreprise.

La norme EG1 sur la gouvernance porte sur la culture d'entreprise, les pratiques en matière de conduite des affaires, la gestion des relations fournisseurs et les mesures de prévention et de détection de la corruption.

SECTION 2 ANALYSE DES DONNÉES DE DURABILITÉ

La publication des indicateurs ESG fournit des données complémentaires à l'analyse financière. Leur format et leur étendue diffèrent sensiblement selon les réglementations auxquelles sont soumises – ou non – les entreprises. Actuellement, les analyses doivent néanmoins intégrer des données qui sont souvent le résultat d'un déclaratif des entreprises. La démarche d'analyse proposée comporte quatre principales étapes :

- l'analyse du contexte et de la matérialité ;
- l'analyse de la gouvernance ;
- l'analyse du social ;
- l'analyse de l'environnement.

1 • ANALYSE DU CONTEXTE ET DE LA DOUBLE MATÉRIALITÉ

L'appréciation de la cohérence globale est clé pour l'analyse. Elle permet aussi d'appréhender avec plus de finesse les impacts, opportunités et risques pour l'entreprise, ses actionnaires et ses parties prenantes. Il convient donc d'analyser le modèle d'affaires de l'entreprise, les mégatendances, puis la matérialité.

• Analyse du modèle d'affaires

Une analyse approfondie du modèle d'affaires de l'entreprise est réalisée afin de la mettre en perspective avec les risques de l'entreprise, la matrice de matérialité et les plans d'actions envisagés. Au-delà de la compréhension du modèle d'affaires, l'intégration des dimensions ESG (de leurs impacts, risques et opportunités) est nécessaire.

Les caractéristiques macro-économiques du secteur d'activité apportent des réponses quant aux opportunités ou contraintes qui s'exercent sur le modèle d'affaires. Le positionnement sur un marché mature ou en croissance et les réels impacts positifs ou négatifs sur les volets environnement et social permettent de mieux comprendre les enjeux avec lesquels une entreprise se doit de conjuguer.

La compréhension de la chaîne de valeur, l'accès aux ressources (humaines et naturelles) et la typologie des fournisseurs permettent d'approcher les enjeux que rencontre une entreprise. Aussi, la compréhension du positionnement de l'offre de produits et services, le processus de production et sa répartition géographique sont étudiées. Le portefeuille client est à préciser. La typologie des clients, l'interdépendance de l'entreprise ainsi que leur implantation géographique sont analysées.

• Analyse des mégatendances

Tout d'abord, l'analyse des données ESG vise à appréhender les risques et les opportunités induits par les mégatendances environnementales et sociétales pour l'entreprise, ses actionnaires et ses parties prenantes. Il convient d'anticiper si les activités de l'entreprise pourront être affectées par des modifications brutales ou transitoires. Il peut s'agir par exemple de changements sociétaux (vieillissement de la population, éthique des affaires, attentes des nouvelles générations, etc.), environnementaux (gestion des déchets, économie circulaire, épuisement des ressources, etc.) et des innovations digitales de rupture (intelligence artificielle, cybersécurité, etc.). Il convient de s'interroger sur l'exposition du modèle d'affaires à des ruptures brutales ou à des transitions progressives à court ou moyen terme.

• Analyse de la matérialité

En France, l'analyse de la matérialité est souvent schématisée par la matrice de matérialité. Cette matrice n'est toutefois pas obligatoire. La matérialité pour une entreprise est souvent présentée en abscisse et celle des parties prenantes en ordonnées, selon une échelle définie par l'entreprise. Elle permet de visualiser rapidement les enjeux ESG identifiés par une entreprise et son classement du niveau de risque supporté. Il s'agit de l'exposition aux risques ESG avant toute action de l'entreprise et qui dépend donc de son activité et de son modèle d'affaires.

L'analyse de matérialité permet d'apprécier la cohérence avec le modèle d'affaires et les mégatendances. À l'image de l'analyse des données financières, il est utile de comparer les données communiquées avec celles publiées par des entreprises du même secteur. Les entreprises identifient souvent entre 5 et 15 risques ESG considérés comme majeurs. À titre d'illustration, la figure 6.8 reprend la matrice de matérialité du Groupe Seb.

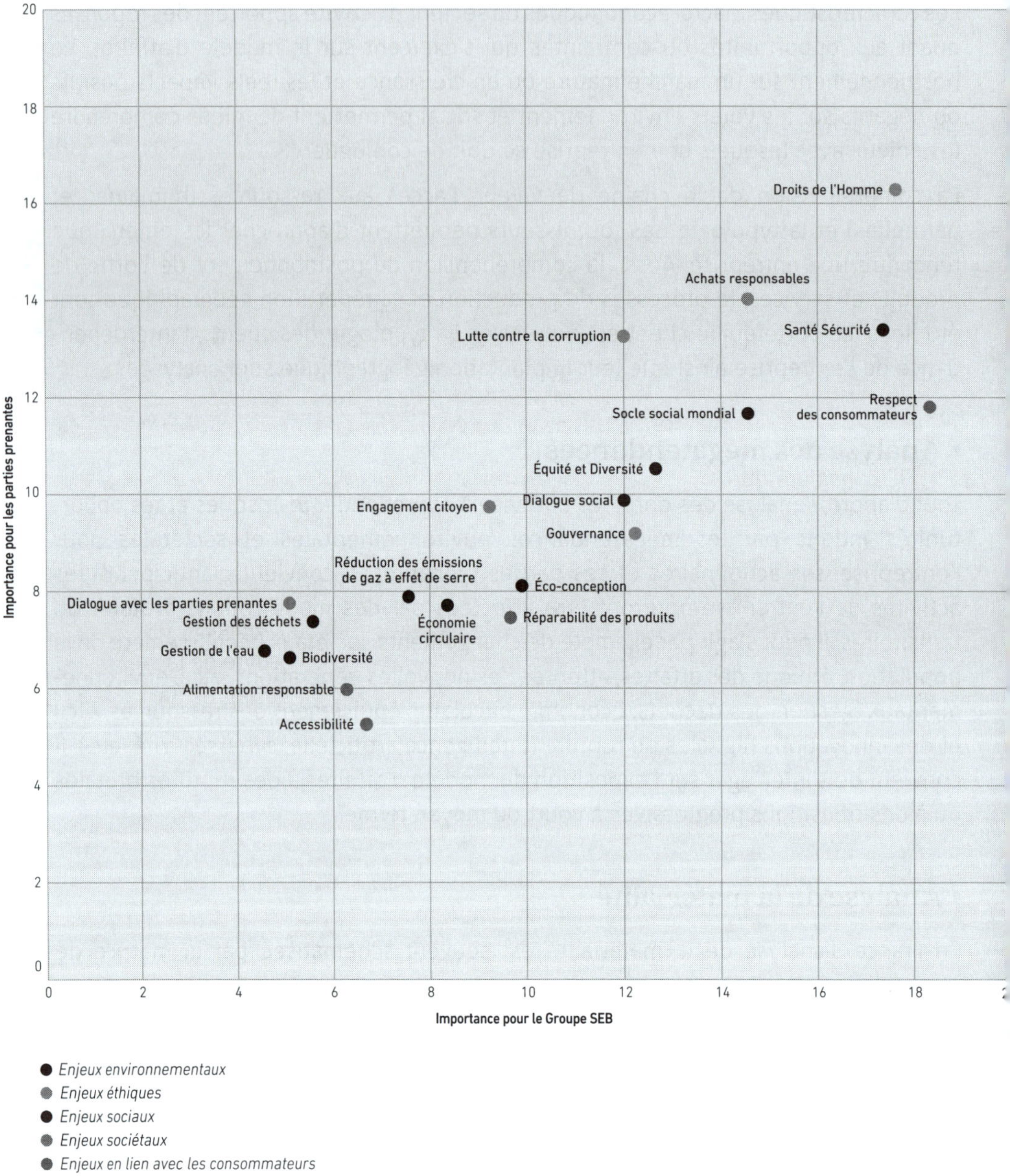

Source : Document d'enregistrement universel 2022, Groupe Seb

Figure 6.8 – Matrice de matérialité du Groupe Seb

La lecture de la matrice de matérialité montre que le Groupe Seb a classifié les enjeux en cinq catégories : environnementaux, éthiques, sociaux, sociétaux et ceux en lien avec les consommateurs.

L'enjeu considéré comme le plus important pour le Groupe Seb et ses parties prenantes est lié aux droits de l'Homme. Les enjeux environnementaux sont placés assez bas et la pollution n'est pas positionnée sur la matrice. Concernant les enjeux de gouvernance et de conduite des affaires, l'éthique ressort comme une des préoccupations majeures du Groupe Seb.

2 • ANALYSE DE LA GOUVERNANCE

Bien qu'il soit le dernier terme de l'acronyme ESG, il est pertinent de débuter l'analyse des dimensions ESG par la gouvernance. En effet, elle définit le cadre de la prise de décisions et elle permet d'avoir une première appréhension de l'importance accordée à la durabilité dans les stratégies et les activités d'une entreprise.

L'OCDE considère que « *la structure de gouvernance d'entreprise spécifie la répartition des droits et des responsabilités entre les différents acteurs de l'organisation – tels que le conseil d'administration, les dirigeants, les actionnaires et autres parties prenantes – et définit les règles et procédures de prise de décision* ».

Deux points essentiels de la gouvernance peuvent être ainsi dégagés : d'une part, l'efficacité des pouvoirs de contrôle dans le suivi de la mise en œuvre de la stratégie ; d'autre part, que les intérêts de tous les actionnaires sont bien intégrés par la direction et qu'elle prend également en considération les attentes des autres parties prenantes. L'analyse de la gouvernance intègre les thématiques suivantes :

- la structure du capital ;
- le fonctionnement du conseil d'administration ;
- l'intégration de la durabilité dans la stratégie ;
- l'éthique des affaires.

• Structure du capital

Il convient de prendre connaissance de la structure juridique du capital afin d'appréhender ses spécificités. Il est important de relever s'il existe un actionnaire de contrôle (c'est-à-dire détenant plus de 50 % des droits de vote) ou un actionnaire de référence (c'est-à-dire détenant une part significative des droits de vote, en général plus de 33 %). Il est également intéressant d'analyser la répartition du capital et la répartition des droits de vote. Autrement dit, de noter si la constitution du capital prévoit ou non des actions à droit de vote préférentiel. En présence d'entreprises familiales, il est également utile d'apprécier la part détenue par la famille et le profil des actionnaires familiaux. La connaissance du profil des principaux actionnaires permet aussi d'appréhender leurs appétences pour les enjeux ESG.

• Fonctionnement du conseil d'administration

La composition du Conseil d'administration doit également retenir l'attention. Un des principes clés est l'indépendance des administrateurs. Ces derniers ne doivent pas avoir de relations avec l'entreprise, le groupe ou la direction. L'objectif est qu'ils puissent formuler librement leurs points de vue. Il est préconisé que le Conseil d'administration soit constitué à 50 % d'administrateurs indépendants (30 % si l'entreprise est détenue à plus de 50 % par un actionnaire).

Au-delà de ce critère d'indépendance, la représentation des salariés, l'implication des administrateurs et la diversité des administrateurs (genre, compétences, origine géographique, etc.) apportent des informations importantes pour comprendre le fonctionnement d'un Conseil d'administration.

Le panorama de la gouvernance réalisé par EY et Labrador (2022) montre que ces critères se sont nettement améliorés ces dernières années. Cette étude met en évidence qu'en l'espace de deux ans, les thématiques ESG sont devenues un sujet incontournable des Conseils d'administration. En effet, 34 % ont inscrit à leurs agendas l'analyse des critères ESG en 2022, alors que ce pourcentage frôlait zéro en 2020.

Enfin, outre le Conseil d'administration lui-même, il est utile de s'intéresser à ses comités et à la qualité de la personne qui les préside (administrateurs indépendants, expérimentés, etc.). Il peut s'agir par exemple du Comité d'audit, du Comité des rémunérations, du Comité des nominations, du Comité RSE, du Comité des risques, etc. Plusieurs auteurs et *think tanks* préconisent l'instauration de comités des parties prenantes en lien avec le Conseil d'administration.

• Intégration de la durabilité dans la stratégie

Pour réaliser l'analyse de la gouvernance, il convient d'apprécier la manière dont la stratégie d'une entreprise est mise en œuvre par son dirigeant et s'il veille à intégrer les attentes de toutes les parties prenantes. Il s'agit de s'intéresser à la dynamique actuelle et également à la manière dont les décisions stratégiques ont été prises et menées dans le passé. La composition du Comité exécutif est aussi étudiée. L'histoire de la direction est à prendre en considération. Cela permet d'appréhender sa stabilité dans le temps et d'anticiper d'éventuels impacts liés par exemple à une succession. Cette analyse permet d'approcher l'implication de la direction dans l'intégration des enjeux ESG dans la stratégie d'une entreprise. La présence d'un comité dédié qui se réunit plusieurs fois dans l'année et qui vérifie les données ESG ainsi que la place de la direction RSE dans l'organigramme sont des indices quant à l'insertion des enjeux de durabilité dans la stratégie d'une entreprise.

La rémunération des dirigeants cristallise l'attention car elle est considérée comme pouvant permettre d'assurer un alignement des intérêts entre l'entreprise et ses dirigeants. La présence de critères de rémunération fondés sur les enjeux ESG renseigne également sur leur intégration dans la stratégie de l'entreprise. Elle comprend généralement une rémunération fixe à laquelle s'ajoute une part variable (en fonction des règles d'attribution, elle est déclenchée quasi-systématiquement ou non), une part à long terme (visant à aligner l'intérêt des dirigeants avec celui des actionnaires) et une part exceptionnelle (selon des règles d'attribution très spécifiques). Une comparaison avec les concurrents s'avère utile afin de déterminer si le système de rémunération du dirigeant peut être considéré comme équilibré, cohérent et proportionné.

Le panorama de la gouvernance réalisé par EY et Labrador (2022) met en évidence que les rémunérations variables des dirigeants sont indexées sur les critères ESG. 78 % des entreprises du SBF 120 ont ainsi élaboré un système de rémunération variable fondé sur les objectifs ESG. Toutefois, seulement 25 % d'entre elles ont un objectif ESG quantitatif. Par ailleurs, la directive de l'Union européenne « SRD II » sur les droits des actionnaires, précise que le système de rémunération est voté en amont par les actionnaires (vote *ex ante*). Ils se prononcent ensuite sur les rémunérations effectivement octroyées au cours d'un exercice (vote *ex post*). Elle prévoit la publication d'un ratio d'équité (également inclus dans la loi Pacte pour les entreprises cotées) :

$$\text{Ratio d'équité} = \frac{\text{Salaire du dirigeant}}{\text{Salaire moyen (ou médian) des employés}}$$

L'évolution de ce ratio est présentée sur cinq ans et en parallèle de la performance financière. Il renseigne ainsi sur le partage de la création de valeur au sein d'une entreprise.

• Éthique des affaires

L'intégration de la durabilité au sein de la gouvernance d'une entreprise peut permettre un meilleur alignement des intérêts à long terme de la direction, des actionnaires, des parties prenantes et de la société dans son ensemble.

En application de la loi Pacte, une entreprise peut afficher différents niveaux d'engagement. Une entreprise peut ainsi déclarer publiquement ou inscrire dans ses statuts sa « raison d'être » : « *les statuts peuvent préciser une raison d'être, constituée des principes dont la société se dote et pour le respect desquels elle entend affecter des moyens dans la réalisation de son activité* » (Article 1835, Code Civil). Elle peut également déclarer auprès du Greffe du tribunal de commerce la qualité de « société à mission ».

L'éthique des affaires est indissociable d'une conduite responsable de l'entreprise. Elle « *regroupe l'ensemble des règles, des normes, des codes ou des principes qui orientent les comportements vers plus de moralité et de véracité dans chaque situation rencontrée* » (Lewis, 1985). En somme, les risques liés à l'éthique des affaires (y compris dans la chaîne de valeur) sont notamment la corruption, la fraude, l'évasion fiscale, l'absence de protection des données personnelles ou de respect des droits humains, le défaut de lobbying responsable, ou encore l'inexistence de pratiques responsables envers les fournisseurs (ex. : le délai de règlement pour les fournisseurs qui sont des PME).

Pour couvrir ces risques, une entreprise peut déployer plusieurs dispositifs dont notamment une cartographie des risques, une charte éthique, un règlement intérieur, des formations, un dispositif de signalement et de protection des lanceurs d'alerte et un traitement des alertes. Des indicateurs pour suivre l'éthique des affaires d'une entreprise peuvent être développés comme le pourcentage de collaborateurs à risques formés à l'éthique, le montant des amendes pour corruption ou fraude, les contributions financières à des partis politiques, les dépenses de lobbying, le nombre d'alertes éthiques et le pourcentage des paiements réalisés dans les délais standards. En cas de manquement, une entreprise peut potentiellement s'exposer à des amendes, mais aussi à des impacts néfastes pour sa réputation.

3 • ANALYSE DE L'ENVIRONNEMENT

Le volet environnemental est le plus réglementé des trois critères ESG. L'objectif est d'identifier les impacts réels et potentiels, les risques et opportunités des changements environnementaux sur l'activité et la performance d'une entreprise.

L'analyse de l'environnement peut être approchée au travers des thématiques suivantes :

- atténuation et adaptation au changement climatique ;
- pollution ;
- eau et ressources marines ;
- biodiversité et écosystèmes ;
- utilisation des ressources et économie circulaire.

• Atténuation et adaptation au changement climatique

Le point de départ des questionnements sur le changement climatique est l'empreinte carbone. Les scopes 1, 2 et 3 fournissent une classification des gaz à effet de serre (GES) qui permet d'établir le bilan carbone d'une entreprise.

Le scope 1 regroupe les émissions de GES directes provenant de combustibles fossiles (pétrole, gaz, charbon, etc.). Le scope 2 renvoie aux émissions de GES indirectes. Ils sont la conséquence de la consommation d'énergie achetée et consommée par une entreprise, comme l'électricité. Le scope 3 vise à comptabiliser les émissions de GES indirectes en provenance des activités d'une entreprise mais qui ne sont pas sous son contrôle. En amont, il s'agit du transport des matières premières, de la production de produits ou services achetés ou encore du déplacement de ses employés. En aval, ses activités génèrent des GES en raison de la livraison de ses produits et services, de l'utilisation des produits vendus ou encore de la fin de vie des produits vendus. En France, les entreprises de plus de 500 salariés doivent établir un bilan carbone tous les quatre ans.

L'analyse du bilan carbone vise à identifier le poids des trois scopes dans l'émission en valeur absolue et en intensité. L'intensité des émissions de GES repose sur le choix d'un indicateur (c'est-à-dire les émissions de GES divisées par les ventes, les volumes, les produits fabriqués, les km parcourus, etc.). Il convient d'évaluer les impacts de ce choix (ex. : le choix de retenir le chiffre d'affaires conduit à minimiser l'indicateur lorsque l'entreprise a des marges importantes). Ces premiers éléments permettent d'appréhender les leviers d'action possible et le degré de contrôle dont l'entreprise dispose. Il convient de s'interroger également sur les relations que l'entreprise entretient avec ses fournisseurs et ses clients afin qu'ils réduisent eux-mêmes leurs émissions de GES.

Trajectoire climat

L'analyse de la trajectoire climat de l'entreprise est aussi utile pour apprécier les impacts de sa stratégie et de ses plans d'actions. Une attention particulière est portée au scénario de référence retenu. Certaines entreprises retiennent un scénario fondé sur un réchauffement de 2 °C ou de 1,5 °C à court terme (2023 à 2035). Cette seconde hypothèse est de fait plus contraignante et c'est celle la plus couramment retenue par les investisseurs. Il est préconisé que la trajectoire climatique soit alignée avec les accords de Paris et la Science Based Targets Initiative (SBTi). La SBTi publie des trajectoires climatiques par secteur d'activité. Elle évalue et approuve les projets de trajectoire soumis par les entreprises. Dans sa trajectoire climatique, une entreprise intègre les évolutions sur les trois scopes, les modifications attendues du plan d'affaires (et notamment les variations de la production de biens ou services) et les impacts des plans d'actions.

La méthode ACT (*Assessing Low Carbon Transition*) a été développée par l'ADEME (L'Agence de l'environnement et de la maîtrise de l'énergie) et le CDP (*Carbon Disclosure Project*). Elle a pour objectif d'accompagner les entreprises du monde entier dans leur transition bas carbone. La méthode ACT fournit un score qui repose sur le degré d'alignement de l'entreprise sur trois éléments :

1. score de performance (1 à 20) : alignement de la stratégie (objectifs, moyens, actions, profil des produits vendus, actions avec les fournisseurs et les clients, économie circulaire, etc.) ;
2. score de cohérence (A à E) : crédibilité, degré de risque, etc. ;
3. note de tendance (–, =,+) : tendance prévisible.

Les leviers d'action et leur contribution à la trajectoire carbone sont aussi analysés en appréhendant le degré de maîtrise de l'entreprise, les investissements à réaliser et l'agenda envisagé.

Analyse des opportunités et risques financiers liés au climat

L'analyse de l'empreinte carbone conduit à s'interroger sur les opportunités et les risques induits. Les opportunités (efficience des ressources, sources énergétiques, produits et services, nouveaux marchés) renvoient notamment aux indicateurs de la taxonomie européenne. Les risques physiques (aigus ou chroniques) et les risques de transition (règlementaire et légal, technologique, risques de marché, réputation) sont examinés. Pour chaque indicateur, le risque brut est présenté et des plans d'actions sont précisés.

La finalité est d'apprécier l'adaptation de la stratégie de l'entreprise et les impacts des opportunités et des risques (après déploiement des plans d'actions) sur la performance financière à court, moyen et long terme en évaluant les conséquences sur le compte de résultat et le bilan.

• Pollution

Pour construire le reporting sur la pollution, l'eau et la biodiversité, l'approche LEAP (localiser, évaluer, analyser et préparer) peut être utilisée. Elle a été développée par la TNFD (*Taskforce on nature-related financial disclosures*) qui est une initiative mondiale impliquant des institutions financières, des entreprises, des ONG, des organismes gouvernementaux et autres parties prenantes.

Ce volet évalue les impacts des activités et de la chaîne de valeur de l'entreprise sur l'air, l'eau et les ressources marines, et le sol. Il crée une cartographie des risques de pollution en amont, en aval et en cours d'exécution de chaque processus. Il convient aussi d'analyser les mesures de prévention élaborées, les cibles fixées. Une veille sur les opportunités et les risques est effectuée en matière de réglementation, de technologie, de marché et de réputation.

Il convient d'apprécier la pollution générée par l'entreprise à chaque stade de la chaîne de valeur et sa dépendance à des substances polluantes. La localisation des activités est appréhendée et une attention particulière est accordée à celles localisées dans des pays où la réglementation en matière d'environnement est faiblement développée. L'exposition de son modèle d'affaires aux limites planétaires et le besoin de le faire évoluer sont appréhendés.

• Eau et ressources marines

Cette thématique regroupe la consommation d'eau, les prélèvements d'eau, les rejets dans les eaux et les océans ainsi que l'utilisation des ressources marines. Elles sont étudiées à chaque étape de la chaîne de valeur.

Elles permettent d'évaluer la dépendance des activités de l'entreprise à l'eau et aux ressources marines et de faire émerger des plans d'actions. Il peut s'agir par exemple d'un potentiel de recyclage ou de réutilisation de l'eau.

La présence de cibles déterminées et l'analyse des risques et opportunités (réglementation, technologie, marché et réputation) conduit à apprécier les impacts de la chaîne de valeur et la pertinence des actions envisagées par l'entreprise. En fonction de la dépendance à l'eau d'une entreprise et des risques supportés, l'impact sur le modèle d'affaires et les investissements à réaliser devraient être précisés.

• Biodiversité et écosystèmes

L'analyse de la biodiversité et des écosystèmes conduit à s'interroger sur les dépendances et pressions exercées par la chaîne de valeur d'une entreprise. Il peut s'agir notamment des dépendances aux ressources naturelles et aux risques de transition. Les pressions exercées par la chaîne de valeur (la surexploitation des sols, de l'eau et des milieux marins, le changement d'affectation des sols ou l'introduction d'espèces envahissantes, etc.) peuvent conduire à des impacts notables sur les écosystèmes (désertification, stress hydrique, acidification, etc.) et sur les espèces (risque d'extinction).

La cartographie des activités à risque s'avère un outil précieux pour comprendre puis déterminer les plans d'actions. La fixation de cibles permet d'appréhender le degré d'implication de l'entreprise dans sa transition (seuils écologiques retenus, alignement avec les engagements internationaux). Là encore, les impacts sur le modèle d'affaires sont à évaluer.

• Utilisation des ressources et économie circulaire

Le principe d'économie circulaire repose sur une boucle qui intègre l'offre de l'entreprise, la demande des clients et la gestion des déchets (Figure 6.9).

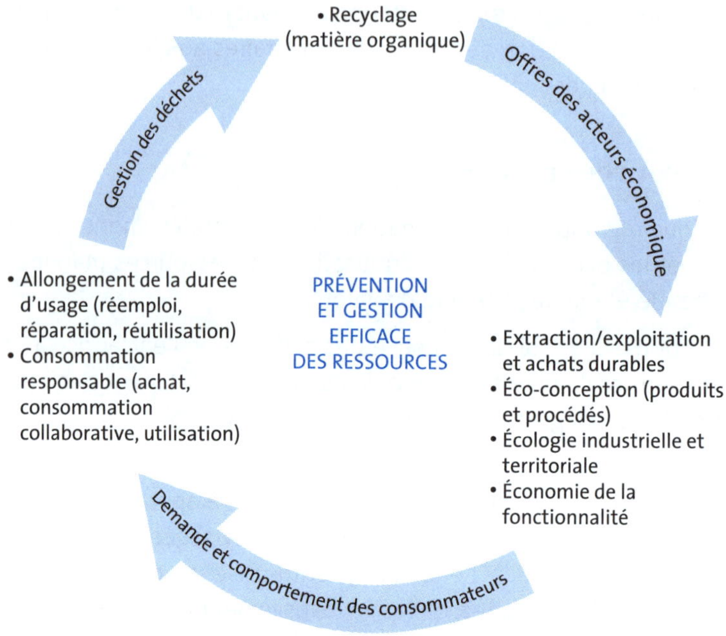

Source : ADEME

Figure 6.9 – Trois domaines et sept piliers de l'économie circulaire

L'activité de l'entreprise englobe les approvisionnements en matériaux recyclés, en ressources renouvelables, la sobriété dans la consommation des ressources ou encore l'éco-conception des produits.

La demande et le comportement des consommateurs peuvent par exemple prendre en considération la fin de l'obsolescence programmée, l'allongement de la durée de vie des produits, le réemploi, la réutilisation, la réparation ou la communication d'informations sur le caractère circulaire du produit et visant à favoriser la consommation responsable.

La gestion des déchets suppose des actions concrètes pour prévenir et limiter les déchets, améliorer leur tri et leur recyclage et les valoriser.

En somme, il convient d'apprécier si une entreprise adopte de manière significative des pratiques d'économie circulaire.

4 • ANALYSE DU SOCIAL (ET SOCIÉTAL)

L'analyse du volet social regroupe les dimensions sociale et sociétale. Le premier renvoie aux ressources humaines de l'entreprise et le second intègre les enjeux pour les salariés de la chaîne de valeur, les communautés pouvant être affectées par la chaîne de valeur de l'entreprise ainsi que les clients et utilisateurs finaux.

• Volet social

Le volet social repose sur trois piliers : les conditions de travail, l'égalité de traitement et des chances pour tous, ainsi que les autres droits liés au travail. Les impacts (positifs et négatifs) sont évalués, de même que les risques et opportunités associés (notamment en fonction de la localisation de la chaîne de valeur) et les actions de l'entreprise.

Concernant les conditions de travail, des informations doivent être fournies sur la santé et la sécurité, sur le temps de travail, les salaires, l'équilibre entre vie professionnelle et vie privée, le dialogue social et les négociations collectives. Les impacts, risques et opportunités en la matière recouvrent par exemple, le bien-être au travail, la santé mentale et physique des collaborateurs, la gestion du climat social, les grèves, l'attractivité de l'employeur ou l'absentéisme.

L'égalité de traitement des chances pour tous est appréhendée via la présence de formations et de mesures de développement des compétences, de promotion de l'égalité hommes-femmes, de la diversité, de l'emploi et l'inclusion des personnes handicapées, mais aussi des dispositifs contre la violence et le harcèlement sur le lieu de travail. Parmi les impacts, risques et opportunités en la matière, on peut citer l'employabilité, l'accès à un emploi stable et durable, la mobilité interne, le climat interne ou le risque de réputation.

Les autres droits au travail renvoient notamment au travail des enfants, au travail forcé, au logement adéquat et à la vie privée. Sont concernés par exemple, le non-respect du droit du travail et des principes fondamentaux de l'Organisme international du travail (OIT), le respect du devoir de vigilance, les amendes.

Les informations prévues au sein de ces trois piliers recoupent le bilan social des entreprises. Toutefois, il s'en distingue par une mise en perspective et la déclinaison de plans d'actions. Il convient en effet de se demander si les transitions sociétales, environnementales ou digitales impliqueront que l'entreprise procède à des changements majeurs ayant des répercussions sur les effectifs, les compétences et le climat social.

• Volet sociétal

Le capital social et relationnel peut être appréhendé comme renvoyant à : « *la résilience/ la solidité des relations au sein de la chaîne d'approvisionnement (par exemple, via l'établissement d'une démarche qualité, des systèmes de livraison juste à temps et des programmes de recyclage), l'acceptation de la communauté, les relations gouvernementales ou avec les concurrents (par exemple, le fait de se rassembler pour élaborer des standards industriels) et la fidélisation du client. Ce n'est qu'en établissant des relations qu'une organisation peut conserver sa licence sociale pour fonctionner* » (International Integrated Reporting Council). Cette définition fait émerger trois dimensions : les salariés de la chaîne de valeur, les communautés affectées ainsi que les clients et utilisateurs finaux.

La première dimension qui porte sur les salariés de la chaîne de valeur, fournisseurs et sous-traitants, renvoie tout d'abord au respect des droits des travailleurs dans la chaîne de valeur (incluant donc les conditions de travail, l'égalité de traitement et des chances, ainsi que les autres droits liés à l'emploi). Conformément au devoir de vigilance, la matérialité de ces enjeux doit être évaluée comme pour les effectifs propres. Cette dimension intègre également les pratiques d'achats responsables. La cartographie des risques de la chaîne de valeur est un outil utile pour approcher les enjeux clés. La présence de chartes, d'outils de reporting, de labels externes ou de dispositifs d'alerte ouverts aux sous-traitants sont des signaux positifs.

L'étude des communautés affectées vise à appréhender les impacts de la chaîne de valeur d'une entreprise sur les populations locales. Sont intégrées à l'analyse les droits économiques, sociaux et culturels des communautés (logement adéquat, alimentation adéquate, eau et assainissement, impacts sur le sol et la sécurité), les droits civils et politiques des communautés (liberté d'expression, de réunion et les impacts sur les défenseurs des droits humains) et les droits des communautés autochtones (consentement libre, préalable et éclairé, autodétermination et droits culturels).

La dimension consommateurs et utilisateurs finaux vise à porter l'attention sur leur santé et sécurité (utilisation du produit, protection des données personnelles et protection des enfants), les impacts liés aux informations (vie privée, liberté d'expression et accès à des informations de qualité) et leur inclusion sociale (non-discrimination, accès aux produits et services et pratiques de commercialisation responsables).

Pour chacune de ces trois dimensions, des plans d'actions sont définis et il convient d'analyser leur pertinence et leur faisabilité, ainsi que la présence d'éventuelles controverses affectant l'entreprise. En somme, l'analyse des données ESG conduit à appréhender les impacts, risques et opportunités relatifs à la chaîne de valeur d'une entreprise. Les différents enseignements retirés ont des impacts à court, moyen et long terme sur les états financiers d'une entreprise. Par exemple, les investissements nécessaires au déploiement des plans d'actions en réponse aux nouvelles réglementations ou les contraintes inhérentes aux changements climatiques influencent le bilan et le compte de résultat d'une entreprise. Dans cette même logique, l'analyse des données ESG doit être intégrée aux prévisions financières. Dès lors, elles peuvent influencer la valorisation de l'entreprise et la décision d'investissement ou de financement des investisseurs.

SECTION 3 AGENCES DE NOTATION ET DONNÉES ESG

La publication de données ESG s'est accrue fortement au cours de cette dernière décennie, notamment en réponse aux réglementations européennes. Les agences de notation ont développé des méthodologies d'appréciation de la performance ESG des entreprises.

Il existe plusieurs agences de notation en matière de données ESG. Certaines ont un positionnement généraliste (intégration des trois dimensions ESG) quand d'autres se focalisent sur un aspect (l'environnement ou la gouvernance, par exemple). Nous pouvons citer notamment : Sustainalytics, Bloomberg, CDP, FTSE Russell, MSCI, LSEG Data & Analytics (anciennement Refinitiv), Trucost ESG Analysis – S&P, ISS ESG, Proxinvest, EthiFinance, Moody's ESG Solutions.

Toutefois, il n'existe pas une méthodologie d'analyse uniformisée au niveau international. Chaque agence a défini les indicateurs qu'il est pertinent de suivre et leur pondération. Elle vérifie la politique de l'entreprise, le déploiement des plans d'actions ainsi que leur performance. L'utilisation des notes des agences suppose ainsi de se renseigner en amont sur la méthodologie retenue par l'agence. Les notes attribuées par les agences de notation sont utiles pour comparer les entreprises et étudier leur trajectoire en matière de durabilité.

Nous présentons la méthodologie retenue par LSEG Data & Analytics (anciennement Refinitiv). Il s'agit d'un des principaux fournisseurs mondiaux d'infrastructures et de données financières. LSEG offre une des couvertures les plus complètes en matière de données ESG. Elle couvre plus de 90 % de la capitalisation boursière mondiale, soit plus de 15 500 entreprises dans le monde, à travers plus de 630 indicateurs ESG, avec un historique remontant à 2002.

1 • PRÉSENTATION DE LA NOTATION ESG DE LSEG DATA & ANALYTICS

L'objectif affiché par LSEG est de mesurer de manière transparente et objective les performances, l'engagement et l'efficacité de la stratégie ESG d'une entreprise, sur le fondement des données qu'elle communique.

Elle publie une note globale combinée (ESGC) qui intègre les trois critères ESG ainsi que les controverses ESG significatives. La notation ESG de LSEG repose sur cinq grands principes :

1. des pondérations uniques de la matérialité des facteurs ESG : pour ce faire, une cartographie de la matérialité de chaque métrique par secteur d'activité est établie sur une échelle de 1 à 10 ;

2. intégration du degré de transparence : si une entreprise ne communique pas sur des enjeux ESG dont la matérialité est considérée comme forte, la note est abaissée, alors que l'absence de communication sur des enjeux ESG dont la matérialité est faible n'affecte que très peu la note ;
3. mise en perspective des controverses ESG : les plans d'actions des entreprises sont mis en perspective avec leurs engagements, ce qui permet d'amplifier l'impact des controverses significatives sur la note globale (cela permet de limiter le biais lié à la taille de l'entreprise) ;
4. présence de repères en matière de secteurs d'activité et de pays : l'objectif est de faciliter la comparabilité des données ;
5. notation par centile : la note est un score compris entre 0 et 100 ou sous le format de lettres. La présence de centile permet de limiter les biais liés à la concentration de nombreux calculs pour aboutir au score final.

La figure 6.10 présente la démarche de construction de la note ESGC (note combinée).

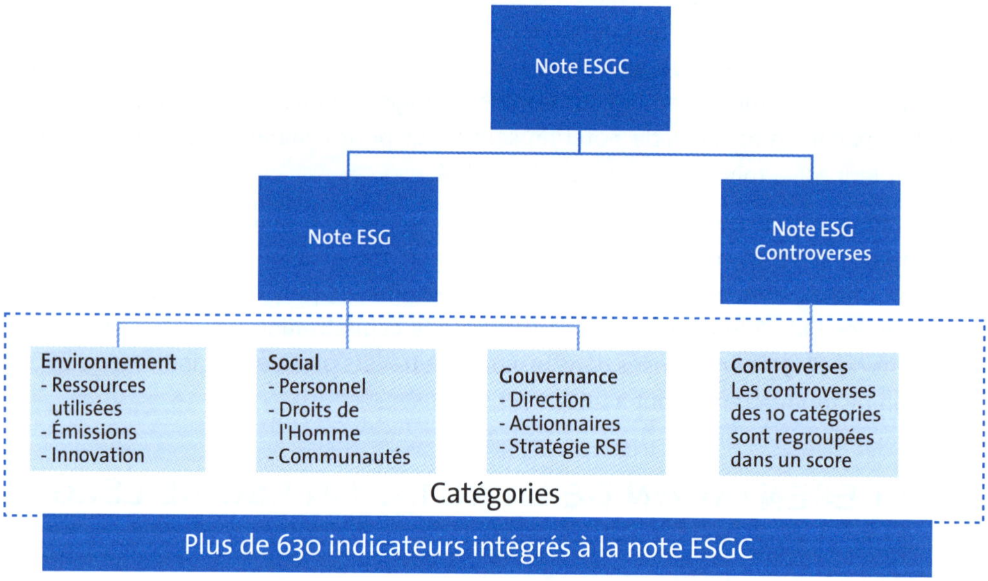

Source : traduit et adapté de LSEG (2023), Environmental, social and governance scores from LSEG.

Figure 6.10 – Notation ESG de LSEG (Refinitiv)

Pour collecter et analyser ces données, 700 analystes spécialisés dans les données ESG opèrent dans le monde. Ils traitent manuellement chaque publication d'une entreprise afin de normaliser les informations et de garantir la comparabilité des indicateurs. L'actualité et les controverses sont intégrées quotidiennement. Afin de garantir la qualité des données, des processus de contrôle algorithmiques et humains sont utilisés.

La note ESG est une somme des dix catégories précédemment précisées qui font l'objet d'une pondération qui est adaptée en fonction du secteur d'activité de l'entreprise pour les volets environnement et social. Les pondérations demeurent identiques quel que soit le secteur pour le volet gouvernance. La note des controverses décline les dix catégories en 23 sujets de controverses ESG. Pour ce faire, l'actualité mondiale est scrutée. LSEG précise que le processus de notation des controverses limite le biais lié à la taille, c'est-à-dire que plus la taille de l'entreprise est élevée plus elle est suivie par les analystes et les médias. Les notes sont exprimées en pourcentage et sous le format de lettres allant de D – à A + (Tableau 6.1 liasse fiscale).

Tableau 6.1 – Conversion des notes numériques sous le format de lettres

Fourchette de note	Note	Description
0,0 <= score <= 0,083333	D –	La note « D » indique une performance ESG relative médiocre et un degré de transparence insuffisant dans la publication des données ESG importantes.
0,083333 < score <= 0,166666	D	
0.166666 < score <= 0.250000	D +	
0,250000 < note <= 0,333333	C –	La note « C » indique une performance ESG relative acceptable et un degré modéré de transparence dans la publication des données ESG importantes.
0,333333 < note <= 0,416666	C	
0,16666 < note <= 0,500000	C +	
0,500000 < note <= 0,583333	B –	La note « B » indique une bonne performance relative en matière d'ESG et un degré de transparence supérieur à la moyenne en ce qui concerne la publication des données ESG importantes.
0,583333 < note <= 0,666666	B	
0,666666 < note <= 0,750000	B +	
0,750000 < note <= 0,833333	A –	La note « A » indique une excellente performance relative en matière d'ESG et un degré élevé de transparence dans la publication des données ESG.
0,833333 < note <= 0,916666	A	
0,916666 < note <= 1	A +	

Source : traduit et adapté de LSEG (2023), Environmental, social and governance scores from LSEG.

2 • MÉTHODOLOGIE DE CALCUL DES NOTES ESG

Le processus de notation repose sur cinq étapes clés : (1) les notes attribuées aux catégories ESG, (2) la matrice de matérialité, (3) le calcul de la note ESG globale, (4) le calcul des notes de controverses, et (5) la note ESGC.

• Notes attribuées aux catégories ESG

Plus de 630 indicateurs sont intégrés dans le processus de notations ESG. Ils prennent la forme de réponses à des questions du type oui/non (ex. : « L'entreprise a-t-elle une politique d'utilisation rationnelle de l'eau ? »). Le score 1 est attribué pour une démarche conforme aux enjeux ESG et 0 sinon). Lorsqu'aucune donnée pertinente n'est communiquée par l'entreprise, elle obtient 0.

Des données numériques sont également intégrées (eau recyclée, émissions de gaz à effet de serre). Un traitement spécifique est réalisé par secteur afin de prendre en compte les indicateurs qui sont pertinents (par exemple, l'indicateur actif environnemental sous gestion n'est pertinent que pour le secteur financier).

• Matrice de matérialité

LSEG a développé un modèle de matrice de matérialité qui se veut objectif, impartial et fiable. Elle reprend les dix catégories des enjeux ESG. La pondération de chaque catégorie est adaptée en fonction du secteur d'activité de l'entreprise. Pour rappel, le figure 6.11 présente les volets ESG et les 10 catégories associées.

• Calcul de la note ESG globale

Les notes par enjeux ESG sont agrégées sur la base des pondérations des dix catégories qui sont elles-mêmes issues de la matrice de matérialité. Dès lors, une note est calculée par catégorie, puis par pilier E, S et G.

• Calcul des notes de controverses

Avant de fournir la note finale, une note intégrant les controverses est déterminée. Elle se fonde sur 23 sujets de controverses ESG. Les controverses sont comparées par secteur afin d'appréhender les spécificités relatives à chaque activité.

• Note ESGC

Pour terminer, une note ESGC est calculée. Elle repose sur la moyenne de la note ESG et de la note des controverses ESG. À noter que si la note des controverses ESG est supérieure à la note ESG, alors la note ESGC est égale à la note ESG. Autrement, la note des controverses ESG ne peut qu'abaisser la note finale.

L'ESSENTIEL

Les données ESG prennent une place croissante dans le reporting des entreprises en réponse à la réglementation croissante dans le domaine et aux attentes des parties prenantes (salariés, clients, fournisseurs, investisseurs, société). La taxonomie européenne puis l'application progressive de la CSRD à compter de 2025 (sur l'exercice 2024) vont accroître la communication de données en matière d'enjeux ESG et ainsi donner la possibilité aux investisseurs de les intégrer de manière plus précise à leurs prises de décision. Des agences de notation se sont ainsi multipliées ces dernières années, chacune ayant développé sa propre méthodologie de notation.

MISES EN PRATIQUE

QCM

Retrouvez un QCM d'entraînement en flashant ce QR code.

dunod.link/kzikni1

APPLICATION 1 ECOPLAST

L'énoncé du cas EcoPlast se trouve dans la Partie 3.

- **Construire et analyser la matrice de matérialité, puis mettre en lien les projets d'EcoPlast avec les enjeux de priorité de rang 1 et 2.**

À l'aide du travail préparatoire réalisé par l'entreprise et des données qu'elle a communiquées, il est possible de construire la matrice de matérialité de l'entreprise EcoPlast :

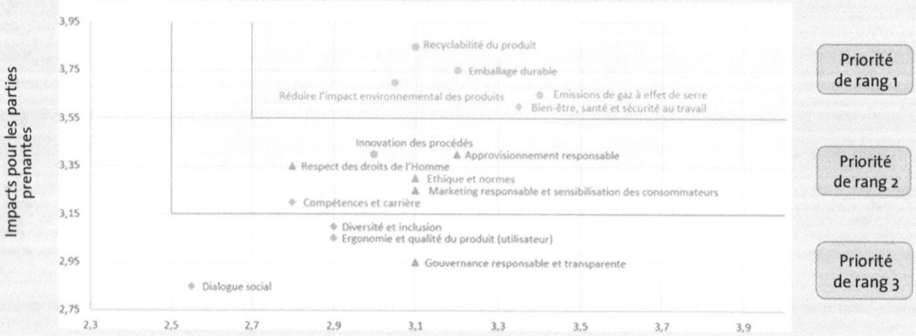

Figure 6.11 – Matrice de matérialité de l'entreprise EcoPlast

Les enjeux les plus matériels pour l'entreprise sont principalement environnementaux. En effet, l'entreprise EcoPlast a considéré que cinq enjeux avaient une priorité de rang 1 et parmi eux quatre sont relatifs à l'environnement : émissions de gaz à effet de serre, emballage durable, recyclabilité du produit et réduction de l'impact environnemental des produits. Le cinquième enjeu ayant une priorité de rang 1 est le bien-être, la santé et la sécurité au travail. La forte préoccupation de l'entreprise EcoPlast pour les enjeux environnementaux n'est pas étonnante au regard de son activité.

Les enjeux de priorité de rang 2 sont des enjeux de gouvernance : approvisionnement responsable, éthique et normes, marketing responsable et sensibilisation des consommateurs, respect des droits de l'Homme. À ces quatre enjeux s'ajoutent le cinquième enjeu environnemental, à savoir l'innovation des procédés, et un enjeu social, compétences et carrière.

Les enjeux sociaux et sociétaux ont une matérialité relativement faible que ce soit pour l'entreprise ou les parties prenantes. Cela est probablement à mettre en lien avec le caractère familial de l'entreprise et des attentions constantes qu'elle semble accorder aux salariés.

Il est également à noter que les enjeux ont tendance à être estimés comme ayant un poids plus important par les parties prenantes que par les experts de l'entreprise. EcoPlast n'étant encore que peu contrainte sur les plans juridique et financier par ces enjeux, les experts semblent avoir considéré qu'ils présentaient des risques mineurs.

L'analyse de matérialité paraît globalement pertinente. On peut toutefois s'interroger sur l'absence d'enjeux quant à la gestion et la protection de l'eau et sur l'économie circulaire. Il faut désormais la mettre en lien avec les plans d'actions de l'entreprise.

Tableau 6.2 – Les plans d'actions qui peuvent être reliés aux enjeux de priorité de rang 1 et 2

Enjeux de priorité de rang 1	Plans d'actions
Émissions de gaz à effet de serre	- Utiliser des modes de transports plus efficaces - Process de distribution et de fabrication plus efficaces - Utiliser des énergies bas carbone
Emballage durable	- Réduction des emballages et amélioration de leur recyclage
Recyclabilité du produit	- Poursuivre des actions locales visant au recyclage des bouteilles plastiques et à la sensibilisation des consommateurs
Impact environnemental des produits	- Investissements d'envergure pour développer des bouchons solidaires
Bien-être, la santé et la sécurité au travail	- Développement du programme de sécurité pour les employés - Organiser des événements sportifs et culturels - Référents harcèlement

Enjeux de priorité de rang 2	Plans d'actions
Approvisionnement responsable	- Charte fournisseurs
Éthique et normes	- Charte éthique
Marketing responsable et sensibilisation des consommateurs	- Programme de communication responsable interne et mise en place d'ambassadeurs responsables - Création de module de formation RSE - Communiquer davantage sur les actions de l'entreprise
Respect des droits de l'Homme	- Charte éthique
Innovation des procédés	- Investissements d'envergure pour développer des bouchons solidaires
Compétences et carrière	- Plan de formation apprentissage et alternance

Les actions proposées sont cohérentes au regard des enjeux identifiés. Toutefois, nous n'avons pas connaissance de la mise en place d'indicateurs permettant de pouvoir analyser la trajectoire de l'entreprise et de prendre des mesures correctives si nécessaire.

7 • ANALYSE DES TABLEAUX DE FLUX

OBJECTIF

L'objectif du chapitre est de présenter et d'analyser les tableaux de flux. Les modes de construction des deux grandes catégories de tableaux de flux (tableaux de financement et tableaux de flux de trésorerie) sont décrits afin de mettre en évidence leurs apports respectifs pour l'analyse financière.

SOMMAIRE

La connaissance de la vie de l'entreprise que peut avoir l'analyste financier à partir de l'examen des états financiers (bilan, compte de résultat et annexes) est forcément limitée par la représentation figée de la réalité qu'en donnent les documents comptables. Les transformations qui accompagnent le passage d'une période (exercice comptable) à une autre sont hors du champ explicatif immédiat de l'analyste financier qui ne dispose, à partir de l'information comptable, que d'un état des ressources et des emplois à un moment donné (la date de clôture). Dès lors que l'analyste financier se montre curieux de connaître le circuit de financement de l'entreprise, il est nécessaire d'établir des tableaux de flux prenant en compte les relations de l'entreprise avec son environnement (banques, actionnaires...).

Ces tableaux fournissent une vision dynamique des états financiers entre deux exercices en mettant en évidence les transferts d'argent intervenus sur cette période (la variation de la trésorerie). L'avantage de raisonner en flux de trésorerie est d'utiliser des indicateurs objectifs dont la mesure n'est pas affectée par le choix des méthodes comptables.

SECTION 1 GÉNÉRALITÉS SUR LES TABLEAUX DE FLUX

1 • OBJECTIFS DES TABLEAUX DE FINANCEMENT ET DE FLUX DE TRÉSORERIE

Deux catégories de tableaux de flux peuvent être distinguées selon que l'on privilégie une lecture reposant sur la mise en relation des emplois et des ressources ou une lecture s'appuyant sur l'évolution de la trésorerie.

La première catégorie correspond aux tableaux de financement (aussi appelés tableaux emplois-ressources ou tableaux de fonds) dont l'objet est d'apporter un éclairage sur le circuit de financement des processus d'investissement et de distribution de l'entreprise. À noter que le terme CAPEX (*Capital Expenditure*) est souvent utilisé en pratique. Il renvoie aux dépenses d'investissement de capital, c'est-à-dire au total des dépenses d'investissement (corporel et incorporel) réalisées par une entreprise.

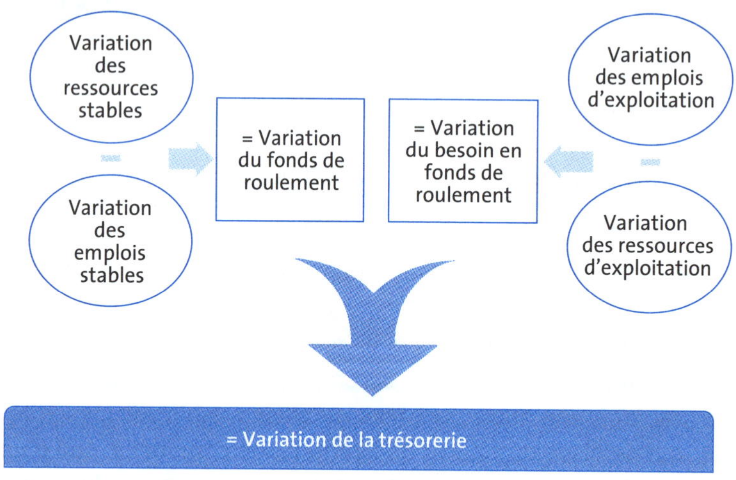

Figure 7.1 – Flux financiers retracés par le tableau de financement

Pour se développer, une entreprise doit investir (matériel, besoin en fonds de roulement). Ces besoins nécessitent de faire appel à divers bailleurs de fonds (actionnaires et prêteurs). La rentabilité des investissements dégage un flux, la capacité d'autofinancement, qui doit être suffisant pour rémunérer les bailleurs de fonds (dividendes, frais financiers) et permettre le remboursement des capitaux empruntés (remboursement). Précisons que l'on parle de tableaux de financement pour l'analyse passée des flux, réservant l'appellation de plan de financement à l'analyse prévisionnelle. La figure 7.1 représente le raisonnement qui est suivi pour l'établissement d'un tableau de financement.

La deuxième catégorie des tableaux de flux réunit les tableaux de flux de trésorerie qui font apparaître aux côtés des flux de trésorerie générés par l'exploitation, les flux de trésorerie liés aux activités d'investissement et de financement. La décomposition des flux débouche sur la variation de trésorerie. Le flux de trésorerie lié aux activités opérationnelles occupe une place centrale à l'instar du rôle qu'occupe cet indicateur dans les méthodes d'évaluation d'entreprise. Les trois variables explicatives de l'évolution du flux de trésorerie opérationnel sont la croissance de l'activité, l'évolution de la profitabilité et la gestion des besoins en fonds de roulement. L'objectif est de disposer d'un outil d'analyse faisant ressortir l'impact financier des décisions prises par l'entreprise sur sa situation de trésorerie. La figure 7.2 représente le raisonnement qui est suivi pour l'établissement d'un tableau de flux de trésorerie.

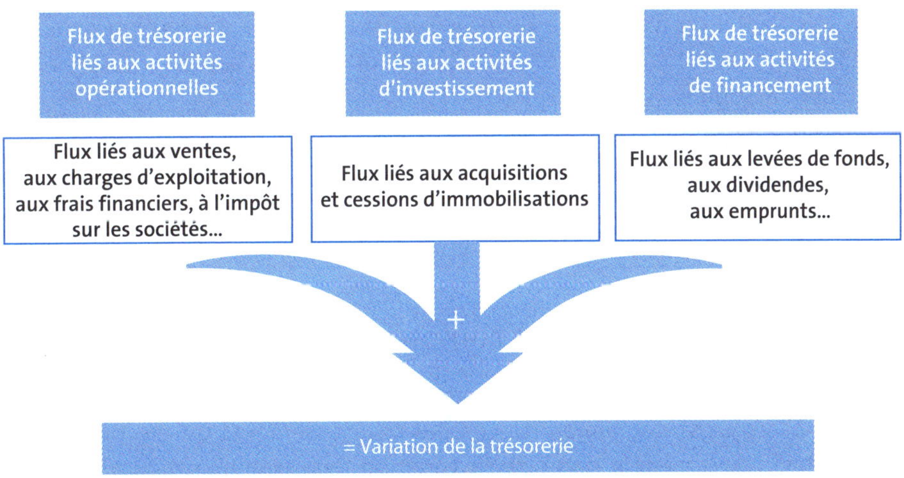

Figure 7.2 – Flux financiers retracés par le tableau de flux de trésorerie

Aujourd'hui, l'analyse des tableaux de flux (tableaux de financement et tableaux de flux de trésorerie) occupe une place importante dans l'appréciation de la situation économique et financière de l'entreprise, fournissant un éclairage pertinent pour l'analyse de la formation des grands équilibres financiers et l'appréciation de la cohérence des flux qui y contribuent.

2 • CALCULS PRÉALABLES

La majorité des flux financiers qui figurent dans les tableaux de financement ne sont pas disponibles directement dans les états financiers. Ils nécessitent des calculs préalables reposant sur des informations contenues dans le bilan, le compte de résultat ou les annexes (tableau des immobilisations, tableau des amortissements, tableau des provisions, état des créances et des dettes, enfin tableau de l'affectation du résultat). Deux types de flux peuvent être distingués et une attention particulière doit être portée aux postes sans impact sur la trésorerie et aux dividendes.

• Flux obtenus à partir des variations entre deux exercices des postes d'actif et du passif du bilan

La reconstitution de ces flux repose sur les principes suivants :

- toute augmentation d'un poste d'actif ainsi que toute diminution d'un poste du passif constituent un emploi. Ex. : l'augmentation des stocks représente un emploi ;
- toute augmentation d'un poste du passif ainsi que toute diminution d'un poste d'actif constituent une ressource. Ex. : l'augmentation des capitaux propres représente une ressource.

La comparaison entre postes, afin d'en déterminer la variation, nécessite cependant que les mouvements internes aient été éliminés et les flux de sens contraires identifiés (ex. : remboursement d'un emprunt antérieur venant en contrepartie de l'obtention d'un nouvel emprunt).

• Flux nécessitant la prise en compte d'autres composantes

Ces flux ne ressortent pas directement des différences établies entre les composantes du bilan. C'est notamment le cas des investissements qui ne peuvent être appréhendés directement à partir de la variation des immobilisations. En effet, la variation des immobilisations est influencée par la constatation d'amortissements et l'incidence des cessions d'actifs.

Deux formules permettent de calculer le montant des investissements d'un exercice :

Flux dinvestissement = variation des immobilisations nettes + dotations aux amortissements + valeur nette comptable des immobilisations cédées

La valeur nette comptable des immobilisations cédées figure dans les « charges exceptionnelles sur opération en capital » (rubrique HF du compte de résultat).

Flux dinvestissement = variation des immobilisations brutes + montant des cessions d'actif valorisées au prix d'acquisition

Le montant des cessions d'actif valorisées au prix d'acquisition figure dans le tableau 5 des immobilisations, colonne « diminutions par cessions à des tiers ».

• Opérations sans incidence sur la trésorerie

Ces flux, qualifiés de fictifs, correspondent généralement aux opérations suivantes : augmentation de capital par incorporation de réserves et/ou de comptes courants d'associés, réévaluation de bilan, acquisition d'une entreprise financée par émission d'actions, etc. L'analyse financière doit prendre garde d'éliminer ces opérations sans incidence sur la trésorerie.

• Année de rattachement des dividendes

Doit-on faire figurer le montant des dividendes prélevés sur l'exercice antérieur (N – 1), ou retenir ceux prélevés sur le dernier exercice (N) ? Tout dépendra du choix qu'aura fait l'analyste de raisonner avant ou après répartition du résultat.

Raisonner avant répartition du résultat conduit à augmenter les capitaux propres, et donc le fonds de roulement, du montant des dividendes à payer. De ce fait, la variation du fonds de roulement observée sur l'exercice (N) tient compte du dividende versé pendant l'exercice, dividende prélevé sur le résultat de l'exercice précédent (N – 1). C'est la solution retenue dans le tableau de financement du plan comptable général.

À l'inverse, quand on raisonne après répartition du résultat, la variation du fonds de roulement, constatée sur l'exercice, intègre l'incidence du flux correspondant au versement des dividendes au cours du prochain exercice. Cette façon de faire nécessite, bien évidemment, que l'analyste financier ait connaissance de l'affectation du résultat de l'exercice. Devant la difficulté, il est généralement retenu de faire figurer, dans les emplois de l'année (N), le montant des dividendes prélevés sur le résultat de l'exercice précédent (N – 1).

SECTION 2 TABLEAUX DE FINANCEMENT

Les tableaux de financement reposent sur une approche fonctionnelle dynamique, c'est-à-dire qu'ils visent à analyser les variations d'emplois et de ressources entre deux exercices (ou de manière prévisionnelle en construisant un plan de financement). Ils permettent de faire ressortir les flux agrégés dans le fonds de roulement et de comprendre comment la hausse du fonds de roulement a été utilisée ou comment sa baisse a été couverte. En bout de ligne, l'impact sur la trésorerie est mesuré et permet d'apprécier un risque de déséquilibre de la structure financière.

La base des tableaux de financement fonctionnels repose sur la capacité d'autofinancement et l'investissement. L'autofinancement étant généralement insuffisant pour assurer seul le financement des investissements, les entreprises sont amenées à se procurer des ressources externes (augmentation de capital, emprunts...) qui engendreront ultérieurement des sorties de fonds (remboursement, distribution de dividendes...).

Les flux précédents constituent les composantes de base des tableaux de financement fonctionnels auxquels on adjoint la variation des besoins en fonds de roulement. De ce fait, le solde des flux exprime la variation de trésorerie de l'exercice (Tableau 7.11).

Tableau 7.1 – Modèle de tableau de financement

	N	N – 1	N – 2
Emplois stables : • Investissements : Incorporels Corporels Financiers • Dividendes • Réduction des capitaux propres • Remboursements des dettes financières			
Total emplois			
Ressources stables : • Capacité d'autofinancement • Augmentation de capital (apport d'argent frais) • Cession d'actifs (montant de la cession) • Augmentation des dettes financières			
Total ressources			
Variation du fonds de roulement (Ressources – Emplois) [A]			
Variation du besoin en fonds de roulement [B]			
Variations de la trésorerie à l'actif			
Variations de la trésorerie au passif			
Variation de la trésorerie (A-B ou actif-passif)			

Quelques précisions sur le contenu de ces rubriques :

- la variation des ressources stables provient des rubriques suivantes :
– capacité d'autofinancement,
– augmentation des capitaux propres réalisée par apport d'argent frais,
– augmentation des dettes financières à terme,
– réduction des ressources stables : remboursement d'emprunt, distribution de dividendes ;

- la variation des emplois stables résulte des mouvements suivants :
  – augmentation de l'actif immobilisé : investissement,
  – réduction de l'actif immobilisé : cession d'immobilisations, remboursement d'immobilisations financières ;
- la variation du besoin en fonds de roulement trouve son origine dans l'évolution de ses composantes :
  – augmentation du besoin : accroissement des stocks, du crédit-client, réduction du crédit-fournisseur,
  – réduction du besoin : diminution des stocks, du crédit-client, augmentation du crédit-fournisseur ;
- la variation de la trésorerie résulte des évolutions suivantes (la trésorerie étant généralement négative, les concours bancaires excédant le montant des liquidités, nous exprimerons la variation de trésorerie en fonction d'une situation de trésorerie négative) :
  – augmentation de la trésorerie négative : accroissement des concours bancaires, diminution des liquidités,
  – diminution de la trésorerie négative : réduction des concours bancaires, augmentation des liquidités.

Tous les tableaux de financement, et leur nombre est important, reposent sur la même logique qui est de rapprocher les emplois (investissements, remboursements d'emprunts, dividendes...) des ressources (autofinancement, augmentation de capital, emprunts...). Les différences entre les tableaux interviennent seulement dans la prise en compte partielle ou totale des rubriques précédentes. De ce choix dépendra la nature du solde assurant l'équilibre des composantes retenues.

Application 1 : Construire un tableau de financement

L'entreprise Matalor, exerçant une activité relevant de l'industrie moyenne, vous a communiqué les deux derniers bilans arrêtés au 31/12/N - 1 et 31/12/N.

Tableau 7.2 – Bilans arrêtés au 31/12/N – 1 et 31/12/N

ACTIF (en k€)	N	N – 1
Immobilisations nettes		
- corporelles	5 300	5 000
- financières	300	
Stocks	2 200	2 000
Créances clients	4 400	4 000
Disponibilités		300
Total actif	12 200	11 300

PASSIF (en k€)	N	N – 1
Capitaux propres	5 190	4 500
Dettes financières (long terme)	3 300	3 800
Fournisseurs	2 600	2 500
Dettes fiscales et sociales	550	500
Concours bancaires courants	560	
Total passif	12 200	11 300

Vous disposez également des informations suivantes pour l'exercice N :

- emprunt remboursé en cours d'exercice : 500 k€ ;
- prix de cession du matériel vendu : 400 k€ (VNC = 200 k€) ;
- chiffre d'affaires : 38 800 k€ ;
- résultat net : 690 k€ ; dotation aux amortissements : 1 000 k€.

À partir de ces informations, il vous est demandé de construire le tableau de financement de l'entreprise.

Solution :

Tableau 7.3 – Calculs préalables

Flux d'investissement (immobilisations corporelles)	N
Variation des immobilisations nettes	300
+ Dotation aux amortissements	1 000
+ VNC (matériel cédé)	200
	1 500

Flux d'investissement (immobilisations financières)	N
Variation des immobilisations nettes	300

CAF	N
Résultat net	690
+ Dotation aux amortissements	1 000
– Plus-value sur matériel cédé	200
	1 490

Variation du besoin en fonds de roulement	N	N – 1
Emplois d'exploitations	6 600	6 000
Ressources d'exploitations	3 150	3 000
= Besoin en fonds de roulement	3 450	3 000
Variation du besoin en fonds de roulement	450	

Tableau 7.4 – Tableau de financement

En k€	N
Emplois stables :	
• Investissements :	
Incorporels	0
Corporels	1 500
Financiers	300
• Dividendes	
• Réduction des capitaux propres	
• Remboursements des dettes financières	500
Total Emplois	2 300
Ressources stables :	
• Capacité d'autofinancement	1 490
• Augmentation de capital (apport d'argent frais)	
• Cession d'actifs (montant de la cession)	400
• Augmentation des dettes financières	
Total Ressources	1 890
Variation du fonds de roulement (Ressources – Emplois) [A]	– 410
Variation du besoin en fonds de roulement [B]	450
Variations de la trésorerie à l'actif	– 300
Variations de la trésorerie au passif	560
Variation de la trésorerie (A – B ou actif-passif)	– 860

Le tableau de financement met en évidence une hausse des emplois stables de 2 300 k€ qui s'explique par les investissements réalisés en actifs corporels (65 % des besoins), par des investissements en actifs financiers (13 %) et par le remboursement de dettes financières (22 %). Les ressources stables n'ont augmenté que de 1 890 k€ (capacité d'autofinancement et cession d'actifs). De ce fait, le fonds de roulement diminue de 410 k€ ; l'entreprise Matalor a fait le choix de financer ses investissements sans avoir recours à des financements externes. Le besoin en fonds de roulement augmente de 450 k€. La baisse du fonds de roulement ajoutée à la hausse du besoin en fonds de roulement conduit à une baisse de 860 k€ de la trésorerie.

SECTION 3 TABLEAUX DE FLUX DE TRÉSORERIE

Le tableau des flux de trésorerie (Tableau 7.5) permet d'appréhender l'aptitude d'une entreprise à générer de la trésorerie du seul fait de son exploitation. Les flux liés aux choix stratégiques (investissement et cessions d'actif) et ceux résultant des arbitrages financiers nécessaires au financement des besoins (emprunts, concours bancaires à court terme, augmentation de capital) font l'objet d'un traitement à part qui permet de mesurer la contribution de chaque domaine (activité, investissement et financement) à l'équilibre financier de l'entreprise. L'objectif de ce tableau est d'apporter un éclairage sur ces trois points déterminants pour l'appréciation de la compétitivité, de la pérennité et de la capacité de l'entreprise à financer les besoins induits par son développement. En effet, le regroupement des flux en trois catégories doit permettre d'apprécier :

- la capacité de l'entreprise à générer des liquidités ;
- son aptitude à faire face à ses engagements ;
- l'incidence sur la structure financière des opérations d'investissement et de financement.

De plus, les tableaux de flux de trésorerie synthétisent des flux qui peuvent être facilement rapprochés du compte de résultat. Ex. : le flux d'investissement peut être comparé au chiffre d'affaires ou au résultat net.

Tableau 7.5 – Modèle de tableau de flux de trésorerie

	N	N - 1	N - 2
Flux de trésorerie liés à l'activité Résultat net Élimination des charges et produits sans incidence sur la trésorerie ou non liés à l'activité : • +/– amortissements et provisions • plus-values de cessions nettes d'impôts • quote-part des subventions d'investissement virée au résultat			
Capacité d'autofinancement			
– Variation du besoin en fonds de roulement lié à l'activité – Variation des stocks – Variation des créances d'exploitation + Variation des dettes d'exploitation – Variation des autres créances liées à l'activité + Variation des autres dettes liées à l'activité			
Flux net de trésorerie généré par l'activité (A)			
Flux de trésorerie liés aux opérations d'investissement – Acquisitions d'immobilisations + Cessions d'immobilisations nettes d'impôts + Réduction d'immobilisations financières +/– Variation des créances et dettes sur immobilisations			
Flux de trésorerie liés aux opérations d'investissement (B)			
Flux de trésorerie liés aux opérations de financement – Dividendes versés +/– Incidence des variations de capital + Émission d'emprunts – Remboursement d'emprunt + Subventions d'investissement reçues			
Flux de trésorerie liés aux opérations de financement (C)			
Variation de trésorerie (= A + B + C)			
Trésorerie à l'ouverture (D)			
Trésorerie à la clôture (= A + B + C + D)			

Les flux liés à l'activité comprennent les flux de trésorerie d'exploitation (ventes, achats, frais de personnel…) ainsi que des flux rattachés à l'activité, notamment les charges et produits financiers, la participation des salariés et l'impôt sur les sociétés. La séquence de calcul la plus répandue des flux de trésorerie liés à l'activité conduit à calculer la capacité d'autofinancement et à imputer sur cette dernière la variation des besoins en fonds de roulement.

Plus précisément, le flux net de trésorerie généré par l'activité permet d'apprécier la capacité de l'entreprise à couvrir sa charge d'endettement, à distribuer des dividendes et à autofinancer de nouveaux investissements. Le flux net de trésorerie lié à l'investissement précise l'effort d'investissement d'une entreprise pour renouveler ou développer ses immobilisations. Le flux de trésorerie lié aux opérations de financement fournit des informations quant aux sources de financement et aux décaissements qu'ils induisent.

Application 2 : Construire un tableau de flux de trésorerie

À partir des informations communiquées pour l'Application 1, il vous est demandé de construire le tableau de flux de trésorerie de l'entreprise Matalor.

Solution :

Tableau 7.6 – Tableau de flux de trésorerie

En k€	N
Flux de trésorerie liés à l'activité	
Résultat net	690
Élimination des charges et produits sans incidence sur la trésorerie ou non liés à l'activité :	
- +/– amortissements et provisions	1 000
- plus-values de cessions nettes d'impôts	200
- quote-part des subventions d'investissement virée au résultat	
Capacité d'autofinancement	1 490
– Variation du besoin en fonds de roulement lié à l'activité	
– Variation des stocks	200
– Variation des créances d'exploitation	400
+ Variation des dettes d'exploitation	100
– Variation des autres créances liées à l'activité	
+ Variation des autres dettes liées à l'activité	50
Flux net de trésorerie généré par l'activité (A)	1 040
Flux de trésorerie liés aux opérations d'investissement	
– Acquisitions d'immobilisations	1 800
+ Cessions d'immobilisations nettes d'impôts	400
+ Réduction d'immobilisations financières	
+/– Variation des créances et dettes sur immobilisations	
Flux de trésorerie liés aux opérations d'investissement (B)	– 1 400
Flux de trésorerie liés aux opérations de financement	
– Dividendes versés	
+/– Incidence des variations de capital	

+ Émission d'emprunts	
– Remboursement d'emprunt	500
+ Subventions d'investissement reçues	
Flux de trésorerie liés aux opérations de financement (C)	- 500
Variation de trésorerie (=A+B+C)	- 860
Trésorerie à l'ouverture (D)	300
Trésorerie à la clôture (=A+B+C+D)	- 560

Le tableau de flux de trésorerie de l'entreprise Matalor fait ressortir que l'activité génère un flux de trésorerie de 1 040 k€ en N. L'entreprise a réalisé des opérations d'investissement nécessitant 1 400 k€. L'entreprise n'ayant pas fait appel à de nouveaux financements (dettes financières ou capital), le flux de trésorerie lié aux opérations de financement se réduit de 500 k€. Les flux de trésorerie d'exploitation ne suffisent pas à couvrir la hausse des besoins de liquidités liée aux opérations d'investissement et de financement. La trésorerie de l'entreprise baisse de 860 k€, ce qui conduit l'entreprise à avoir un solde de trésorerie négatif (- 560 k€) en N, alors qu'il était positif en N - 1 (+ 300 k€).

SECTION 4 ANALYSE DES TABLEAUX DE FLUX

Les tableaux de flux permettent d'analyser deux domaines stratégiques de l'entreprise, à savoir sa politique d'investissement et sa politique de financement.

Dans un premier temps, il est recommandé d'adopter une perspective d'analyse couvrant plusieurs années en procédant au cumul des flux afin d'appréhender d'une manière condensée les politiques d'investissement et de financement de l'entreprise. Ce mode d'analyse fournit un éclairage rapide sur le sentier de croissance emprunté par l'entreprise, le mode de développement adopté (croissance interne ou externe) et les sources de financement sollicité (contribution relative des divers modes de financement...).

Le tableau de flux renferme des informations qui permettent d'analyser la politique d'investissement et d'apprécier la cohérence de la combinaison entre les flux physiques et les flux financiers.

1 • INTERPRÉTATION DES TABLEAUX DE FLUX

Un tableau de flux fournit une vue synoptique des évènements et des décisions qui ont caractérisé l'évolution de l'entreprise sur la période. De ce fait, un tableau de flux constitue un outil d'analyse synthétique qui donne une vision intégrée des variables financières.

L'interprétation d'un tableau de flux se fait à partir d'une lecture décisionnelle des flux (Figure 7.3). L'objectif est d'appréhender les modes de financement de l'effort d'investissement. Ainsi le rapprochement entre les besoins d'investissement et la capacité d'autofinancement dégagée sur la période fait ressortir le besoin de financement externe à couvrir par des levées de capitaux propres et le recours aux emprunts. Une capacité d'autofinancement excédentaire par rapport aux besoins d'investissement éclaire sur le niveau des fonds utilisables pour les distributions de dividendes ou le désendettement de l'entreprise.

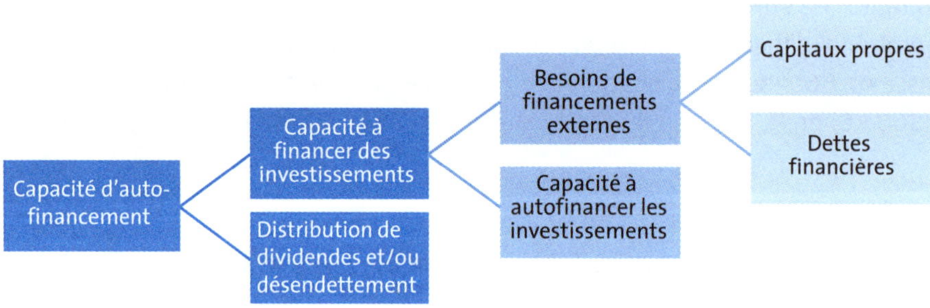

Figure 7.3 – Lecture décisionnelle des flux

Comme le montre l'étendue des points précédemment énoncés, l'analyse d'un tableau de flux présente un caractère synthétique indéniable à travers les rapprochements opérés entre les évolutions de la structure financière et de la rentabilité appréhendée à partir de l'autofinancement. La lecture d'un tableau de flux met en évidence la dynamique du circuit de financement de l'entreprise. Les tableaux montrent en quoi l'autofinancement constitue une mesure de la capacité d'investissement en éclairant sur la capacité d'une entreprise à financer ses futurs investissements. En effet, une entreprise dont l'autofinancement s'avérerait insuffisant pour couvrir son effort d'investissement productif serait dans l'obligation de recourir à l'endettement, évolution pouvant conduire à une situation financière difficile.

Au demeurant, selon l'importance des investissements engagés, l'entreprise peut être obligée de recourir à l'endettement pour assurer une partie du financement des besoins. Dans cette hypothèse, c'est l'évolution favorable de l'autofinancement qui permettra d'assurer le remboursement de la dette financière contractée à l'occasion du programme d'investissement. Ce point met en évidence une relation importante entre la capacité d'endettement et l'autofinancement. Une entreprise peut d'autant plus recourir à l'endettement que son niveau d'autofinancement est élevé.

2 • ANALYSE DE LA POLITIQUE D'INVESTISSEMENT

Tout développement d'une activité, voire son seul maintien, suppose que l'entreprise ait su conquérir des positions commerciales et ait pu les préserver de la concurrence. La réalisation de ces objectifs est le fruit des investissements engagés antérieurement. Ces investissements entrepris dans de nombreux domaines (technologiques, commerciaux...), constituent autant de barrières à l'entrée protégeant les domaines d'activité de l'entreprise.

Sur le plan financier, ces barrières à l'entrée ont partiellement une traduction dans le bilan de l'entreprise, à travers le montant des capitaux « investis » que l'on trouve dans les immobilisations, les stocks et l'en-cours commercial. L'ensemble des capitaux investis représente le ticket d'entrée que payerait un concurrent qui voudrait se positionner sur le marché. La notion de ticket d'entrée correspond à une réalité économique qu'il est facile d'exprimer en termes financiers (exemple suivant).

EXEMPLE : TICKET D'ENTRÉE

Pour illustrer la notion, retenons le cas d'une enseigne commerciale de prêt à porter qui souhaiterait couvrir rapidement le territoire national. Sur la base de boutiques disposant d'une surface moyenne de vente de 100 m2 installées dans des rues bénéficiant d'une bonne commercialité, on peut considérer que l'ouverture d'un point de vente représente un investissement moyen de 500 000 euros (fonds de commerce : 300 000 euros ; aménagements : 125 000 euros ; stock moyen : 75 000 euros). On sait, à partir de l'analyse des ventes de boutiques similaires, que le chiffre d'affaires moyen (TTC) escompté peut représenter, par boutique, jusqu'à 1,5 million d'euros avec 7 ou 8 salariés.

La connaissance des données précédentes permet de procéder à un chiffrage (compte de résultat prévisionnel, plan d'investissement et plan de financement) des retombées commerciales et financières de la stratégie. C'est ce type de paramètres qu'un analyste financier se doit d'apprécier et d'évaluer.

Voyons maintenant comment procède l'analyste financier pour juger de la politique d'investissement de l'entreprise (Figure 7.5). Sa première préoccupation est d'apprécier l'importance de l'effort d'investissement supporté par l'entreprise au cours des dernières années. Cette connaissance lui permet notamment d'estimer l'effort futur d'investissement. Par ailleurs, l'effort d'investissement doit être caractérisé en prenant en compte les modes de croissance de l'entreprise (croissance organique vs croissance externe), la régularité ou la cyclicité des investissements et le lien avec le portefeuille d'activité actuel (investissements de diversification vs opérations de recentrage). Enfin, l'effort d'investissement passé est rapproché de l'évolution des résultats afin d'en apprécier la pertinence. En effet, tout investissement a vocation à dégager une rentabilité supplémentaire, dont on doit trouver la traduction dans la capacité d'autofinancement. Aussi est-il primordial de rapprocher l'évolution des investissements de celle de l'autofinancement.

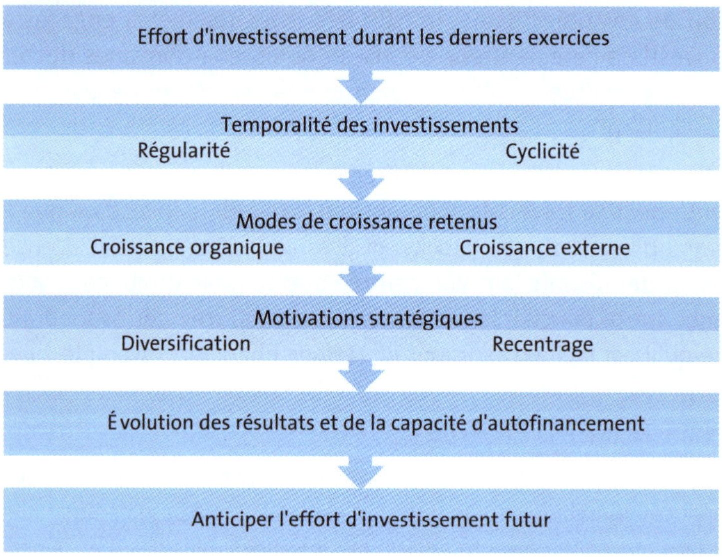

Figure 7.4 – Démarche de l'analyste financier

• Mesure de l'effort d'investissement

L'effort d'investissement peut être analysé au travers de plusieurs indicateurs :

- le taux d'investissement qui est une mesure directe de l'effort d'investissement ;
- le coefficient de capital qui apprécie l'investissement par rapport à la valeur ajoutée dégagée (ou au chiffre d'affaires) ;
- le taux de renouvellement des immobilisations qui éclaire sur le rythme d'investissement ;
- le poids des investissements de croissance qui permet de voir si l'entreprise est engagée dans un processus de croissance ;
- le taux d'amortissement qui mesure le vieillissement de l'outil de production.

Quelques remarques préalables à l'analyse de ces ratios :

- montant des investissements : pour une entreprise industrielle, il est recommandé de prendre en compte les seules immobilisations productives (rubriques « Installations techniques, matériels et outillages » et « Autres immobilisations corporelles »). Désormais, il est nécessaire d'élargir la notion d'investissement. Dans de nombreux secteurs, les capitaux investis doivent tenir compte des investissements commerciaux et publicitaires (cas du secteur agroalimentaire), ainsi que des dépenses de recherche (cas des industries de haute technologie). Cela devient de plus en plus vrai, au fur et à mesure que la part des investissements immatériels grandit au sein de l'effort d'investissement. Par ailleurs, dans certains secteurs ou à certaines époques de la vie de l'entreprise, la croissance peut s'opérer par rachat d'entreprise. Il convient alors de prendre en compte les investissements financiers, en complément des investissements physiques et immatériels ;
- utilisation du chiffre d'affaires ou de la valeur ajoutée en période inflationniste : il est plus pertinent de s'intéresser au supplément de valeur ajoutée constaté sur une période (par exemple, 5 ans).

Taux d'investissement

L'évolution de cet indicateur permet de savoir si l'entreprise est engagée dans une phase d'investissement. Il fournit aussi un éclairage utile pour positionner l'entreprise par rapport à la concurrence.

$$\text{Taux d'investissement} = \frac{\text{Investissements}}{\text{Chiffre d'affaires (ou valeur ajoutée)}}$$

L'indicateur présente l'inconvénient de pouvoir connaître de fortes fluctuations en relation avec les phénomènes de palier qui caractérisent les processus d'investissement.

Coefficient de capital

Cet indicateur permet de différencier les industries légères (ratio inférieur à 0,5), des industries moyennes (ratio compris entre 0,5 et 1,75 ; ex. : industries de transformation) et des industries lourdes (ratio supérieur à 1,75 ; ex. : cimenterie).

$$\text{Coefficient de capital} = \frac{\text{Immobilisations brutes}}{\text{Valeur ajoutée}}$$

L'appartenance à l'un ou l'autre des types d'industrie distingués est fondamentale, car de la valeur du coefficient de capital dépend, directement, d'une part l'effort d'investissement qui doit être entrepris pour maintenir le capital de production, d'autre part le seuil de rentabilité indispensable au développement et à la survie de l'entreprise.

Le coefficient de capital s'avère un indicateur précieux dans une optique prévisionnelle. Soulignons cependant qu'il nécessite d'être calculé sur une période pluriannuelle, en général cinq ans, afin de gommer les effets d'un investissement important dont la répercussion sur le chiffre d'affaires n'aurait pas encore eu le temps de se faire sentir.

Taux de renouvellement

L'analyse de l'évolution du taux de renouvellement permet d'appréhender la durée du cycle d'investissement qui est généralement de quatre ou cinq ans dans l'industrie. Ce taux dépend de l'intensité de capital mais aussi du rythme de développement de l'entreprise. Ce taux est généralement compris entre 8 % et 12 %, sauf pour le secteur des services où il peut atteindre plus de 15 %.

$$\text{Taux de renouvellement} = \frac{\text{Investissements}}{\text{Immobilisations brutes}}$$

Poids des investissements de croissance

Quand le ratio est supérieur à 1, il y a de fortes présomptions que l'entreprise réalise des investissements de croissance. Bien évidemment, la valeur du ratio doit être observée sur plusieurs exercices afin de prendre en compte les caractéristiques du processus d'investissement (effort d'investissement temporairement élevé suivi d'une baisse des investissements, caractère cyclique de l'activité et des investissements...). Au demeurant, un ratio sensiblement supérieur à 1 pendant plusieurs années traduit l'engagement de l'entreprise dans un processus de croissance.

$$\text{Poids des investissements de croissance} = \frac{\text{Investissements}}{\text{Dotations aux amortissements}}$$

Taux d'amortissement

Ce taux fournit un éclairage rapide et synthétique sur le niveau de vieillissement et l'obsolescence des équipements de l'entreprise. Rapproché du taux d'investissement, le taux d'amortissement permet d'anticiper l'effort d'investissement futur pour que l'entreprise mette à niveau son outil de production.

$$\text{Taux d'amortissement} = \frac{\text{Amortissements cumulés}}{\text{Immobilisations brutes}}$$

Un taux d'amortissement élevé est annonciateur de la nécessité prochaine de renouveler l'outil de production. L'effort d'investissement auquel va devoir procéder l'entreprise conduit à évaluer la capacité de cette dernière à trouver les financements externes. L'évaluation s'appuie sur la mesure de la capacité d'endettement à terme et le niveau de la trésorerie positive. La somme de ces deux termes donne une indication sur le montant maximal d'investissement que l'entreprise peut entreprendre.

Application 3 : Interprétation des tableaux de financement et de flux de trésorerie

À partir des informations fournies dans l'Application 1, il vous est demandé de calculer les ratios précédemment présentés.

Pour ce faire, les données suivantes vous sont communiquées :

Tableau 7.7 – Données comptables complémentaires

	N
Valeur ajoutée	9 700
Immobilisations brutes	10 700
Amortissements cumulés	2 300
Dotations aux amortissements	1 000

Tableau 7.8 – Calculs des ratios mesurant l'effort d'investissement

	N
Taux d'investissement	19 %
Coefficient de capital	1,1
Taux de renouvellement des immobilisations	17 %
Poids des investissements de croissance	1,8
Taux d'amortissement	50 %

Le taux d'investissement de l'entreprise Matalor indique que le flux d'investissement enregistré en N est soutenu pour une entreprise industrielle. Le coefficient de capital confirme que ses immobilisations brutes sont conformes à ce qui est préconisé pour les entreprises de l'industrie moyenne. Le taux de renouvellement des immobilisations est très rapide, puisqu'elle les renouvelle en moyenne tous les six ans (17 % × 6 = 101 %). L'entreprise Matalor réalise des investissements de croissance (taux > 1,2). En moyenne, ses immobilisations sont à la moitié de leur durée d'amortissement. Ce ratio est positivement influencé par les investissements significatifs réalisés au cours de l'exercice N.

• Pertinence de l'effort d'investissement

Comme indiqué précédemment, la pertinence de la politique d'investissement sera appréciée en rapprochant l'évolution de l'autofinancement de celle de l'effort d'investissement. Une entreprise investit pour améliorer, ou à la rigueur maintenir, son autofinancement. Une représentation graphique de l'évolution des deux indicateurs permet facilement de juger de la pertinence de la politique d'investissement (Figure 7.5 et Figure 7.6).

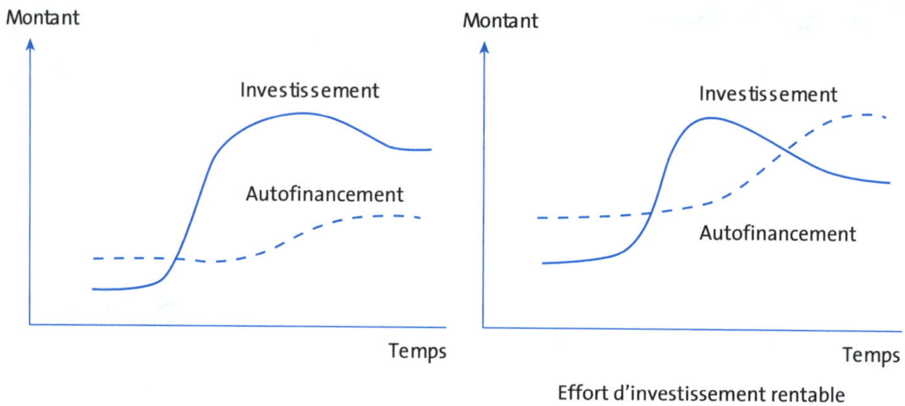

Figure 7.5 – Effort d'investissement non rentable, ou à la rentabilité discutable

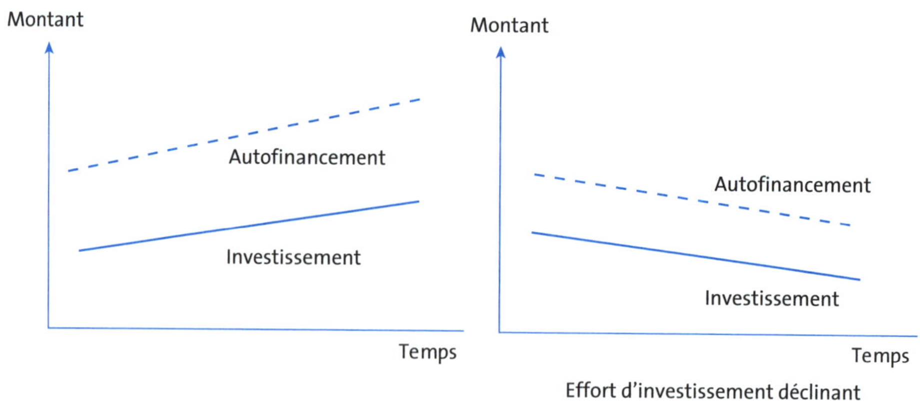

Figure 7.6 – Effort d'investissement soutenu contribuant à la croissance de l'autofinancement

3 • ÉVALUATION DE LA COMBINAISON DES FLUX PHYSIQUES ET FINANCIERS

Quand on cherche à apprécier la cohérence de la combinaison entre les flux physiques (ex. : les investissements) et les flux financiers (ex. : l'autofinancement), l'analyse conduit à se poser trois types de questions relatives respectivement à la temporalité des flux, à leur homogénéité et à leur adaptabilité.

La temporalité des flux conduit à analyser l'harmonisation des périodicités, analyse qui suppose d'identifier ou d'anticiper les distorsions qui peuvent apparaître entre les flux financiers et les flux d'exploitation. Il convient d'ailleurs de s'assurer que ces distorsions n'entraîneront pas une dégradation cumulative de la situation mais bénéficieront, au contraire, d'un processus de rééquilibrage qui les corrigera.

> **EXEMPLE : DISTORSION TEMPORELLE DES FLUX**
>
> Une entreprise en croissance est confrontée à une brutale chute d'activité et subit une croissance intempestive de ses besoins en fonds de roulement s'opérant dans une situation de rationnement de concours bancaires de trésorerie.

L'appréciation de l'homogénéité des flux nécessite d'analyser la nature des flux et la cohérence qui apparaît entre les caractéristiques des ressources, de nature principalement financière, et celles des emplois au sein desquels les flux physiques occupent une place significative. L'appréciation de l'homogénéité se fait en procédant à des reclassements des flux en fonction de différents critères (certitude/incertitude ; rigidité/flexibilité...), puis en opérant des rapprochements entre flux (ex. : une ressource aléatoire assure-t-elle le financement d'un emploi rigide ?).

> **EXEMPLE : HOMOGÉNÉITÉ DES FLUX**
>
> En présence d'une hétérogénéité des flux : situation de l'entreprise qui a fait le pari, qui s'est avéré hasardeux après coup, d'autofinancer la totalité de ses investissements.

Le troisième type de questions permettant, d'évaluer la cohérence de la combinaison des flux, concerne l'adaptabilité de ces derniers à l'évolution des caractéristiques de l'environnement de l'entreprise. L'entreprise dispose-t-elle de la flexibilité nécessaire qui lui permettra de faire face à une modification brutale dans la composition de ses ressources ou de ses emplois ?

EXEMPLE : COHÉRENCE DES FLUX

Manque de flexibilité des flux : situation de l'entreprise qui, confrontée à une réduction de son crédit-fournisseur à la suite d'une révision sensible et brutale du niveau de garantie accordée jusqu'alors par les établissements d'assurance-crédit, se trouve dans l'incapacité d'obtenir une augmentation des concours bancaires à court terme.

SECTION 5 DU PLAN DE FINANCEMENT AUX ÉTATS FINANCIERS PRÉVISIONNELS

L'analyse de la situation financière future constitue une étape complémentaire à l'analyse de l'évolution passée de la structure financière. L'analyse prévisionnelle est souvent déterminante, notamment lorsque l'analyse financière est réalisée en vue d'une prise de risque bancaire. Nous nous concentrons sur l'établissement du plan de financement, puis du compte de résultat prévisionnel et du bilan prévisionnel. Ce dernier document permet d'apprécier l'évolution de la structure financière consécutivement aux décisions prises en matière de moyens de financement.

1 • ÉTABLISSEMENT DU PLAN DE FINANCEMENT

Un plan de financement est un tableau de financement prévisionnel. Sa construction nécessite donc de recenser les besoins et les ressources qui configurent le circuit de financement de l'entreprise. Le plan de financement met en évidence la proportion entre, d'une part, les ressources internes et les ressources externes, d'autre part les ressources et les besoins à couvrir. De ce fait, la lecture d'un plan de financement permet d'apprécier la faisabilité de la politique financière en apportant un éclairage sur le caractère raisonnable du montant des financements sollicités. Le plan de financement permet aussi d'apprécier la marge de sécurité dont l'entreprise dispose pour faire face aux aléas éventuels.

La première étape conduit à déterminer les besoins à financer. Le chiffrage des besoins s'opère à partir d'une prévision d'activité dont dépendent la réalisation d'investissements et l'augmentation (ou la réduction) des besoins en fonds de roulement. Cette prévision d'activité détermine aussi la capacité d'autofinancement prévisionnelle.

La méthode d'établissement d'un plan de financement est itérative puisque le mode de financement envisagé (emprunt, augmentation de capital...) pour couvrir le décalage entre les besoins (investissements, besoins en fonds de roulement, remboursement des emprunts existants) et les ressources internes (capacité d'autofinancement), aura une incidence négative sur les ressources et les emplois. En effet, le recours à l'emprunt se traduira par des frais financiers supplémentaires et une augmentation des charges de remboursement, tandis que la réalisation d'une augmentation de capital nécessitera le versement de dividendes supplémentaires en rémunération de l'effort supporté par les actionnaires.

Le choix du mode de financement stable se fait dans le cadre général de la politique financière de l'entreprise et en conformité avec les principes d'équilibre financier. Si, après mise en place des financements stables, une impasse de trésorerie subsiste, elle fait l'objet, normalement, d'une couverture par un financement bancaire à court terme. Les frais financiers induits par ce financement auront une incidence négative sur l'autofinancement dont il faudra tenir compte. L'établissement d'un plan de financement nécessite donc une série de calculs prenant en compte, à divers stades, l'incidence des choix financiers retenus par l'entreprise.

Application 4

L'entreprise Matalor souhaite poursuivre ses investissements de croissance au début de l'année N + 1. Pour ce faire, elle envisage un investissement de 3 900 k€. Pour couvrir l'ensemble, elle envisage de solliciter un emprunt à moyen terme de 2 000 k€ d'une durée de cinq ans avec des charges de remboursement annuelles de 400 k€. En N + 1, le chiffre d'affaires devrait s'élever à 45 800 k€ et dégager une CAF de 2 140 k€. Les dotations aux amortissements sont estimées à 1 300 k€ et le résultat net à 840 k€.

Afin d'apprécier l'évolution de l'équilibre financier, l'entreprise Matalor vous demande d'établir le plan de financement pour l'année N + 1, sachant que les charges de remboursement de la dette actuelle sont de 500 k€. Il convient de chiffrer la variation du BFR sur la base de son poids au 31/12/N.

Solution :

Tableau 7.9 – Variation du BFR en N + 1

BFR N	3 450
Chiffre d'affaires N	38 800
Poids du BFR en N	32,01
Chiffre d'affaires N + 1	45 800
BFR N + 1	4 072
Variation du BFR N + 1	622

Tableau 7.10 – Plan de financement (N + 1)

	N + 1
Emplois stables	
• Investissements :	
Incorporels	
Corporels	3 900
Financiers	
• Dividendes	
• Réduction des capitaux propres	
• Remboursements des dettes financières	900
Total emplois	4 800
Ressources stables	
• Capacité d'autofinancement	2 140
• Augmentation de capital (apport d'argent frais)	
• Cession d'actifs (montant de la cession)	
• Augmentation des dettes financières	2 000
Total ressources	4 140
Variation du fonds de roulement (Ressources – Emplois) [A]	– 660
Variation du besoin en fonds de roulement [B]	622
Variation de la trésorerie (A – B ou actif – passif)	– 1 282

	N + 1
Flux de trésorerie liés à l'activité	
Résultat net	840
Élimination des charges et produits sans incidence sur la trésorerie ou non liés à l'activité :	
+/– amortissements et provisions	1 300
plus-values de cessions nettes d'impôts	
quote-part des subventions d'investissement virée au résultat	
Capacité d'autofinancement	2 140

– Variation du besoin en fonds de roulement lié à l'activité	622
– Variation des stocks	
– Variation des créances d'exploitation	
+ Variation des dettes d'exploitation	
– Variation des autres créances liées à l'activité	
+ Variation des autres dettes liées à l'activité	
Flux net de trésorerie généré par l'activité (A)	1 518
Flux de trésorerie liés aux opérations d'investissement	
– Acquisitions d'immobilisations	3 900
+ Cessions d'immobilisations nettes d'impôts	
+ Réduction d'immobilisations financières	
+/– Variation des créances et dettes sur immobilisations	
Flux de trésorerie liés aux opérations d'investissement (B)	– 3 900
Flux de trésorerie liés aux opérations de financement	
– Dividendes versés	
+/– Incidence des variations de capital	
+ Émission d'emprunts	2 000
– Remboursement d'emprunt	900
+ Subventions d'investissement reçues	
Flux de trésorerie liés aux opérations de financement (C)	1 100
Variation de trésorerie (= A + B + C)	– 1 282
Trésorerie à l'ouverture (D)	– 860
Trésorerie à la clôture (= A + B + C + D)	– 2 142

L'entreprise Matalor planifie à nouveau en N + 1 des investissements significatifs et elle prévoit d'en autofinancer près de la moitié. Les tableaux ci-dessus montrent l'intérêt de renforcer les capitaux propres et/ou de solliciter un emprunt plus élevé afin de ne pas réduire le fonds de roulement. Compte tenu de la forte croissance de cette entreprise, le renforcement de ses capitaux propres constituerait une bonne mesure et permettrait une meilleure maîtrise de sa structure financière. Il faudrait refaire un plan de financement en incluant :

- soit l'augmentation des agios liée à la dégradation de la trésorerie ;
- soit l'augmentation de capital et sa contrepartie sous forme de dividendes.

• Établissement du compte de résultat prévisionnel

Il est nécessaire de souligner que le plan de financement a été construit en utilisant les données du compte de résultat prévisionnel. Nous proposons de revenir sur la manière dont ces prévisions sont réalisées.

Tout autant que l'analyse des résultats passés, celle des résultats prévisionnels est déterminante pour l'appréciation de la situation de l'entreprise. L'analyste financier doit donc être à même de juger de la pertinence des prévisions de résultats, même si cet exercice s'avère être la tâche la plus délicate de l'analyse financière. Au demeurant, n'est-ce pas la finalité première des analystes financiers boursiers dont on attend surtout un éclairage chiffré sur les perspectives à moyen terme des entreprises ?

L'établissement de résultats prévisionnels nécessite la réunion de trois types d'information :

1. l'analyse des résultats passés ;
2. la connaissance de la stratégie qui définit le cadre structurel dans lequel l'entreprise est appelée à évoluer au cours des prochaines années ;
3. l'analyse du contexte concurrentiel et des tendances lourdes prévisibles des marchés.

Les recommandations garantissant la qualité de l'établissement de résultats prévisionnels s'articulent en quatre idées.

• Effectuer plusieurs scénarii

Le grand principe de base quand on fait des prévisions financières, en tant qu'analyste extérieur, est de ne pas se limiter à une seule hypothèse de prévision, mais de s'efforcer d'en croiser plusieurs. C'est le croisement qui permet de s'assurer de la cohérence et de la vraisemblance des indicateurs prévisionnels.

• Chiffre d'affaires prévisionnel : une étape déterminante

La prévision que l'on est amené à faire sur le niveau futur de chiffre d'affaires s'avère l'élément central du processus de prévision financière. L'expérience montre que si l'évolution du niveau d'activité est correctement estimée, les erreurs sur les résultats en sont considérablement réduites. Aujourd'hui, l'exercice est rendu plus difficile dans la mesure où il est nécessaire de compléter la prévision de croissance en volume par une prévision, et donc une anticipation sur l'évolution des prix. Bien évidemment, quand l'entreprise a plusieurs domaines d'activité, on ne saurait se contenter d'une prévision globale, mais on doit procéder à une prévision d'évolution par grands domaines d'activité.

Au cours des dernières années, l'horizon prévisionnel s'est considérablement réduit. Désormais, les analystes établissent des prévisions détaillées sur un horizon d'un à deux ans, et procèdent par prolongement au-delà de cet horizon.

• Intégrer les modifications de la structure des charges d'exploitation

La croissance d'une entreprise se traduit rarement par une évolution homothétique de ses paramètres. Généralement, on observe une modification des caractéristiques de son exploitation due à des phénomènes d'économies d'échelle ou d'apprentissage qui engendre une évolution de la structure des coûts. Ce phénomène de dynamique des coûts a une incidence que l'analyste financier a parfois du mal à appréhender. Ainsi, on constate généralement que la moitié des charges externes présente un caractère de fixité ; de ce fait, ces charges connaissent une évolution par paliers qui peut fausser l'interprétation de l'évolution de leur poids relatif d'un exercice sur l'autre. Notamment, l'amélioration de la consommation de charges externes peut simplement résulter du « retard » dans l'adaptation de la partie fixe des charges externes.

De même, depuis plusieurs années, le coût des matières premières connaît de fortes fluctuations en relation avec les variations de cours des matières premières et des taux de change. La sensibilité de l'entreprise aux phénomènes de prix rend plus délicat l'établissement des prévisions de résultat.

La manière simple d'intégrer les variations de prix des matières consiste à retenir le taux de consommation constaté au dernier bilan, et à le corriger du différentiel d'évolution des prix de vente et des prix d'achat. Le nouveau taux de consommation alors obtenu est appliqué au montant du chiffre d'affaires prévu.

La formule suivante donne directement le taux de consommation de l'année N à partir du taux de consommation de l'année N – 1, compte tenu de l'évolution des prix de vente i' et des prix d'achat i^2.

$$\text{Taux de consommation}_N = \text{Taux de consommation}_{N-1} \times \frac{1+i''_N}{1+i'_N}$$

i'_N = taux de variation des prix de vente en N

i''_N = taux de variation des prix d'achat en N

> **EXEMPLE**
>
> En *N* – 1, la production est de 10 000 et les achats consommés se sont élevés à 5 000 (le taux de consommation a donc été de 0,5). En prévoyant une augmentation des prix de vente de 10 % (*i'* = 0,1) et des prix d'achat de 25 % (i'' = 0,25), le taux de consommation en N sera par application de la formule précédente :

$$0{,}5 \times \frac{1{,}25}{1{,}1} = 0{,}57$$

Si l'on prévoit une progression du volume d'activité de 20 % (g = 0,2), le taux de 0,57 appliqué sur le montant de la production prévisionnelle [production_N $(1 + g)$ $(1 + i')$] donnera le montant des achats de matières de l'année *N*.

La démarche précédente assure une certaine fiabilité dans l'établissement des prévisions de marge brute et de valeur ajoutée. Un test de cohérence complémentaire permet de valider facilement la pertinence des prévisions de cet indicateur. L'analyste doit s'attacher à l'évolution de la productivité apparente de la main-d'œuvre (valeur ajoutée/effectifs) dont toute modification sensible (de l'ordre de 10 % à 15 %) ne peut résulter que de modifications importantes dans l'organisation, l'outil de production ou l'assortiment des produits vendus. Toute augmentation de la productivité apparente de la main-d'œuvre dont on ne trouverait pas une contrepartie dans les dimensions évoquées précédemment, mériterait de faire l'objet d'une remise en cause. Rappelons que l'amélioration tendancielle de la productivité de la main-d'œuvre est de 2 % par an en France dans l'industrie.

En complément des précautions précédentes relatives aux prévisions des consommations intermédiaires (achats de matières et de charges externes), il est recommandé de porter une attention particulière à l'évolution des frais de personnel. Un des moyens simples de s'assurer de la vraisemblance de leur montant est de suivre l'évolution du coût salarial unitaire qui n'est appelé à évoluer normalement, qu'au gré des modifications de la structure qualitative du personnel.

En suivant les recommandations précédentes, l'analyste est à même d'établir ou de valider des prévisions d'excédent brut d'exploitation cohérentes avec les données sectorielles et la stratégie de l'entreprise. Les prévisions de résultat d'exploitation devraient alors être faiblement entachées d'erreur, dans la mesure où les dotations aux amortissements constituent une charge dont le montant est déterminé à partir du montant des immobilisations figurant au dernier bilan, correction faite des investissements prévus dans le plan de financement.

• Délicate anticipation des frais financiers

Les frais financiers constituent une rubrique à suivre avec une particulière attention. Généralement, l'estimation des frais financiers s'obtient en appliquant un taux d'intérêt prévisionnel au montant de l'endettement financier moyen utilisé pendant l'exercice. Ce dernier est obtenu en corrigeant le montant de l'endettement financier figurant au dernier bilan des nouveaux concours financiers prévus dans le plan de financement. En effet, l'évolution de l'endettement est directement dépendante de l'autofinancement anticipé. La démarche est identique pour le chiffrage des produits financiers, qu'on approximera en appliquant un taux d'intérêt au montant des liquidités pouvant faire l'objet d'un placement.

Aucune de ces dimensions ne sera de trop pour apprécier le niveau et le potentiel de performance de l'entreprise. Rappelons les exigences du cahier des charges des analystes financiers boursiers défini par la Société française des analystes financiers : « *Le rôle de l'analyste est d'intégrer les divers facteurs d'évolution permettant de déchiffrer l'avenir des entreprises et d'avoir une vision à terme en détectant les faits qui vont rendre le futur différent du présent.* »

2 • ÉTABLISSEMENT DU BILAN PRÉVISIONNEL

Une fois le plan de financement construit, le bilan prévisionnel s'établit facilement par imputation des flux du plan. Ainsi, l'actif immobilisé est affecté par les investissements, les amortissements et les cessions prévus. Les capitaux propres évoluent au gré des résultats mis en réserve et des augmentations de capital. La dette financière à terme est modifiée par les nouveaux emprunts et les remboursements en capital effectués. Le besoin en fonds de roulement évolue directement au gré des variations annuelles attendues.

Le solde annuel des emplois et des ressources détermine la variation de trésorerie qui vient modifier la situation de trésorerie initiale du bilan. C'est notamment sur l'évolution de cette dernière composante que doit porter l'attention de l'analyste financier. En effet, l'analyste doit s'interroger sur l'aptitude de l'entreprise à obtenir les nouveaux concours bancaires à court terme nécessaires au bouclage du plan de financement. Quant à l'évolution de l'endettement financier à terme, elle est appréciée sur la base des critères précédemment présentés lors de l'analyse de la structure financière.

L'ESSENTIEL

L'analyse du circuit financier repose sur l'étude de flux qui caractérisent financièrement les processus de financement et d'investissement. Pour ce faire, l'analyste dispose de deux outils : les tableaux de flux (pour l'analyse du passé) et les plans de financement (pour l'analyse du futur).

L'analyse d'un tableau de flux permet d'apprécier le niveau de l'autofinancement au regard de la politique d'investissement et de financement ; il met en évidence l'évolution du fonds de roulement et de la trésorerie. L'analyse fournit un éclairage synthétique pour comprendre et anticiper l'évolution de la structure financière.

MISES EN PRATIQUE

QCM

Retrouvez un QCM d'entraînement en flashant ce QR code.

dunod.link/lr919rl

APPLICATION 1 ECOPLAST

L'énoncé du cas EcoPlast se trouve dans la Partie 3.

• Construire et analyser le plan de financement.

Il est nécessaire en amont de l'établissement du plan de financement de déterminer la variation du BFR en N + 1.

Tableau 7.11 – Variation du BFR

BFR N	2 935
Chiffre d'affaires N	23 391
Poids du BFR en N (en jours)	45,18
Chiffre d'affaires N + 1	29 239
BFR N + 1	3 669
Variation du BFR N + 1	734

Tableau 7.12 – Plan de financement

	N + 1
Emplois stables	
• Investissements :	
Incorporels	

	N + 1
Corporels	3 200
Financiers	
• Dividendes	
• Réduction des capitaux propres	
• Remboursements des dettes financières	1 248
Total emplois	4 448
Ressources stables	
• Capacité d'autofinancement	2 868
• Augmentation de capital (apport d'argent frais)	
• Cession d'actifs (montant de la cession)	
• Augmentation des dettes financières	2 500
Total ressources	5 368
Variation fonds de roulement (Ressources – Emplois) [A]	920
Variation du besoin en fonds de roulement [B]	734
Variation de la trésorerie (A – B ou actif-passif)	186

	N + 1
Flux de trésorerie liés à l'activité	
Résultat net	1 114
Élimination des charges et produits sans incidence sur la trésorerie ou non liés à l'activité :	
– +/– amortissements et provisions	1 754
– plus-values de cessions nettes d'impôts	
– quote-part des subventions d'investissement virée au résultat	
Capacité d'autofinancement (CAF)	2 868
– Variation du besoin en fonds de roulement lié à l'activité	734
– Variation des stocks	
– Variation des créances d'exploitation	
+ Variation des dettes d'exploitation	
– Variation des autres créances liées à l'activité	
+ Variation des autres dettes liées à l'activité	
Flux net de trésorerie généré par l'activité (A)	2 134

	N + 1
Flux de trésorerie liés aux opérations d'investissement	
– Acquisitions d'immobilisations	3 200
+ Cessions d'immobilisations nettes d'impôts	
+ Réduction d'immobilisations financières +/– Variation des créances et dettes sur immobilisations	
Flux de trésorerie liés aux opérations d'investissement (B)	– 3 200
Flux de trésorerie liés aux opérations de financement	
– Dividendes versés	
+/– Incidence des variations de capital	
+ Émission d'emprunts	2 500
– Remboursement d'emprunt	1 248
+ Subventions d'investissement reçues	
Flux de trésorerie liés aux opérations de financement (C)	1 252
Variation de trésorerie (= A + B + C + D)	186
Trésorerie à l'ouverture (E)	– 736
Trésorerie à la clôture (= A + B + C + D + E)	– 550

Le projet d'investissement d'envergure envisagé pour N + 1 doit permettre à l'entreprise EcoPlast de développer un nouveau procédé qui sera la source probable de nouveaux débouchés. Pour financer l'investissement de 3,2 M€, Madame Collin souhaite recourir à un *Sustainability Linked Loan* (SLL) de 2,5 M€. Le plan de financement montre que ce financement s'avère suffisant pour ne pas aggraver la trésorerie négative. Toutefois, ces résultats se fondent sur des prévisions de croissance importante du chiffre d'affaires, du résultat net et de la CAF dès la première année de déploiement de l'investissement. L'entreprise étant faiblement endettée en N, le poids de la dette financière deviendrait très élevé en N + 1 mais supportable.

Afin d'apprécier plus finement l'effort d'investissement envisagé en N + 1, il est utile d'analyser l'outil productif de l'entreprise EcoPlast en N et N – 1. Pour ce faire, il convient de procéder à plusieurs calculs préalables concernant le crédit-bail. Le tableau ci-dessous synthétise les informations dont nous avons besoin pour le crédit-bail :

Tableau 7.13 – Crédit-bail

Crédit-bail mobilier	N	N – 1	N – 2
Engagements (liasse fiscale, tableau 11)	807	1 102	1 089
Loyers (liasse fiscale, tableau 4)	646	498	
Hypothèse sur la durée du contrat	5	5	
Valeur brute = loyers × 5 × 0,90	2 908	2 240	
Valeur nette = engagements × 0,90	726	992	
Cumul amortissements = valeur brute – valeur nette	2 182	1 249	
Dotations aux amortissements = loyers × 0,90	582	448	
Nouveaux engagements = engagements N – engagements N – 1 + Loyers N	351	511	
Nouveaux engagements × 0,90	316	460	

Remarque

L'outil productif est enregistré en comptabilité dans les postes suivants de l'actif du bilan : « Installations techniques, matériel et outillage industriels » et « Autres immobilisations corporelles ».

Les ratios suivants peuvent être calculés.

Tableau 7.14 – Ratios d'analyse de l'outil productif

Analyse de l'outil productif			N	N – 1
Taux d'amortissement	%	Cumul amort. / Immos corporelles brutes N = (2 328 + 1 107) + (2 907 – 726) / 9 098 N – 1 = (1 943 + 880) + (2 241 – 992) / 7 983	61,7 %	51,0 %
Coefficient de capital		Immos corporelles brutes/ VA N = 9 098/ 10 069	0,90	0,83

Le taux d'amortissement a fortement augmenté entre N – 1 et N (+ 10,7 points de pourcentage). Toutefois, il se situe en dessous de la limite de 75 % qui traduirait un réel vieillissement de l'outil productif. Le coefficient de capital est compris entre 0,5 et 1,75, ce qui est conforme à l'industrie moyenne. Il indique également que l'entreprise semble avoir réalisé les investissements nécessaires, au regard de son activité, pour assurer un niveau de capital de production suffisant.

Tableau 7.15 – Ratios sur l'effort d'investissement

Effort d'investissement			N	N – 1
Taux de renouvellement	%	Investissements corporels N/ Immos brutes N – 1 N = (857 + 316) / 7 983 N – 1 = = (1 396 + 460) / 6 687	14,7 %	27,8 %
Taux d'investissement	%	Investissements corporels/ VA N = (857 + 316) / 10 069 N – 1 = (1 396 + 460) / 9 626	11,6 %	19,3 %
Poids des investissements de croissance		Investissements corporels/ Dotations amort. N = (857 + 316) / (844 + 582) N – 1 = (1 396 + 460) / (776 + 448)	0,82	1,52

Concernant l'effort d'investissement, le taux de renouvellement est de 14,7 % en N et 27,8 % en N – 1, ce qui est élevé (habituellement le taux se situe entre 8 et 12 %, soit un renouvellement tous les cinq ans). Cela signifie que la durée du cycle d'investissement est de sept ans en N et de quatorze ans en N – 1. L'entreprise EcoPlast a investi 11,6 % de sa valeur ajoutée en N et 19,3 % en N – 1. En N – 1, elle a en effet procédé à des investissements significatifs pouvant être qualifiés de croissance (poids des investissements de croissance > 1).

Ces éléments confirment que l'investissement envisagé en N + 1 est particulièrement significatif pour l'entreprise EcoPlast. Il s'élève à 3,2 M€, soit 52 % de son outil productif en valeur brute et 110 % en valeur nette. Ces investissements sont nettement au-delà des investissements réalisés les précédentes années.

8 • ÉCLAIRAGE DE LA RENTABILITÉ FINANCIÈRE

OBJECTIF

L'objectif du chapitre est d'analyser le potentiel de développement d'une entreprise, en évaluant sa rentabilité financière (c'est-à-dire son aptitude à créer de la valeur pour l'actionnaire) et sa capacité à lever des capitaux propres.

SOMMAIRE

Le renforcement de la place qu'occupent les marchés financiers et le capital investissement dans le financement des entreprises a mis en évidence la nécessité de prendre en compte le coût des ressources. Avec le développement du capital investissement, l'analyse financière doit apporter un éclairage sur l'appréciation comparative des performances des entreprises susceptibles d'ouvrir leur capital à des investisseurs. Sachant que cette appréciation des performances conduit à mesurer l'aptitude des entreprises à dégager un retour sur investissement acceptable au regard de la rentabilité des entreprises performantes du secteur et en adéquation avec les normes de rentabilité prévalant sur le marché des capitaux.

La rentabilité financière apprécie la rentabilité d'une entreprise pour ses actionnaires. Les capitaux propres sont constitués des investissements directs (apports lors de la création de l'entreprise puis les éventuelles augmentations de capital) et indirects (les résultats non distribués sous forme de dividendes, laissés en réserves). Le montant des capitaux propres évolue ainsi au cours de la vie d'une entreprise en fonction de la mise en réserve des résultats ou ponctuellement lors de levées de capitaux propres. Dès lors, le niveau des capitaux propres (qui influe directement sur le niveau des dettes financières) est fonction du niveau de résultats qui peuvent ainsi soutenir la dynamique de développement d'une entreprise ou la freiner.

SECTION 1 RENTABILITÉ FINANCIÈRE

1 • FORMULE DE LA RENTABILITÉ FINANCIÈRE

La rentabilité financière (R_{fi}) (traduit en anglais par *return on equity*, ROE) permet d'apprécier l'aptitude de l'entreprise à créer de la valeur pour l'actionnaire. Pour mesurer la rentabilité du capital investi par les actionnaires, elle met en relation le résultat courant après impôts et les capitaux propres.

$$R_{fi} = \frac{\text{Résultat courant après impôts}}{\text{Capitaux propres}}$$

Cette formule peut être décomposée afin de matérialiser la relation entre la rentabilité économique (R*e*) et la rentabilité financière. Elle se présente de la manière suivante :

$$R_{fi} = R_{eco} + \text{Effet de levier financier}$$

Nous détaillons dans la partie qui suit l'effet de levier financier.

Application 1 :

L'entreprise M5D a clôturé ses comptes au 31 décembre N. Elle a enregistré un résultat courant après impôts de 441 k€ et dispose de 2 450 k€ de capitaux propres pour le dernier exercice. Calculer la rentabilité financière de l'entreprise M5D.

Solution :

$$R_{fi} = \frac{441}{2450} = 18\ \%$$

2 • FORMULE DE L'EFFET DE LEVIER FINANCIER

La formule de l'effet de levier financier est obtenue en suivant le raisonnement ci-dessous, mettant en relation la rentabilité économique, le coût de la dette et la rentabilité financière.

Soit :

REX ap IS = Résultat d'exploitation après IS
FF = Frais financiers
AE = Actif économique
i = Coût de la dette après IS
D = Dettes financières nettes
CP = Capitaux propres
t = Taux d'impôt sur les sociétés

On a :

$$R_{eco} = \frac{\text{REX ap IS}}{\text{AE}}$$

$$i = \frac{FF}{D} \times (1 - t)$$

Le résultat revenant aux actionnaires est égal à :

(REX ap IS – FF) = (REX ap IS – D × i)

Donc la rentabilité financière est égale à :

$$R_{fi} = \frac{(\text{REX ap IS} - D \times i)}{CP}$$

sachant que AE = D + CP

$$R_{eco} = \frac{\text{REX ap IS}}{\text{AE}} \rightarrow \text{REX ap IS} = Re(D + CP)$$

On en déduit : $R_{fi} = \frac{(Re(D+CP) - D \times i)}{CP}$

$$R_{fi} = R_{eco} + \underbrace{(R_{eco} - i)\frac{D}{CP}}_{\text{Effet de levier financier}}$$

Cette formule a le mérite de mettre en évidence les variables de la rentabilité financière : à savoir, la rentabilité économique, qui en constitue le socle ; le différentiel entre la rentabilité économique et le coût de la dette ; le bras du levier financier (D/CP) représentatif de la structure financière ; enfin, le taux d'imposition. La figure 8.1 présente la manière dont l'effet de levier financier peut être interprété.

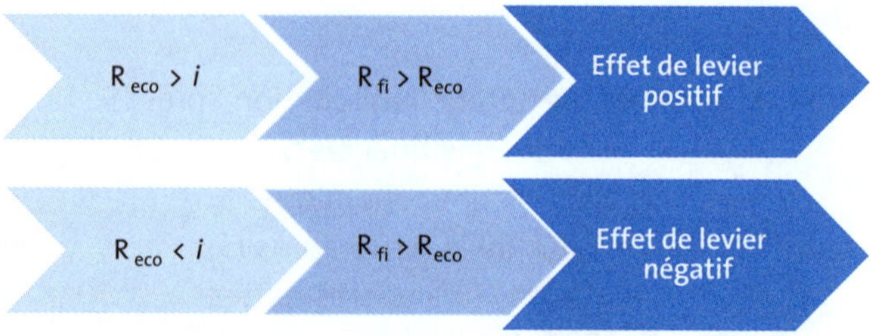

Figure 8.1 – Interprétation de l'effet de levier financier

Si la rentabilité économique de l'entreprise est supérieure au coût de la dette, alors l'entreprise bénéficie d'un effet de levier positif (qui résulte notamment d'une économie d'impôt sur les sociétés générée par les frais financiers). L'entreprise investit dans des actifs ou une activité qui lui rapporte un taux de rentabilité économique supérieur au coût du financement de ses investissements ($R_{eco} > i$) (Figure 8.2).

À l'inverse, si la rentabilité économique est inférieure au coût de la dette, alors l'effet de levier est négatif, la rentabilité économique dégagée de ses activités ne permet pas de couvrir le coût de la dette ($R_{eco} < i$) (Figure 8.3).

Cet impact est ensuite pondéré du poids de la dette divisé par les capitaux propres, pour tenir compte de la structure financière de l'entreprise.

Application 2 :

L'entreprise M5D vous demande de recalculer sa rentabilité financière en faisant apparaît son effet de levier financier. Elle vous communique les informations suivantes :

Rentabilité économique après IS = R_{eco} = 8 %

Coût de la dette = i = 7 %

Ratio $\frac{\text{Dettes financières nettes}}{\text{Capitaux Propres}} = 0{,}85$

Taux d'imposition = 25 %

Solution :

$$\text{Effet de levier financier} = \left[(8\,\% - (7\,\% \times 75\,\%) \times 0{,}85\right] = 3{,}54\,\%$$

$$R_{fi} = [8\,\% + (8\,\% - 7\,\% \times 75\,\%) \times 0{,}85]$$

$$R_{fi} = 18\,\%$$

L'entreprise M5D bénéficie d'un effet de levier financier positif (3,54 %). Sa rentabilité économique (8 %) est supérieure au coût de la dette (7 % × 75 %). La rentabilité financière s'établit à 18 %.

L'effet de levier permet d'apprécier l'impact de l'endettement sur la rentabilité financière. Il apprécie l'évolution de la rentabilité financière induite par une modification du niveau d'endettement de l'entreprise en comparant la rentabilité économique et le coût de la dette.

Figure 8.2 – Effet de levier financier positif et négatif

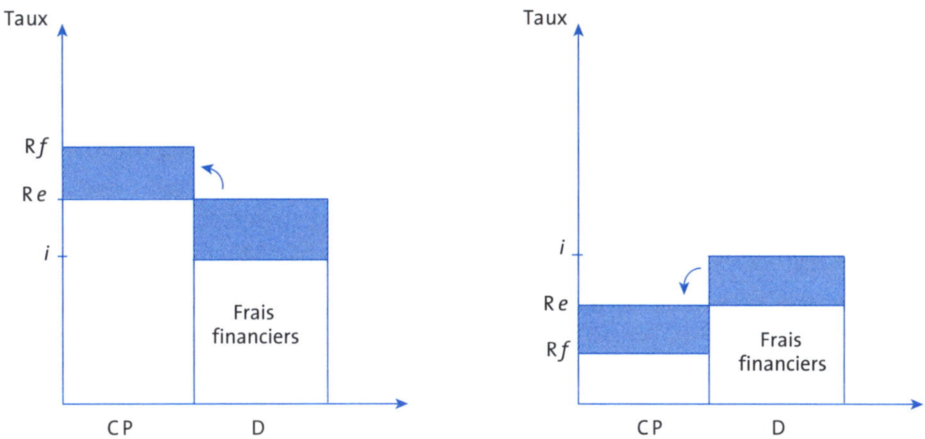

EXEMPLE

Sur la base d'une rentabilité économique de 15 % et d'un taux d'imposition à 25 %, la rentabilité financière évolue comme suit en fonction de la structure financière et du coût de la dette (après IS).

Tableau 8.1 – Influence de la structure financière et du coût de la dette sur la rentabilité financière (en %)

D/CP	0,5	1	1,5
i = 7,5 %	14,1 %	16,9 %	19,7 %
i = 10 %	13,1 %	15,0 %	16,9 %
i = 12,5 %	12,2 %	13,1 %	14,1 %

D/CP	0,5	1	1,5
i = 7,5 %	12,5	15	17,5
i = 10 %	11,6	13,3	15
i = 12,5 %	10,8	11,6	12,5

De l'exemple précédent peuvent être tirés trois enseignements :

1. non prise en compte du risque : la formule de l'effet de levier peut donner lieu à une interprétation erronée dans la mesure où elle ne tient pas compte explicitement du risque. Ainsi, une lecture hâtive de la formule pourrait conduire à trouver dans l'élévation du poids de la dette (ratio D/CP) une solution pour augmenter la rentabilité financière d'une entreprise. Or, toute augmentation du poids de la dette au sein de la structure financière s'accompagne d'une élévation du risque, qui entraîne une élévation concomitante de la rémunération attendue par les apporteurs de capitaux ;
2. biais induit par un niveau faible de capitaux propres : quand le poids relatif des capitaux propres est faible, la rentabilité financière, de par son mode de calcul, s'en trouve automatiquement améliorée. Ce biais mathématique doit conduire à apprécier le niveau de rentabilité financière à la lumière d'un niveau de capitaux propres jugé « normal » au regard de l'activité ;
3. effet d'amplification de la dette : l'endettement a un effet d'amplification de la rentabilité financière qui joue favorablement ou défavorablement selon les circonstances. En effet, la dispersion du résultat courant augmente fortement avec le niveau d'endettement ; il en va de même de la rentabilité financière.

Ainsi, quand le niveau de rentabilité économique chute, l'entreprise qui se finance largement par capitaux propres a moins de risques que son effet de levier ne devienne négatif. Une structure financière faiblement endettée permet de supporter les récessions d'activité et les baisses de rentabilité économique qui les accompagnent.

La figure 8.2 représente l'effet multiplicateur du bras du levier financier.

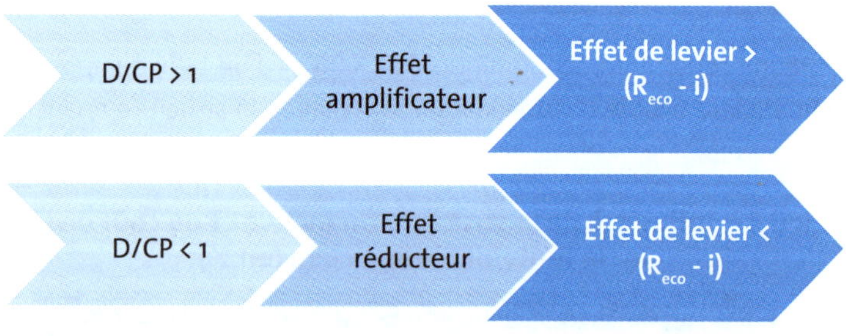

Figure 8.3 – Effet multiplicateur du bras du levier financier

Le tableau 8.2 illustre l'amélioration de la rentabilité financière induite par l'effet de levier. Comme on peut le remarquer, l'amélioration est forte dans certains secteurs d'activité, notamment les services aux entreprises, la pharmacie, les médias qui dégagent une rentabilité financière supérieure à la rentabilité économique.

Tableau 8.2 – Niveaux de rentabilité par secteur d'activité (sélection, en %)

	Rentabilité économique (après impôt)	Rentabilité financière (après impôt)
Acier	7 %	8 %
Automobile	12 %	10 %
Biens de consommation	12 %	15 %
Biens d'équipements	8 %	13 %
Distribution alimentaire	7 %	7 %
Luxe	14 %	16 %
Média	7 %	13 %
Pétrole et gaz	9 %	12 %
Pharmacie	16 %	24 %
Services aux entreprises	10 %	19 %
Services informatiques	11 %	10 %

Source : Exane BNP Paribas

Remarque

Les rentabilités correspondent aux moyennes arithmétiques des années 2018 à 2022.

3 • RENTABILITÉ FINANCIÈRE ET TAUX DE CROISSANCE SOUTENABLE

La formule de décomposition de la rentabilité financière attire l'attention sur la nécessaire prise en compte de l'impact sur la structure financière des stratégies de croissance des entreprises.

Le taux de croissance soutenable représente le taux maximum de croissance que l'entreprise peut atteindre sans recourir à une augmentation des capitaux propres, tout en considérant que le poids de la dette sur les capitaux propres demeure constant. Ce taux est dit « soutenable » car il montre le potentiel de croissance de l'entreprise que celle-ci peut atteindre tout en laissant son levier financier inchangé.

Sous cette hypothèse de structure financière stable, l'entreprise doit être en capacité de mobiliser des ressources nécessaires au financement de l'actif. Dès lors, le taux de croissance des capitaux propres doit être égal à celui de l'actif, lui-même égal au taux de croissance de l'activité. La formule du taux de croissance soutenable est alors la suivante :

$$\text{Taux de croissance de l'activité} \leq \text{Taux de croissance des capitaux propres}$$

La rentabilité financière constitue une mesure du potentiel de croissance organique des capitaux propres (c'est-à-dire sans recourir à une augmentation de capital). Toutefois, elle doit être ajustée de la distribution potentielle de dividendes qui vient limiter les ressources laissées à disposition de l'entreprise, ce qui est traduit par la formule suivante :

$$\text{Taux de croissance des capitaux propres} = R_{fi}(1 - a)$$

Avec : a le taux de distribution des dividendes.

Le taux de croissance soutenable peut alors être exprimé de la manière suivante :

$$\text{Taux de croissance du chiffre d'affaires} \leq R_{fi}(1 - a)$$

Le taux de croissance soutenable est ainsi une traduction de la contrainte financière supportée par les PME en croissance. Elle peut se traduire concrètement par l'abandon de projets d'investissement si elles rencontrent des difficultés pour lever les ressources nécessaires.

SECTION 2 CAPACITÉ À LEVER DES CAPITAUX PROPRES

L'aptitude d'une entreprise à mettre en œuvre ses stratégies de croissance est conditionnée par sa capacité à lever de nouvelles ressources financières. Lorsque les opportunités de développement envisagées sont significatives, comme un projet d'acquisition d'entreprise, le recours à des levées de capitaux propres peut s'avérer déterminant.

Cela suppose que l'entreprise soit capable de créer de la valeur pour ses actionnaires afin de les attirer. Autrement dit, que les actionnaires considèrent que cet investissement est rentable par rapport aux autres investissements qu'ils auraient pu réaliser. Une attention particulière doit ainsi être portée aux attentes des actionnaires (rentabilité attendue, risque et contrôle).

1 • MÉCANISME FINANCIER DE CRÉATION DE VALEUR ACTIONNARIALE

Le mécanisme de création de valeur nécessite que l'entreprise dégage une rentabilité financière supérieure à l'exigence de rentabilité attendue par les actionnaires (Figure 8.4). Cette exigence est mesurée par le coût des capitaux propres.

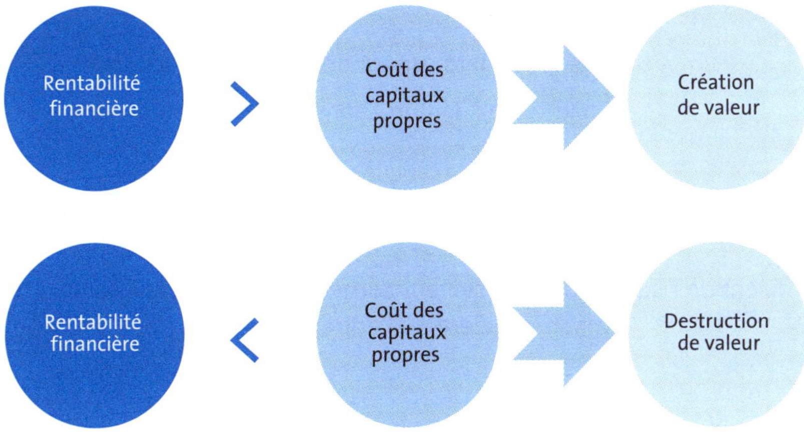

Figure 8.4 – Mécanisme de création de valeur actionnariale

La création de valeur est alors exprimée de la manière suivante :

Création de valeur actionnariale = Actif économique × (R_{fi} – Coût des capitaux propres)

En fonction du signe du différentiel entre la rentabilité financière et le coût des capitaux propres, l'entreprise enregistre une création ou une destruction de valeur. L'étude de la création de valeur de l'entreprise se trouve à la croisée de la finance (diagnostic financier et valorisation) et de la stratégie. Les choix stratégiques de l'entreprise influencent sa performance qui influence la valeur de l'entreprise. Les choix stratégiques sont ainsi censés être intégrés dans le coût des capitaux propres d'une entreprise.

2 • MESURE DE LA CRÉATION DE VALEUR ACTIONNARIALE

Nous venons de voir que la création de valeur est directement dépendante de l'aptitude de l'entreprise à dégager une rentabilité supérieure au coût des capitaux propres. La mise en œuvre d'une méthode de mesure de création de valeur pose donc le problème de l'estimation du coût des capitaux propres.

Le coût des capitaux propres (k_{CP}), qui exprime la rémunération attendue par les actionnaires, est obtenu par application du MEDAF (modèle d'équilibre des actifs financiers) :

$$k_{CP} = \underbrace{Rf}_{\text{Taux d'intérêt sans risque}} + \underbrace{(Rm - Rf)}_{\text{Prime de risque}} \times \underbrace{\beta}_{\text{Coefficient de risque}}$$

avec :

Rm = taux de rentabilité espéré du marché des actions

Rf = taux d'intérêt sans risque

À noter, le taux sans risque généralement retenu est les OAT (obligations assimilables du trésor).

= coefficient de risque propre au secteur corrigé du risque induit par la structure financière de l'entreprise

Application 5 : Création de valeur actionnariale

Un constructeur automobile vous demande d'apprécier la création de valeur pour ses actionnaires.

Pour ce faire, il vous communique les informations suivantes :

- Prime de risque = Rm − Rf = 6 %

- Taux d'intérêt sans risque = Rf = 3 % (taux des OAT)

- β de l'entreprise = 1,2

- Résultat courant après impôts = 45 M€

- Capitaux propres = 300 M€

La formule du MEDAF permet alors de déterminer le coût des capitaux propres du constructeur automobile :

$$k_{CP} = 0{,}03 + (0{,}06) \times 1{,}2 = 0{,}102 \text{ soit } 10{,}2\ \%$$

La rentabilité financière est la suivante :

$$R_{fi} = \frac{45}{300} = 0{,}15 \text{ soit } 15\ \%$$

D'où une création de valeur estimée de la manière suivante :

Création de valeur actionnariale = 15 % – 10,2 % = 0,048 soit 4,8 %

La création de richesse pour les actionnaires de ce constructeur automobile est de 4,8 %.

L'ESSENTIEL

L'analyse de la rentabilité financière permet de s'assurer de l'efficience de l'utilisation des capitaux investis par les actionnaires. La préoccupation désormais accordée à la création de valeur pour l'actionnaire donne un statut particulier à la rentabilité financière au sein des indicateurs de performance. Place d'autant plus justifiée que la rentabilité financière fournit un éclairage pertinent pour définir les limites de la croissance financièrement supportable par l'entreprise.

MISES EN PRATIQUE

QCM

Retrouvez un QCM d'entraînement en flashant ce QR code.

dunod.link/atz4daf

APPLICATION 1 ECOPLAST

L'énoncé du cas EcoPlast se trouve dans la Partie 3.

• Analyser la rentabilité financière de l'entreprise.

Le ratio de rentabilité financière a été calculé comme suit en ayant recours à la formule directe et celle faisant apparaître par décomposition la rentabilité économique et l'effet de levier financier.

	N	N – 1	N – 2
Rentabilité économique	**20,6 %**	**17,8 %**	**8,1 %**
Résultat courant après IS	1 327	1 176	409
Capitaux propres (+ comptes courants d'associés)	4 336	3 372	2 380
Rentabilité financière = Résultat courant/ Capitaux propres	**30,6 %**	**34,9 %**	**17,2 %**
Dettes financières nettes (= endettement à terme + trésorerie passif – trésorerie actif)	2 571	4 131	4 637
Frais financiers (nets des produits financiers)	132	208	211
Coût de la dette = Frais financiers/ Dettes financières nettes × (1 – 25 %)	3,8 %	3,8 %	3,4 %
Effet de levier financier = (Réco – coût de la dette) × Dettes financières nettes/ Capitaux propres	10,0 %	17,1 %	9,1 %
Rentabilité financière = Réco + Effet de levier financier	**30,6 %**	**34,9 %**	**17,2 %**

La rentabilité financière apprécie la rentabilité des capitaux investis par les actionnaires. Elle progresse significativement sur la période (essentiellement entre N – 2 et N – 1), en raison de la forte amélioration du résultat courant (voir analyse de la performance). Elle s'établit à 30,6 % en N.

L'effet de levier financier est positif sur la période, ce qui signifie que la rentabilité économique de l'entreprise est supérieure au coût de la dette. Autrement dit, l'entreprise EcoPlast investit dans des activités qui lui rapportent un taux de rentabilité économique supérieur au coût du financement de ses investissements. Cet impact est ensuite pondéré du poids de la dette divisé par les capitaux propres, pour tenir compte de la structure financière de l'entreprise.

9 • CONCLUSION

OBJECTIF

L'objectif du chapitre est de présenter une démarche type d'analyse financière qui prenne en compte les impératifs de compétitivité, pérennité et développement qui s'imposent à l'entreprise. La nécessité de procéder à une comparaison des indicateurs de l'entreprise avec ceux de la concurrence et du secteur est clairement affirmée.

SOMMAIRE

SECTION 1 RÉFÉRENTIELS DE L'ANALYSE FINANCIÈRE

1 • FONDEMENTS DES RÉFÉRENTIELS

Pour porter une appréciation sur le niveau de performance et qualifier la situation financière de l'entreprise, l'analyste financier recourt généralement à une référence qui lui permet de positionner les indicateurs utilisés. Quant à savoir si cette référence peut être qualifiée de norme, il s'agit d'un débat plus général qui renvoie au statut épistémologique des sciences de gestion et sur lequel nous préférons ne pas nous prononcer dans le cadre de cet ouvrage.

La définition des normes utilisées en analyse financière a trois fondements. Les normes peuvent provenir d'une tradition empirique confortée au fil du temps. Ces normes empiriques n'ont pas forcément fait l'objet de validations statistiques qui auraient pu permettre d'en conforter la pertinence. À l'inverse, une norme peut avoir un fondement théorique solide. Enfin, une norme peut n'avoir d'utilité que par l'éclairage comparatif qu'elle procure.

La première catégorie de références, celles transmises dans le cadre d'une tradition empirique, est fortement présente dans l'analyse financière bancaire dont la finalité première est l'analyse du risque associée à un engagement. Il n'est donc pas surprenant que les normes empiriques soient principalement utilisées pour juger du niveau d'endettement d'une entreprise et apprécier l'équilibre de sa structure financière. À titre illustratif, relèvent de cette catégorie les deux ratios suivants :

$$\frac{\text{Dettes financières}}{\text{EBE}} < 3 \qquad \frac{\text{Dettes financières}}{\text{Capitaux propres}} < 1$$

La deuxième catégorie de références regroupe directement celles dérivées d'une théorie. L'illustration la plus frappante est certainement fournie par le concept de coût du capital dont le calcul fournit un référentiel normatif permettant d'apprécier la performance à travers la valeur créée pour les actionnaires. Il s'agit là certainement d'une construction analytique séduisante dont les fondements s'avèrent particulièrement « robustes », parce qu'assis sur un acquis théorique largement admis. Les tentatives d'approche normative théorique ont été peu nombreuses jusqu'alors. À ce jour, seule l'approche en termes de mesure de la valeur actionnariale nous paraît fournit une illustration de l'éclairage que peut apporter la théorie financière dans l'appréciation du niveau de performance de l'entreprise.

La dernière catégorie de références trouve sa raison d'être dans la pertinence de la comparaison pour l'appréciation des indicateurs financiers. La batterie d'indicateurs d'un échantillon d'entreprises concurrentes constitue alors la référence. Les écarts constatés entre les indicateurs de l'entreprise sous analyse et ceux de l'échantillon constituent autant d'interrogations qui alimenteront la réflexion de l'analyste. La diffusion de bases de données financières contribue fortement au développement de l'analyse comparative permettant ainsi à l'analyse financière synchronique (comparaison dans l'espace) de rattraper le retard accumulé par rapport à l'analyse financière diachronique (comparaison dans le temps).

2 • ÉCLAIRAGE COMPARATIF

• Comparaisons avec le secteur

Le secteur d'activité configure de nombreuses caractéristiques structurelles d'une entreprise. À savoir le poids de ses immobilisations et de ses stocks, les délais de règlement des clients et des fournisseurs, la valeur ajoutée moyenne générée par salarié.

Un secteur d'activité peut être utilement défini à l'aide de la batterie de ratios suivants :

- taux de valeur ajoutée : valeur ajoutée/chiffre d'affaires ;
- productivité de la main-d'œuvre : valeur ajoutée/effectif ;
- coût salarial unitaire : frais de personnel/effectif ;
- intensité capitalistique : immobilisations d'exploitation/effectif ; immobilisations/actif ; immobilisations incorporelles/actif immobilisé...

La performance économique et la situation financière doivent nécessairement être replacées dans un contexte sectoriel, notamment en vue d'appréhender les atouts ou les handicaps de l'entreprise. Dans cette perspective, les références des données financières sectorielles s'avèrent jouer un rôle déterminant pour relativiser l'analyse qui peut être faite à partir des documents comptables de l'entreprise. L'éclairage comparatif établi à partir d'un référentiel sectoriel paraît particulièrement pertinent pour apprécier la compétitivité d'une entreprise, c'est-à-dire sa profitabilité et sa capacité à rivaliser avec ses concurrents.

La Banque de France met à disposition les informations du fichier des entreprises de la Banque de France (FIBEN) qui permettent de rapprocher les données d'une entreprise d'un lot d'indicateurs issus d'un échantillon représentatif des entreprises du secteur (voir le fascicule du secteur de la fabrication de produits en plastique dans le texte du cas Ecoplast). Les entreprises sont regroupées par activité principale selon la référence NAF rév. 2 2008 (nomenclature d'activité française) qui comprend 96 catégories. Il est regrettable que le nombre des catégories soit restreint car l'expérience montre l'intérêt de recourir à des comparaisons sectorielles les plus fines possibles.

Chaque année, la Banque de France procède à une centralisation des données individuelles des secteurs où le taux de couverture est égal ou supérieur à 25 % des effectifs. Lorsque l'importance de l'échantillon le permet, il est pratiqué une répartition des entreprises de chaque ensemble en fonction de leur taille, avec un maximum de quatre tranches de valeur ajoutée.

Pour chaque niveau de centralisation, il est fourni une description des informations quantifiées sur les entreprises qui le composent (nombre, effectifs, valeur ajoutée) ainsi qu'une liste de trente ratios relatifs aux deux dernières années (voir tableau 9.1). Pour chaque ratio, il est fourni la distribution en quartiles qui permet d'affiner le positionnement de l'entreprise par rapport aux entreprises les plus ou moins performantes.

EXEMPLE : SECTEUR D'ACTIVITÉ

	Q_1	Q_2	Q_3
Taux de variation du CA HT	2,5 %	5,2 %	9,8 %

Q_1, le premier quartile, est la valeur du ratio telle que 25 % des entreprises présentent un ratio inférieur et 75 % un ratio supérieur.

Q_2, la médiane, est la valeur du ratio autour de laquelle l'échantillon se répartit en deux parties égales.

Q_3, le troisième quartile, est le ratio symétrique de Q_1. En d'autres termes, 50 % des entreprises ont un ratio compris entre Q_1 et Q_3.

Tableau 9.1 – Ratios édités dans les fascicules de résultats sectoriels

Ratio	Unité	Formule
Activité		
Taux de variation du CAHT*	%	Variation chiffre d'affaires HT N/ chiffre d'affaires HT N – 1
Taux de variation de la VA*	%	Variation valeur ajoutée N/ valeur ajoutée N – 1
Taux d'exportation	%	Exportations/ chiffre d'affaires HT
Taux d'investissement d'exploitation*	%	Investissement d'exploitation/ valeur ajoutée
Structure d'exploitation		
Taux de valeur ajoutée	%	Valeur ajoutée/ chiffre d'affaires HT
Part des charges de personnel extérieur	%	Charges de personnel extérieur/ charges totales de personnel
Délai net de règlement des clients	J de CA	(Créances clients – avances reçues)/ chiffre d'affaires TTC
Délai net de règlement aux fournisseurs	J d'achats	(Dettes fournisseurs – avances versées)/ achats et charges externes retraités du crédit-bail
Poids des stocks	J de CA	Stocks de marchandises + produits finis et encours + approvisionnements/ chiffre d'affaires HT
Poids du BFR d'exploitation	J de CA	BFR d'exploitation/ chiffre d'affaires HT
Rendement de la main-d'œuvre	K euros	Valeur ajoutée (non retraitée des charges de personnel extérieur)/ effectif permanent moyen

Coût apparent de la main-d'œuvre	K euros	Charges de personnel permanent/ effectif permanent moyen
Équipement par salarié	K euros	Immobilisations d'exploitation/ effectif permanent moyen
Rendement du capital d'exploitation	%	Valeur ajoutée/ (immobilisations d'exploitation + BFRE)
Capacité bénéficiaire		
Taux de marge commerciale	%	Marge commerciale/ ventes de marchandises
Taux de marge industrielle sur la production	%	Marge industrielle/ production
Taux de marge	%	Excédent brut d'exploitation/ valeur ajoutée
Taux de rentabilité brute du capital d'exploitation	%	Excédent brut d'exploitation/ capital d'exploitation
Taux de rentabilité nette du capital d'exploitation	%	Excédent net d'exploitation/ capital d'exploitation
Taux d'excédent brut global	%	Excédent brut global/ chiffre d'affaires HT
Taux de rentabilité financière des capitaux propres	%	CAF nette/capitaux propres appelés
Répartition des revenus		
Personnel	%	Charges de personnel/ revenus répartis
Prêteurs	%	Charges d'intérêts/ revenus répartis
État	%	Impôts et taxes/ revenus répartis
Associés	%	Dividendes/ revenus répartis
Entreprise	%	Autofinancement/ revenus répartis
Autonomie financière		
Poids des intérêts globaux dans l'excédent brut global	%	Charges d'intérêts/ excédent brut global
Taux brut d'endettement financier	%	Endettement financier/ capitaux propres appelés
Taux net d'endettement financier	%	Endettement financier net/ capitaux propres appelés
Coût apparent de l'endettement	%	Intérêts et charges/ endettement financier

• Comparaisons inter-entreprises

Les comparaisons avec les données sectorielles reposent sur un regroupement des entreprises par secteur d'activité qui conduit à privilégier le produit ou le procédé de fabrication. Au demeurant ces deux paramètres peuvent ne pas être pertinents pour caractériser une entreprise combinant une position sur un segment de marché avec une offre produit et marketing spécifiques. C'est pourquoi, en complément du référentiel sectoriel, il est utile d'effectuer un rapprochement des résultats et de la situation financière d'une entreprise avec ceux de ses concurrents proches.

La comparaison doit se faire en ayant présent à l'esprit une triple préoccupation :

- approfondir la connaissance des métiers exercés par les compétiteurs en présence ;
- repérer les sources d'avantages concurrentiels ;
- évaluer la capacité financière des concurrents à supporter la rivalité.

L'approfondissement de la connaissance des métiers repose sur la comparaison d'un nombre réduit d'indicateurs caractéristiques du mode d'exploitation. Notamment les taux de marge brute, les taux de valeur ajoutée, le poids des frais de personnel, de la sous-traitance et du personnel intérimaire.

Le repérage des sources d'avantages concurrentiels conduit à évaluer l'aptitude que manifeste l'entreprise dans la maîtrise des coûts d'achat et des coûts salariaux. La comparaison des taux de marge brute ainsi que l'analyse des ratios frais de personnel/CA HT et frais de personnel/effectifs permet de préciser les positionnements respectifs des entreprises en concurrence. Ces indicateurs doivent impérativement être complétés par la comparaison de la valeur ajoutée unitaire (valeur ajoutée/effectifs) qui constitue le ratio le plus pertinent pour discriminer les différences dans l'efficience de la combinaison des facteurs de production et la maîtrise des coûts de transformation.

L'évaluation de la capacité financière à rivaliser conduit à apprécier la marge de manœuvre dont disposent les entreprises en concurrence pour mobiliser des ressources financières externes. L'appréciation repose sur la mesure de la capacité d'endettement disponible (différence entre un plafond d'endettement fixé arbitrairement à trois fois l'EBE et le montant de l'endettement actuel) et l'importance du montant des liquidités. La trésorerie disponible ajoutée aux ressources financières mobilisables permet d'avoir une idée de la capacité d'une entreprise à pouvoir saisir les opportunités de croissance du secteur.

• Nécessaire éclairage de la filière

Nous avons évoqué précédemment les phénomènes de migration des marges observées dans les filières. Dans l'industrie automobile, les constructeurs ont modifié leurs organisations pour transférer à leurs sous-traitants une partie du risque industriel. Ce transfert s'est opéré par le développement de relations privilégiées avec un nombre restreint de fournisseurs de premier rang qui sont associés à la conception et à la réalisation de sous-ensembles assemblés sur des plates-formes s'adressant à des marchés de volume. Cette organisation a permis aux constructeurs automobiles de réduire les ressources financières et humaines jusqu'alors immobilisées dans les activités transférées. Par ailleurs, cette organisation s'est accompagnée d'un meilleur lissage des variations d'activité grâce au transfert d'une partie des dépenses de recherche et d'investissement sur les équipementiers. L'amélioration de la rentabilité observée est le reflet de la pertinence de cette stratégie

SECTION 2 GUIDE PRATIQUE D'ANALYSE FINANCIÈRE

1 • ÉTAPE PRÉALABLE : LA LECTURE RAPIDE DU BILAN

Au risque de paraître trop pratique, nous ne saurions trop insister sur la nécessité de procéder, préalablement à tout calcul, à une lecture rapide des documents comptables. Auparavant il convient de vérifier la durée en mois de l'exercice : une durée inférieure à douze mois nécessitera le retraitement des flux pris en compte dans le calcul de certains ratios.

Cette lecture rapide a pour objet d'identifier les faits significatifs que révèle l'information chiffrée, généralement à partir de l'importance des valeurs et/ou de leur évolution entre deux exercices. Cette lecture rapide doit se faire en intégrant systématiquement certaines informations figurant en renvoi ou dans les annexes : notamment les concours bancaires courants (renvoi au bas du bilan-passif), les effets escomptés et non échus (tableau 11 de la liasse fiscale), les loyers de crédit-bail (renvoi au bas du compte de résultat).

Dans cette phase, quelques points ne doivent pas être oubliés car ils permettent d'avoir une indication immédiate sur des variables structurelles. Il en va ainsi de l'évolution des immobilisations brutes (→ politique d'investissements), du montant des concours bancaires à court terme et des dettes financières à terme (→ image globale de la structure financière).

Il est bon de prendre l'habitude de procéder à cette lecture rapide en jetant un coup d'œil aux deux renvois situés au bas du bilan-actif : part à moins d'un an des immobilisations financières, part à plus d'un an des créances rattachées à l'actif circulant.

EXEMPLE : FAITS SIGNIFICATIFS SUSCEPTIBLES D'ÊTRE RELEVÉS LORS D'UNE LECTURE RAPIDE DU BILAN

Montant des immobilisations financières relativement au total de l'actif immobilisé ; montant des liquidités (valeurs mobilières de placement et disponibilités) ; importance des dettes fournisseurs ; importance des dettes financières (emprunts et dettes auprès des établissements de crédits, emprunts et dettes financières divers : c'est à ce niveau de lecture que doivent être prises en compte l'information relative au montant des concours bancaires courants et celle concernant l'importance du recours à l'escompte) ; évolution du chiffre d'affaires d'un exercice à l'autre ; montant de la production stockée ; présence de charges et produits exceptionnels significatifs ; existence de reprises sur provisions...

L'étape de prise de connaissance terminée, l'analyse s'articulera en deux temps, qui permettront successivement d'apprécier le niveau de performance économique de l'entreprise et sa structure financière.

2 • QUESTIONS STRATÉGIQUES

- L'évolution de la structure des comptes de résultat reflète-t-elle l'impact d'orientations stratégiques clairement identifiées (recours à la sous-traitance, développement d'un nouveau produit, conséquence d'une réorganisation/restructuration) ?
- L'évolution des résultats résulte-t-elle d'une dépendance à l'égard des marchés amont et aval de l'entreprise (influence de l'exigence d'amélioration de productivité exprimée par les grands donneurs d'ordre ; capacité à répercuter dans les prix de vente les variations des prix d'achat...) ?
- La structure financière est-elle adaptée au degré de vulnérabilité du secteur et/ou au niveau de dépendance commerciale de l'entreprise ?
- L'entreprise apporte-t-elle une réponse adaptée aux enjeux attachés aux questions environnementales, sociétales et de gouvernance ?
- L'entreprise a-t-elle la capacité de rivaliser avec ses concurrents (maîtrise des coûts, aptitude à assurer le financement de son développement...) ?
- L'histoire récente de l'entreprise a-t-elle « marqué » la structure financière ?

Comme le montre la liste volontairement limitée des questions précédentes, l'analyse financière doit permettre de juger, d'une part de l'aptitude de l'entreprise à maîtriser ses risques (risques en matière de durabilité, risques sectoriels, commerciaux ou financiers), d'autre part de sa capacité à soutenir la rivalité avec la concurrence (exigence de compétitivité et de développement). À l'obligation de satisfaire cette double exigence, répond la nécessité d'enrichir l'information financière en la rapprochant d'informations sur les marchés et les caractéristiques de l'entreprise. Alors, mais alors seulement, l'analyse financière se révèle une démarche d'analyse et de connaissance de l'entreprise capable, et l'expérience le prouve, de fournir un éclairage indispensable sur les conditions de compétitivité, de pérennité et de développement de l'entreprise.

3 • DÉMARCHE TYPE D'ANALYSE FINANCIÈRE

L'analyse financière s'inscrit dans une séquence analyse (à partir des reclassements et retraitements des données comptables), jugement (à l'aide des comparaisons effectuées dans le temps et l'espace) et pronostic (à partir de projections des états financiers). Par le fait que les données financières présentent un caractère synthétique évident, leur analyse apporte un éclairage irremplaçable sur la nature et la qualité de la cohérence physico-financière qui constitue la base du bon fonctionnement et du développement de l'entreprise. Par ailleurs, l'analyse financière permet de mesurer la contribution des facteurs sensibles dans l'atteinte des objectifs financiers et de repérer des facteurs critiques explicatifs du niveau de performance et de risque.

Les exigences de compétitivité, de pérennité et de développement semblent devoir guider la démarche de l'analyse financière, qui, en s'attachant à évaluer chacune des exigences précédentes, s'avère une méthode d'investigation pertinente pour le repérage des facteurs critiques et la connaissance des marges de manœuvre de l'entreprise. Étudier la compétitivité, la pérennité et le développement contribue à accorder à l'analyse financière le statut d'une forme pertinente de pré-diagnostic.

Jusqu'à une époque récente l'analyse de la solvabilité de l'entreprise, et notamment de sa capacité de remboursement prévalait en réponse aux préoccupations des banques qui constituaient le principal vivier des utilisateurs de l'analyse financière. Désormais, le champ d'analyse s'est sensiblement élargi, les analystes ayant la volonté de comprendre les mécanismes de création de valeur en vigueur dans l'entreprise. Cette évolution conduit nécessairement à accorder une place significative à la compréhension des orientations stratégiques de l'entreprise.

L'analyse financière contribue à la compréhension de la performance économique en s'attachant notamment à l'étude des facteurs de vulnérabilité du chiffre d'affaires et de fragilité des résultats. L'évaluation du risque constitue la deuxième étape d'une analyse financière sachant que le risque s'avère un concept large recouvrant aussi bien l'appréciation de la solvabilité que la prise en compte, en fonction de leur matérialité pour le secteur, des problématiques ESG susceptibles d'affecter les résultats futurs de l'entreprise.

Enfin, l'analyse financière s'attache à l'appréciation des potentialités de développement de l'entreprise. Cette préoccupation conduit à vérifier l'adéquation entre le potentiel de croissance et la rentabilité dégagée par les capitaux investis. Cela afin d'éviter que l'entreprise connaisse une situation de surchauffe en se développant à un rythme supérieur au seuil de croissance soutenable.

Dans le même ordre de préoccupation, l'analyse financière doit permettre de connaître la capacité financière d'une entreprise à rivaliser avec ses principaux concurrents. Les derniers points nécessitent de réfléchir sur la pertinence des orientations stratégiques que l'analyste financier peut appréhender à travers la création de valeur pour les actionnaires.

Dans la recherche des facteurs explicatifs des phénomènes observés et des situations identifiées, l'analyste n'est pas à l'abri d'erreurs d'interprétation qui peuvent le conduire à commettre des contresens et à formuler des interprétations non pertinentes. L'erreur de contresens est inhérente au phénomène d'ambiguïté causale qui traduit la difficulté qu'il y a à identifier les causes effectives dans une entreprise. Rappelons que l'entreprise s'apparente à un système complexe dans lequel il y a une interdépendance des variables (ou des symptômes) et où un effet peut avoir plusieurs causes, de même que plusieurs causes peuvent avoir les mêmes effets. Quant à elle, la formulation d'interprétations non pertinentes traduit le risque que prend l'analyste quand il s'aventure à attribuer du sens à des informations qui en sont dépourvues parce qu'incomplètes.

• Diagnostic de la performance économique (compétitivité de l'entreprise)

Évolution de l'activité

La caractéristique première à prendre en compte est l'évolution du chiffre d'affaires qui s'avère une expression simple mais réelle de la sanction des marchés.

À ce niveau d'analyse, l'objectif est de connaître le profil d'évolution réelle de l'entreprise afin d'apprécier sa vulnérabilité au regard d'un ensemble de facteurs exogènes. L'analyse de l'évolution du chiffre d'affaires, comparée à celle du secteur, permet ainsi de juger la compétitivité commerciale de l'entreprise. Que penser d'une entreprise dont l'évolution du chiffre d'affaires serait durablement inférieure à celle du secteur ?

Sensibilité des marges aux phénomènes de prix

L'objectif est de distinguer dans l'évolution de la marge brute la part de l'influence des prix de vente et celle revenant à l'évolution des coûts d'achat.

L'évolution du taux de marge brute traduit :

- l'effet « prix » supporté par l'entreprise (fluctuation des devises de facturation, pouvoir de négociation des clients, politique commerciale, etc.) ;
- l'influence des termes de l'échange (pouvoir de négociation des fournisseurs, évolution des prix des matières utilisées, fluctuation des cours et/ou des devises de règlement, etc.) ;

- l'aptitude à maîtriser la consommation du volume de matière.

Pour identifier les influences respectives de ces facteurs, il est nécessaire de disposer d'informations sur l'évolution des prix des produits vendus et des matières achetées. Des rapprochements avec des indices sectoriels permettent d'apprécier l'aptitude de l'entreprise à répercuter plus ou moins facilement les variations de prix.

Niveau de productivité

La valeur ajoutée exprimée par salarié constitue l'indicateur principal pour juger du niveau de productivité d'une entreprise. Son positionnement par rapport à une référence sectorielle permet d'apprécier rapidement le niveau de compétitivité de l'entreprise. Cet indicateur reflète l'aptitude de l'entreprise à créer de la valeur sur le marché et permet d'évaluer l'efficience de son organisation. Il est recommandé de vérifier la cohérence entre l'évolution de la valeur ajoutée unitaire et celle de l'intensité capitalistique par effectif (équipement par salarié).

Formation des résultats

L'analyse de la formation des résultats (excédent brut d'exploitation, résultat d'exploitation, résultat courant) et de la répartition de la valeur ajoutée doit conduire à repérer les dérapages qui ont pu se manifester dans l'exploitation (sureffectif, incidence des déséquilibres financiers...).

Le suivi d'un certain nombre d'indicateurs (taux d'excédent brut, poids des frais de personnel, poids des charges externes...) permet d'apprécier l'aptitude manifestée par l'entreprise dans la maîtrise des coûts liés au processus de transformation. À ce niveau de l'analyse, il est recommandé de procéder à une comparaison du coût salarial unitaire pour s'assurer que l'entreprise n'est pas handicapée par rapport à la concurrence. Encore faut-il prendre la précaution d'avoir un éclairage sur le niveau de qualification du personnel.

Valeur des moyens de production

Quelques indicateurs (amortissement des immobilisations/montant brut des immobilisations ; investissement/dotation aux amortissements...) permettent d'avoir une connaissance de l'ancienneté et du niveau d'obsolescence des équipements mis en œuvre. Généralement, l'analyse ne porte que sur la partie des immobilisations corporelles affectées à la production, appelée équipement productif.

Efficience des capitaux investis

L'analyse repose sur la rentabilité économique qui rapporte le résultat d'exploitation à l'actif économique. Une analyse de la rentabilité des capitaux investis permet de mesurer l'efficience de l'allocation des capitaux au sein de l'entreprise. Cette analyse permet de s'assurer que l'entreprise dégage un retour sur investissement en phase avec les normes de rentabilité en vigueur sur le marché des capitaux.

• Diagnostic du risque (pérennité de l'entreprise)

L'analyse porte sur les conditions de maintien de la pérennité et de la survie de l'entreprise. Cette exigence conduit à s'assurer que la structure financière garantisse la solvabilité future de l'entreprise et à prendre en compte la façon dont l'entreprise intègre les problématiques ESG. L'analyse de la sensibilité des résultats aux modifications du niveau d'activité complète les éclairages précédents.

Adéquation de la structure financière

L'appréciation de l'adéquation de la structure financière s'appuie sur l'analyse du mode de couverture des besoins en fonds de roulement par les ressources stables ainsi que sur l'appréciation du niveau des capitaux propres et du poids de l'endettement. Plus précisément, l'analyse porte sur le mode de financement du capital économique, la structure des ressources stables, le degré d'indépendance financière et la mesure de la capacité d'endettement disponible.

L'analyse doit prendre en compte d'une part les contraintes des marchés financiers et de l'environnement bancaire, d'autre part le positionnement stratégique de l'entreprise. Ainsi les niveaux de vulnérabilité et de dépendance qui caractérisent les marchés sur lesquels l'entreprise vend ses produits et les relations qu'elle entretient avec son environnement doivent être intégrés par l'analyse. L'analyse de la structure financière doit aussi tenir compte des modes de financement utilisés au regard de la nature des actifs en s'assurant du respect d'une adéquation entre leur redéployabilité et les caractéristiques des ressources mobilisées pour les financer.

Analyse du risque en matière de durabilité

Il est étudié l'exposition de l'entreprise aux risques matériels liés au secteur d'activité et la gestion de ces risques par l'entreprise. L'analyse doit permettre de vérifier dans quelle mesure le modèle d'affaire et la stratégie de l'entreprise sont compatibles avec les limites environnementales et sociales. À partir des informations communiquées dans le rapport de durabilité sur le risque, les opportunités et les impacts dans les domaines environnementaux, sociaux et de gouvernance, sont analysées leurs conséquences sur l'entreprise (matérialité financière) et les impacts de l'entreprise sur l'environnement, ses parties prenantes et la société (matérialité d'impact).

Analyse de la sensibilité à la conjoncture

La démarche d'analyse doit permettre d'appréhender la sensibilité du résultat aux modifications du niveau d'activité. Cela en retenant un horizon temporel court, inférieur à une année. Le calcul de deux points morts, un point mort d'exploitation et un point mort financier, donne une mesure du risque induit par la structure des coûts dans l'hypothèse d'une fluctuation de l'activité.

• Diagnostic du potentiel de développement

L'exploitation des potentialités de développement suppose que l'entreprise soit à même d'assurer l'essentiel du financement des besoins induits (investissements physiques, augmentation des besoins en fonds de roulement...). Le respect de cette exigence conduit à analyser la cohérence qui doit s'établir entre le niveau de croissance du chiffre d'affaires et le niveau de la rentabilité dégagée par l'actif économique et les capitaux propres. Par ailleurs, l'analyste doit s'assurer que l'entreprise ne connaîtra pas d'entrave dans la mobilisation des ressources financières. Sur ce point, la mesure de la valeur créée pour les actionnaires permet d'appréhender l'appréciation que portent ces derniers sur la pertinence des orientations stratégiques.

Cohérence croissance/rentabilité

Une entreprise en croissance doit pouvoir disposer des ressources nécessaires au financement de l'accroissement de son actif économique. Conjuguée à une exigence de maintien de la structure financière, cette nécessité conduit à ce que la croissance des capitaux propres soit au moins égale à celle de l'actif économique, elle-même dépendante de la croissance du chiffre d'affaires.

L'analyste doit vérifier sur plusieurs années que la rentabilité financière est supérieure au taux de croissance du chiffre d'affaires afin de s'assurer que le rythme de développement est compatible avec la capacité de financement. L'utilisation dans l'analyse de la rentabilité financière permet d'élargir le champ des variables explicatives en s'appuyant sur la relation de l'effet de levier.

Éclairage des tableaux de flux

Les tableaux de flux réalisés à partir des données financières du passé ainsi que les plans de financement établis à partir des données financières prévisionnelles apportent de nombreux éclairages permettant d'apprécier l'effort d'investissement et la pertinence de la politique d'investissement. Plus globalement les tableaux de flux éclairent sur la cohérence d'ensemble de la combinaison des flux physiques et financiers et sur la dynamique du circuit de financement de l'entreprise.

Estimation de la capacité financière à rivaliser

La capacité financière à rivaliser résulte d'une comparaison avec les capacités d'endettement de la concurrence. La capacité d'endettement s'appréhende en rapprochant le montant de l'endettement financier d'une part du montant des capitaux propres et d'autre part d'un plafond d'endettement estimé à trois fois l'excédent brut d'exploitation. Doit être aussi pris en compte le montant de la trésorerie positive (valeur mobilière de placement plus disponibilités).

Pertinence des orientations stratégiques

L'actionnaire joue un rôle de censeur de la stratégie. La mesure de la valeur créée pour l'actionnaire apporte une indication sur la capacité de l'entreprise à lever des capitaux propres pour financer les besoins induits par la croissance.

Le fait que la rentabilité soit supérieure au coût des ressources traduit un contexte de création de valeur gage de l'adhésion des bailleurs de fonds à la stratégie de l'entreprise.

L'ESSENTIEL

L'évaluation que permet l'étude d'un indicateur résulte généralement d'une comparaison avec un référentiel qui justifie alors d'être qualifié de normatif. Dans ce cadre, les comparaisons effectuées avec les données économiques et financières du secteur (notamment les données de la base Fiben de la Banque de France) constituent une des voies habituelles pour obtenir une image rapide du positionnement concurrentiel de l'entreprise.

La compétitivité (la performance économique), la pérennité (la structure financière et la durabilité) et le potentiel de développement constituent les temps forts autour desquels une démarche d'analyse financière s'articule. Préalablement, l'analyste aura procédé à une lecture rapide du bilan pour repérer les grandes caractéristiques de l'activité et de la structure financière.

PARTIE 3

APPLICATION 1 ECOPLAST : une entreprise face aux défis des enjeux environnementaux

L'entreprise EcoPlast est le cas qui sert de fil conducteur à cet ouvrage. À la fin de chaque chapitre, le lecteur pourra mettre en pratique les compétences acquises à ce cas réel. Il intègre des problématiques environnementales dans un contexte inflationniste. L'énoncé du cas EcoPlast se trouve dans la Partie 3 et les corrections à la fin de chaque chapitre.

SECTION 1 ÉNONCÉ

EcoPlast est une entreprise familiale fondée au début des années 1960 par le grand-père de l'actuelle dirigeante. Madame Collin est aujourd'hui âgée de 42 ans. Elle a suivi un cursus universitaire en gestion à l'IAE Lyon. Depuis sa création, EcoPlast demeure une société indépendante, familiale et axée sur le long terme.

EcoPlast est spécialisée dans la fabrication de bouchons en plastique. L'entreprise est dotée d'une culture industrielle forte et a su jusqu'à présent s'adapter aux diverses mutations industrielles. Elle est fortement préoccupée par les dimensions écologiques et humaines. Sur le volet environnemental, elle souhaite poursuivre ses efforts d'investissement afin d'avoir des produits plus respectueux de l'environnement. Sur le volet ressources humaines, l'entreprise est fortement préoccupée par la dimension humaine souhaitant développer la motivation, l'envie de créer et d'innover parmi son personnel.

Vous venez d'être embauché(e) par l'entreprise EcoPlast, la dirigeante souhaite que vous développiez une analyse financière se basant sur les trois derniers exercices. Pour ce faire, elle vous communique les informations suivantes :

- une présentation générale de l'entreprise comprenant notamment des informations ESG et des données prévisionnelles en annexe 1 ;
- des informations générales sur le secteur en annexes 2 et 3 (étude de marché et coupures de presse) ;
- le tableau des ratios édités dans les fascicules des résultats sectoriels en annexe 4 ;
- la liasse fiscale en annexe 5 ;
- les documents construits au fil de l'ouvrage en annexe 6.

Principales étapes de votre mission :

1. construire le bilan fonctionnel [Chapitre 1] ;
2. construire le tableau des soldes intermédiaires de gestion (SIG) et le compte de résultat économique [Chapitre 2] ;
3. analyser l'activité de l'entreprise [Chapitre 3] ;
4. analyser la profitabilité de l'entreprise [Chapitre 4] ;
5. analyser la structure financière de l'entreprise [Chapitre 5] ;
6. construire et analyser la matrice de matérialité puis mettre en lien les projets d'EcoPlast avec les enjeux de priorité de rang 1 et 2 [Chapitre 6] ;
7. construire et analyser le plan de financement [Chapitre 7] ;
8. analyser la rentabilité financière de l'entreprise [Chapitre 8].

1 • ANNEXE 1 : PRÉSENTATION DE L'ENTREPRISE ECOPLAST

• Activité

EcoPlast exerce une activité dans le marché industriel de l'emballage. L'entreprise fabrique des bouchons vissés de bouteilles et des capsules de bouchage en plastiques à destination des produits agroalimentaires, pharmaceutiques, cosmétiques ou encore les articles ménagers.

L'unique site de production et de transformation est implanté dans une zone industrielle dans la banlieue lyonnaise. Ses objectifs sont d'assurer une production suffisante pour répondre aux demandes des clients et de créer un stock pour devancer les commandes.

En complément des produits sortis de ses usines, EcoPlast a développé la vente d'un type de capsule qu'elle achète auprès d'un fabricant anglais qui lui a accordé l'exclusivité sur le marché français. En N, une partie de l'activité de négoce a été intégrée suite à la fabrication d'un modèle de bouchon jusqu'alors acheté auprès du fabricant anglais.

L'activité est en pleine expansion, en raison notamment des besoins de l'industrie agroalimentaire. Toutefois, un bouchon en plastique constitue une part significative du coût global de l'emballage. C'est pourquoi une course à l'innovation est engagée dans le secteur. Les fabricants se doivent de proposer des innovations et des fonctionnalités qui répondent aux exigences de qualité, d'esthétique et de recyclage.

• Positionnement

Depuis son arrivée à la tête de la société il y a quatre ans, Madame Collin s'est délibérément orientée vers les produits à forte valeur ajoutée en positionnant son entreprise sur des marchés de niches où l'intensité concurrentielle est moins forte que sur le secteur de la plasturgie en général. EcoPlast dispose notamment d'un pouvoir de négociation avec ses clients, dans la mesure où elle leur fournit des pièces qui nécessitent la maîtrise de savoir-faire particuliers.

• Stratégie

EcoPlast concentre toutes ses ressources et son expertise sur le développement de systèmes de fermeture par vissage plastique innovant et respectueux de l'environnement. Afin de rester leader en France, en plus de sa capacité d'innovation et de la motivation de ses équipes, EcoPlast essaie de fournir un service reconnu, une qualité excellente et une offre des plus compétitives.

Actuellement, le marché est en pleine mutation afin d'intégrer les problématiques environnementales dans la fabrication de bouchons en plastique. Madame Collin considère qu'il s'agit d'une problématique majeure et déterminante pour la compétitivité et la pérennité future de l'entreprise. Outre le développement de produits innovants, EcoPlast s'investit pour le recyclage des bouchons en plastique (mise en place de points de collecte, sensibilisation du grand public et participation aux opérations locales de ramassage des déchets).

EcoPlast doit faire face à l'évolution de l'organisation mondiale de ses clients en matière d'ingénierie, de production et d'achat. Son organisation doit être très proche du marché et l'entreprise essaie de développer une veille économique et d'agir dans un réseau capable de les aider à mieux comprendre les attentes de ses clients et en conséquence de les anticiper. Son organisation doit être suffisamment flexible pour pouvoir toujours s'adapter aux changements permanents du marché.

Le but est de fournir à ses clients un service global en s'appuyant sur ses seules compétences, voire en partenariat avec d'autres entreprises. En effet, EcoPlast a créé quelques alliances afin d'offrir une expertise et une couverture internationale plus large. L'entreprise a ainsi créé une joint-venture à 50/50 % avec le groupe Durtal, spécialiste de la fixation par collage, qui est un des meilleurs exemples de sa politique de partenariat.

L'entreprise a récemment été certifiée « B Corp ». Cette certification reconnaît les bonnes pratiques en matière ESG. Elle atteste que l'entreprise répond à des exigences sociétales et environnementales, de gouvernance ainsi que de transparence envers le public.

• Qualité

Assurance qualité : les certifications ISO 9001, QS 9000, ISO/TS 16949 attestent que EcoPlast reste à l'écoute de ses clients, de la réglementation pour satisfaire aux exigences et mettre en œuvre les moyens nécessaires à l'amélioration continue de son système de management de la qualité : outil de production, mais aussi ses méthodes de travail et ses matériaux.

Environnement : EcoPlast développe une politique de protection de l'environnement qui s'appuie sur une démarche de certification ISO 14001. Par ailleurs, tous ses déchets sont recyclés.

• Durcissement des contraintes réglementaires pour l'utilisation de plastique

Les lois sur la transition énergétique, l'anti-gaspillage pour une économie circulaire (Agec) et la directive SUP (*Single-Use Plastics*, produits en plastique à usage unique) durcissent progressivement les contraintes sur les produits en plastique. Cette directive prévoit notamment qu'à partir du 1er juillet 2024 les récipients de boisson (comme les bouteilles ou les briques) dont la contenance est inférieure à trois litres devront disposer d'un bouchon solidaire. Fin 2022, la Commission européenne a aussi proposé un règlement sur les emballages et déchets d'emballages (PPWR). Ce règlement poursuit deux objectifs : la mise en place de critères d'éco-conception pour assurer la recyclabilité des emballages plastiques et le développement du réemploi afin de réduire de 15 % les déchets d'emballages d'ici 2040.

La pression sur l'innovation s'est ainsi accentuée pour les fabricants et notamment ceux des bouchons en plastique. À titre d'illustration, l'entreprise VpR, spécialisé dans les solutions de bouchage des vins, spiritueux, huiles ou vinaigres, va lancer en 2024 un bouchon fabriqué à partir de matières premières recyclées. Plus précisément, il s'agit de matières plastiques collectées sur les zones côtières. VpR s'inscrit ainsi dans une lutte contre la pollution des océans, sachant que le plastique génère 80 % de la pollution marine.

• Innovation

Puisque la plupart des produits qui seront fabriqués dans dix ans n'existent pas encore, l'innovation et l'exigence font partie des objectifs majeurs d'EcoPlast. Les différents services (RD, qualité, planification, achats, production, commerce, expédition) travaillent en coordination pour apporter leur savoir-faire et la flexibilité nécessaire.

Le dépôt de brevet concrétise son haut niveau de savoir-faire et garantit des rentes à l'avenir. EcoPlast a de plus créé récemment un service en permanence à l'affût des tendances émergentes tant au niveau des matières, des formes, des textures et des couleurs, que des techniques. Elle met en avant sa volonté d'ouvrir son savoir-faire à de nouveaux marchés et d'initier une synergie commune en matière de recherche et développement. Le principal enjeu est actuellement le développement d'innovations qui répondent aux contraintes environnementales et aux nouvelles réglementations en la matière.

L'effort d'investissement en R&D représente entre 2 et 3 % du chiffre d'affaires correspondant pour l'essentiel aux dépenses de personnel du service affecté à l'innovation. Il convient de préciser que ces frais sont comptabilisés dans les charges de l'exercice, EcoPlast n'ayant pas fait le choix d'immobiliser les frais de développement qui représentent, en moyenne, la moitié des frais de R&D.

• Clients

Ses principaux clients sont de grandes entreprises nationales de production de bouteilles plastiques. En dépit de ses efforts pour diversifier au mieux sa clientèle, deux clients représentent respectivement 18 % et 35 % de son chiffre d'affaires annuel.

• Concurrence

EcoPlast doit faire face à la concurrence de deux grands types d'entreprises : quelques entreprises indépendantes et des sociétés filiales de grands groupes mondiaux comme Bourbon, Faurecia ou Plastic Omnium.

• Évolution des prix

Au cours des deux dernières années, les prix des matières et de l'énergie ont évolué comme suit.

Tableau A1.1 – Évolution des prix de matières premières

	N	N – 1
Matières premières : • Polyéthylène téréphtalate (PET) • Polystyrène expansé (PSE)	 + 27 % + 25 %	 + 46 % + 67 %
Énergie	+ 29,8 %	+ 5,2%
Transport	+ 17 %	+ 4,7 %

Sur la période, les prix des emballages plastiques ont évolué comme suit :

	N	N – 1
Articles de bouchage	+ 4,8 %	+ 14,3 %

• Données ESG

L'engagement d'EcoPlast (transformer durablement ses activités) l'a conduit à analyser les dimensions environnementales, sociales et de gouvernance. Cette analyse vise à prioritiser les enjeux ESG pour l'entreprise et ses parties prenantes. La méthodologie préalable à la construction de la matrice de matérialité s'est articulée autour de quatre étapes majeures :

1. la définition d'une liste des enjeux ESG ;
2. la détermination par le Comité de direction du poids des parties prenantes. Pour ce faire, les personnes en lien avec ces parties prenantes ont été sollicitées (ex. : le service commercial pour les clients, le service achats pour les fournisseurs, etc.) ;
3. la sélection des experts internes dans les domaines financiers, de réputation et de savoir-faire ;
4. l'interrogation des parties prenantes et des experts internes afin qu'ils évaluent sur une échelle de 1 à 4 l'importance de chaque enjeu ESG identifié.

Définition d'une liste des enjeux ESG

À partir de l'examen de la chaîne de valeur d'EcoPlast, l'équipe RSE a identifié les enjeux suivants.

Tableau A1.2 – Les enjeux ESG

Enjeux ESG	ODD[1]
Environnement	
• Émissions de gaz à effet de serre • Innovation des procédés • Réduire l'impact environnemental des produits • Emballage durable • Recyclabilité du produit	13 : mesures relatives à la lutte contre les changements climatiques 14 : vie aquatique
Social	
• Bien-être, santé et sécurité au travail • Ergonomie et qualité du produit (utilisateur) • Compétences et carrière • Diversité et inclusion • Dialogue social	1 : pas de pauvreté 3 : bonne santé et bien-être 5 : égalité entre les sexes
Gouvernance	
• Respect des droits de l'Homme • Approvisionnement responsable • Marketing responsable et sensibilisation des consommateurs • Éthique et normes • Gouvernance responsable et transparente	10 : inégalités réduites 16 : paix, justice et institutions efficaces

Évaluation du poids des parties prenantes

Pour attribuer cette note, chaque membre du Comité de direction a évalué le poids de chaque partie prenante de 1 à 4 (soit du moins important au plus important). Près de 200 personnes ont été contactées. Le taux de retour est relativement satisfaisant, puisqu'il s'établit à 72 %.

Les membres du Comité de direction se sont posés les questions suivantes :

- est-ce que les parties prenantes ont la capacité d'avoir un impact sur les résultats de l'entreprise ?
- est-ce qu'elles dépendent directement ou indirectement des activités de l'entreprise ?

1. Objectifs de développement durable des Nations Unies.

- est-ce que l'entreprise doit accorder une attention particulière aux parties prenantes concernant les questions financières, économiques, sociales ou environnementales ?
- est-ce qu'elles peuvent avoir un impact sur les décisions stratégiques et opérationnelles de l'entreprise ?
- est-ce qu'elles peuvent conduire l'entreprise à une nouvelle compréhension de la situation et à l'identification d'opportunités d'action qui ne se présenteraient pas sans elles ?
- est-ce que des responsabilités juridiques, commerciales, opérationnelles ou éthiques pourraient être engagées envers ses parties prenantes ?

Voici les notes obtenues.

Tableau A1.3 – Poids des parties prenantes dans l'entreprise

Parties prenantes	Poids
Investisseurs et prêteurs	3,17
Employés	3,08
Clients (majeurs ou potentiels)	3,06
Fournisseurs	2,70
Gouvernements et régulateurs	2,35
Communautés locales	2,08
Générations futures	1,74
Médias (locaux, nationaux, médias sociaux)	1,54
ONG et organisations multilatérales	1,40
Assureurs	1,40
Pairs dans l'industrie/la région	1,40
Institutions académiques	1,27

Méthode d'évaluation des impacts

Les experts internes ont été sollicités afin de noter de 1 à 4 les enjeux de développement durable selon une grille d'impacts potentiels dans chacun des domaines suivants.

Tableau A1.4 – Niveau des différents enjeux du développement durable dans l'entreprise

Parties prenantes	Fonction experte	Niveau	Type d'impact
Financier	Directeur Risk Management Juriste Directeur financier	4	Plus de 5 millions €
		3	Entre 500 k€ et 5 millions €
		2	Moins 500 k€
		1	Aucun impact financier
Savoir-faire	Directeur ressources humaines Directeur de la production Directeur du bureau d'études	4	Essentiel pour attirer et retenir les meilleurs professionnels, être reconnu comme un bon employeur et leader en matière d'innovation
		3	Attirer des talents et bon niveau d'innovation (produits et procédés)
		2	Capacité à attirer et retenir les employés, impact marginal sur la R&D et l'innovation
		1	Aucun impact sur le savoir-faire
Réputation	Directrice qualité Directrice marketing Responsable communication Directeur RSE	4	Impact réputationnel international
		3	Impact réputationnel national
		2	Impact réputationnel régional
		1	Pas d'effet sur la réputation de l'entreprise

Tableau A1.5 – Impacts des enjeux ESG pour l'entreprise EcoPlast et ses parties prenantes

		Impacts EcoPlast	Impacts parties prenantes
Environnement	Émissions de gaz à effet de serre	3,4	3,65
	Innovation des procédés	3	3,4
	Réduire l'impact environnemental des produits	3,05	3,7
	Emballage durable	3,2	3,75
	Recyclabilité du produit	3,1	3,8
Social	Bien-être, santé et sécurité au travail	3,35	3,6
	Ergonomie et qualité du produit (utilisateur)	2,9	3,05
	Compétences et carrière	2,8	3,2
	Diversité et inclusion	2,9	3,1
	Dialogue social	2,55	2,85

		Impacts EcoPlast	Impacts parties prenantes
Gouvernance	Respect des droits de l'Homme	2,8	3,35
	Approvisionnement responsable	3,2	3,4
	Marketing responsable et sensibilisation des consommateurs	3,1	3,25
	Éthique et normes	3,1	3,3
	Gouvernance responsable et transparente	3,1	2,95

L'équipe RSE considère que les enjeux qui ont un poids supérieur à 2,7 pour l'entreprise et 3,55 pour les parties prenantes sont de priorité de rang 1 (les plus importants), ceux dont le poids est compris entre 2,5 et 2,7 pour l'entreprise et entre 3,15 et 3,55 pour les parties prenantes sont de priorité de rang 2 et ceux dont le poids est inférieur à 2,5 pour l'entreprise et inférieur à 3,15 pour les parties prenantes sont de priorité de rang 3.

Par ailleurs, l'entreprise EcoPlast vous fait part des projets qu'elle souhaite mener :

- utiliser des modes de transports plus efficaces ;
- process de distribution et de fabrication plus efficaces ;
- utiliser des énergies bas carbone ;
- création de module de formation RSE ;
- communiquer davantage sur les actions de l'entreprise ;
- réduction des emballages et amélioration de leur recyclage ;
- investissements d'envergure pour développer des bouchons solidaires ;
- développement du programme de sécurité pour les employés ;
- organiser des événements sportifs et culturels ;
- poursuivre les actions locales visant au recyclage des bouteilles plastiques et à la sensibilisation des consommateurs ;
- plan de formation apprentissage et alternance ;
- programme de communication responsable interne et mise en place d'ambassadeurs responsables ;
- référents harcèlement ;
- charte éthique ;
- charte fournisseurs.

• Données prévisionnelles

Pour modifier sa production afin de répondre aux nouvelles réglementations, Madame Collin compte réaliser des investissements significatifs en N + 1. Elle souhaite notamment développer de nouveaux procédés pour la fabrication de bouchons solidaires (restant attachés à la bouteille lorsqu'elle est ouverte). Les modifications induites sont conséquentes, tout le procédé de fabrication serait ainsi revu.

Pour ce faire, elle envisage de réaliser un investissement de 3,2 M€. Il pourrait être couvert par un *Sustainability Linked Loan* (SLL, pouvant être traduit par prêt à impact positif) de 2,5 M€ (durée cinq ans, charges de remboursement annuelles de 500 k€). Il s'agit d'un emprunt dont le taux d'intérêt intègre des objectifs d'amélioration des données ESG. Ce type de financement vise ainsi à encourager l'amélioration de la performance ESG des entreprises. Madame Collin considère que ce type de financement est également un moyen de réaffirmer à ses parties prenantes l'engagement de l'entreprise pour une démarche centrée sur la durabilité. Des prévisions laissent espérer une croissance de 25 % du chiffre d'affaires et une capacité d'autofinancement de 2 868 k€. Les charges de remboursement de la dette actuelle sont de 748 k€. Il convient de chiffrer la variation du BFR sur la base de son poids au 31/12/N.

2 • ANNEXE 2 : CARACTÉRISTIQUES DU SECTEUR DE LA FABRICATION DES EMBALLAGES POUR BOISSONS[1]

L'industrie alimentaire, notamment la fabrication de boissons, et la fabrication de produits de beauté et de santé constituent les trois principaux débouchés des fabricants d'emballages plastiques.

En N, la production vendue de bouteilles plastiques a progressé de 7 % en volume malgré la concurrence des matériaux alternatifs. La progression provient principalement des segments des eaux en bouteilles et des softs drinks qui augmentent de 10 %. Les principaux déterminants du chiffre d'affaires des fabricants d'emballages plastiques sont :

- le cadre réglementaire : respect impératif des normes environnementales ;
- la concurrence des matériaux de substitution : gains de parts de marché des produits de substitution pénalisant la production des emballages en plastique ;

1. Sources : Études Xerfi de 2023 sur le secteur des emballages pour boissons et le secteur des emballages plastiques.

- la concurrence étrangère : forte concurrence étrangère, notamment allemande et italienne, tant sur le marché français qu'à l'export ;
- l'évolution de l'offre : développement de solutions innovantes pour des emballages respectueux de l'environnement.

Nous pouvons identifier les avantages et les inconvénients suivants du plastique comme matériau d'emballages pour boissons :

- avantages :
  – poids faible du matériau facilitant le transport et la logistique ;
  – matériau recyclable ;
- inconvénients :
  – image d'un matériau polluant ;
  – dépendance du cours du pétrole ;
  – impact sur la santé humaine.

3 • ANNEXE 3 : ARTICLES DE PRESSE SUR LE SECTEUR DES EMBALLAGES ET DE LA PLASTURGIE

• Coca-Cola au défi de réduire sa dépendance au sucre et au plastique

« Le géant des sodas mène un chantier de longue haleine pour innover à la fois sur les emballages et les recettes.

"Cela fait vingt-cinq ans que l'on investit dans le PET recyclé, insiste le dirigeant. Au global, d'ici à 2030, nous aurons 50 % de matériau recyclé dans nos canettes, dans nos bouteilles en verre et dans celles en PET." Au-delà du choix du contenant, des astuces apparemment anodines permettent aussi d'économiser des tonnes de plastique. Comme ces goulots plus étroits et plus courts, à l'origine pensés pour accueillir un bouchon solidaire (attaché à la bouteille) et qui ont finalement permis d'économiser 9 100 tonnes par an de plastique par an [...]. »

Source : Olivia Détroyat, *Le Figaro*, 24 novembre 2023.

• Bouchon plastique : Tetra Pak révolutionne son usine

« À partir du 1er juillet 2024, fini les bouchons détachés. L'Union européenne n'autorisera plus que ceux solidaires de la bouteille. Le leader mondial de l'emballage, en Loire-Atlantique, les fabrique déjà. [...]

L'entreprise de Châteaubriant, qui emploie 105 personnes, domine le marché du bouchon pour les emballages carton. Ceux que l'on trouve sur les briques de lait, de jus de fruit ou encore de crème liquide viennent en majorité d'ici. En 2022, elle a produit 5,2 milliards de bouchons : 13 % pour la France, 46 % pour l'Europe, 41 % pour le reste du monde.

"Nous avons investi 100 millions d'euros sur trois ans pour nous préparer à la nouvelle production de bouchons solidaires, précise Erwan Boscher. En janvier 2022, nous avions 18 lignes de production. Actuellement, nous en avons 28. En juillet 2024, nous devrions en avoir 32, dont 24 lignes de bouchons attachés" [...]

En 2023, déjà 2,4 milliards de bouchons attachés sont sortis d'usine, soit près de la moitié de la production. « En 2024, nous devrions produire 75 % de bouchons attachés. [...] »

Source : Pauline Roussel, *Ouest France*, 8 août 2023.

4 • ANNEXE 4 : FASCICULE SECTORIEL DE LA BANQUE DE FRANCE

Tableau A1.6 – Secteur : 22 - Fabrication de Produits en Caoutchouc et en Plastique 1

	2021			2022		
	Q_1	Q_2	Q_3	Q_1	Q_2	Q_3
1- ACTIVITÉ						
Taux de variation du CAHT - %	2,8	15,1	27,4	0,9	10,1	20,5
Taux de variation de la VA - %	– 1,5	13,4	30,1	– 7,9	4,6	17,8
Taux d'exportation - %	0,0	4,9	24,0	0,0	4,7	23,8
Taux d'investissement d'exploitation - %	3,5	8,6	19,4	3,8	8,9	19,6
2- STRUCTURE D'EXPLOITATION						
Taux de valeur ajoutée - %	28,9	37,3	45,5	26,7	35,0	44,1
Part des charges de personnel extérieur - %	1,5	7,3	16,6	1,4	8,2	17,0
Délai net de règlement des clients - j	35,6	52,9	68,0	33,7	51,8	66,7
Délai net de règlement aux fournisseurs - j	40,5	54,8	73,1	37,7	52,1	70,1
Poids des stocks - j	33,5	50,0	72,6	34,6	52,9	76,9
Poids du BFR d'exploitation - j	26,1	54,7	82,0	31,0	57,6	86,6

1. Direction des Entreprises - Base FIBEN, données disponibles en octobre 2023.

Rendement de la main-d'œuvre - m euros	51,7	67,5	92,0	53,0	69,7	94,4
Coût apparent de la main-d'œuvre - m euros	39,7	46,3	55,3	40,7	48,0	57,3
Équipement par salarié - m euros	60,2	105,8	186,9	62,4	111,0	192,8
Rendement du capital d'exploitation - %	34,5	53,2	83,8	33,4	49,7	79,4
3- CAPACITÉ BÉNÉFICIAIRE						
Taux de marge commerciale - %	14,5	28,8	46,2	14,0	29,4	47,4
Taux de marge industrielle sur production - %	51,7	62,9	73,6	48,9	60,2	71,9
Taux de marge - %	11,7	24,9	37,9	12,5	24,8	37,6
Taux de rentabilité brute du capital d'exploitation - %	5,2	12,2	24,2	5,3	11,8	22,8
Taux de rentabilité nette du capital d'exploitation - %	1,7	8,0	19,1	1,7	7,6	18,0
Taux d'excédent brut global - %	4,9	9,7	15,4	4,4	9,0	14,6
Taux de rentabilité financière des capitaux propres - %	3,6	12,0	23,8	3,5	12,3	23,1
4- RÉPARTITION DES REVENUS						
Personnel - %	58,5	70,9	83,0	59,0	71,4	82,7
Prêteurs - %	0,3	0,7	1,5	0,3	0,8	1,7
État - %	3,4	5,9	9,6	3,1	5,5	8,9
Associés - %	0,0	0,0	9,7	0,0	0,0	11,3
Entreprise - %	6,0	15,5	24,3	5,7	15,0	23,5
5- AUTONOMIE FINANCIÈRE						
Poids des intérêts sur l'excédent brut global - %	0,8	2,6	6,3	0,9	2,9	7,3
Taux brut d'endettement financier - %	13,0	40,7	94,3	13,3	38,4	88,0
Taux net d'endettement financier - %	– 42,6	– 8,3	39,5	– 37,3	– 2,3	43,7
Coût apparent de l'endettement - %	0,9	1,7	3,7	1,0	2,0	4,0

5 • ANNEXE 5 : LIASSE FISCALE D'ECOPLAST

Tableau A1.7 – Bilan actif

DGFIP N° 2050

Désignation de l'entreprise : EcoPlast
Durée de l'exercice exprimée en nombre de mois : 12

Durée de l'exercice précédent : 12

exercices N, clos le : 31/12/N

N - 1 clos le : 31/12/N-1

		Brut N 1	Amortissements & provisions 2		Net N 3	Net N – 1 4
Capital souscrit non appelé	AA	-			-	-
Immobilisations incorporelles		-		-	-	-
Frais d'établissement	AB	-	AC	-	-	-
Frais de développement	CX	-	AE	-	-	-
Concessions, brevets et droits similaires	AF	468 075	AG	277 615	190 460	272 514
Fonds commercial (1)	AH	-	AI	-	-	-
Autres immobilisations incorporelles	AJ	-	AK	-	-	-
Avances et acomptes sur immobilisations incorporelles	AL	-	AM	-	-	-
Immobilisations corporelles		-		-	-	-
Terrains	AN	-	AO	-	-	-
Constructions	AP	378 508	AQ	97 774	280 734	140 414
Installations techniques, matériel et outillage industriels	AR	4 358 143	AS	2 327 606	2 030 536	1 961 206
Autres immobilisations corporelles	AT	1 832 526	AU	1 107 005	725 520	958 099
Immobilisations en cours	AV	-	AW	-	-	-
Avances et acomptes	AX	-	AY	-	-	-
Immobilisations financières (2)		-		-	-	-
Participations (selon la méthode de mise en équivalence)	CS	-	CT	-	-	-
Autres participations	CU	9 147	CV	-	9 147	9 147

Créances rattachées à des participations	BB	-	BC	-	-	-
Autres titres immobilisés	BD	-	BE	-	-	-
Prêts	BF	8 044	BG	-	8 044	8 044
Autres immobilisations financières	BH	1 522	BI	-	1 522	1 027
TOTAL (II)	BJ	7 055 963	BK	3 810 001	3 245 962	3 350 451
Stocks						
Matières premières, approvisionnements	BL	525 377	BM	-	525 377	755 182
En cours de production de biens	BN	-	BO	-	-	-
En cours de production de services	BP	-	BQ	-	-	-
Produits intermédiaires et finis	BR	629 722	BS	-	629 722	1 326 204
Marchandises	BT	316 374	BU	-	316 374	124 745
Avances et acomptes versés sur commandes	BV	-	BW	-	-	98 596
Créances		-		-	-	-
Clients et comptes rattachés (3)	BX	5 031 420	BY	-	5 031 420	3 517 973
Autres créances (3)	BZ	245 395	CA	-	245 395	474 398
Capital souscrit et appelé, non versé	CB	-	CC	-	-	-
Divers		-		-	-	-
Valeurs mobilières de placement	CD	-	CE	-	-	-
(dont actions propres :)		-		-	-	-
Disponibilités	CF	35 834	CG	-	35 834	156 423
Charges constatées d'avance (3)	CH	191 239	CI	-	191 239	112 261
TOTAL (III)	CJ	6 975 360	CK	-	6 975 360	6 565 783
Frais d'émission d'emprunt à étaler	CW	-			-	-
Primes de remboursement des obligations	CM	-			-	-
Écarts de conversion actif	CN	-			-	-
TOTAL GÉNÉRAL (I à VI)	CO	14 031 323	1A	3 810 001	10 221 322	9 916 234

(1) Dont droit au bail :	(2) part à moins 1 an	-	(3) Part à plus	-	
	immos fi. nettes : CP	-	d'un an : CR	-	
	Immobilisations :	Stocks :	Créances :		
Clause de réserve de propriété :	-	-	-		

Tableau A1.8 – Bilan passif avant répartition

DGFIP N° 2051

Désignation de l'entreprise : EcoPlast

		Exercice N	Exercice N – 1
Capital social ou individuel (1) (dont versé : ....)	DA	457 347	457 347
Primes d'émission, de fusion, d'apport...	DB	-	-
Ecarts de réévaluation (2) (dont écart d'équivalence EK : ....)	DC	-	-
Réserve légale (3)	DD	45 735	45 735
Réserves statutaires ou contractuelles	DE	-	-
Réserves réglementées (3) (4)	DF	9 373	9 373
Autres réserves	DG	1 829 683	1 159 240
Report à nouveau	DH	-	-
RÉSULTAT DE l'EXERCICE (Bénéfice ou perte)	DI	944 426	836 031
Subventions d'investissement	DJ	-	-
Provisions réglementées	DK	852 363	798 631
Capitaux propres TOTAL (I)	DL	4 138 926	3 306 357
Produits des émissions de titres participatifs	DM	-	-
Avances conditionnées	DN	-	-
Autres fonds propres TOTAL (II)	DO	-	-
Provisions pour risques	DP	-	-
Provisions pour charges	DQ	-	-
Provisions pour risques et charges TOTAL (III)	DR	-	-
Emprunts obligataires convertibles	DS	-	-
Autres emprunts obligataires	DT	-	-
Emprunts et dettes auprès des établissements de crédit (5)	DU	1 089 617	1 782 487
Emprunts et dettes financières divers (dont emprunts participatifs EI : ...)	DV	216 722	172 436

Avances et acomptes reçus sur commandes en cours	DW	-	-
Dettes fournisseurs et comptes rattachés	DX	2 243 130	2 507 072
Dettes fiscales et sociales	DY	1 784 547	1 685 229
Dettes sur immobilisations et comptes rattachés	DZ	748 381	430 521
Autres dettes	EA	-	32 130
Produits constatés d'avance (4)	EB	-	-
Dettes (5) TOTAL (IV)	EC	6 082 397	6 609 876
Écarts de conversion passif **(V)**	ED	-	-
TOTAL GÉNÉRAL (I à V)	EE	10 221 323	9 916 234

(1)	Écart de réévaluation incorporé au capital		1B	-	-
		réserve spéciale de réévaluation (1959)	1C	-	-
(2)	Dont	écart de réévaluation libre	1D	-	-
		réserve de réévaluation (1976)	1E	-	-
(3)	Dont réserve réglementée des plus-values à long terme		EF	-	-
(4)	Dettes et produits constatés d'avance à moins d'un an		EG	7 026 922	7 082 460
(5)	Dont concours bancaires courants, soldes créditeurs de banques et CCP		EH	-	173 646

Tableau A1.9 – Compte de résultat de l'exercice

DGFIP N° 2052

Désignation de l'entreprise : EcoPlast			France		Export		N 1	N – 1 2
Ventes de marchandises		FA	3 239 065	FB	-	FC	3 239 065	5 665 798
Production vendue	*Biens :*	FD	19 935 485	FE	216 513	FF	20 151 998	15 233 680
	Services :	FG	-	FH	-	FI	-	-
Chiffre d'affaires net		FJ	23 174 550	FK	216 513	FL	23 391 063	20 899 478
Production stockée						FM	– 321 483	428 742
Production immobilisée						FN	-	-
Subventions d'exploitation						FO	32 143	-
Reprises sur amortissements et provisions, transferts de charges (9)						FP	-	17 642
Autres produits (1) (11)						FQ	765	17 398
Total des produits d'exploitation (2) (I)						FR	23 102 488	21 363 259

Achats de marchandises (y compris droits de douane)		FS	2 800 055	3 798 707
Variation de stock (marchandises)		FT	– 191 628	– 113 068
Achats de matières premières et autres approvisionnements (y compris droits de douane)		FU	7 385 437	5 332 117
Variation de stock (matières premières et autres approvisionnements)		FV	– 145 196	– 25 684
Autres achats et charges externes (3) (6 bis)		FW	4 214 545	4 202 572
Impôts, taxes et versements assimilés		FX	403 563	368 305
Salaires et traitements		FY	4 294 372	3 744 477
Charges sociales (10)		FZ	1 611 712	1 354 649
Dotations d'exploitation	- sur immobilisations : dotations aux amortissements	GA	844 147	775 814
	- sur immobilisations : dotations aux provisions	GB	-	-
	- sur actif circulant : dotations aux provisions	GC	-	-
	- pour risque et charges : dotations aux provisions	GD	-	-
Autres charges (12)		GE	447	2 482
Total des charges d'exploitation (4) (II)		GF	21 217 453	19 440 371
- 1 - RÉSULTAT D'EXPLOITATION (I – II)		**GG**	**1 885 035**	**1 922 888**
Opérations en commun				
Bénéfice attribué ou perte transférée	**(III)**	GH	-	-
Perte supportée ou bénéfice transféré	**(IV)**	GI	-	-
Produits financiers				
Produits financiers de participations (5)		GJ	-	-
Produits des autres valeurs mobilières et créances de l'actif immobilisé (5)		GK	-	-
Autres intérêts et produits assimilés (5)		GL	463	3 458
Reprises sur provisions et transferts de charges		GM	-	-
Différences positives de change		GN	-	-
Produits nets sur cessions de valeurs mobilières de placement		GO	-	-
Total des produits financiers (V)		GP	463	3 458
Charges financières				
Dotations financières aux amortissements et provisions		GQ	-	-
Intérêts et charges assimilés (6)		GR	67 763	212 007
Différences négatives de change		GS	-	-
Charges nettes sur cessions de valeurs mobilières de placement		GT	-	-
Total des charges financières (VI)		GU	67 763	212 007
- 2 - RÉSULTAT FINANCIER (V – VI)		GV	– 67 300	– 208 549
- 3 - RÉSULTAT COURANT AVANT IMPÔTS (I – II + III – IV + V – VI)		GW	1 817 735	1 714 339

Tableau A1.10 – Compte de résultat de l'exercice (suite)

DGFIP N° 2053

Désignation de l'entreprise : EcoPlast		N 1	N – 1 2
Produits exceptionnels sur opérations de gestion	HA	1 601	825
Produits exceptionnels sur opérations en capital	HB	333 458	413 938
Reprises sur provisions et transferts de charges	HC	141 161	41 154
Total des produits exceptionnels (7) (VII)	HD	476 220	455 916
Charges exceptionnelles sur opérations de gestion (6 bis)	HE	47 404	30 623
Charges exceptionnelles sur opérations en capital	HF	282 619	343 569
Dotations exceptionnelles aux amortissements et provisions	HG	194 893	228 508
Total des charges exceptionnelles (7) (VIII)	HH	524 916	602 700
- 4 - RÉSULTAT EXCEPTIONNEL (VII – VIII)	HI	– 48 696	– 146 784
Participation des salariés **(IX)**	HJ	383 765	193 917
Impôts sur les bénéfices **(X)**	HK	440 847	537 606
TOTAL DES PRODUITS (I + III + V + VII)	HL	23 579 172	21 822 634
TOTAL DES CHARGES (II + IV + VIII + IX + X)	HM	22 634 745	20 986 602
- 5 - BÉNÉFICE OU PERTE (total des produits – total des charges)	HN	944 427	836 032

(1)	Dont produits nets partiels sur opérations à long terme	HO	-	-
(2)	Dont produits de locations immobilières	HY	-	-
	Dont produits d'exploitation afférents à des exercices antérieurs	1G	-	-
(3)	Dont crédit-bail mobilier	HP	646 242	497 885
	Dont crédit-bail immobilier	HQ	-	-
(4)	Dont charges d'exploitation afférentes à des exercices antérieurs à détailler au (8)	1H	-	-
(5)	Dont produits concernant les entreprises liées	1J	-	-
(6)	Dont intérêts concernant les entreprises liées	1K	-	-
bis	Dont dons faits aux organismes d'intérêt général (art. 238 bis du C.G.I.)	HX	-	-
(9)	Dont transfert de charges	A1	-	-
(10)	Dont cotisations personnelles de l'exploitant	A2	-	-
(11)	Dont redevances pour concessions de brevets et licences (produits)	A3	-	-
(12)	Dont redevances pour concessions de brevets et licences (charges)	A4	-	-
(7)	Détail des produits et charges exceptionnels exercice N :		Charges	Produits
	Produits cessions d'immobilisations		-	325 748
	Valeur comptable actifs cédés		281 775	-
	Quote part subv investissement		-	-
			-	-

		-	-
(8)	Détail des produits et charges sur exercices antérieurs :	Charges	Produits
		-	-
		-	-
		-	-

Tableau A1.11 – Immobilisations

DGFIP N° 2054

ésignation de l'entreprise : EcoPlast

Cadre A	IMMOBILISATIONS	Valeur brute des immobilisations au début de l'exercice		Augmentations			
				consécutives à une réévaluation		Acquisitions, viremts de poste à poste	
ais d'établissement et de développement	**TOTAL I**	CZ	-	KB	-	KC	-
utres postes d'immobilisation incorporelles	**TOTAL II**	KD	466 791	KE	-	KF	1 283
Terrains		KG	-	KH	-	KI	-
Constructions	sur sol propre	KJ	-	KK	-	KL	-
	sur sol d'autrui	KM	21 697	KN	-	KO	-
	installations générales, agencements	KP	193 720	KQ	-	KR	163 090
Installations techniques, matériel et outillage industriels		KS	3 903 773	KT	-	KU	708 777
Autres immobilisations corporelles	Installations générales, agencements	KV	627 700	KW	-	KX	69 801
	Matériel de transport	KY	190 810	KZ	-	LA	1 220
	Matériel de bureau, informatique, mobilier	LB	1 019 451	LC	-	LD	76 766
	Emballages récupérables et divers	LE	-	LF	-	LG	-
Immobilisations corporelles en cours		LH	-	LI	-	LJ	-
Avances et acomptes		LK	-	LL	-	LM	-
	TOTAL III	LN	5 957 151	LO	-	LP	1 019 654
Participations évaluées par mise en équivalence		8G	-	8M	-	8T	-
Autres participations		8U	9 147	8V	-	8W	-
Autres titres immobilisés		1P	-	1R	-	1S	-
Prêts et autres immobilisations financières		1T	9 071	1U	-	1V	495
	TOTAL IV	LQ	18 218	LR	-	LS	495
TOTAL GÉNÉRAL (I + II + III + IV)		0G	6 442 160	0H	-	0J	1 021 432

Cadre B	IMMOBILISATIONS	Diminutions par virements poste à poste		Diminutions par cessions à des tiers ou mise H.S.		Valeur brute des immobilisations à la fin de l'exercice		Réévaluation légale Valeur d'origi en fin d'exerci
Frais d'établissement et de développement	**TOTAL I**	-	C0	-	D0	-	D7	-
Autres postes d'incorporelles	**TOTAL II**	-	LV	-	LW	468 075	1X	-
Terrains		-	LX	-	LY	-	LZ	-
Constructions	sur sol propre	-	MA	-	MB	-	MC	-
Constructions	sur sol d'autrui	-	MD	-	ME	21 697	MF	-
Constructions	installations générales, agencemts	-	MG	-	MH	356 810	MI	-
Installations techniques, mat. et outillage industriels		-	MJ	254 407	MK	4 358 143	ML	-
Autres Immobilisations corporelles	Installations générales, agencemts	-	MM	-	MN	697 501	MO	-
Autres Immobilisations corporelles	Matériel de transport	-	MP	-	MQ	192 029	MR	-
Autres Immobilisations corporelles	Mat. bureau, informatique, mobilier	-	MS	153 223	MT	942 995	MU	-
Autres Immobilisations corporelles	Emballages récupérables et divers	-	MV	-	MW	-	MX	-
Immobilisations corporelles en cours	MY	-	MZ	-	NA	-	NB	-
Avances et acomptes	NC	-	ND	-	NE	-	NF	-
	TOTAL III	-	NG	407 630	NH	6 569 176	NI	-
Participations évaluées par mise en équivalence		-	0U	-	0V	-	0W	-
Autres participations		-	0X	-	0Y	9 147	0Z	-
Autres titres immobilisés		-	2B	-	2C	-	2D	-
Prêts et autres immobilisations financières		-	2E	-	5	9 566	2G	-
	TOTAL IV	-	NJ	-	NK	18 713	2H	-
TOTAL GÉNÉRAL (I + II + III + IV)		-	0K	407 630	0L	7 055 963	0M	-

Tableau A1.12 – Amortissements

DGFIP N° 2055

ɜnation de l'entreprise : EcoPlast

Cadre A	SITUATIONS ET MOUVEMENTS DE L'EXERCICE DES AMORTISSEMENTS TECHNIQUES								
ɪMOBILISATIONS AMORTISSABLES		Montant amort. début exercice		Augmentations : dotations exercice		Diminutions : sorties et reprises		Montant amort. fin exercice	
·d'établissement et de développement		CY	-	EL	-	EM	-	EN	-
ꞩ commercial		RE	-	RF	-	RI	-	RJ	-
·s immos incorporelles		PE	194 276	PF	83 338	PG	-	PH	277 615
	TOTAL I	RK	194 276	RM	83 338	RN	-	RO	277 615
·rains		PI	-	PJ	-	PK	-	PL	-
Constructions	sur sol propre	PM	-	PN	-	PO	-	PQ	-
	sur sol d'autrui	PR	15 905	PS	2 170	PT	-	PU	18 075
	Install. générales et agencements	PV	59 097	PW	20 601	PX	-	PY	79 699
ꞩtallation techniques, matériel et outillage ·ustriel		PZ	1 942 566	QA	493 870	QB	108 830	QC	2 327 606
Autres ·nmobilisations corporelles	Installations générales, agencements	QD	259 262	QE	59 793	QF	-	QG	319 054
	Matériel de transport	QH	155 296	QI	30 411	QJ	-	QK	185 708
	Mat. bureau, informatique, mobilier	QL	465 305	QM	153 963	QN	17 025	QO	602 243
	Emballages récupérables et divers	QP	-	QR	-	QS	-	QT	-
	TOTAL II	QU	2 897 430	QV	760 808	QW	125 854	QX	3 532 385
	TOTAL GÉNÉRAL (I + II)	0N	3 091 707	0P	844 146	0Q	125 854	0R	3 810 000

Cadre B	VENTILATION DES MOUVEMENTS AFFECTANT LA PROVISION POUR AMORTISSEMENTS DEROGATOIRES												
ɪMOBI-ꞩATIONS ·MORTIS-ꞩABLES	DOTATIONS						REPRISES						Mouvement net amort. fin de l'exercice
	1. Diffé-rentiel de durée		2. Mode dégressif		3. Amort. Fiscal except.		4. Différentiel durée		5. Mode dégressif		6. Amort.fiscal except.		
d'établis-·ent	M9	-	N1	-	N2	-	N3	-	N4	-	N5	-	N6 -
·s ·nercial	RP	-	RQ	-	RR	-	RS	-	RT	-	RU	-	RV -

Autres immob. incorp.	N7	83 338	N8	-	P6	55 738	P7	-	P8	-	P9	7 330	Q1	3…
TOTAL I	RW	83 338	RX	-	RY	55 738	RZ	-	SB	-	SC	7 330	SD	1…
Terrains	Q2	-	Q3	-	Q4	-	Q5	-	Q6	-	Q7	-	Q8	
Construct. – sol propre	Q9	-	R1	-	R2	-	R3	-	R4	-	R5	-	R6	
Construct. – sol d'autrui	R7	2 170	R8	-	R9	-	S1	-	S2	-	S3	-	S4	5…
Construct. – Inst. gén., agen,	S5	20 600	S6	-	S7	-	S8	-	S9	-	T1	-	T2	5…
Inst. techn., mat	T3	485 483	T4	8 389	T5	116 847	T6	-	T7	-	T8	87 008	T9	1 3…
Autr. immos corp – Inst. gles, agencements	U1	59 793	U2	-	U3	-	U4	-	U5	-	U6	-	U7	14…
Autr. immos corp – Mat transport	U8	30 413	U9	-	V1	-	V2	-	V3	-	V4	-	V5	7…
Autr. immos corp – Mat.bur., inform., mob.	V6	153 400	V7	563	V8	22 307	V9	-	W1	-	W2	46 824	W3	32…
Autr. immos corp – Emb. récupérables	W4	-	W5	-	W6	-	W7	-	W8	-	W9	-	X1	
TOTAL II	X2	751 858	X3	8 952	X4	139 154	X5	-	X6	-	X7	133 832	X8	76…
Frais acquisition titres part. (III)	NL						NM						NO	
TOTAL GÉNÉRAL (I + II + III)	NP	835 195	NQ	8 952	NR	194 892	NS	0	NT	0	NU	141 162	NV	89…

Total général non ventilé (NP + NQ + NR)	NW	1 039 039	Total général non ventilé (NS + NT + NU)	NY	141 162	Total général non ventilé (NW – NY)	NZ	89…

Cadre C	MOUVEMENTS DE L'EXERCICE AFFECTANT LES CHARGES REPARTIES SUR PLUSIEURS EXERCICES	Montant net au début de l'exercice 1	Augmentations : 2	Dotations de l'exercice aux amortissements 3		Montant net à la fin de l'exercice 4	
Frais d'émission d'emprunt à étaler		-	-	Z9	-	Z8	-
Primes de remboursement des obligations		-	-	SP	-	SR	-

Tableau A1.13 – Provisions inscrites au bilan

DGFIP N° 2056

Désignation de l'entreprise : EcoPlast

Nature des provisions		Montant au début de l'exercice		Augmentations : Dot. de l'exercice		Diminutions : Rep. de l'exercice		Montant à la fin de l'exercice
Provisions réglementées								
Pour reconstitution de gisement minier	3T	-	TA	-	TB	-	TC	-
Pour investissement (1)	3U	-	TD	-	TE	-	TF	-
Pour hausse des prix (2)	3V	-	TG	-	TH	-	TI	-
Pour fluctuations des cours	3W	-	TJ	-	TK	-	TL	-
Amortissements dérogatoires	3X	798 631	TM	194 893	TN	141 161	TO	852 363
Implantations à l'étranger avant 1.1.92	IA	-	IB	-	IC	-	ID	-
Implantations à l'étranger après 1.1.92	IE	-	IF	-	IG	-	IH	-
Pour prêts d'installation (3)	IJ	-	IK	-	IL	-	IM	-
Autres provisions réglementées (4)	3Y	-	TP	-	TQ	-	TR	-
TOTAL (I)	3Z	798 631	TS	194 893	TT	141 161	TU	852 363
Provisions pour risques et charges								
Pour litiges	4A	-	4B	-	4C	-	4D	-
Pour garanties données aux clients	4E	-	4 F	-	4G	-	4H	-
Pour pertes sur marchés à terme	4J	-	4K	-	4L	-	4M	-
Pour amendes et pénalités	4N	-	4P	-	4R	-	4S	-
Pour pertes de change	4T	-	4U	-	4V	-	4W	-
Pour pensions et obligations	4X	-	4Y	-	4Z	-	5A	-
Pour impôts (4)	5B	-	5C	-	5D	-	5E	-
Pour renouvellement des immobilisations	5 F	-	5H	-	5J	-	5K	-

Nature des provisions		Montant au début de l'exercice		Augmentations : Dot. de l'exercice		Diminutions : Rep. de l'exercice		Montant à la fin de l'exercice
Pour grosses réparations	5L	-	5M	-	5N	-	5P	-
Pour ch. soc. et fisc. sur congés à payés	5R	-	5S	-	5T	-	5U	-
Autres risques et charges (4)	5V	-	5W	-	5X	-	5Y	-
TOTAL (II)	5Z	-	TV	-	TW	-	TX	-

Provisions pour dépréciation								
Immos incorporelles	6A	-	6B	-	6C	-	6D	-
Immos corporelles	6E	-	6 F	-	6G	-	6H	-
Titres mis en équivalence	O2	-	O3	-	O4	-	O5	-
Titres de participation	9U	-	9V	-	9W	-	9X	-
Autres immos financières (4)	O6	-	O7	-	O8	-	O9	-
Provisions sur stocks et en cours	6N	-	6P	-	6R	-	6S	-
Provisions sur comptes clients	6T	-	6U	-	6V	-	6W	-
Autres prov. pour dépréciation (4)	6X	-	6Y	-	6Z	-	7A	-
TOTAL (III)	7B	-	TY	-	TZ	-	UA	-
TOTAL GÉNÉRAL (I + II + III)	7C	798 631	UB	194 893	UC	141 161	UD	852 36
Dont dotations et reprises :	- d'exploitation		UE	-	UF	-		
	- financières		UG	-	UH	-		
	- exceptionnelles		UJ	194 893	UK	141 161		

(1) Provisions réservées aux entreprises faisant participer leurs salariés aux résultats de l'entreprise.
(2) À détailler sur feuillet séparé selon l'année de constitution de la provision.
(3) Provision relevant de l'article 39 quinquies H du C.G.I.
(4) À détailler sur feuillet séparé selon l'objet des provisions.

Nota : les charges à payer ne doivent pas être mentionnées sur ce tableau, mais être ventilées sur l'état détaillé des charges à payer dont la production est prévue par l'article 38 II de l'annexe III au C.G.I.

Tableau A1.14 – État des échéances des créances et des dettes

DGFIP N° 2057

Désignation de l'entreprise : EcoPlast

Cadre A	ÉTAT DES CRÉANCES	Montant brut		À 1 an au plus		À plus d'un an	
	De l'actif immobilisé						
	Créances rattachées à des participations	UL	-	UM	-	UN	-
	Prêts (1) (2)	UP	8 044	UR	-	US	8 044
	Autres immobilisations financières	UT	1 522	UV	-	UW	1 522
	De l'actif circulant		-		-		
	Clients douteux ou litigieux	VA	-		-		-
	Autres créances clients	UX	5 031 420		5 031 420		-
	Créances représentatives de titres prêtés	UU	-		-		-
	Personnel et comptes rattachés	UY	-		-		-
	Sécurité sociale et autres organismes sociaux	UZ	-		-		-

État et autres collectivités publiques	Impôts sur les bénéfices	VM	-		-		-	
	Taxe sur la valeur ajoutée	VB	91 184		91 184		-	
	Autres impôts et taxes	VN	-		-		-	
	Divers	VP	-		-		-	
Groupes et associés (2)		VC	-		-		-	
Débiteurs divers		VR	349 212		349 213			
Charges constatées d'avance		VS	191 239		191 239		-	
	TOTAUX	VT	5 672 619	VU	5 663 054	VV	9 565	
(1)	Montant des prêts accordés en cours d'exercice	VD	-					
(1)	Remboursements obtenus en cours d'exercice	VE	-					
(2)	Prêts et avances aux associés (pers. physiques)	VF	-					

Cadre B	ÉTAT DES DETTES	Montant brut			À 1 an au plus		À plus d'1 an et 5 ans au plus	À plus de 5 ans
Emprunts obligataires convertibles		7Y	-		-		-	
Autres emprunts obligataires		7Z	-		-		-	
Emprunts, dettes auprès des Ets de crédit (1)	à 2 ans maximum à l'origine	VG	-		-		-	
	à plus de 2 ans à l'origine	VH	1 089 618		-		1 089 618	
Emprunt et dettes financières divers (1) (2)		8A	216 723		216 723		66 605	
Fournisseurs et comptes rattachés		8B	2 243 130		2 243 130		-	
Personnel et comptes rattachés		8C	600 239		600 239		-	
Sécurité sociale et autres organismes sociaux		8D	365 097		365 097		-	
État et autres collectivités publiques	Impôts sur les bénéfices	8E	606 203		606 203		-	
	Taxe sur la valeur ajoutée	VW	73 154		73 154		-	
	Obligations cautionnées	VX	-		-		-	
	Autres impôts et taxes	VQ	139 853		139 853		-	
Dettes sur immobilisations et comptes rattachés		8J	748 381		748 381		-	

Groupes et associés (2)	VI	196 885		-		-	
Autres dettes	8k			-		-	
Dettes représentatives de titres empruntés	SZ			-		-	
Produits constatés d'avance	8L	-		-		-	
TOTAUX	VY	6 082 397	VZ	4 994 158		1 089 618	-
(1) Emprunts souscrits en cours d'exercice	VJ	133 393					
(1) Emprunts remboursés en cours d'exercice	VK	674 009					
(2) Empts et dettes auprès associés pers. physiques	VL	196 885					

Tableau A1.15 – Affectations du résultat et renseignements divers

DGFIP N° 2058

Désignation de l'entreprise : EcoPlast

TABLEAU D'AFFECTATION DU RÉSULTAT DE L'EXERCICE PRÉCÉDENT (entreprises soumises à l'impôt sur les société) (1)				
Report à nouveau figurant au bilan de l'exercice antérieur à celui pour lequel la déclaration est établie			0C	-
Résultat de l'exercice précédant celui pour lequel la déclaration est établie			0D	836 031
Prélèvements sur les réserves (à détailler)		-		
	AUTRES RESÉRVES	-		
	Sous-total (à reporter dans la colonne de droite)	-	0E	-
	TOTAL (I)		OF	836 031
Affectations aux réserves	- Réserve légale		ZB	-
	- Réserve spéciale des plus-values à long terme		ZC	-
	- Autres réserves		ZD	683 582
	- Réserve spéciale avant incorporation au capital (art. 219 -I- f)		A5	152 449
Dividendes			ZE	-
Autres répartitions			ZF	-
Report à nouveau			ZG	-
(N.B. Le total I doit nécessairement être égal au total II)	**TOTAL (II)**		ZH	836 031

(1) Ce cadre est destiné à faire apparaître l'origine et le montant des sommes distribuées ou mises en réserve au cours de l'exercice dont les résultats font l'objet de la déclaration. Il ne concerne donc pas, en principe, les résultats de cet exercice mais ceux des exercices antérieurs, qu'ils aient ou non déjà fait l'objet d'une précédente affectation.

RENSEIGNEMENTS DIVERS			N	N – 1
Engagements	- Engagements de crédit-bail mobilier	YQ	806 593	1 102 144
	- Engagements de crédit-bail immobilier	YR	-	-
	- Effets portés à l'escompte et non échus	YS	771 902	1 406 240
Autres achats et charges externes	- Sous-traitance	YT	230 051	266 969
	- Locations, charges locatives et de copropriété	XQ	341 148	345 149
	- Personnel extérieur à l'entreprise	YU	384 133	979 677
	- Rémunérations d'intermédiaires et honoraires	SS	170 338	145 460
	- Rétrocessions d'honoraires, commissions et courtages	YV	-	-
	- Autres comptes	ST	3 088 875	2 465 316
	Total du poste correspondant à la ligne FW du tableau n° 2052	ZJ	4 214 545	4 202 572
Impôts et taxes	- Taxe professionnelle	YW	264 488	234 625
	- Autres (dt taxe intérieure sur prod. pétroliers) ZS #REF!	9Z	139 074	133 679
Total du poste correspondant à la ligne FX du tableau n° 2052		YX	403 563	368 305
	- Montant de la T.V.A. collectée	YY	4 178 919	3 874 412
	- Montant de la T.V.A. déductible hors immobilisations	YZ	2 218 786	2 408 288
	- Montant de l'avoir fiscal sur dividendes perçus, imputé sur l'I.S.	ZA	-	-
	- Montant brut des salaires (cf dernière DADS 1 souscrite)	OB	3 895 088	-
	- Plus-value en franchise d'I.S. lors 1re option pour régime simplifié	OS	-	-
	Sté : rés. comme non membre du gpe — JA — + value 15 % — JB — imputations	JC		
	Gpe : résultat d'ensemble — JD — + value 15 % — JE	JF		-
	Si la sté est placée sous le régime du bénéfice consolidé, — 1 : Sté mère — JH	Siret Sté mère :		-
	intégré ou de groupe ; indiquer 1, 2 ou 3 — JG — 2 : filiale			-
	Numéro du centre de gestion agréé — XP — #REF!			
	Effectif moyen du personnel : — dont apprentis :: — handicapés :	YP	103	88
	Tx d'intérêt maximum servi aux associés sur sommes mises à disposition de la société :	ZK		
	Filiales et participations : — Liste de l'article 38 II annexe III au C.G.I. jointe à déclaration ?	non : 0 ; oui : 1	ZR	

Tableau A1.16 – Bilan actif

DGFIP N° 2050

Désignation de l'entreprise : EcoPlast Durée de l'exercice exprimée en nombre de mois : 12
Durée de l'exercice précédent : 12

exercices N, clos le : 31/12/N – 1 N – 1 clos le : 31/12/N – 2

		Brut N 1		Amortissements & provisions 2	Net N 3	Net N – 1 4
Capital souscrit non appelé (I)	AA	-			-	-
Immobilisations incorporelles						
Frais d'établissement	AB	-	AC	-	-	-
Frais de développement	CX	-	AE	-	-	-
Concessions, brevets et droits similaires	AF	466 791	AG	194 276	272 514	177 280
Fonds commercial (1)	AH	-	AI	-	-	-
Autres immobilisations incorporelles	AJ	-	AK	-	-	-
Avances et acomptes sur immobilisations incorporelles	AL	-	AM	-	-	-
Immobilisations corporelles		-		-	-	-
Terrains	AN	-	AO	-	-	-
Constructions	AP	215 417	AQ	75 003	140 414	150 229
Installations techniques, matériel et outillage industriels	AR	3 903 773	AS	1 942 566	1 961 206	1 559 301
Autres immobilisations corporelles	AT	1 837 961	AU	879 863	958 099	989 506
Immobilisations en cours	AV	-	AW	-	-	-
Avances et acomptes	AX	-	AY	-	-	206 950
Immobilisations financières (2)		-		-	-	-
Participations (selon la méthode de mise en équivalence)	CS	-	CT	-	-	-
Autres participations	CU	9 147	CV	-	9 147	9 147
Créances rattachées à des participations	BB	-	BC	-	-	-
Autres titres immobilisés	BD	-	BE	-	-	-
Prêts	BF	8 044	BG	-	8 044	8 044
Autres immobilisations financières	BH	1 027	BI	-	1 027	1 739
TOTAL (II)	BJ	6 442 160	BK	3 091 708	3 350 451	3 102 195

		Brut N 1		Amortissements & provisions 2	Net N 3	Net N – 1 4
Stocks						
Matières premières, approvisionnements	BL	755 182	BM	-	755 182	354 497
En cours de production de biens	BN	-	BO	-	-	-
En cours de production de services	BP	-	BQ	-	-	-
Produits intermédiaires et finis	BR	1 326 204	BS	-	1 326 204	1 022 462
Marchandises	BT	124 745	BU	-	124 745	11 678
Avances et acomptes versés sur commandes	BV	98 596	BW	-	98 596	15 778
Créances		-		-	-	-
Clients et comptes rattachés (3)	BX	3 517 973	BY	-	3 517 973	3 167 732
Autres créances (3)	BZ	474 398	CA	-	474 398	299 989
Capital souscrit et appelé, non versé	CB	-	CC	-	-	-
Divers		-		-	-	-
Valeurs mobilières de placement	CD	-	CE	-	-	-
(dont actions propres :)		-		-	-	-
Disponibilités	CF	156 423	CG	-	156 423	20 870
Charges constatées d'avance (3)	CH	112 261	CI	-	112 261	76 571
TOTAL (III)	CJ	6 565 783	CK	-	6 565 783	4 969 577
Frais d'émission d'emprunt à étaler (IV)	CW	-			-	-
Primes de remboursement des obligations (V)	CM	-			-	-
Écarts de conversion actif (VI)	CN	-			-	-
TOTAL GÉNÉRAL (I à VI)	CO	13 007 943	1A	3 091 708	9 916 234	8 071 772
(1) Dont droit au bail :		(2) part à moins 1 an immos fi. nettes : **CP**		-	(3) Part à plus d'un an : **CR**	-
				-		-
		Immobilisations :		Stocks :		Créances :
Clause de réserve de propriété :		-		-		-

Tableau A1.17 – Bilan passif avant répartition

Désignation de l'entreprise : EcoPlast — DGFIP N° 2051

		Exercice N – 1	Exercice N – 2
Capital social ou individuel (1) (dont versé : ....)	DA	457 347	457 347
Primes d'émission, de fusion, d'apport...	DB	-	-
Écarts de réévaluation (2) (dont écart d'équivalence EK : ....)	DC	-	-
Réserve légale (3)	DD	45 735	45 735
Réserves statutaires ou contractuelles	DE	-	-
Réserves réglementées (3) (4)	DF	9 373	9 373
Autres réserves	DG	1 159 240	940 024
Report à nouveau	DH	-	-
RÉSULTAT DE l'EXERCICE (Bénéfice ou perte)	DI	836 031	266 862
Subventions d'investissement	DJ	-	-
Provisions réglementées	DK	798 630	611 278
Capitaux propres TOTAL (I)	DL	3 306 355	2 330 618
Produits des émissions de titres participatifs	DM	-	-
Avances conditionnées	DN	-	-
Autres fonds propres TOTAL (II)	DO	-	-
Provisions pour risques	DP	-	-
Provisions pour charges	DQ	-	-
Provisions pour risques et charges TOTAL (III)	DR	-	-
Emprunts obligataires convertibles	DS	-	-
Autres emprunts obligataires	DT	-	-
Emprunts et dettes auprès des établissements de crédit (5)	DU	1 782 487	2 416 035
Emprunts et dettes financières divers (dont emprunts participatifs EI : ...)	DV	172 436	147 515
Avances et acomptes reçus sur commandes en cours	DW	-	254 323
Dettes fournisseurs et comptes rattachés	DX	2 507 072	1 833 419
Dettes fiscales et sociales	DY	1 685 229	803 231
Dettes sur immobilisations et comptes rattachés	DZ	430 521	243 628
Autres dettes	EA	32 130	43 005

				Exercice N – 1	Exercice N – 2
	Produits constatés d'avance (4)		EB	-	-
		Dettes (5) TOTAL (IV)	EC	6 609 876	5 741 155
	Écarts de conversion passif	**(V)**	ED	-	-
		TOTAL GÉNÉRAL (I à V)	EE	9 916 232	8 071 773
(1)	Écart de réévaluation incorporé au capital		1B	-	-
		réserve spéciale de réévaluation (1959)	1C	-	-
(2)	Dont	écart de réévaluation libre	1D	-	-
		réserve de réévaluation (1976)	1E	-	-
(3)	Dont réserve réglementée des plus-values à long terme		EF	-	
(4)	Dettes et produits constatés d'avance à moins d'un an		EG	7 082 460	5 061 934
(5)	Dont concours bancaires courants, soldes créditeurs de banques et CCP		EH	173 646	560 530

Tableau A1.18 – Compte de résultat de l'exercice (en liste)

DGFIP N° 2052

Désignation de l'entreprise : EcoPlast

			France		Export		N – 1 1	N – 2 2
Ventes de marchandises		FA	5 661 036	FB	4 762	FC	5 665 798	3 839 362
Production vendue	Biens :	FD	14 496 214	FE	737 466	FF	15 233 680	12 360 417
	Services :	FG	-	FH	-	FI	-	-
Chiffre d'affaires net		FJ	20 157 249	FK	742 228	FL	20 899 478	16 199 779
Production stockée						FM	428 742	-210 928
Production immobilisée						FN	-	-
Subventions d'exploitation						FO	-	-
Reprises sur amortissements et provisions, transferts de charges (9)						FP	17 642	13 339
Autres produits (1) (11)						FQ	17 398	59 359
Total des produits d'exploitation (2) (I)						FR	21 363 259	16 061 550
Achats de marchandises (y compris droits de douane)						FS	3 798 707	2 875 049
Variation de stock (marchandises)						FT	– 113 068	– 11 678
Achats de matières premières et autres approvisionnements (y compris droits de douane)						FU	5 332 117	3 772 891
Variation de stock (matières premières et autres approvisionnements)						FV	– 25 684	– 25 215
Autres achats et charges externes (3) (6 bis)						FW	4 202 572	– 3 001 876

Impôts, taxes et versements assimilés		FX	368 305	313 255
Salaires et traitements		FY	3 794 477	3 313 564
Charges sociales (10)		FZ	1 354 649	1 163 406
Dotations d'exploitation	- sur immobilisations : dotations aux amortissements	GA	775 814	660 014
	- sur immobilisations : dotations aux provisions	GB	-	-
	- sur actif circulant : dotations aux provisions	GC	-	15 245
	- pour risque et charges : dotations aux provisions	GD	-	-
Autres charges (12)		GE	2 482	65
Total des charges d'exploitation (4) (II)		GF	19 490 371	15 078 47[illegible]
- 1 - RÉSULTAT D'EXPLOITATION (I - II)		GG	1 872 888	983 077
Opérations en commun				
Bénéfice attribué ou perte transférée	(III)	GH	-	-
Perte supportée ou bénéfice transféré	(IV)	GI	-	-
Produits financiers				
Produits financiers de participations (5)		GJ	-	-
Produits des autres valeurs mobilières et créances de l'actif immobilisé (5)		GK	-	-
Autres intérêts et produits assimilés (5)		GL	3 458	11 060
Reprises sur provisions et transferts de charges		GM	-	-
Différences positives de change		GN	-	-
Produits nets sur cessions de valeurs mobilières de placement		GO	-	-
	Total des produits financiers (V)	GP	3 458	11 060
Charges financières				
Dotations financières aux amortissements et provisions		GQ	-	-
Intérêts et charges assimilés (6)		GR	162 007	179 384
Différences négatives de change		GS	-	-
Charges nettes sur cessions de valeurs mobilières de placement		GT	-	-
	Total des charges financières (VI)	GU	162 007	179 384
- 2 - RÉSULTAT FINANCIER (V - VI)		**GV**	**– 158 549**	**– 168 324**
- 3 - RÉSULTAT COURANT AVANT IMPÔTS (I – II + III – IV + V – VI)		**GW**	**1 714 339**	**814 753**

Tableau A1.19 – Compte de résultat de l'exercice (suite)

DGFIP N° 2053

Désignation de l'entreprise : EcoPlast			N – 1 1	N – 2 2
Produits exceptionnels sur opérations de gestion		HA	825	-
Produits exceptionnels sur opérations en capital		HB	413 938	56 525
Reprises sur provisions et transferts de charges		HC	41 154	32 454
Total des produits exceptionnels (7) (VII)		HD	455 916	88 980
Charges exceptionnelles sur opérations de gestion (6 bis)		HE	30 623	14 626
Charges exceptionnelles sur opérations en capital		HF	343 569	55 101
Dotations exceptionnelles aux amortissements et provisions		HG	228 508	288 480
Total des charges exceptionnelles (7) (VIII)		HH	602 700	358 206
- 4 - RÉSULTAT EXCEPTIONNEL (VII – VIII)		**HI**	**– 146 784**	**– 269 226**
Participation des salariés	(IX)	HJ	193 917	74 432
Impôts sur les bénéfices	(X)	HK	537 606	204 232
TOTAL DES PRODUITS (I + III + V + VII)		HL	21 822 634	16 161 590
TOTAL DES CHARGES (II + IV + VI + VIII + IX + X)		HM	20 986 602	15 894 727
- 5 - BÉNÉFICE OU PERTE (total des produits – total des charges)		**HN**	**836 032**	**266 863**

(1)	Dont produits nets partiels sur opérations à long terme	HO	-	-
(2)	Dont produits de locations immobilières	HY	-	-
	Dont produits d'exploitation afférents à des exercices antérieurs	1G	-	-
(3)	Dont crédit-bail mobilier	HP	497 885	430 853
	Dont crédit-bail immobilier	HQ	-	-
(4)	Dont charges d'exploitation afférentes à des exercices antérieurs à détailler au (8)	1H	-	-
(5)	Dont produits concernant les entreprises liées	1J	-	-
(6)	Dont intérêts concernant les entreprises liées	1K	-	-
bis	Dont dons faits aux organismes d'intérêt général (art. 238 bis du C.G.I.)	HX	-	-
(9)	Dont transfert de charges	A1	-	-
(10)	Dont cotisations personnelles de l'exploitant	A2	-	-
(11)	Dont redevances pour concessions de brevets et licences (produits)	A3	-	-
(12)	Dont redevances pour concessions de brevets et licences (charges)	A4	-	-

	(7)	Détail des produits et charges exceptionnels exercice N :	Charges	Produits
		Valeur nette des immobilisations cédées	342 160	-
		Prix de cession des immobilisations	-	359 682
		Quote part subv investissement	-	-
			-	-

	(8)	Détail des produits et charges sur exercices antérieurs :	Charges	Produits
			-	-
			-	-
			-	-

Tableau A1.20 – Immobilisations

DGFIP N° 2

Désignation de l'entreprise : EcoPlast

Cadre A		IMMOBILISATIONS		Valeur brute des immobilisations au début de l'exercice		Augmentations			
						Consécutives à une réévaluation		Acquisition viremts de poste à po	
Frais d'établissement et de développement			TOTAL I	CZ	-	KB	-	KC	-
Autres postes d'immobilisation incorporelles			TOTAL II	KD	299 651	KE	-	KF	167 1
Terrains				KG	-	KH	-	KI	-
Constructions		sur sol propre		KJ	-	KK	-	KL	-
		sur sol d'autrui		KM	21 697	KN	-	KO	-
		installations générales, agencements		KP	182 881	KQ	-	KR	10 8
Installations techniques, matériel et outillage industriels				KS	3 112 566	KT	-	KU	1 191
Autres immobilisations corporelles		Installations générales, agencements		KV	614 719	KW	-	KX	13 2
		Matériel de transport		KY	190 428	KZ	-	LA	1 35
		Matériel de bureau, informatique, mobilier		LB	829 575	LC	-	LD	189 8
		Emballages récupérables et divers		LE	-	LF	-	LG	-
Immobilisations corporelles en cours				LH	-	LI	-	LJ	-
Avances et acomptes				LK	206 950	LL	-	LM	-
			TOTAL III	LN	5 158 816	LO	-	LP	1 406
Participations évaluées par mise en équivalence				8G	-	8M	-	8T	-
Autres participations				8U	9 147	8V	-	8W	-
Autres titres immobilisés				1P	-	1R	-	1S	-
Prêts et autres immobilisations financières				1T	9 783	1U	-	1V	-
			TOTAL IV	LQ	18 930	LR	-	LS	-
			TOTAL GÉNÉRAL (I + II + III + IV)	0G	5 477 396	0H	-	0J	1 573

Cadre B	IMMOBILISATIONS		Diminutions par virements poste à poste		Diminutions par cessions à des tiers ou mise H.S.		Valeur brute des immobilisations à la fin de l'exercice		Réévaluation légale Valeur d'origine en fin d'exercice
Frais d'établissement et de développement		**TOTAL I**	-	C0	-	D0	-	D7	-
Autres postes d'incorporelles		**TOTAL II**	-	LV	-	LW	466 791	1X	-
Terrains			-	LX	-	LY	-	LZ	-
Constructions	sur sol propre		-	MA	-	MB	-	MC	-
	sur sol d'autrui		-	MD	-	ME	21 697	MF	-
	installations générales, agencemts		-	MG	-	MH	193 720	MI	-
Installations techniques, mat. et outillage industriels			-	MJ	400 210	MK	3 903 773	ML	-
Autres Immobilisations corporelles	Installations générales, agencemts		-	MM	282	MN	627 700	MO	-
	Matériel de transport		-	MP	975	MQ	190 810	MR	-
	Mat. bureau, informatique, mobilier		-	MS	-	MT	1 019 451	MU	-
	Emballages récupérables et divers		-	MV	-	MW	-	MX	-
Immobilisations corporelles en cours		MY	-	MZ	-	NA	-	NB	-
Avances et acomptes		NC	206 950	ND	-	NE		NF	
		TOTAL III	206 950	NG	401 467	NH	5 957 151	NI	-
Participations évaluées par mise en équivalence				0U	-	0V	-	0W	-
Autres participations			-	0X	-	0Y	9 147	0Z	
Autres titres immobilisés			-	2B	-	2C	-	2D	-
Prêts et autres immobilisations financières			-	2E	712	5	9 071	2G	-
		TOTAL IV	-	NJ	712	NK	18 218	2H	-
		TOTAL GÉNÉRAL (I + II + III + IV)	206 950	0K	402 179	0L	6 442 160	0M	-

Tableau A1.21 – État des échéances, des créances et des dettes

DGFIP N° 2057

ésignation de l'entreprise : EcoPlast

Cadre A	ÉTAT DES CRÉANCES	Montant brut		À 1 an au plus		
De l'actif immobilisé						
	Créances rattachées à des participations	UL	-	UM	-	-
	Prêts (1) (2)	UP	8 044	UR	-	3 217
	Autres immobilisations financières	UT	1 027	UV	-	411

De l'actif circulant			-		-	
	Clients douteux ou litigieux	VA	-		-	-
	Autres créances clients	UX	3 517 973		3 517 973	-
	Créances représentatives de titres prêtés	UU	-		-	-
	Personnel et comptes rattachés	UY	1 906		1 906	-
	Sécurité sociale et autres organismes sociaux	UZ	-		-	-
État et autres collectivités publiques	Impôts sur les bénéfices	VM	-		-	-
	Taxe sur la valeur ajoutée	VB	242 285		242 285	-
	Autres impôts et taxes	VN	-		-	-
	Divers	VP	-		-	-
	Groupes et associés (2)	VC	-		-	-
	Débiteurs divers	VR	230 208		230 208	-
Charges constatées d'avance		VS	112 261		112 261	-
	TOTAUX	VT	4 113 703	VU	4 104 633	9 071
(1)	Montant des prêts accordés en cours d'exercice	VD	-			
(1)	Remboursements obtenus en cours d'exercice	VE	-			
(2)	Prêts et avances aux associés (pers. physiques)	VF	-			

Cadre B	ÉTAT DES DETTES	Montant brut			À 1 an au plus	À plus de 5 ans
Emprunts obligataires convertibles		7Y	-		-	-
Autres emprunts obligataires		7Z	-		-	-
Emprunts, dettes auprès des Ets de crédit (1)	à 2 ans maximum à l'origine	VG	195 363		195 363	-
	à plus de 2 ans à l'origine	VH	1 587 123		626 310	960 813
Emprunts et dettes financières divers (1) (2)		8A	107 222		40 617	66 605
Fournisseurs et comptes rattachés		8B	2 507 072		2 507 072	-
Personnel et comptes rattachés		8C	375 522		375 522	-
Sécurité sociale et autres organismes sociaux		8D	299 593		299 593	-
État et autres collectivités publiques	Impôts sur les bénéfices	8E	362 794		362 794	-
	Taxe sur la valeur ajoutée	VW	364 489		364 489	-
	Obligations cautionnées	VX	0		0	-
	Autres impôts et taxes	VQ	282 832		282 832	-
Dettes sur immobilisations et comptes rattachés		8J	430 521		430 521	-
Groupes et associés (2)		VI	65 215		65 215	-
Autres dettes		8k	32 130		32 130	-

	Dettes représentatives de titres empruntés	SZ	-		-	-	
	Produits constatés d'avance	8L	-		-	-	
	TOTAUX	VY	6 609 876	VZ	5 582 458	1 027 418	-
(1)	Emprunts souscrits en cours d'exercice	VJ	282 031				
(1)	Emprunts remboursés en cours d'exercice	VK	556 871				
(2)	Empts et dettes auprès associés pers. physiques	VL	63 830				

Tableau A1.22 – Affections du résultat et renseignement divers

DGFIP N° 2058

ıignation de l'entreprise : EcoPlast

BLEAU D'AFFECTATION DU RÉSULTAT DE L'EXERCICE PRÉCÉDENT (entreprises soumises à l'impôt sur les société) (1)				
port à nouveau figurant au bilan de l'exercice antérieur à celui pour lequel la déclaration est établie			0C	-
Résultat de l'exercice précédant celui pour lequel la déclaration est établie			0D	266 863
Prélèvements sur les réserves (à détailler)		-		
	AUTRES RÉSERVES	-		
Sous-total (à reporter dans la colonne de droite)		-	0E	-
		TOTAL (I)	OF	266 863
Affectations aux réserves	- Réserve légale		ZB	-
	- Réserve spéciale des plus-values à long terme		ZC	-
	- Autres réserves		ZD	175 393
	- Réserve spéciale avant incorporation au capital (art. 219 -I- f)		A5	-
Dividendes			ZE	91 469
Autres répartitions			ZF	-
Report à nouveau			ZG	-
B. Le total I doit nécessairement être égal au total II)		**TOTAL (II)**	ZH	266 862

Ce cadre est destiné à faire apparaître l'origine et le montant des sommes distribuées ou mises en réserve au cours de l'exercice ıt les résultats font l'objet de la déclaration. Il ne concerne donc pas, en principe, les résultats de cet exercice mais ceux des rcices antérieurs, qu'ils aient ou non déjà fait l'objet d'une précédente affectation.

ISEIGNEMENTS DIVERS			N-1	N-2
a-ıents	- Engagements de crédit-bail mobilier	YQ	1 102 144	1 088 976
	- Engagements de crédit-bail immobilier	YR	-	-
	- Effets portés à l'escompte et non échus	YS	1 406 240	1 163 598

Autres achats et charges externes	- Sous-traitance					YT	266 969		227 347
	- Locations, charges locatives et de copropriété					XQ	345 149		307 522
	- Personnel extérieur à l'entreprise					YU	979 677		323 556
	- Rémunérations d'intermédiaires et honoraires					SS	145 460		86 844
	- Rétrocessions d'honoraires, commissions et courtages					YV	-		-
	- Autres comptes					ST	2 465 316		2 056 607
	Total du poste correspondant à la ligne FW du tableau n° 2052					ZJ	10 506 429		7 504 690
Impôts et taxes	- Taxe professionnelle					YW	234 625		198 945
	- Autres (dt taxe intérieure sur prod. pétroliers)			ZS	#REF!	9Z	133 679		114 310
	Total du poste correspondant à la ligne FX du tableau n° 2052					YX	920 762		783 137
T.V.A.	- Montant de la T.V.A. collectée					YY	3 874 412		2 878 742
	- Montant de la T.V.A. déductible hors immobilisations					YZ	2 408 288		1 733 326
Divers	- Montant de l'avoir fiscal sur dividendes perçus, imputé sur l'I.S.					ZA	-		-
	- Montant brut des salaires (cf dernière DADS 1 souscrite)					0B	3 374 255		-
	- Plus-value en franchise d'I.S. lors 1re option pour régime simplifié					0S	-		-
	Sté : rés. comme non membre du gpe	JA		+ value 15 %	JB		impu-tations	JC	-
Régime de groupe	Gpe : résultat d'ensemble	JD		+ value 15 %	JE			JF	-
	Si la sté est placée sous le régime du bénéfice consolidé			1 : Sté mère	JH	Siret Sté mère :			-
	intégré ou de groupe ; indiquer 1, 2 ou 3	JG		2 : filiale	0	-			-
	Numéro du centre de gestion agréé	XP	-						
	Effectif moyen du personnel : dont apprentis :		handicapés :			YP	88		80
	Tx d'intérêt maximum servi aux associés sur sommes mises à disposition de la société :					ZK			
	Filiales et participations :	Liste de l'article 38 II annexe III au C.G.I. jointe à déclaration ?					non : 0 ; oui : 1	ZR	

6 • ANNEXE 6 : DOCUMENTS CONSTRUITS AU FIL DE L'OUVRAGE

Tableau A1.23 – Retraitement du bilan actif (en K€)

Actif	N	N – 1	N – 2
Immobilisations incorporelles	190	273	177
Actifs corporels acquis	3 037	3 060	2 906
Actifs corporels loués en crédit-bail	726	992	980
Immobilisations corporelles	3 763	4 052	3 886
Immobilisations financières	19	18	19
EMPLOIS STABLES	3 972	4 342	4 082
Stocks matières premières	525	755	354
Stocks produits finis, semis-finis et en-cours	630	1 326	1 022
Stocks marchandises	316	125	12
Total stocks	1 471	2 206	1 389
Créances clients	5 803	5 023	4 347
Autres créances d'exploitation	437	587	377
EMPLOIS D'EXPLOITATION	7 711	7 816	6 112
Disponibilités	36	156	21
Valeurs mobilières de placement (VMP)	0	0	0
Autres équivalents de trésorerie	0	0	0
TRÉSORERIE ACTIF	36	156	21
TOTAL ACTIF	11 719	12 314	10 215

Passif	N	N – 1	N – 2
Capital social et primes liées aux opérations de capital	457	457	457
Réserves et écarts de réévaluation	1 885	1 214	995
Report à nouveau	0	0	0
Résultat	944	836	267
Provisions réglementées	852	0	0

Subventions d'investissement	0	799	611
Capitaux propres	4 139	3 306	2 331
Comptes courants d'associés	197	65	49
Autres quasi capitaux propres	0	0	0
Quasi capitaux propres	197	65	49
Emprunts bancaires	1 090	1 609	1 856
Emprunts obligataires	0	0	0
Emprunts crédit-bail	726	992	980
Dettes financières diverses	20	107	98
Dettes financières à moyen et long terme	1 835	2 708	2 934
RESSOURCES STABLES	6 171	6 080	5 314
Dettes fiscales et sociales	1 785	1 685	803
Dettes fournisseurs	2 243	2 507	1 833
Autres dettes d'exploitation	748	463	541
Provisions pour risques et charges	0	0	0
RESSOURCES D'EXPLOITATION	4 776	4 655	3 178
Concours bancaires courants (CBC) et SC banque	0	174	561
Effets escomptés non échus (EENE)	772	1 406	1 164
TRÉSORERIE PASSIF	772	1 580	1 724
TOTAL PASSIF	11 719	12 314	10 215

	N	N – 1	N – 2
Fonds de roulement (FR)	2 199	1 737	1 231
Besoin en fonds de roulement (BFR)	2 935	3 161	2 935
Trésorerie nette : FR – BFR	– 736	– 1 423	– 1 703
Trésorerie nette : TA – TP :	– 736	– 1 423	– 1 703

Tableau A1.24 – Compte de résultat économique (en K€)

		N	%	N – 1	%	N – 2	%
+	Ventes de marchandises	3 239		5 666		3 839	
+	Production vendue de biens	20 152		15 234		12 360	
+	Production vendue de services	0		0		0	
=	**CHIFFRE D'AFFAIRES**	23 391		20 899		16 200	
+	Production stockée et immobilisée	– 321		429		– 211	
+	Autres produits d'exploitation	33		17		59	
=	**PRODUCTION**	23 102	100 %	21 346	100 %	16 048	100 %
–	Consommations de marchandises	2 608		3 686		2 863	

Consommations de matières premières	7 240		5 306		3 748	
MARGE BRUTE	13 254	57,4 %	12 354	57,9 %	9 437	58,8 %
Autres achats et charges externes	2 955		2 461		2 020	
Sous-traitance	230		267		227	
VALEUR AJOUTÉE	10 069	43,6 %	9 626	45,1 %	7 190	44,8 %
Salaires chargés et intérim	6 290		6 129		4 801	
Impôts et taxes	404		368		313	
EXCÉDENT BRUT D'EXPLOITATION (EBE)	3 375	14,6 %	3 129	14,7 %	2 076	12,9 %
Dot. amortissements immobilisations acquises	844		776		660	
Dot. amortissements immobilisations louées en crédit-bail	582		448		388	
RÉSULTAT EXPLOITATION RÉCURRENT	1 950	8,4 %	1 905	8,9 %	1 028	6,4 %
Dot. provisions exploit. et dépréciations nettes de reprises	0		-18		2	
Charges exceptionnelles	330		374		70	
Produits exceptionnels	335		415		57	
Dot. provisions exceptionnelles nettes de reprises	54		187		256	
RÉSULTAT EXPLOITATION NON RÉCURRENT	– 49	– 0,2 %	– 129	– 0,6 %	– 271	– 1,7 %
RÉSULTAT EXPLOITATION (REX)	1 901	8,2 %	1 776	8,3 %	757	4,7 %
Intérêts emprunts bancaires et obligataires	68		162		179	
Intérêts emprunts crédit-bail	65		50		43	
Autres charges financières	0		0		0	
Produits financiers	0		3		11	
Dot. provisions financières nettes de reprises	0		0		0	
RÉSULTAT FINANCIER	– 132	– 0,6 %	– 208	– 1,0 %	– 211	– 1,3 %
RÉSULTAT COURANT AVANT IMPÔTS	1 769	7,7 %	1 568	7,3 %	546	3,4 %
Participation des salariés	384		194		74	
Impôts sur les bénéfices	441		538		204	
RÉSULTAT NET	944	4,1 %	836	3,9 %	267	1,7 %
CAF	2 380		2 230		1 568	
DIVIDENDES	0		91		52	
EFFECTIFS	109		104		0	

Tableau A1.25 – Ratios d'analyse financière

			N	N – 1	N – 2
Activité					
Variation du CA	%	(CA « n » – CA « n – 1) / CA « n – 1 »	11,9 %	29,0 %	8,5 %
Poids de la production stockée	%	Production stockée / Production vendue biens	– 1,6 %	2,8 %	– 1,7 %
Variation de la production	%	(Prod. « n » – Prod.« n – 1 ») / Prod. « n – 1 »	8,2 %	33,0 %	7,3 %
Marges					
Taux de marge commerciale	%	(Ventes m/ses – conso. m/ses) / Ventes m/ses	19,5 %	34,9 %	25,4 %
Taux de marge sur production	%	(Production indust. – conso. MP) / Prod. Ind.	63,5 %	66,2 %	69,3 %
Taux de marge brute globale	%	Marge brute / Production	57,4 %	57,9 %	58,8 %
Valeur ajoutée et répartition					
Taux de valeur ajoutée	%	Val. ajoutée / Production	43,6 %	45,1 %	44,8 %
Poids facteur Travail	%	Salaires / Val. ajoutée	62,5 %	63,7 %	66,8 %
Poids facteur Capital	%	Dotations amortissements / Val. ajoutée	14,2 %	12,7 %	14,6 %
Productivité					
Productivité globale		Val. ajoutée / (Salaires + Dotations)	1,30	1,31	1,23
Productivité facteur travail	k€	Val. ajoutée / Effectif total	92,2	92,4	83,6
Rendement des équipements		Val. ajoutée / Immos corporelles brutes	1,1	1,2	1,1
Salaire unitaire moyen	k€	Salaires / Effectif	57,6	58,8	55,8
Intensité capitalistique	k€	Immos corporelles brutes / Effectif	83,4	76,7	nd
Analyse de l'outil productif					
Taux d'amortissement	%	Cumul amort. / Immos corporelles brutes	61,7 %	51,0 %	nd
Coefficient de capital		Immos corporelles brutes / VA	0,90	0,83	nd
Efforts d'investissement					
Taux de renouvellement	%	Invest. corporels « n » / Immos brutes « n – 1 »	14,7 %	27,8 %	nd
Taux d'investissement	%	Investissements corporels / VA	11,6 %	19,3 %	nd
Poids des investissements de croissance		Investissements corporels / Dotations amort.	0,8	1,5	nd
Besoin en fonds de roulement					
Poids du BFR	jours	(BFR / CA) × 360	45,2	54,4	65,2
Durée écoulement stock MP	jours	(Stock MP / Consommations MP) × 360	26,1	51,2	34,1
Durée écoulement stock m/ses	jours	(Stock m/ses / Consommations m/ses) × 360	43,7	12,2	1,5
Durée écoulement stock EC, PF	jours	(Stock EC, PF / Production vendue biens) × 360	11,2	31,3	29,8

Délai règlement clients	jours	(Créances clients / CA TTC) × 360	64,5	50,5	58,7
Délai règlement fournisseurs	jours	(Dettes fourn. / (Achats TTC + chges ext. TTC)) × 360	46,7	67,7	68,4
Capitaux propres					
Poids des capitaux propres	%	Capitaux propres / total du bilan	37,0 %	27,4 %	23,3 %
Poids des capitaux propres	%	Capitaux propres / Actif économique	62,8 %	44,9 %	33,9 %
Endettement					
Indépendance financière		Dettes financières nettes / Capitaux propres	0,59	1,23	1,95
Levier	an	Dettes financières nettes / EBE	5830,96	1,32	2,23
Couverture du service de la dette		Free cash flow/ (Remboursement+Intérêts)	1,73	0,75	nd
Couverture des frais financiers		Résultat exploitation / intérêts	– 11,1	8,4	3,4
Taux de couverture	%	FR / BFR	74,9 %	55,0 %	42,0 %
Rentabilité					
Rentabilité économique	%	Résultat exploit. après IS / Actif économique	– 16,0 %	17,8 %	8,1 %
Rentabilité financière	%	Résultat courant après impôt / Capitaux propres	– 27,8 %	34,9 %	17,2 %
Effet de levier financier	%	(Réco - coût de la dette après impôt) × Dettes financières nettes / Capitaux propres	– 11,8 %	17,1 %	9,1 %
Rentabilité financière	%	Réco + Effet de levier financier	– 27,8 %	34,9 %	17,2 %
nd : données N-2 non disponibles					

SECTION 2 CORRIGÉ DU CAS

Le corrigé des questions de ce cas est présenté à la fin du chapitre s'y référant.

APPLICATION 2 THERMOFORM : établissement d'un compte de résultat économique et d'un bilan fonctionnel

SECTION 1 ÉNONCÉ

L'objectif est de mettre en application les principes de reclassement et de retraitement de l'information comptable en vue de produire un bilan fonctionnel, un tableau des SIG et un compte de résultat économique. L'application est réalisée à partir de la liasse fiscale et limitée au reclassement et retraitement des données du dernier exercice. Le tableau de crédit-bail ci-dessous est fourni par l'entreprise sur la base des contrats de location et des durées d'utilisation prévues.

Tableau A2.1 – Crédit-bail

Immobilisations en crédit-bail				
Postes du bilan	Valeur d'origine 2	Dotations aux amortissements 3		Valeur nette
		de l'ex. (2)	cumulées (2)	
Terrains				
Constructions	8 231 000	548 733	2 633 918	5 597 082
Inst. Tech. Mat. Outillage	2 614 000	435 667	993 320	1 620 680
Autres immo. corporelles				
Immo. en cours				
Totaux	10 845 000	984 400	3 627 238	7 217 762

1 • TABLEAUX LIASSE FISCALE (EXTRAITS)

Tableau A2.2 – Bilan actif

DGFIP N° 2050

Désignation de l'entreprise : Thermoform
Durée de l'exercice exprimée en nombre de mois : 12

Durée de l'exercice précédent : 12

exercices N, clos le : 31/12/N N - 1 clos le : 31/12/N-1

		Brut N 1		Amortissements & provisions 2	Net N 3	Net N – 1 4
Capital souscrit non appelé	AA	-			-	-
Immobilisations incorporelles		-	-	-	-	-
Frais d'établissement	AB	-	AC	-	-	-
Frais de développement	CX	-	AE	-	-	-
Concessions, brevets et droits similaires	AF	-	AG	-	-	-
Fonds commercial (1)	AH	350 000	AI	-	350 000	-
Autres immobilisations incorporelles	AJ	-	AK	-	-	-
Avances et acomptes sur immobilisations incorporelles	AL	-	AM	-	-	-
Immobilisations corporelles			-	-	-	-
Terrains	AN	-	AO	-	-	-
Constructions	AP	-	AQ	-	-	-

Installations techniques, matériel et outillage industriels	AR	5 612 453	AS	4 926 287	686 166	-
Autres immobilisations corporelles	AT	593 694	AU	408 080	185 614	-
Immobilisations en cours	AV	-	AW	-	-	-
Avances et acomptes	AX	-	AY	-	-	-
Immobilisations financières (2)		-	-	-	-	-
Participations (selon la méthode de mise en équivalence)	CS	-	CT	-	-	-
Autres participations	CU		CV	-	-	-
Créances rattachées à des participations	BB	2 230	BC	-	2 230	-
Autres titres immobilisés	BD	49 450	BE	-	49 450	-
Prêts	BF	515 000	BG	-	515 000	-
Autres immobilisations financières	BH		BI	-		-
TOTAL (II)	BJ	7 122 827	BK	5 334 367	1 788 460	-
Stocks						
Matières premières, approvisionnements	BL	1 553 267	BM	-	1 553 267	-
En cours de production de biens	BN	506 086	BO	-	506 086	-
En cours de production de services	BP	-	BQ	-	-	-
Produits intermédiaires et finis	BR	801 198	BS	71 200	729 998	-
Marchandises	BT		BU	-	-	-
Avances et acomptes versés sur commandes	BV	-	BW	-	-	-
Créances			-			-
Clients et comptes rattachés (3)	BX	7 133 766	BY	502 433	6 631 333	-
Autres créances (3)	BZ	917 962	CA	-	917 962	-
Capital souscrit et appelé, non versé	CB	-	CC	-	-	-
Divers			-			-
Valeurs mobilières de placement	CD	-	CE	-	-	-
(dont actions propres :)		-	-	-	-	-
Disponibilités	CF	173 187	CG	-	173 187	-
Charges constatées d'avance (3)	CH	52 277	CI	-	52 277	-
TOTAL (III)	CJ	11 137 743	CK	573 633	10 564 110	-
Frais d'émission d'emprunt à étaler (IV)	CW	-			-	-
Primes de remboursement des obligations (V)	CM	-			-	-

Écarts de conversion actif (VI)	CN	-			-	-
TOTAL GÉNÉRAL (I à VI)	CO	18 260 570	1A	5 908 000	12 352 570	-
(1) Dont droit au bail :		(2) part à moins 1 an		-	(3) Part à plus	-
		immos fi. nettes : CP		-	d'un an : CR	-
		Immobilisations :		Stocks :	Créances :	
Clause de réserve de propriété :		-		-		-

Tableau A2.3 – Bilan passif avant répétition

DGFIP N° 2051

Désignation de l'entreprise : Thermoform

		Exercice N	Exercice N – 1
Capital social ou individuel (1) (dont versé : ....)	DA	1 830 000	-
Primes d'émission, de fusion, d'apport...	DB	-	-
Ecarts de réévaluation (2) (dont écart d'équivalence EK : ....)	DC	-	-
Réserve légale (3)	DD	10 000	-
Réserves statutaires ou contractuelles	DE	-	-
Réserves réglementées (3) (4)	DF	567 000	-
Autres réserves	DG	2 860 989	-
Report à nouveau	DH	– 3 997 773	-
RÉSULTAT DE l'EXERCICE (Bénéfice ou perte)	DI	1 191 108	-
Subventions d'investissement	DJ	-	-
Provisions réglementées	DK	-	-
Capitaux propres TOTAL (I)	DL	2 461 324	-
Produits des émissions de titres participatifs	DM	-	-
Avances conditionnées	DN	-	-
Autres fonds propres TOTAL (II)	DO	-	-
Provisions pour risques	DP	-	-
Provisions pour charges	DQ	667 000	-
Provisions pour risques et charges TOTAL (III)	DR	667 000	-
Emprunts obligataires convertibles	DS	-	-
Autres emprunts obligataires	DT	-	-
Emprunts et dettes auprès des établissements de crédit (5)	DU	742 830	1 782 487
Emprunts et dettes financières divers (dont emprunts participatifs EI : ...)	DV	27 848	172 436

Avances et acomptes reçus sur commandes en cours	DW	-	-
Dettes fournisseurs et comptes rattachés	DX	6 300 313	2 507 072
Dettes fiscales et sociales	DY	1 779 898	1 685 229
Dettes sur immobilisations et comptes rattachés	DZ		430 521
Autres dettes	EA	373 355	32 130
Produits constatés d'avance (4)	EB	-	-
Dettes (5) TOTAL (IV)	EC	9 224 244	6 609 876
Écarts de conversion passif **(V)**	ED	-	-
TOTAL GÉNÉRAL (I à V)	EE	12 352 568	6 609 876
(1) Écart de réévaluation incorporé au capital	1B	-	-
(2) Dont réserve spéciale de réévaluation (1959)	1C	-	-
écart de réévaluation libre	1D	-	-
réserve de réévaluation (1976)	1E	-	-
(3) Dont réserve réglementée des plus-values à long terme	EF	-	-
(4) Dettes et produits constatés d'avance à moins d'un an	EG	-	-
(5) Dont concours bancaires courants, soldes créditeurs de banques et CCP	EH	131 926	-

Tableau A2.4 – Compte de résultat de l'exercice (en liste)

DGFIP N° 2052

Désignation de l'entreprise : Thermoform

						N 1	N – 1 2
	France		Export				
Ventes de marchandises	FA	-	FB	-	FC	-	-
Production vendue — Biens :	FD	30 542 486	FE	987 142	FF	31 529 628	-
Production vendue — Services :	FG	-	FH	-	FI	182 529	-
Chiffre d'affaires net	FJ	30 542 486	FK	987 142	FL	31 712 157	-
Production stockée					FM	339 090	-
Production immobilisée					FN	-	-
Subventions d'exploitation					FO	-	-
Reprises sur amortissements et provisions, transferts de charges (9)					FP	777 458	-
Autres produits (1) (11)					FQ	3 136	-
Total des produits d'exploitation (2) (I)					FR	32 831 841	-
Achats de marchandises (y compris droits de douane)					FS	-	-

Variation de stock (marchandises)		FT	-	-
Achats de matières premières et autres approvisionnements (y compris droits de douane)		FU	11 883 863	-
Variation de stock (matières premières et autres approvisionnements)		FV	– 252 582	-
Autres achats et charges externes (3) (6 bis)		FW	7 108 240	-
Impôts, taxes et versements assimilés		FX	715 576	-
Salaires et traitements		FY	7 023 519	-
Charges sociales (10)		FZ	2 983 688	-
Dotations d'exploitation	- sur immobilisations : dotations aux amortissements	GA	468 675	-
	- sur immobilisations : dotations aux provisions	GB	-	-
	- sur actif circulant : dotations aux provisions	GC	97 995	-
	- pour risque et charges : dotations aux provisions	GD	167 000	-
Autres charges (12)		GE	660 129	-
	Total des charges d'exploitation (4) (II)	GF	30 856 103	-
- 1 - RÉSULTAT D'EXPLOITATION (I – II)		GG	1 975 738	-
Opérations en commun				
Bénéfice attribué ou perte transférée	(III)	GH	-	-
Perte supportée ou bénéfice transféré	(IV)	GI	-	-
Produits financiers				
Produits financiers de participations (5)		GJ	-	-
Produits des autres valeurs mobilières et créances de l'actif immobilisé (5)		GK	-	-
Autres intérêts et produits assimilés (5)		GL	13 248	-
Reprises sur provisions et transferts de charges		GM	-	-
Différences positives de change		GN	966	-
Produits nets sur cessions de valeurs mobilières de placement		GO	-	-
	Total des produits financiers (V)	GP	14 214	-
Charges financières				
Dotations financières aux amortissements et provisions		GQ	-	-
Intérêts et charges assimilés (6)		GR	797 052	-
Différences négatives de change		GS	2 792	-
Charges nettes sur cessions de valeurs mobilières de placement		GT	-	-
	Total des charges financières (VI)	GU	799 844	-
- 2 - RÉSULTAT FINANCIER (V – VI)		GV	– 785 630	-
- 3 - RÉSULTAT COURANT AVANT IMPÔTS (I – II + III – IV + V – VI)		GW	1 190 108	-

Tableau A2.5 – Compte de résultat de l'exercice (suite)

DGFIP N° 2053

Désignation de l'entreprise : Thermoform			N 1	N – 1 2
Produits exceptionnels sur opérations de gestion		HA	-	-
Produits exceptionnels sur opérations en capital		HB	1 000	-
Reprises sur provisions et transferts de charges		HC	-	-
Total des produits exceptionnels (7) (VII)		HD	1 000	-
Charges exceptionnelles sur opérations de gestion (6 bis)		HE	-	-
Charges exceptionnelles sur opérations en capital		HF	-	-
Dotations exceptionnelles aux amortissements et provisions		HG	-	-
Total des charges exceptionnelles (7) (VIII)		HH	-	-
- 4 - RÉSULTAT EXCEPTIONNEL (VII - VIII)		HI	1 000	-
Participation des salariés	(IX)	HJ	-	-
Impôts sur les bénéfices	(X)	HK	-	-
TOTAL DES PRODUITS (I + III + V + VII)		HL	32 847 055	-
TOTAL DES CHARGES (II + IV + VI + VIII + IX + X)		HM	31 655 947	-
- 5 - BÉNÉFICE OU PERTE (total des produits – total des charges)		HN	1 191 108	-

(1)	Dont produits nets partiels sur opérations à long terme	HO	-	-
(2)	Dont produits de locations immobilières	HY	-	-
	Dont produits d'exploitation afférents à des exercices antérieurs	1G	-	-
(3)	Dont crédit-bail mobilier	HP	530 034	-
	Dont crédit-bail immobilier	HQ	695 966	-
(4)	Dont charges d'exploitation afférentes à des exercices antérieurs à détailler au (8)	1H	-	-
(5)	Dont produits concernant les entreprises liées	1J	-	-
(6)	Dont intérêts concernant les entreprises liées	1K	-	-
bis	Dont dons faits aux organismes d'intérêt général (art. 238 bis du C.G.I.)	HX	-	-
(9)	Dont transfert de charges	A1	-	-
(10)	Dont cotisations personnelles de l'exploitant	A2	-	-
(11)	Dont redevances pour concessions de brevets et licences (produits)	A3	-	-
(12)	Dont redevances pour concessions de brevets et licences (charges)	A4	-	-
(7)	Détail des produits et charges exceptionnels exercice N :		Charges	Produits
	Produits cessions d'immobilisations		-	1 000

	Valeur comptable actifs cédés	-	-
	Quote part subv investissement	-	-
		-	-
		-	-
(8)	Détail des produits et charges sur exercices antérieurs :	Charges	Produits
		-	-
		-	-

Tableau A2.6 – Immobilisations

DGFIP N° 2054

ésignation de l'entreprise : Thermoform

Cadre A	IMMOBILISATIONS		Valeur brute des immobilisations au début de l'exercice	Augmentations			
				consécutives à une réévaluation		Acquisitions, viremts de poste à poste	
Frais d'établissement et de développement	**TOTAL I**	CZ	-	KB	-	KC	-
Autres postes d'immobilisation incorporelles	**TOTAL II**	KD	-	KE	-	KF	350 000
Terrains		KG	-	KH	-	KI	-
Cons-tructions	sur sol propre	KJ	-	KK	-	KL	-
	sur sol d'autrui	KM	-	KN	-	KO	-
	installations générales, agencements	KP	-	KQ	-	KR	-
Installations techniques, matériel et outillage industriels		KS	5 000 453	KT	-	KU	612 000
Autres immobi-lisations corpo-relles	Installations générales, agencements	KV	-	KW	-	KX	-
	Matériel de transport	KY	-	KZ	-	LA	-
	Matériel de bureau, informatique, mobilier	LB	593 694	LC	-	LD	-
	Emballages récupérables et divers	LE	-	LF	-	LG	-
Immobilisations corporelles en cours		LH	-	LI	-	LJ	-
Avances et acomptes		LK	-	LL	-	LM	-
	TOTAL III	LN	5 594 147	LO	-	LP	612 000
Participations évaluées par mise en équivalence		8G	-	8M	-	8T	-
Autres participations		8U	-	8V	-	8W	-
Autres titres immobilisés		1P	2 230	1R	-	1S	-
Prêts et autres immobilisations financières		1T	564 450	1U	-	1V	-
	TOTAL IV	LQ	566 680	LR	-	LS	-
	TOTAL GÉNÉRAL (I + II + III + IV)	0G	6 160 827	0H	-	0J	962 000

Cadre B	IMMOBILISATIONS	Diminutions			Valeur brute des immobilisations à la fin de l'exercice		Réévaluation légale Valeur d'origin en fin d'exercic	
		par virements poste à poste	par cessions à des tiers ou mise H.S.					
Frais d'établissement et de développement	**TOTAL I**	-	C0	-	D0	-	D7	-
Autres postes d'incorporelles	**TOTAL II**	-	LV	-	LW	350 000	1X	-
Terrains		-	LX	-	LY	-	LZ	-
Constructions	sur sol propre	-	MA	-	MB	-	MC	-
	sur sol d'autrui	-	MD	-	ME	-	MF	-
	installations générales, agencemts	-	MG	-	MH	-	MI	-
Installations techniques, mat. et outillage industriels		-	MJ	-	MK	5 612 453	ML	-
Autres Immobilisations corporelles	Installations générales, agencemts	-	MM	-	MN	-	MO	-
	Matériel de transport	-	MP	-	MQ	-	MR	-
	Mat. bureau, informatique, mobilier	-	MS	-	MT	593 694	MU	-
	Emballages récupérables et divers	-	MV	-	MW	-	MX	-
Immobilisations corporelles en cours	MY	-	MZ	-	NA	-	NB	-
Avances et acomptes	NC	-	ND	-	NE	-	NF	-
	TOTAL III	-	NG	-	NH	6 206 147	NI	-
Participations évaluées par mise en équivalence		-	0U	-	0V	-	0W	-
Autres participations		-	0X	-	0Y	-	0Z	-
Autres titres immobilisés		-	2B	-	2C	2 230	2D	-
Prêts et autres immobilisations financières		-	2E	-	5	564 450	2G	-
	TOTAL IV	-	NJ	-	NK	566 680	2H	-
	TOTAL GÉNÉRAL (I + II + III + IV)	-	0K	-	0L	7 122 827	0M	-

Tableau A2.7 – Amortissements

DGFIP N° 2055

Désignation de l'entreprise : Thermoform

Cadre A

SITUATIONS ET MOUVEMENTS DE L'EXERCICE DES AMORTISSEMENTS TECHNIQUES

IMMOBILISATIONS AMORTISSABLES		Montant amort. début exercice		Augmentations : dotations exercice		Diminutions : sorties et reprises		Montant amort. fin exercice	
Frais d'établissement et de développement		CY	-	EL	-	EM	-	EN	-
Fonds commercial		RE	-	RF	-	RI	-	RJ	-
Autres immos incorporelles		PE	194 276	PF	83 338	PG	-	PH	277 615
	TOTAL I	RK	194 276	RM	83 338	RN	-	RO	277 615
Terrains		PI	-	PJ	-	PK	-	PL	-
Constructions	sur sol propre	PM	-	PN	-	PO	-	PQ	-
	sur sol d'autrui	PR	15 905	PS	2 170	PT	-	PU	18 075
	Install. générales et agencements	PV	59 097	PW	20 601	PX	-	PY	79 699
Installation techniques, matériel et outillage industriel		PZ	1 942 566	QA	493 870	QB	108 830	QC	2 327 606

Autres immobilisations corporelles	Installations générales, agencements	QD	259 262	QE	59 793	QF	-	QG	319 054
	Matériel de transport	QH	155 296	QI	30 411	QJ	-	QK	185 708
	Mat. bureau, informatique, mobilier	QL	465 305	QM	153 963	QN	17 025	QO	602 243
	Emballages récupérables et divers	QP	-	QR	-	QS	-	QT	-
	TOTAL II	QU	2 897 430	QV	760 808	QW	125 854	QX	3 532 385
	TOTAL GÉNÉRAL (I + II)	0N	3 091 707	0P	844 146	0Q	125 854	0R	3 810 000

Cadre B	**VENTILATION DES MOUVEMENTS AFFECTANT LA PROVISION POUR AMORTISSEMENTS DÉROGATOIRES**												
	DOTATIONS						**REPRISES**						Mouvement net amort. fin de l'exercice
IMMOBILISATIONS AMORTISSABLES	1. Différentiel de durée		2 Mode dégressif		3 Amort. Fiscal except.		4. Différentiel durée		5. Mode dégressif		6. Amort. fiscal except.		
Frais d'établissement	M9	-	N1	-	N2	-	N3	-	N4	-	N5	-	N6 -
Fonds commercial	RP	-	RQ	-	RR	-	RS	-	RT	-	RU	-	RV -
Autres immob. incorp.	N7	83 338	N8	-	P6	55 738	P7	-	P8	-	P9	7 330	Q1 329 363
TOTAL I	RW	83 338	RX	-	RY	55 738	RZ	-	SB	-	SC	7 330	SD 131 745
Terrains	Q2	-	Q3	-	Q4	-	Q5	-	Q6	-	Q7	-	Q8 -
Construct. sol propre	Q9	-	R1	-	R2	-	R3	-	R4	-	R5	-	R6 -
Construct. sol d'autrui	R7	2 170	R8	-	R9	-	S1	-	S2	-	S3	-	S4 5 425
Construct. Inst. gén., agen,	S5	20 600	S6	-	S7	-	S8	-	S9	-	T1	-	T2 51 500

Inst. techn., mat		T3	485 483	T4	8 389	T5	116 847	T6	-	T7	-	T8	87 008	T9	1 309 274
Autr. immos corp	Inst. gles, agencements	U1	59 793	U2	-	U3	-	U4	-	U5	-	U6	-	U7	149 481
	Mat transport	U8	30 413	U9	-	V1	-	V2	-	V3	-	V4	-	V5	76 031
	Mat.bur., inform., mob.	V6	153 400	V7	563	V8	22 307	V9	-	W1	-	W2	46 824	W3	323 618
	Emb. récupérables	W4	-	W5	-	W6	-	W7	-	W8	-	W9	-	X1	-
	TOTAL II	X2	751 858	X3	8 952	X4	139 154	X5	-	X6	-	X7	133 832	X8	766 132
Frais acquisition titres part. (III)		NL						NM						NO	-
Total général (I + II + III)		NP	835 195	NQ	8 952	NR	194 892	NS	0	NT	0	NU	141 162	NV	897 877
Total général non ventilé (NP+NQ+NR)				NW	1 039 039	Total général non ventilé (NS+NT+NU)				NY	141 162	Total général non ventilé (NW-NY)		NZ	897 877
Cadre C	MOUVEMENTS DE L'EXERCICE AFFECTANT LES CHARGES RÉPARTIES SUR PLUSIEURS EXERCICES					Montant net au début de l'exercice 1		Augmentations : 2		Dotations de l'exercice aux amortissements 3		Montant net à la fin de l'exercice 4			
Frais d'émission d'emprunt à étaler							-		-	Z9	-	Z8	-		-
Primes de remboursement des obligations							-		-	SP	-	SR	-		-

Tableau A2.8 – Provisions inscrites au bilan

DGFIP N° 2056

Désignation de l'entreprise : Thermoform

Nature des provisions	Montant au début de l'exercice		Augmentations : Dot. de l'exercice		Diminutions : Rep. de l'exercice		Montant à la fin de l'exercice	
Provisions réglementées								
Pour reconstitution de gisement minier	3T	-	TA	-	TB	-	TC	-
Pour investissement (1)	3U	-	TD	-	TE	-	TF	-
Pour hausse des prix (2)	3V	-	TG	-	TH	-	TI	-
Pour fluctuations des cours	3W	-	TJ	-	TK	-	TL	-
Amortissements dérogatoires	3X	-	TM	-	TN	-	TO	-
Implantations à l'étranger avant 1.1.92	IA	-	IB	-	IC	-	ID	-
Implantations à l'étranger après 1.1.92	IE	-	IF	-	IG	-	IH	-
Pour prêts d'installation (3)	IJ	-	IK	-	IL	-	IM	-
Autres provisions réglementées (4)	3Y	-	TP	-	TQ	-	TR	-
TOTAL (I)	3Z	-	TS	-	TT	-	TU	-
Provisions pour risques et charges								
Pour litiges	4A	817 200	4B	167 000	4C	317 200	4D	667 000
Pour garanties données aux clients	4E	-	4 F	-	4G	-	4H	-
Pour pertes sur marchés à terme	4J	-	4K	-	4L	-	4M	-
Pour amendes et pénalités	4N	-	4P	-	4R	-	4S	-
Pour pertes de change	4T	-	4U	-	4V	-	4W	-
Pour pensions et obligations	4X	-	4Y	-	4Z	-	5A	-
Pour impôts (4)	5B	-	5C	-	5D	-	5E	-
Pour renouvellement des immobilisations	5 F	-	5H	-	5J	-	5K	-
Pour grosses réparations	5L	-	5M	-	5N	-	5P	-
Pour ch. soc. et fisc. sur congés à payés	5R	-	5S	-	5T	-	5U	-
Autres risques et charges (4)	5V	-	5W	-	5X	-	5Y	-
TOTAL (II)	5Z	817 200	TV	167 000	TW	317 200	TX	667 000

Provisions pour dépréciation								
Immos incorporelles	6A	-	6B	-	6C	-	6D	-
Immos corporelles	6E	-	6 F	-	6G	-	6H	-
Titres mis en équivalence	O2	-	O3	-	O4	-	O5	-
Titres de participation	9U	-	9V	-	9W	-	9X	-
Autres immos financières (4)	O6	-	O7	-	O8	-	O9	-
Provisions sur stocks et en cours	6N	-	6P	71 200	6R	-	6S	71 200
Provisions sur comptes clients	6T	836 674	6U	26 795	6V	361 036	6W	502 433
Autres prov. pour dépréciation (4)	6X	-	6Y	-	6Z	-	7A	-
TOTAL (III)	7B	836 674	TY	97 995	TZ	361 036	UA	573 633
TOTAL GÉNÉRAL (I + II + III)	7C	1 653 874	UB	264 995	UC	141 161	UD	852 363
Dont dotations et reprises :	- d'exploitation		UE	264 995	UF	678 236		
	- financières		UG	-	UH	-		
	- exceptionnelles		UJ	-	UK	-		

(1) Provisions réservées aux entreprises faisant participer leurs salariés aux résultats de l'entreprise.

(2) À détailler sur feuillet séparé selon l'année de constitution de la provision.

(3) Provision relevant de l'article 39 quinquies H du C.G.I.

(4) À détailler sur feuillet séparé selon l'objet des provisions.

Nota : les charges à payer ne doivent pas être mentionnées sur ce tableau, mais être ventilées sur l'état détaillé des charges à payer
dont la production est prévue par l'article 38 II de l'annexe III au C.G.I.

Tableau A2.9 – État des échéances, des créances et des dettes

DGFIP N° 2057

Désignation de l'entreprise : Thermoform

ÉTAT DES CRÉANCES	Montant brut		À 1 an au plus		À plus d'un an	
De l'actif immobilisé						
Créances rattachées à des participations	UL	-	UM	-	UN	-
Prêts (1) (2)	UP	-	UR	-	US	-
Autres immobilisations financières	UT	-	UV	-	UW	-
De l'actif circulant		-		-		
Clients douteux ou litigieux	VA	702 433		-		702 433
Autres créances clients	UX	6 431 333		6 431 333		-
Créances représentatives de titres prêtés	UU	-		-		-
Personnel et comptes rattachés	UY	-		-		-

Sécurité sociale et autres organismes sociaux		UZ	-	-	-
État et autres collectivités publiques	Impôts sur les bénéfices	VM	-	-	-
	Taxe sur la valeur ajoutée	VB	-	-	-
	Autres impôts et taxes	VN	-	-	-
	Divers	VP	-	-	-
Groupes et associés (2)		VC	-	-	-
Débiteurs divers		VR	-	-	-
Charges constatées d'avance		VS	-	-	-
	TOTAUX	VT	7 133 766	VU 6 431 333	VV 702 433
(1) Montant des prêts accordés en cours d'exercice		VD	-		
(1) Remboursements obtenus en cours d'exercice		VE	-		
(2) Prêts et avances aux associés (pers. physiques)		VF	-		

Cadre B	ÉTAT DES DETTES		Montant brut	À 1 an au plus	À plus d'1 an et 5 ans au plus	À plu de 5 an
Emprunts obligataires convertibles		7Y	-	-	-	
Autres emprunts obligataires		7Z	-	-	-	
Emprunts, dettes auprès des Ets de crédit (1)	à 2 ans maximum à l'origine	VG	131 926	131 926	-	
	à plus de 2 ans à l'origine	VH	610 904	70 540	540 364	
Emprunt et dettes financières divers (1) (2)		8A	27 848	-	27 848	
Fournisseurs et comptes rattachés		8B	6 300 313	-	-	
Personnel et comptes rattachés		8C	760 000	-	-	
Sécurité sociale et autres organismes sociaux		8D	658 474	-	-	
État et autres collectivités publiques	Impôts sur les bénéfices	8E	-	-	-	
	Taxe sur la valeur ajoutée	VW	65 424	-	-	
	Obligations cautionnées	VX	115 000	-	-	
	Autres impôts et taxes	VQ	181 000	-	-	
Dettes sur immobilisations et comptes rattachés		8J	-	-	-	
Groupes et associés (2)		VI	-	-	-	
Autres dettes		8k	373 355	-	-	
Dettes représentatives de titres empruntés		SZ	-	-	-	
Produits constatés d'avance		8L	-	-	-	
	TOTAUX	VY	9 224 244	VZ 202 466	568 212	-

1)	Emprunts souscrits en cours d'exercice	VJ	-
1)	Emprunts remboursés en cours d'exercice	VK	-
2)	Empts et dettes auprès associés pers. physiques	VL	27 848

Tableau A2.10 – Affection du résultat et renseignement divers

DGFIP N° 2058

Désignation de l'entreprise : Thermoform

TABLEAU D'AFFECTATION DU RÉSULTAT DE L'EXERCICE PRÉCÉDENT (entreprises soumises à l'impôt sur les société) (1)				
	Report à nouveau figurant au bilan de l'exercice antérieur à celui pour lequel la déclaration est établie		0C	-
	Résultat de l'exercice précédant celui pour lequel la déclaration est établie		0D	-
	Prélèvements sur les réserves (à détailler)	-		
AUTRES RÉSERVES		-		
	Sous-total (à reporter dans la colonne de droite)	-	0E	-
		TOTAL (I)	0F	836 031
Affectations aux réserves	- Réserve légale		ZB	-
	- Réserve spéciale des plus-values à long terme		ZC	-
	- Autres réserves		ZD	-
	- Réserve spéciale avant incorporation au capital (art. 219 -I- f)		A5	-
	Dividendes		ZE	-
	Autres répartitions		ZF	-
Report à nouveau			ZG	-
(N.B. Le total I doit nécessairement être égal au total II)		**TOTAL (II)**	ZH	836 031

(1) Ce cadre est destiné à faire apparaître l'origine et le montant des sommes distribuées ou mises en réserve au cours de l'exercice dont les résultats font l'objet de la déclaration. Il ne concerne donc pas, en principe, les résultats de cet exercice mais ceux des exercices antérieurs, qu'ils aient ou non déjà fait l'objet d'une précédente affectation.

RENSEIGNEMENTS DIVERS			N	N – 1
Engagements	- Engagements de crédit-bail mobilier	YQ	1 860 750	1 390 784
	- Engagements de crédit-bail immobilier	YR	6 956 665	7 652 631
	- Effets portés à l'escompte et non échus	YS	4 516 000	2 486 000

Autres achats et charges externes	- Sous-traitance				YT	796 830		-
	- Locations, charges locatives et de copropriété				XQ	220 600		-
	- Personnel extérieur à l'entreprise				YU	795 707		-
	- Rémunérations d'intermédiaires et honoraires				SS	415 131		-
	- Rétrocessions d'honoraires, commissions et courtages				YV	265 500		-
	- Autres comptes				ST	4 614 471		-
	Total du poste correspondant à la ligne FW du tableau n° 2052				ZJ	7 108 239		-
Impôts et taxes	- Taxe professionnelle				YW	-		-
	- Autres (dt taxe intérieure sur prod. pétroliers)		ZS	#REF!	9Z	-		-
	Total du poste correspondant à la ligne FX du tableau n° 2052				YX	-		-
T.V.A.	- Montant de la T.V.A. collectée				YY	-		-
	- Montant de la T.V.A. déductible hors immobilisations				YZ	-		-
Divers	- Montant de l'avoir fiscal sur dividendes perçus, imputé sur l'I.S.				ZA	-		-
	- Montant brut des salaires (cf dernière DADS 1 souscrite)				0B	-		-
	- Plus-value en franchise d'I.S. lors 1re option pour régime simplifié				0S	-		-
Régime de groupe	Sté : rés. comme non membre du gpe	JA	+ value 15 %	JB		impu-tations	JC	-
	Gpe : résultat d'ensemble	JD	+ value 15 %	JE			JF	-
	Si la sté est placée sous le régime du bénéfice consolidé		1 : Sté mère	JH	Siret Sté mère :			-
	intégré ou de groupe ; indiquer 1, 2 ou 3	JG	2 : filiale					-
Numéro du centre de gestion agréé		XP				#REF!		
Effectif moyen du personnel :	dont apprentis : handicapés :				YP	360		321
Tx d'intérêt maximum servi aux associés sur sommes mises à disposition de la société :					ZK			
Filiales et participations :	Liste de l'article 38 II annexe III au C.G.I. jointe à déclaration ?					non : 0 ; oui : 1	ZR	

SECTION 2 CORRIGÉ DU CAS

• Établissement du bilan fonctionnel

Tableau A2.11 – Détail des retraitements du bilan fonctionnel

	N
+ Immobilisations incorporelles nettes (de AB à AL tableau 1)	350 000
+ Frais émission emprunts à étaler (CW tableau 1)	0
+ Primes de remboursement obligations (CM tableau 1)	0
= Immobilisations incorporelles	**350 000**
+ Immobilisations corporelles nettes (de AN à AX tableau 1)	871 780
= Total actifs corporels acquis	**871 780**
+ Valeur d'origine moins total amortissements si tableau de c.bail	7 217 762
ou + 90 % engagement c.bail mobilier (YQ tableau 11)	
ou + 80 % engagement c.bail immobilier (YR tableau 11)	
= Total actifs corporels loués en crédit-bail	**7 217 762**
= Immobilisations corporelles	**8 089 542**
+ Immobilisations financières nettes (de CS à BH tab. 1)	566 680
– Immobilisations financières < 1 an (CP tableau 1)	0
= Total immobilisations financières > 1 an	**566 680**
+ Créances > 1 an (CR tableau 1)	0
– Dépréciations sur créances > 1 an (voir tableaux 7 et 8)	502 433
= Total créances > 1 an	– 502 433
= Immobilisations financières	**64 247**
= TOTAL EMPLOIS STABLES	**8 503 789**

Stocks matières premières (BL tableau 1)	**1 553 267**
+ Stocks en cours de production de biens (BN tableau 1)	506 086
+ Stocks en cours de production de services (BP tableau 1)	0
+ Stocks produits intermédiaires et finis (BR tableau 1)	729 998
= Total Stocks produits finis, semis-finis et en-cours	**1 236 084**
+ Stocks marchandises (BT tableau 1)	**0**
= Stocks	**2 789 351**

+ Créances clients nettes (BX tableau 1)	6 631 333
– Créances clients nettes > 1 an	– 502 433
= Total créances clients < 1 an	**7 133 766**
+ Avances et acomptes (BV tableau 1)	0
+ Effets escomptés non échus (YS tableau 11)	4 516 000
+ Écart de conversion – Actif (CN tableau 1)	0
= Créances clients	**11 649 766**
+ Autres créances (BZ tableau 1)	917 962
– Autres créances nettes > 1 an	0
= Total autres créances < 1 an	**917 962**
+ Charges constatées d'avance (CH tableau 1)	52 277
= Autres créances d'exploitation	**970 239**
= TOTAL EMPLOIS D'EXPLOITATION	**15 409 356**

+ Disponibilités et v.m.p. (CF et CD tableau 1)	173 187
+ Immobilisations financières < 1 an (CP tableau 1)	0
+ Capital appelé, non versé (CB tableau 1)	0
= TOTAL TRÉSORERIE ACTIF	**173 187**

Retraitement du bilan - Passif

	N
+ Capital social (DA tableau 2)	1 830 000
+ Primes d'émission, de fusion, d'apport (DB tableau 2)	0
– Capital souscrit non appelé (AA tableau 1)	0
= Capital social et primes liées aux opérations de capital	**1 830 000**
+ Réserves (de DD à DG tableau 2)	3 437 989
+ Écarts de réévaluation (DC tableau 2)	0
= Réserves et écarts de réévaluation	**3 437 989**
+ Report à nouveau (DH tableau 2)	– 3 997 773
+ Résultat (DI tableau 2)	1 191 108
+ Provisions réglementées (DK tableau 2)	0
+ Subvention investissement (DJ tableau 2)	0
= CAPITAUX PROPRES (A)	**2 461 324**

+ Comptes courants associés (VI tableau 8)	0
+ Obligations convertibles (DS tableau 2)	0
+ Avances conditionnées (DN tableau 2)	0
+ Emprunts participatifs (DM + EI tableau 2)	0
= Autres quasi capitaux propres	**0**
= QUASI CAPITAUX PROPRES (B)	**0**
+ Emprunts ets crédit (DU tableau 2)	742 830
– Concours bancaires courants et SC banque (EH tableau 2)	131 926
= Emprunts bancaires	610 904
+ Emprunts obligataires (DT tableau 2)	0
+ Valeur d'origine moins total amortissements tableau de c.bail	7 217 762
ou + 90 % engagement c.bail mobilier (YQ tableau 11)	0
ou + 80 % engagement c.bail immobilier (YR tableau 11)	0
= Emprunts crédit-bail	**7 217 762**
+ Dettes financières diverses (DV tableau 2)	27 848
– Comptes courants associés (VI tableau 8)	0
= Dettes financières diverses	27 848
= DETTES FINANCIÈRES À MOYEN ET LONG TERME (C)	**7 856 514**
= TOTAL RESSOURCES STABLES (A + B + C)	**10 317 838**
+ Dettes fiscales et sociales (DY tableau 2)	1 779 898
+ Dettes fournisseurs (DX tableau 2)	6 300 313
+ Écart conversion-Passif (ED tableau 2)	0
= Total dettes fournisseurs	**6 300 313**
+ Autres dettes (EA tableau 2)	373 355
+ Dettes sur immobilisations (DZ tableau 2)	0
+ Avances reçues (DW tableau 2)	0
+ Produits constatés d'avance (EB tableau 2)	0
= Total autres dettes d'exploitation	**373 355**
+ Provisions pour risques (DP tableau 2)	0
+ Provisions pour charges (DQ tableau 2)	667 000
= Total provisions pour risques et charges	**667 000**
= TOTAL RESSOURCES D'EXPLOITATION	**9 120 566**

+ Concours bancaires courants et SC banque (EH tableau 2)	131 926
+ Effets escomptés non échus (YS tableau 11)	4 516 000
= TOTAL TRÉSORERIE PASSIF	**4 647 926**

Tableau A2.12 – Bilan fonctionnel (en K€)

Actif		N
Immobilisations incorporelles		350
	Actifs corporels acquis	872
	Actifs corporels loués en crédit-bail	7 218
Immobilisations corporelles		8 090
Immobilisations financières		64
	EMPLOIS STABLES	8 504
	Stocks matières premières	1 553
	Stocks produits finis, semis-finis et en-cours	1 236
	Stocks marchandises	0
Total stocks		2 789
Créances clients		11 650
Autres créances d'exploitation		970
	EMPLOIS D'EXPLOITATION	15 409
Disponibilités		173
Valeurs mobilières de placement (VMP)		0
Autres équivalents de trésorerie		0
	TRÉSORERIE ACTIF	173
	TOTAL ACTIF	24 086

Passif		N
	Capital social et primes liées aux opérations de capital	1 830
	Réserves et écarts de réévaluation	3 438
	Report à nouveau	– 3 998
	Résultat	1 191
	Provisions réglementées	0
	Subventions d'investissement	0
Capitaux propres		2 461

	Comptes courants d'associés	0
	Autres quasi capitaux propres	0
Quasi capitaux propres		0
	Emprunts bancaires	611
	Emprunts obligataires	0
	Emprunts crédit-bail	7 218
	Dettes financières diverses	28
Dettes financières à moyen et long terme		7 857
	RESSOURCES STABLES	10 318
Dettes fiscales et sociales		1 780
Dettes fournisseurs		6 300
Autres dettes d'exploitation		373
Provisions pour risques et charges		667
	RESSOURCES D'EXPLOITATION	9 121
Concours bancaires courants (CBC) et SC banque		132
Effets escomptés non échus (EENE)		4 516
	TRÉSORERIE PASSIF	4 648
	TOTAL PASSIF	24 086

	N
Fonds de roulement (FR)	1 814
Besoin en fonds de roulement (BFR)	6 289
Trésorerie nette : FR - BFR	– 4 475
Trésorerie nette : TA - TP :	– 4 475

• Établissement du tableau des SIG

Tableau A2.13 – SIG

		N		Repères fiscaux
+	Ventes de marchandises	0		FC tab.3
–	Coût d'achat des marchandises vendues	0		FS + FT tab. 3
=	**MARGE COMMERCIALE**	**0**		
+	Production vendue	31 712 157		FF + FI tab.3
+	Production stockée	339 090		FM tab.3
+	Production immobilisée	0		FN tab.3
=	**PRODUCTION EXERCICE**	**32 051 247**		
+	Marge commerciale	0		
+	Production de l'exercice	32 051 247		
–	Consommations en provenance des tiers	18 739 521		FU à FW tab.3
=	**VALEUR AJOUTÉE**	**13 311 726**		
+	Valeur ajoutée	13 311 726		
+	Subventions d'exploitation	0		FO tab.3
–	Impôts et taxes	715 576		FX tab.3
–	Charges de personnel	10 007 207		FY + FZ tab.3
=	**EXCÉDENT BRUT D'EXPLOITATION**	**2 588 943**		
+	Excédent brut d'exploitation	2 588 943		
+	Reprises sur amortissements et provisions et transferts de charges	777 458		FP tab.3
+	Autres produits d'exploitation	3 136		FQ tab.3
–	Dotations aux amortissements et aux provisions d'exploitation	733 670		GA à GD tab.3
–	Autres charges d'exploitation	660 129		GE tab.3
=	**RÉSULTAT D'EXPLOITATION**	**1 975 738**		**verif GG tab.3**
+	Résultat d'exploitation	1 975 738		
+	Produits financiers	14 214		GJ à GO tab.3
+	Quote part sur opérations faites en commun	0		GH tab.3
–	Charges financières	799 844		GQ à GT tab.3
–	Quote part sur opérations faites en commun	0		GI tab.3
=	**RÉSULTAT COURANT AVANT IS**	**1 190 108**		**verif GW tab.3**

+	Produits exceptionnels	1 000	HA à HC tab.4
–	Charges exceptionnelles	0	HE à HG tab.4
=	**RÉSULTAT EXCEPTIONNEL**	**1 000**	**verif. HI tab.4**
+	Résultat courant avant impôt	1 190 108	
+	Résultat exceptionnel	1 000	
–	Participation des salariés	0	HJ tab.4
–	Impôt société	0	HK tab.4
=	**RÉSULTAT EXERCICE**	**1 191 108**	**verif HN tab.4**
+	Produit des cessions d'éléments d'actif	1 000	Renvoi 7 tab.4
–	Valeur comptable des éléments d'actif cédés	0	Renvoi 7 tab.4
=	**RÉSULTAT SUR CESSION ACTIF**	**1 000**	

• Établissement du compte de résultat économique

Tableau A2.14 – Détail des retraitements du compte de résultat économique

			N
+	Ventes de marchandises	+ FC tableau 3	0
+	Production vendue de biens	+ FF tableau 3	31 529 628
+	Production vendue de services	+ FI tableau 3	182 529
=	**CHIFFRE D'AFFAIRES**	**+ FL tableau 3**	**31 712 157**
+	Production stockée et immobilisée	+ FM tableau 3 « production stockée »	339 090
		+ FN tableau 3 « production immobilisée »	0
+	Autres produits d'exploitation	+ FQ tableau 3 « autres produits »	3 136
		+ FO tableau 3 « subventions d'exploitation »	0
		+ Renvoi 9 tableau 4 « transferts de charges » (*ou + FP tab.3 - UF tab.7*)	0
=	**PRODUCTION**		**32 054 383**
–	Consommations de marchandises	+ FS tableau 3 « achats de marchandises »	0
		+ FT tableau 3 « variation de stocks marchandises	0
–	Consommations de matières premières	+ FU tableau 3 « achats de matières premières »	11 883 863
		+ FV tableau 3 « variation de stocks de mat. premières »	– 252 582
=	**MARGE BRUTE**		**20 423 102**

–	Autres achats et charges externes	+ FW tableau 3 « autres achats et charges externes »	7 108 240
		– YT tableau 11 « sous-traitance »	796 830
		+ GE tableau 3 « autres charges »	660 129
		– HP Tableau 4 « annuité crédit-bail mobilier »	530 034
		– HQ tableau 4 « annuité crédit-bail immobilier »	695 966
		– YU tableau 11 « personnel extérieur à l'entreprise »	795 707
–	Sous-traitance	+ YT tableau 11 « sous-traitance »	796 830
=	**VALEUR AJOUTÉE**		**14 676 440**
–	Salaires chargés et intérim	+ FY tableau 3 « salaires et traitements bruts »	7 023 519
		+ FZ tableau 3 « charges sociales patronales »	2 983 688
		+ YU tableau 11 « personnel extérieur à l'entreprise »	795 707
	Impôts et taxes	+ FX tableau 3 « impôts, taxes et versements assimilés »	715 576
=	**EXCÉDENT BRUT D'ÉXPLOITATION**		**3 157 950**
–	Dot. amort. immob. acquises	+ GA tableau 3 « dot. Amort. sur immobilisations »	468 675
–	Dot. amort. immob. louées	+ Tableau de crédit-bail : dotations de l'exercice	984 400
		ou : + 90 % HP tableau 4 (annuité crédit-bail mobilier)	
		+ 80 % HQ tableau 4 (annuité crédit-bail immobilier)	
=	**RÉSULTAT EXPLOITATION RÉCURRENT**		**1 704 875**
–	Dot. provisions exploit. et dépréciations	+ GB tableau 3 « provisions sur actif immobilisé »	0
	nette de reprises	+ GC tableau 3 « provisions sur actif circulant »	97 995
		+ GD tableau 3 « provisions pour risques et charges »	167 000
		– (FP tableau 3 - renvoi 9 tableau 4)	777 458
–	Charges exceptionnelles	+ HE tableau 4 « charges except. sur opérations de gestion »	0
		+ HF tableau 4 « charges except. sur opérations en capital »	0
+	Produits exceptionnels	+ HA tableau 4 « produits except. sur opérations de gestion »	0
		+ HB tableau 4 « produits except. sur opérations en capital »	1 000

–	Dot. provisions except. nettes de reprises	+ HG tableau 4 « dotations exceptionnelles »	0
		– HC tableau 4 « reprises exceptionnelles »	0
=	**RÉSULTAT EXPLOITATION NON RÉCURRENT**		**513 463**
=	**RÉSULTAT D'EXPLOITATION**		**2 218 338**
	Intérêts emprunts bancaires et obligataires	+ GR tableau 3 « intérêts et charges assimilés »	797 052
	Intérêts emprunts crédit bail	+ Tableau de crédit bail : redevances moins dotations de l'exercice	241 600
		ou + 10 % HP tableau 4 (*annuité crédit-bail mobilier)*	
		+ 20 % HQ tableau 4 (*annuité crédit-bail immobilier*)	
–	Autres charges financières	+ GS tableau 3 « différences négatives de change »	2 792
+	Produits financiers	+ GJ tableau 3 « produits financiers de participations »	0
		+ GK tableau 3 « produits des autres valeurs mobilières »	0
		+ GL tableau 3 « autres intérêts et produits assimilés »	13 248
		+ GN tableau 3 « différences positives de change »	966
		+ GO tableau 3 « produits sur cessions de VMP »	0
		– GT tableau 3 « charges sur cessions de VMP »	0
–	Dot. prov. financ. nettes de reprises	+ GQ tableau 3 « dotations financières »	0
		– GM tableau 3 « reprises sur dotations financières »	0
=	**RÉSULTAT FINANCIER**		**– 1 027 230**
=	**RÉSULTAT COURANT AVANT IMPÔTS**		**1 191 108**
–	Participation salariés	+ HJ tableau 4	0
–	Impôts sur les bénéfices	+ HK tableau 4	0
=	**RÉSULTAT NET**	**+ HN tableau 4**	**1 191 108**

Calcul de la CAF

			N
+	Résultat net	HN tableau 4	1 191 108
+	Dotations aux amortissements	Dotations après retraitements	468 675
+	Dot. aux prov. except. nettes	Dotations après retraitements	0
+	Dot. aux prov. financières nettes	Dotations après retraitements	0
+	Valeur comptable des actifs cédés	Renvoi 7 tableau 4	0
–	Produits de cession des actifs	Renvoi 7 tableau 4	1 000
–	Quote part de subv. d'invest.	Renvoi 7 tableau 4	0
=	**Capacité d'autofinancement**		**1 658 783**

DIVIDENDES	ZE tableau 11	0
EFFECTIF	YP tableau 11 corrigé de l'intérim (*)	389

Tableau A2.15 – Compte de résultat économique (en K€)

		N	%
+	Ventes de marchandises	0	
+	Production vendue de biens	31 530	
+	Production vendue de services	183	
=	**CHIFFRE D'AFFAIRES**	**31 712**	
+	Production stockée et immobilisée	339	
+	Autres produits d'exploitation	3	
=	**PRODUCTION**	**32 054**	**100 %**
–	Consommations de marchandises	0	
–	Consommations de matières premières	11 631	
=	**MARGE BRUTE**	**20 423**	**63,7 %**
–	Autres achats et charges externes	4 950	
-	Sous-traitance	797	
=	**VALEUR AJOUTÉE**	**14 676**	**45,8 %**
–	Salaires chargés et intérim	10 803	
–	Impôts et taxes	716	
=	**EXCÉDENT BRUT D'EXPLOITATION (EBE)**	**3 158**	**9,9 %**

–	Dot. amortissements immobilisations acquises	469	
–	Dot. amortissements immobilisations louées en crédit-bail	984	
=	**RÉSULTAT EXPLOITATION RÉCURRENT**	**1 705**	**5,3 %**
–	Dot. provisions exploit. et dépréciations nettes de reprises	– 512	
–	Charges exceptionnelles	0	
+	Produits exceptionnels	1	
–	Dot. provisions exceptionnelles nettes de reprises	0	
=	**RÉSULTAT EXPLOITATION NON RÉCURRENT**	**513**	**1,6 %**
=	**RÉSULTAT EXPLOITATION (REX)**	**2 218**	**6,9 %**
–	Intérêts emprunts bancaires et obligataires	797	
–	Intérêts emprunts crédit-bail	242	
–	Autres charges financières	3	
+	Produits financiers	14	
–	Dot. provisions financières nettes de reprises	0	
=	**RÉSULTAT FINANCIER**	**– 1 027**	**– 3,2 %**
=	**RÉSULTAT COURANT AVANT IMPÔTS**	**1 191**	**3,7 %**
–	Participation des salariés	0	
–	Impôts sur les bénéfices	0	
=	**RÉSULTAT NET**	**1 191**	**3,7 %**

	CAF	1 659	
	DIVIDENDES	0	
	EFFECTIFS	389	

APPLICATION 3 EKINOX : de la difficulté d'analyser la performance

SECTION 1 ÉNONCÉ

La société Ekinox est spécialisée dans la fabrication de pièces découpées sur mesure en aciers inoxydables.

En N le marché mondial des produits de l'acier représente 800 millions de tonnes dont 2 % pour l'acier inoxydable, soit 16 millions de tonnes environ. Le marché des tôles inox se répartit entre les tôles minces (9 millions de tonnes) dont l'utilisation finale est essentiellement grand public (électroménager, vaisselle...) et les tôles épaisses dont l'utilisation finale est industrielle (chaudronnerie et construction mécanique). Le marché des tôles dont l'épaisseur est supérieure à 12 mm est estimé à 450 000 tonnes, soit 2,8 % du marché total de l'inox. Ces tôles constituent la spécialité de la société Ekinox.

La consommation mondiale d'acier inoxydable augmente en moyenne de 4,5 % par an depuis 20 ans. En N – 1 la crise subie par plusieurs pays asiatiques s'est traduite par un ralentissement des exportations d'aciers européens vers les pays d'Extrême-Orient à l'origine d'une offre excédentaire sur les marchés européens ayant entraîné une baisse de 20 % des prix des aciers inoxydables sur le deuxième semestre de N – 1 et le premier semestre de N. La situation économique s'étant rétablie en Asie, les prix sont répartis à la hausse depuis le milieu de N.

Dans le métier de la fabrication des pièces découpées en aciers inoxydables l'accès à la matière représente un avantage compétitif déterminant dans la mesure où les différentes combinaisons de type de métal et d'épaisseurs sont rarement disponibles chez les stockistes ou les producteurs. La société Ekinox étant leader sur le marché européen de ce type de tôles bénéficie, de ce fait, d'une puissance d'achat supérieure à celle de ses concurrents. Cette puissance d'achat permet d'acheter en grosses quantités et de bénéficier de conditions d'achat intéressantes.

L'activité de la société Ekinox est fortement dépendante de la conjoncture économique. En effet, le niveau d'activité en volume est lié à la production manufacturière et à l'investissement industriel. Par ailleurs, les variations de prix des aciers et des alliages entrant dans la composition des inox ont une forte influence sur les marges brutes, notamment en raison du décalage observé entre le prix des produits en stock et le prix des produits vendus.

Consciente d'évoluer dans un secteur vulnérable, la société Ekinox s'est prémunie contre le risque de dépendance à l'égard des clients. Ainsi, les deux premiers clients ne représentent chacun que 1 % de l'activité, les cent premiers clients pesant pour 17 % des ventes.

Identifier les facteurs explicatifs de la profitabilité de l'entreprise Ekinox. Pour ce faire, vous analyserez l'exploitation, la marge brute et les économies d'échelle.

Tableau A3.1 – Comptes de résultat (en millions d'euros)

	N – 2	N – 1	N
CA HT	54,6	60,6	56,5
Production	55,2	61,2	57,3
Achats de matières premières	40,9	38,5	35,5
Variation de stocks	– 6,4	0,4	– 0,2
Charges externes	6,6	7,7	7,9
Impôts et taxes	0,7	1	0,8
Salaires	5,5	6,3	6,2
Charges sociales	2,3	2,7	2,5
Dotation amortissements	1,2	1,5	1,8
Dotation provisions	0,2	0	0,5
Autres charges	0,2	0,1	0,1
Résultat d'exploitation	4	3	2,2
Évolution des volumes		25 %	13 %

Tableau A3.2 – Comptes de résultat

En % de la production	N – 2	N – 1	N
CA HT	98,9	99,0	98,6
Production	100,0	100,0	100,0
Achats de matières premières	74,1	62,9	62,0
Variation de stocks	– 11,6	0,7	– 0,3
Charges externes	12,0	12,6	13,8
Impôts et taxes	1,3	1,6	1,4
Salaires	10,0	10,3	10,8
Charges sociales	4,2	4,4	4,4
Dotation amortissements	2,2	2,5	3,1
Dotation provisions	0,4	0,0	0,9
Autres charges	0,4	0,2	0,2
Résultat d'exploitation	7,2	4,9	3,8

SECTION 2 CORRIGÉ DU CAS

• Analyse succincte de l'exploitation

L'analyse de la performance de la société Ekinox réalisée à partir des seuls indicateurs comptables fait ressortir une faible progression en valeur du chiffre d'affaires s'accompagnant d'une dégradation de la marge opérationnelle. Ainsi, sur la période N – 2/N alors que le chiffre d'affaires progresse de 54,6 à 56,5 millions d'euros, le résultat d'exploitation chute de 4 à 2,2 millions d'euros.

L'analyse conduite à partir des données comptables occulte la performance commerciale de la société Ekinox comme l'atteste la forte progression des quantités vendues. La prise en compte dans l'analyse d'indicateurs en volume, en complément d'indicateurs, et en valeur permet de mettre en évidence la qualité de la gestion de la société Ekinox. L'analyse de la marge brute et des économies d'échelle développée ci-après illustre ce point.

• Analyse de la marge brute

Tableau A3.3 – Marges

	N – 2	N – 1	N
Consommation de matières premières Marge brute en % de la production	34,5 M 20,7 M 37,5 %	38,9 M 22,3 M 36,4 %	35,0 M 22,3 M 38,9 %
Évolution des prix		baisse des prix	augmentation des prix

En N – 1 les prix baissent entraînant une dégradation du taux de marge brute. La marge brute connaît une augmentation de 11 %, identique à l'évolution du chiffre d'affaires.

Soulignons que durant cette année la société Ekinox a connu une progression de 25 % de son volume d'activité. La progression de la marge brute inférieure à celle du volume de l'activité est due à la baisse des prix de vente. L'évolution traduit les difficultés pour la société Ekinox de maintenir le niveau de sa marge brute en valeur.

En N la marge brute en valeur se maintient alors que l'activité progresse de 13 % en volume. Pour apprécier l'impact de la progression du volume de la production sur l'évolution de la marge brute, il est recommandé de simuler la marge brute qu'aurait dégagée la société Ekinox si l'activité avait stagné en volume. Le montant de la production dans l'hypothèse d'une stagnation du volume d'activité aurait été de 56,5 M€/1,13 = 50 M€.

En retenant l'hypothèse d'un maintien du taux de marge brute (celui constaté en N), la marge brute aurait été de 50 M€ × 38,9 % = 19,45 M€.

On constate que la progression des volumes en N a permis de dégager une marge brute additionnelle de 2,85 M€ (= 22,3 M€ – 19,45 M€) par rapport à une situation où l'activité aurait stagné en volume.

Les éléments précédents montrent que la société Ekinox est une entreprise particulièrement sensible aux phénomènes de prix, notamment en raison du décalage qui sépare le prix des produits en stock du prix des produits vendus.

• Analyse des économies d'échelle

Tableau A3.4 – Évolution des indicateurs d'activité et de résultat

Évolution N/N – 1 et N – 1/N – 2 (en %)	N – 1	N
CA HT	11,0	– 6,8
Production	10,9	– 6,4
Achats de matières premières	– 5,9	– 7,8

Évolution N/N – 1 et N – 1/N – 2 (en %)	N – 1	N
Variation de stocks	– 106,3	– 150,0
Charges externes	16,7	2,6
Impôts et taxes	42,9	– 20,0
Salaires	14,5	– 1,6
Charges sociales	17,4	– 7,4
Dotation amortissements	25,0	20,0
Dotation provisions	– 100,0	NS
Autres charges	– 50,0	0,0
Résultat d'exploitation	– 25,0	– 26,7

En N – 1, alors que le volume des produits fabriqués a progressé de 25 %, les charges externes et les frais de personnel n'ont augmenté respectivement que de 17 % et 15 %. Cette évolution favorable traduit l'aptitude de la société Ekinox à réaliser des économies d'échelle, occultées dans les comptes par la baisse des prix de vente. En effet, en N – 1 le résultat d'exploitation se dégrade.

En N, le phénomène se poursuit. Alors que le volume des produits connaît une augmentation de 13 %, les charges externes progressent de 3 %, tandis que les frais de personnel diminuent de 3 %. Cette évolution illustre la maîtrise des frais de structure.

Cumulées sur les deux années, les économies d'échelle dont bénéficie la société Ekinox sont particulièrement significatives puisque cette dernière a augmenté sa production de 41 % en volume alors que les charges externes et les frais de personnel connaissaient une évolution modérée de 20 % et 12 % respectivement.

• Synthèse

La société Ekinox est une entreprise performante sur le plan commercial comme le montre la progression du volume des produits vendus, alors que cette performance est occultée dans les indicateurs en valeur, notamment le chiffre d'affaires et la production, en raison des évolutions des prix. C'est d'ailleurs cette progression du volume de l'activité qui lui a permis de maintenir sa marge brute en valeur qui dans l'hypothèse d'une stagnation d'activité en volume aurait été inférieure à 2,85 millions d'euros.

La performance de la société Ekinox est aussi illustrée par les économies d'échelle dégagées au niveau des charges externes et des frais de personnel traduisant la maîtrise des frais de structure dans un contexte de forte croissance de l'activité.

APPLICATION 4 BISCUITS DES GONES : analyse de la productivité

SECTION 1 ÉNONCÉ

La société Biscuits des gones est une entreprise familiale, née d'une boulangerie, spécialisée dans la fabrication de biscuits sucrés. Fabricant depuis des générations, Biscuits des gones fabrique un produit régional qui bénéficie d'une forte notoriété en dehors de sa région d'origine.

Le savoir-faire de Biscuits des gones repose sur la sélection des ingrédients et matières premières et le respect des traditions pâtissières françaises. Afin de garantir la qualité de ses fabrications, Biscuits des gones sélectionne principalement des ingrédients produits en France, utilise des matières premières sans OGM et exclut certaines matières grasses. Des contrôles continus sont réalisés sur l'ensemble du processus de fabrication. Biscuits des gones est certifiée à la norme qualité ISO 9001 V2000 et à la norme ISO 14001.

La chaîne de fabrication comprend quatre étapes. Le pétrissage constitue une étape sensible nécessitant compétence et expérience. C'est pourquoi Biscuits des gones recourt à ce stade au savoir-faire de boulangers-pâtissiers. Suivent l'étape de moulage des produits, puis la cuisson. Les produits sont cuits dans un four puis refroidis pour pouvoir être conditionnés. La cuisson nécessite de nombreux contrôles. Les biscuits sont ensuite emballés dans des sachets eux-mêmes conditionnés dans des boîtes.

Les produits de la biscuiterie Biscuits des gones sont commercialisés par trois circuits :

- grande distribution : 69 % du CA
- artisans boulangers-pâtissiers : 23 % du CA
- collectivités : 8 % du CA

Parallèlement à la commercialisation de ses propres fabrications, Biscuits des gones vend des produits importés. Le prix des biscuits importés (comptabilisés en achats de marchandises) a progressé de 8 % en N - 1 et de 7 % en N en raison d'une valorisation de la monnaie du pays d'origine. Les prix des matières premières utilisées dans les fabrications ont augmenté de 3,5 %. Les prix de vente ont été majorés de 5 % en N - 1 et N.

La concurrence est principalement constituée de petites entreprises ayant une aire d'action régionale.

L'outil de production de Biscuits des gones tourne à 100 % de sa capacité. Pour pallier les arrêts de plus en plus fréquents dus aux pannes techniques, Biscuits des gones a mis en place une équipe de maintenance polyvalente susceptible d'intervenir rapidement. Au demeurant, la saturation de l'outil conduit le dirigeant à s'interroger sur l'opportunité d'investir en raison de perspectives de développement du marché, notamment à l'étranger.

Afin d'avoir les éléments de prise de décision, le dirigeant décide d'analyser la productivité de l'entreprise. Pour réaliser cette analyse, il s'appuie sur le bilan arrêté au 31/12/N et les données Fiben de la Banque de France.

Tableau A4.1 – RATIOS fascicules sectoriels Banque de France, Secteur – Industries Alimentaires

			N				N - 1		
			Q_1	Q_2	Q_3		Q_1	Q_2	Q_3
R 1	Équipement par salarié	k€	46,4	79,2	157,2		31,0	55,0	65,0
R 2	Rendement de la main-d'œuvre	k€	39,0	50,9	69,6		39,8	51,7	71,1
R 3	Coût apparent de la main-d'œuvre	k€	33,1	39,7	48,4		31,7	38,3	47,1
R 4	Rendement du capital d'exploitation	%	35,7	62,7	101,7		37,1	65,4	107,3
R 5	Revenus répartis : Personnel	%	64,9	77,7	87,0		61,9	73,3	83,0

Tableau A4.2 – Bilan actif

DGFIP N° 2050

ésignation de l'entreprise : Biscuits des gones
urée de l'exercice exprimée en nombre de mois : 12
urée de l'exercice précédent : 12

		exercices N, clos le :			31/12/N	31/12/ N – 1
		Brut N 1		Amortissements & provisions 2	Net N 3	Net N – 1 4
Capital souscrit non appelé (I)	AA	-			-	
Immobilisations incorporelles		-		-	-	
Frais d'établissement	AB	-	AC	-	-	
Frais de développement	CX	-	AE	-	-	
Concessions, brevets et droits similaires	AF	-	AG	-	-	
Fonds commercial (1)	AH	-	AI	-	-	
Autres immobilisations incorporelles	AJ	-	AK	-	-	
Avances et acomptes sur immobilisations incorporelles	AL	-	AM	-	-	
Immobilisations corporelles		-		-	-	
Terrains	AN	762 245	AO	-	762 245	
Constructions	AP	723 926	AQ	356 021	367 905	
Installations techniques, matériel et outillage industriels	AR	3 087 299	AS	2 952 123	135 176	
Autres immobilisations corporelles	AT		AU	-	-	
Immobilisations en cours	AV	-	AW	-	-	
Avances et acomptes	AX	-	AY	-	-	
Immobilisations financières (2)		-		-	-	
Participations (selon la méthode de mise en équivalence)	CS	-	CT	-	-	
Autres participations	CU	289 653	CV	-	289 653	
Créances rattachées à des participations	BB	-	BC	-	-	
Autres titres immobilisés	BD	-	BE	-	-	
Prêts	BF	-	BG	-	-	
Autres immobilisations financières	BH		BI	-		
TOTAL (II)	BJ	4 863 123	BK	3 308 144	1 554 979	

Stocks					
Matières premières, approvisionnements	BL	411 612	BM	-	411 612
En cours de production de biens	BN		BO	-	-
En cours de production de services	BP		BQ	-	-
Produits intermédiaires et finis	BR	304 898	BS	15 245	289 653
Marchandises	BT	289 653	BU	-	289 653
Avances et acomptes versés sur commandes	BV		BW	-	-
Créances				-	-
Clients et comptes rattachés (3)	BX	2 766 950	BY	38 112	2 728 838
Autres créances (3)	BZ	137 204	CA	-	137 204
Capital souscrit et appelé, non versé	CB		CC	-	-
Divers				-	-
Valeurs mobilières de placement	CD	259 163	CE	-	259 163
(dont actions propres :)		15 245		-	15 245
Disponibilités	CF		CG	-	-
Charges constatées d'avance (3)	CH		CI	-	-
TOTAL (III)	CJ	4 184 725	CK	53 357	4 131 368
Frais d'émission d'emprunt à étaler (IV)	CW	-			-
Primes de remboursement des obligations (V)	CM	-			-
Écarts de conversion actif (VI)	CN	-			-
TOTAL GÉNÉRAL (I à VI)	CO	9 047 848	1A	3 361 501	5 686 347
(1) Dont droit au bail :		(2) part à moins 1 an immos fi. nettes : CP		-	(3) Part à plus d'un an : CR
	Immobilisations :		Stocks :		Créances
Clause de réserve de propriété :		-		-	-

Tableau A4.3 – Bilan passif avant répartition

DGFIP N° 2051

Désignation de l'entreprise :
Biscuits des gones

		Exercice N	Exercice N – 1
Capital social ou individuel (1) (dont versé : ....)	DA	762 245	
Primes d'émission, de fusion, d'apport...	DB	-	
Écarts de réévaluation (2) (dont écart d'équivalence EK : ....)	DC	-	
Réserve légale (3)	DD	456 918	
Réserves statutaires ou contractuelles	DE	30 490	
Réserves réglementées (3) (4)	DF	-	
Autres réserves	DG	-	
Report à nouveau	DH	457 774	
RÉSULTAT DE L'EXERCICE (Bénéfice ou perte)	DI	304 898	
Subventions d'investissement	DJ	-	
Provisions réglementées	DK	-	
Capitaux propres TOTAL (I)	DL	2 012 325	
Produits des émissions de titres participatifs	DM	-	
Avances conditionnées	DN	-	
Autres fonds propres TOTAL (II)	DO	-	
Provisions pour risques	DP	-	
Provisions pour charges	DQ	-	
Provisions pour risques et charges TOTAL (III)	DR	-	
Emprunts obligataires convertibles	DS	-	
Autres emprunts obligataires	DT	-	
Emprunts et dettes auprès des établissements de crédit (5)	DU	1 219 592	
Emprunts et dettes financières divers (dont emprunts participatifs EI : ...)	DV	-	
Avances et acomptes reçus sur commandes en cours	DW	-	
Dettes fournisseurs et comptes rattachés	DX	1 936 103	
Dettes fiscales et sociales	DY	335 388	
Dettes sur immobilisations et comptes rattachés	DZ	182 939	

Autres dettes	EA	-	
Produits constatés d'avance (4)	EB	-	
Dettes (5) TOTAL (IV)	EC	3 674 022	
Écarts de conversion passif (V)	ED	-	
TOTAL GÉNÉRAL (I à V)	EE	5 686 347	

(1)	Écart de réévaluation incorporé au capital		1B	-
	Dont	réserve spéciale de réévaluation (1959)	1C	-
(2)		écart de réévaluation libre	1D	-
		réserve de réévaluation (1976)	1E	-
(3)	Dont réserve réglementée des plus-values à long terme		EF	-
(4)	Dettes et produits constatés d'avance à moins d'un an		EG	-
(5)	Dont concours bancaires courants, soldes créditeurs de banques et CCP		EH	975 674

Tableau A4.4 – Compte de résultat de l'exercice

							N	N – 1
Désignation de l'entreprise : Biscuits des gones						DGFIP N° 2052		
			France		Export		1	2
Ventes de marchandises		FA	-	FB	-	FC	3 567 307	
Production vendue	*Biens :*	FD	-	FE	-	FF	10 183 594	
	Services :	FG	-	FH	-	FI	-	
Chiffre d'affaires net		FJ	-	FK	-	FL	13 750 901	
Production stockée						FM	30 490	
Production immobilisée						FN	-	
Subventions d'exploitation						FO	-	
Reprises sur amortissements et provisions, transferts de charges (9)						FP	-	
Autres produits (1) (11)						FQ	-	
Total des produits d'exploitation (2) (I)						FR	13 781 391	
Achats de marchandises (y compris droits de douane)						FS	2 835 552	
Variation de stock (marchandises)						FT	30 490	
Achats de matières premières et autres approvisionnements (y compris droits de douane)						FU	3 445 348	

Variation de stock (matières premières et autres approvisionnements)		FV	– 45 735
Autres achats et charges externes (3) (6 bis)		FW	2 774 572
Impôts, taxes et versements assimilés		FX	182 939
Salaires et traitements		FY	2 515 409
Charges sociales (10)		FZ	1 219 592
Dotations d'exploitation	- sur immobilisations : dotations aux amortissements	GA	213 429
	- sur immobilisations : dotations aux provisions	GB	-
	- sur actif circulant : dotations aux provisions	GC	15 245
	- pour risque et charges : dotations aux provisions	GD	-
Autres charges (12)		GE	-
	Total des charges d'exploitation (4) (II)	GF	13 186 841
- 1 - RÉSULTAT D'EXPLOITATION (I – II)		GG	594 550
Opérations en commun			
Bénéfice attribué ou perte transférée	(III)	GH	-
Perte supportée ou bénéfice transféré	(IV)	GI	-
Produits financiers			
Produits financiers de participations (5)		GJ	-
Produits des autres valeurs mobilières et créances de l'actif immobilisé (5)		GK	-
Autres intérêts et produits assimilés (5)		GL	30 490
Reprises sur provisions et transferts de charges		GM	-
Différences positives de change		GN	-
Produits nets sur cessions de valeurs mobilières de placement		GO	-
	Total des produits financiers (V)	GP	30 490
Charges financières			
Dotations financières aux amortissements et provisions		GQ	-
Intérêts et charges assimilés (6)		GR	137 204
Différences négatives de change		GS	30 490
Charges nettes sur cessions de valeurs mobilières de placement		GT	-
	Total des charges financières (VI)	GU	167 694
- 2 - RÉSULTAT FINANCIER (V – VI)		GV	– 137 204
- 3 - RÉSULTAT COURANT AVANT IMPÔTS (I – II + III – IV + V – VI)		GW	457 346

DGFIP N° 2053

Désignation de l'entreprise : Biscuits des gones			N 1	N – 1 2
Produits exceptionnels sur opérations de gestion		HA	-	
Produits exceptionnels sur opérations en capital		HB	-	
Reprises sur provisions et transferts de charges		HC	30 490	
Total des produits exceptionnels (7) (VII)		HD	30 490	
Charges exceptionnelles sur opérations de gestion (6 bis)		HE	-	
Charges exceptionnelles sur opérations en capital		HF	-	
Dotations exceptionnelles aux amortissements et provisions		HG	15 245	
Total des charges exceptionnelles (7) (VIII)		HH	15 245	
- 4 - RÉSULTAT EXCEPTIONNEL (VII - VIII)		HI	15 245	
Participation des salariés	(IX)	HJ	-	
Impôts sur les bénéfices	(X)	HK	167 693	
TOTAL DES PRODUITS (I + III + V + VII)		HL	13 842 371	
TOTAL DES CHARGES (II + IV + VI + VIII + IX + X)		HM	13 537 473	
- 5 - BÉNÉFICE OU PERTE (total des produits - total des charges)		HN	304 898	

(1)	Dont produits nets partiels sur opérations à long terme	HO	-	
(2)	Dont produits de locations immobilières	HY	-	
	Dont produits d'exploitation afférents à des exercices antérieurs	1G	-	
(3)	Dont crédit-bail mobilier	HP	182 939	
	Dont crédit-bail immobilier	HQ	-	
(4)	Dont charges d'exploitation afférentes à des exercices antérieurs à détailler au (8)	1H	-	
(5)	Dont produits concernant les entreprises liées	1J	-	
(6)	Dont intérêts concernant les entreprises liées	1K	-	
bis	Dont dons faits aux organismes d'intérêt général (art. 238 bis du C.G.I.)	HX	-	
(9)	Dont transfert de charges	A1	-	
(10)	Dont cotisations personnelles de l'exploitant	A2	-	
(11)	Dont redevances pour concessions de brevets et licences (produits)	A3	-	

(12)	Dont redevances pour concessions de brevets et licences (charges)	A4	-	
(7)	Détail des produits et charges exceptionnels exercice N :		Charges	
	Produits cessions d'immobilisations		-	
	Valeur comptable actifs cédés		-	
	Quote part subv investissement		-	
			-	
			-	
			-	
			-	
(8)	Détail des produits et charges sur exercices antérieurs :		Charges	
			-	
			-	
			-	
			-	
			-	
			-	
			-	

Tableau A4.5 – Compte de résultat économique (en k)
Entreprise Biscuits des gones

		N	%	N – 1	%	N – 2	%
+	Ventes de marchandises	3 567		3 522		3 537	
+	Production vendue de biens	10 184		8 979		7 927	
+	Production vendue de services	0		0		0	
=	**CHIFFRE D'AFFAIRES**	13 751		12 501		11 464	
+	Production stockée et immobilisée	30		0		– 168	
+	Autres produits d'exploitation	0		0		0	
=	**PRODUCTION**	13 781	100 %	12 501	100 %	11 296	100 %
–	Consommations de marchandises	2 866		2 759		2 592	
–	Consommations de matières premières	3 400		3 079		2 683	
=	**MARGE BRUTE**	7 516	54,5 %	6 663	53,3 %	6 021	53,3 %
–	Autres achats et charges externes	2 592		2 393		2 180	

–	Sous-traitance	0		0		0	
=	**VALEUR AJOUTÉE**	4 924	35,7 %	4 270	34,2 %	3 841	34,0 %
–	Salaires chargés et intérim	3 735		3 262		2 759	
–	Impôts et taxes	183		137		183	
=	**EXCÉDENT BRUT D'EXPLOITATION (EBE)**	1 006	7,3 %	871	7,0 %	899	8,0 %
–	Dot. amortissements immobilisations acquises	213		177		194	
–	Dot. amortissements immobilisations louées en crédit-bail	165		128		172	
=	**RÉSULTAT EXPLOITATION RÉCURRENT**	628	4,6 %	566	4,5 %	533	4,7 %
–	Dot. provisions exploit. et dépréciations nettes de reprises	15		0		0	
–	Charges exceptionnelles	0		46		15	
+	Produits exceptionnels	0		30		30	
–	Dot. provisions exceptionnelles nettes de reprises	– 15		0		0	
=	**RÉSULTAT EXPLOITATION NON RÉCURRENT**	0	0,0 %	– 16	– 0,1 %	15	0,1 %
=	**RÉSULTAT EXPLOITATION (REX)**	628	4,6 %	550	4,4 %	548	4,9 %
–	Intérêts emprunts bancaires et obligataires	137		157		142	
–	Intérêts emprunts crédit-bail	18		14		19	
–	Autres charges financières	30		42		37	
+	Produits financiers	30		15		15	
–	Dot. provisions financières nettes de reprises	0		0		0	
=	**RÉSULTAT FINANCIER**	– 155	– 1,1 %	– 198	– 1,6 %	– 183	– 1,6 %
=	**RÉSULTAT COURANT AVANT IMPÔTS**	473	3,4 %	352	2,8 %	365	3,2 %
–	Participation des salariés	0		0		0	
–	Impôts sur les bénéfices	168		122		152	
=	RÉSULTAT NET	305	2,2 %	230	1,8 %	213	1,9 %
	CAF	668		625		579	
	EFFECTIFS	126		110		95	

SECTION 2 CORRIGÉ DU CAS

Retraitements :

- le loyer de crédit-bail mobilier a été rattaché à hauteur de 90 % (164 645 €) aux dotations aux amortissements, le solde (18 934 €) l'étant aux frais financiers ;
- les différences négatives de change (30 400 €) ont été rattachées aux charges exceptionnelles ;
- s'agissant des équipements financés en crédit-bail, le montant brut de ces derniers a été estimé en capitalisant sur cinq ans la partie « dotation aux amortissements » des loyers (823 225 € = 5 × 164 645 €).

• Productivité globale

Valeur créée par euro de facteurs de production

Tableau A4.6 – Productivité globale

	N	N – 1	N – 2	
Valeur ajoutée :	4 924	4 270	3 841	en k €
Dot. aux amortissements :	378	305	366	en k €
Salaires et charges :	3 735	3 262	2 759	en k €
V.A./(salaires+dotations) :	1,20	1,20	1,23	

L'évolution de l'indicateur de productivité globale fait ressortir une dégradation de la situation. L'évolution individuelle de la consommation des facteurs de production rapprochée de l'évolution de la valeur ajoutée éclaire sur l'origine de cette dégradation.

Évolution sur la période de la valeur ajoutée

Entre N – 2 et N la valeur ajoutée de Biscuits des gones progresse de 28,2 %.

Évolution sur la période du coût des facteurs

Tableau A4.7 – Coûts des facteurs de production

Facteur Travail :	35,38 %	(3 735 – 2 759)/2 759
Facteur Capital :	3,30 %	(378 – 366)/366

L'évolution individuelle de la consommation des facteurs de production montre que le facteur travail est à l'origine de la dégradation de la productivité globale puisque le coût du facteur travail progresse de 35,4 % alors que dans le même temps, la valeur ajoutée n'augmente que de 28,2 %. Au demeurant, cette situation peut s'expliquer par l'ancienneté de l'outil de production. Ce point est analysé par la suite.

• Productivité apparente du facteur travail

Position de Biscuits des gones dans le secteur

La référence du secteur est fournie par le ratio 2 (Rendement de la main-d'œuvre = VA/effectif).

En N la productivité apparente de la main-d'œuvre de Biscuits des gones est de 39 k€. Les données sectorielles de la Banque de France (ratio 2) montre que la productivité de l'entreprise se situe au niveau du 1er quartile (40 k€) qui réunit les entreprises les moins performantes. L'écart par rapport à la médiane (51 k€) du secteur traduit le handicap de compétitivité de Biscuits des gones.

• Évolution sur la période

Tableau A4.8 – Productivité de la main-d'œuvre

	N	N – 1	N – 2	
Valeur ajoutée	4 924	4 270	3 841	en k€
Effectif	126,0	110,0	95,0	
Valeur ajoutée/Effectif total	39,1	38,8	40,4	en k€

L'évolution sur la période traduit une relative stagnation de la productivité de la main-d'œuvre.

• Facteurs explicatifs de la faible productivité de la main-d'œuvre

Outre l'incidence d'une baisse éventuelle du taux de marge brute liée à une dégradation des termes de l'échange (difficulté à répercuter dans les prix de vente la hausse des prix des matières et composants), une faible productivité de la main-d'œuvre peut s'expliquer par le niveau et la qualité des équipements ou par la qualification du personnel. Analysons ces différents points.

Évolution du taux de marge brute

Tableau A4.9 – Taux de marge brute

Taux de marge brute	N	N – 1	N – 2
(marge brute/production)	54,5 %	53,3 %	53,3 %

Le tableau précédent montre que Biscuits des gones a amélioré son taux de marge brute de 1,2 point sur la période. Cette évolution favorable n'est donc pas à l'origine de la relative stagnation de la productivité de la main-d'œuvre.

Niveau relatif de l'équipement par salarié

La référence du secteur est fournie par le R1 Équipement par salarié (Immobilisations brutes y compris crédit-bail/Effectifs).

Calcul :

- Immobilisations brutes (hors immobilisations financières) : 762 k€ + 724 k€ + 3 087 k€ + 823 k€ (crédit-bail)
- Effectifs : 126
- Équipements par salarié : 5 396/126 = 42,8 k€

Le montant de l'équipement par salarié ressort à 42,8 k€ ; ce montant, inférieur au 1er quartile (46,4 k€) du ratio R1 de la Banque de France, traduit le retard de Biscuits des gones en matière d'investissement productif.

Niveau relatif du rendement du capital d'exploitation

La référence du secteur est fournie par le ratio R4 Rendement du capital d'exploitation (VA/Immobilisations brutes + besoin en fonds de roulement).

Calcul :

- Immobilisations brutes (hors immobilisations financières) : 3 864 k€

- Besoin en fonds de roulement : 1 401 k€
- Valeur ajoutée : 4 924 k€
- Rendement du capital d'exploitation : 4 924/ (3 864 + 1 401) = 93,5 %

Dans son secteur Biscuits des gones est positionné favorablement (proche du 3e quartile) sur cet indicateur. Au demeurant, cette performance s'explique par la saturation de l'outil de production qui est utilisé à 100 % de sa capacité.

Ancienneté de l'outil de production

L'outil de production de Biscuits des gones est amorti à 96 % (= [2 952 k€/3 087 k€] × 100).

Le pourcentage précédent traduit l'ancienneté de l'outil de production, voire son obsolescence. Cette situation conséquence d'une absence de renouvellement des équipements est de nature à expliquer la faible productivité de la main-d'œuvre.

Qualification du personnel

Tableau A4.10 – Rémunération du personnel

	N	N – 1	N – 2	
Salaires	3 735	3 262	2 759	en k€
Effectif	126,0	110,0	95,0	
Salaire moyen	29,8	29,7	29,0	en k€
Variation en %	0,4 %	2,4 %		
Variation période	2,8 %			

La référence du secteur est fournie par le ratio R3 (Coût apparent de la main-d'œuvre = [Salaires + Charges] / Effectifs).

Dans un secteur d'activité donné, les différences de rémunération entre entreprises sont généralement le reflet d'une différence de la qualification moyenne du personnel.

Le coût salarial moyen de Biscuits des gones (30 k€) est inférieur de 10 % au 1er quartile du secteur. Le bas niveau du coût salarial de Biscuits des gones montre que cette dernière utilise un personnel ayant une faible qualification. Cette caractéristique est certainement à l'origine de la faible productivité de la main-d'œuvre.

GLOSSAIRE

Actif : tout ce que l'entreprise possède (biens ou créances sur des tiers) à une date donnée. L'actif net est calculé déduction faite des dépréciations et des amortissements cumulés.

Besoin en fonds de roulement (BFR) : besoin de financement d'exploitation lié aux décalages permanents entre les délais d'encaissements, de décaissements et de stockage. Dans certains cas, il peut s'agir d'une ressource et non d'un besoin : le BFR est alors négatif.

BFR = Stocks + Créances d'exploitation – Dettes d'exploitation

CAF (Capacité d'autofinancement) : flux de liquidités potentiel généré par l'activité de l'entreprise qui pourrait lui permettre d'investir et/ou de faire face à des difficultés conjoncturelles sans avoir recours à un financement externe.

CAF = Résultat net + dotations aux amortissements
et provisions – reprises provisions

Capital expenditure (CAPEX) : appelé également dépenses d'investissement de capital, il correspond au total des dépenses d'investissement (corporel et incorporel) réalisées par une entreprise.

Capitaux engagés (CE) : investissements en immobilisations et en BFR réalisés par l'entreprise pour réaliser son activité économique.

CE = immobilisations nettes + BFR

Capitaux propres (CP) : aussi appelés fonds propres, représentent l'ensemble des fonds apportés par les associés et les résultats cumulés non distribués depuis la création de l'entreprise.

Capitaux propres = capital social + primes d'émission + réserves + résultat

Chiffre d'affaires : total des ventes de l'entreprise, dans l'exercice pour son activité courante.

CA = quantités vendues x prix unitaire de vente

Coût des capitaux propres : estime la rémunération attendue par les actionnaires.

Créances : sommes dues à l'entreprise par ses partenaires économiques : clients, État, organismes sociaux...

CSRD (*Corporate Sustainability Reporting Directive*) : directive européenne (en remplacement de la NFRD, *Non – Financial Reporting Directive*) qui précise les obligations des entreprises en matière de rapport de durabilité. Les entreprises qui y sont soumises devront analyser dans quelle mesure leur modèle d'affaires et leur stratégie sont compatibles avec les limites environnementales et sociales.

Dividendes : part du résultat versée aux associés en rémunération de leur capital. Son principe et son montant sont décidés par l'assemblée générale des associés

Donut : représentation visuelle des enjeux environnementaux et sociaux qui doivent être intégrés dans les priorités économiques, en prenant en compte les contraintes du plancher social et du plafond écologique.

Dotations aux amortissements : mesurent l'usure des moyens de production. La fiscalité permet de choisir des vitesses d'amortissements plus ou moins rapides

Dotation amortissement linéaire = Cout acquisition immobilisation HT/ Durée d'utilisation prévue par l'entreprise

Dotations aux provisions : correspondent à l'évaluation des risques et des charges potentiels connus au moment de la clôture de l'exercice. Le mouvement de provisions s'apprécie aussi par comparaison avec leurs montants inscrits au bilan (à la clôture).

Double matérialité : ce principe vise à prendre en considération les risques, les opportunités et les impacts des enjeux ESG (environnement, social, gouvernance) en précisant leurs conséquences sur l'entreprise (matérialité financière ou « *outside-in* ») et les impacts de l'entreprise sur l'environnement, ses parties prenantes et la société (matérialité d'impact ou « *inside-out* »).

Durabilité : repose sur l'intégration des trois piliers fondamentaux que forment les critères ESG (environnement, social, gouvernance) dans les décisions, des entreprises.

EBE (excédent brut d'exploitation) : indicateur clé de la performance économique d'une entreprise qui correspond à l'excédent de trésorerie généré par le chiffre d'affaires après prise en compte de l'ensemble des charges d'exploitation décaissables (donc à l'exception des dotations).

EBE = CA – charges exploitation (sauf dotations aux amortissements et provisions d'exploitation)

EBITDA (*Earnings before Interests, Taxes, Depreciation and Amortization*) : met en évidence le profit généré par l'activité indépendamment de sa politique de financement (charges d'intérêts), de sa politique d'investissement (amortissements) et de ses contraintes fiscales.

EBITDA = Chiffre d'affaires – Coûts d'exploitation (hors amortissement et provisions)

EBIT (*Earnings before Interests, Taxes*) : correspond au résultat d'exploitation, c'est-à-dire le profit généré par l'activité indépendamment de sa politique de financement (charges d'intérêts) et de ses contraintes fiscales.

EBIT = EBITDA – dotations nettes de reprises d'amortissement et et de provisions d'exploitation

Effet de levier financier : la différence entre la rentabilité économique et la rentabilité financière. Il permet d'apprécier l'impact de l'endettement sur la rentabilité financière.

Endettement financier : ensemble des sommes dues par l'entreprise à des tiers, sans contrepartie de fourniture de biens ou services ou d'une obligation légale ou fiscale. La dette financière peut être bancaire, obligataire ou provenir de comptes courants d'associés.

Endettement net = endettement financier total - disponibilités

ESG (*Environnemental and Social Gouvernance*) : voir RSE

ESRS (*European Sustainability Reporting Standards*) : les douze normes qui régissent le rapport de durabilité. Elles sont classées en quatre catégories : normes transverses, environnement, social et gouvernance.

FR (fonds de roulement) : excédent de ressources stables (capitaux propres et dettes financières > 1 an) sur le montant des investissements en immobilisation qui permet de financer prioritairement le BFR.

FR = Capitaux propres – Immobilisations nettes

***Free Cash-flow* (FCF)** : flux de liquidité générés par l'exploitation après que les investissements nécessaires pour que l'entreprise maintienne ou développe son outil de production aient été payés.

Immobilisations : éléments destinés à servir de façon durable l'activité de l'entreprise et dont elle est propriétaire ou locataire sur une longue durée. On distingue les immobilisations corporelles (machines, immeubles de bureaux, véhicules), les immobilisations incorporelles (brevets, logiciels) et les immobilisations financières (parts détenues dans une autre société, les prêts consentis à des tiers). L'ensemble des immobilisations est appelé actif immobilisé.

Investissement : dépense de l'entreprise pour acquérir une immobilisation. Le taux d'investissement (rapport des investissements de l'année à la valeur ajoutée) et le taux de renouvellement (rapport des investissements de l'année aux immobilisations d'exploitation brutes) donnent une indication de l'effort d'investissement.

Marge : différence entre un produit et un coût. La marge brute est la différence entre les ventes et leur coût. Un taux de marge mesure le rapport entre la marge dégagée et le revenu qui l'a générée.

OPEX (*Operational Expenditure*) : charges d'exploitation supportées par l'entreprise pour son activité : achats de matières premières, énergie, salaires, loyers, publicité, transports, impôts et taxes, coûts administratifs...

Plan de financement : tableau de financement ou de flux de trésorerie qui vise à appréhender les conséquences sur la trésorerie de l'entreprise de ses décisions stratégiques et de la dynamique de son marché.

Prime d'émission : prime versée, dans le cadre d'une augmentation de capital par les apporteurs qui doivent verser un prix d'émission plus élevé que la valeur nominale des actions.

Produit : revenu facturé résultant des activités principales, accessoires et occasionnelles de l'entreprise.

Rentabilité économique (ROCE) : correspond au taux de rentabilité obtenu par l'entreprise au niveau de son cycle d'exploitation et répond à la question : pour 100 € investi, combien l'entreprise génère de résultat d'exploitation ?

Réco ou ROCE = Résultat d'exploitation/
Actif économique (immobilisations nettes + BFR)

Rentabilité financière (ROE) : traduit la rentabilité des capitaux propres et mesure la rémunération obtenue par les actionnaires en se basant sur le résultat net en répondant à la question : pour une action achetée 100 € combien gagne un actionnaire ?

Rfi ou ROE = Résultat net/ capitaux propres

Report à nouveau (RAN) : bénéfices antérieurs non distribués et non mis en réserve.

Réserves : résultats des exercices antérieurs laissés dans l'entreprise par affectation décidée en assemblée générale des associés. Certaines de ces réserves sont « libres » pour une distribution ultérieure. Elles résultent d'une décision d'affectation du résultat.

Résultat courant avant impôt (RCAI) : somme du résultat d'exploitation et du résultat financier.

RCAI = Résultat exploitation (EBIT) + Résultat financier

Résultat exploitation (REX) : différence entre les produits d'exploitation et l'ensemble des charges d'exploitation décaissables et non décaissables (dotations aux amortissements).

Rex = CA – charges exploitation

Rex = EBE – dotations aux amortissements et provisions d'exploitation

Résultat financier : différence entre les produits financiers et les charges financières. Il comprend principalement les intérêts versés sur emprunts, les résultats sur change les mouvements de provisions financières et les intérêts et dividendes reçus.

Résultat net : différence entre le total des produits et le total des charges de l'entreprise ou entre le résultat courant avant IS (RCAI) et l'IS ; avant décision d'affectation prise par l'assemblée des associés, il vient augmenter (si bénéficiaire) ou diminuer (si déficitaire) les fonds propres.

Résultat net = RCAI – Impôt sur les sociétés (IS)

RSE (responsabilité sociale de l'entreprise) : traduit la prise en compte des préoccupations sociales, sociétales, environnementales et de gouvernance des entreprises dans leurs actions.

Stocks : ensemble des matières premières, marchandises et des produits (finis ou en cours de fabrication) qui appartiennent à une entreprise à une date donnée et sont entreposés dans l'attente de leur utilisation ou de leur vente

Taux de marge opérationnelle : taux répondant à la question suivante : combien 100 € de chiffre d'affaires génèrent de résultat d'exploitation ?

Taux marge opérationnelle = REX/ CA

Tableau de financement (ou tableau emplois-ressources ou tableau de fonds) : vise à analyser les variations d'emplois et de ressources entre deux exercices en mettant en évidence les variations du fonds de roulement et du besoin en fonds de roulement et leurs impacts sur la variation de trésorerie. Il apporte un éclairage sur le circuit de financement des processus d'investissement et de distribution de l'entreprise

Tableau de flux de trésorerie : fait apparaître aux côtés des flux de trésorerie générés par l'exploitation, les flux de trésorerie liés aux activités d'investissement et de financement. La décomposition des flux débouche sur la variation de trésorerie. L'objectif est de faire ressortir l'impact financier des décisions prises par l'entreprise sur sa situation de trésorerie.

Taux de croissance soutenable : taux maximum de croissance que l'entreprise peut atteindre sans recourir à une augmentation des capitaux propres, tout en considérant que le poids de la dette sur les capitaux propres demeure constant.

Taxonomie européenne : classifie les activités considérées comme durables ou vertes. Pour ce faire, ces activités doivent contribuer significativement à l'un des six objectifs suivants : atténuation du changement climatique ; adaptation au changement climatique ; utilisation durable et protection des ressources aquatiques et marines ; transition vers une économie circulaire ; contrôle de la pollution ; protection et restauration de la biodiversité et des écosystèmes

INDEX

BIBLIOGRAPHIE

AMADIEU P., BESSIÈRE V., *Analyse de l'information financière*, Économica, 2e édition, 2010.

BOURDIN J., MANGEOT M., *Analyse financière des entreprises*, RB Édition, 2021.

COHEN E., *Analyse financière*, Économica, 6e édition, 2006.

HOARAU C., *Maîtriser le diagnostic financier de l'entreprise*, Revue fiduciaire, 3e édition, 2008.

JENY A., ONILLON J., *Les 12 travaux de l'analyste financier*, Pearson, 2021.

MARION A., *Diagnostic de la performance de l'entreprise*, Dunod, 2012.

PARIENTÉ S., *Analyse financière et évaluation d'entreprise*, Pearson, 2e édition, 2013.

PARIENTÉ S., *Diagnostic financier de l'entreprise*, Dunod, 2020.

THIBIERGE C., *Analyse financière*, Vuibert, 7e édition, 2021.

SALVA M., GAUDRY C., RAGO JM., *Comprendre l'analyse financière*, 7e édition, Vuibert, 2022.

VERNIMMEN P., *Finance d'entreprise*, Dalloz, 2023.

87016 – (I) – OSB 70 – P2195U – BPA – AMK
Dépôt légal : août 2024
Achevé d'impression par DUPLIPRINT
733, rue Saint-Léonard, 53100 MAYENNE
N° 2992553E
Imprimé en France